Heinrich Seuse
Deutsche mystische Schriften

Heinrich Seuse

Deutsche mystische Schriften

Aus dem Mittelhochdeutschen übertragen
und herausgegeben von Georg Hofmann
Mit einer Hinführung von Emmanuel Jungclaussen

Einleitung
von Alois M. Haas

Benziger Verlag
Zürich und Düsseldorf

Die Deutsche Bibliothek – CIP-Einheitsaufnahme

Seuse, Heinrich:
Deutsche mystische Schriften / Heinrich Seuse.
Aus dem Mittelhochdt. übertr. und hrsg. von Georg Hofmann.
Mit einer Hinführung von Emmanuel Jungclaussen. –
Um eine Hinführung erw.
Nachdr. der 1. Aufl. von 1966. –
Zürich ; Düsseldorf : Benziger, 1999
ISBN 3-545-20156-2

Umschlagabbildung: Ulmer Gedenkbild für
Heinrich Seuse, Kol. Holzschnitt, Ulm um 1470
Württ. Landesbibliothek Stuttgart
Druck und Einband:
Wiener Verlag, Himberg
ISBN 3-545-20156-2

Inhalt

ERSTES BUCH: DAS LEBEN DES SELIGEN HEINRICH SEUSE

ZWEITES BUCH: BÜCHLEIN DER EWIGEN WEISHEIT

Erster Teil

DRITTES BUCH: BÜCHLEIN DER WAHRHEIT

VIERTES BUCH: BRIEFBÜCHLEIN

Einleitung

von Alois M. Haas

Daß der Dominikaner Heinrich Seuse unter den sogenannten ‹Deutschen Mystikern› in mehrfacher Hinsicht auffällt, ist schon immer beobachtet worden. Etikettierungen wie ‹Minnesänger› und ‹Mann des Gemütes› unter den Mystikern sind wie die meisten Kurzbeschriebe komplexer Existenzen nicht zureichend, wenn es darum geht, gerade das Neue und Unerhörte einer geistigen Struktur zu umreißen.[1] Gleichwohl ist in solchen Apostrophierungen immer auch etwas Treffendes mitgesagt, bei Seuse zum Beispiel seine Fähigkeit zur lyrisch bewegten Aussage. Leider kommt jedoch seine Befähigung zur höchst rational argumentierenden und diskursiv vorgehenden Denktätigkeit in solchen Bezeichnungen nur unangemessen oder überhaupt nicht zum Ausdruck. Seuse ist aber in seiner Art beides in hohem Grade, sowohl befähigt, versierte Denkvollzüge ambitiös und professionell durchzuführen, als auch offen für dichterisch und rhetorisch ambitionierte Beschreibungen emotionaler Gefühls- und Gemütszustände, durchaus schon in der Absicht, sie psychologisch angemessen zu erfassen.

Seuses Leben

Seuses Leben ist – so wie es uns heute erfaßbar ist – weitgehend gebunden an die Auskünfte, die er uns in seiner eigenen ‹Vita› darüber gibt. Es stellt sich dabei die Frage von Fiktion und Wirklichkeit – eine Unterscheidung, die das Mittelalter nicht im selben Ausmaß getroffen hat wie die Moderne (die einen Realitätsbegriff privile-

1 Vgl. Loris Sturlese, in seinem Vorwort zu: Heinrich Seuse, Das Buch der Wahrheit. Mittelhochdeutsch-Deutsch. Kritisch hg. von Loris Sturlese und Rüdiger Blumrich. Mit einer Einführung von Loris Sturlese. Übersetzt von Rüdiger Blumrich, Hamburg 1993, IXf.

giert, der Fiktion und Fakten viel schärfer auseinanderzuhalten versucht!). Vorrangig wichtig in dieser Frage ist, daß Seuse seinen Lebensbericht in erbaulicher Absicht und nicht etwa als realistische Beschreibung der Nachwelt hinterlassen hat. Das ist das eine. Das andere ist aber, daß die Forschung zur ‹Vita› doch mit einiger Evidenz – auch wenn bis heute die Diskussion noch zu keinem völligen Ende gekommen ist – eine weitgehende Authentizität im Sinn historischer Tatsachentreue hat wahrscheinlich machen können, so daß wir uns an seine eigenen Auskūfte über sein Leben halten können.

Heinrich wurde am Fest des Hl. Benedikt (21. März, cf. *Vita*, Kap. 16) um 1295/97, mit Nachnamen ‹von Berg›, in Konstanz oder Umgebung geboren. Er, der sich aus Verehrung zu seiner Mutter nach deren Geschlecht Sus oder Süs nannte, trat als 13jähriger Jüngling ca. 1308/10 ins Dominikanerkloster Konstanz ein. Eine Schenkung der Eltern ans Inselkloster zu Konstanz aus Anlaß der vorzeitigen Aufnahme ihres Sohnes muß diesen über 10 Jahre hin beunruhigt haben, bis ihn Meister Eckhart von dieser Furcht erlöste. Seuse bekam die übliche Ausbildung: ein Jahr Noviziat mit anschließender Profeß (ca. 1309), ca. 2–3 Jahre Elementarunterricht in Latein und Ordensspiritualität (Hl. Schrift, Offizium, Regel und Ordenssatzungen, aszet. Literatur und Praxis); es folgen einige Jahre (ca. 1313/14–1318/19) philosophischer Studien: 2–3 Jahre *philosophia rationalis* (aristotelische Logik in ihrer ganzen Breite) in einem Konvent der Natio Suebica oder Alsatia, 2–3 Jahre Studium der *philosophia realis* (Physik, Geometrie, Astronomie, aristot. Metaphysik). Die sich daran anschließenden 2–3 Jahre Theologiestudium (der Bibel und der Sentenzen des Petrus Lombardus) mag Seuse an einem *Studium particulare* in Konstanz oder Straßburg absolviert haben (1319–22). Danach wurde Seuse zum Weiterstudium ans *Studium generale* in Köln verpflichtet (1323/24–1327), wo Seuse Eckhart als einflußreichen Lehrer gehabt hat. 1326/27 kehrt er für die nächsten 20 Jahre als Lektor nach Konstanz zurück, um die Brüder der Kommunität zu unterrichten. Zwischen 1329 und 1334 muß er dieser Aufgabe entsetzt worden sein, am ehesten wohl 1330 anläßlich des General- und Provinzkapitels des Ordens in Maastricht, wo Seuse auf Häresieverdacht hin zur Rechenschaft gezogen und mit einem schweren Vorwurf bedacht worden sein könnte (eine Demütigung, von der Seuses *Vita*, Kap. 23 berichtet).[2] Zu diesem Zeitpunkt – Seuse war um die 40 – muß jene Wendung in Seuses Leben eingetreten sein, von der er in seiner *Vita*, Kap. 20 (58,3 ff.; vgl. auch in den Briefen: 368,27ff. und 443,7ff.; dazu die Allusionen an die Fußtuchszene in 363,22f. und 421,23–422,3) in Form eines «autobiographischen Moments»[3] berichtet, wo Seuse angesichts eines mit einem Fußtuch spielenden Hundes erkennt, daß er weiterhin nicht mehr über seinen Körper asketisch verfügen darf, sondern – will er sich nicht dank seinen asketischen Praktiken umbringen – in mystischer Gelassenheit die Leiden von außen als gottgesandte auf sich zukommen lassen soll. Die Stelle ist von den Altväterleben vorgeprägt, entbehrt aber deswegen nicht des inneren Gewichts für die Lebensumstände Seuses. Die Strategie seines Lebens ändert sich nun vollkommen: Anstatt im Kloster ein einsiedlerisches Leben zu führen, begibt sich Seuse nun in die Gefahrenzone aktiver Missions- und Predigttätigkeit. Er exponiert sich und nimmt teil an den Ereignissen der Zeit. Vielleicht mehr als bisher bedacht, mögen es Zeitereignisse gewesen sein, die ihn zu einer Änderung seiner Haltung gegenüber seiner Askesepraxis bewogen haben. Die Zeitsituation, wie sie sich in Konstanz spiegelte, war verworren und unübersichtlich: 1342 fand in Konstanz ein Aufstand der Zünfte gegen das herrschende Patriziat statt; 1343 führte eine Mißernte zu einer Hungersnot, ein Hochwasser bedrohte die Stadt: Es mag zu diesem Zeitpunkt gewesen sein, daß Seuse zum Prior des Konstanzer Konvents gewählt wurde (*Vita*, Kap. 43; 145,1; 146,1ff.; *HS* I, 5, K 415, 26ff.). Allerdings wird er zu diesem Zeitpunkt – 1342 oder 1343 – schon nicht mehr in Konstanz geweilt haben: Als entschiedener Gegner des Kaisers Ludwig des Bayern und papsttreuer Dominikaner wird er mit den meisten Mitbrüdern 1338 (Ende 1338/Anfang 1339 fand Heinrich von Nördlingen Seuse schon nicht mehr in Konstanz vor)[4] oder 1339 bis 1346 oder 1349 wegen des Interdikts ins Exil entweder nach Diessenhofen zu den

2 *HS* (= *Horologium Sapientiae*, wie Anm. 19) in Künzles Vorwort, S. 30.
3 M. Wehrli, Formen mittelalterlicher Erzählung. Aufsätze, Zürich 1969, S. 16f.
4 Ph. Strauch (Hg.), Margaretha Ebner und Heinrich von Nördlingen, 1882, Neudr. Amsterdam 1966, S. 215 f., Brief XXXI.

Dominikanerinnen in Katharinental oder in das vor den Toren der Stadt gelegene Schottenkloster gegangen sein. Wahrscheinlich ist, daß Seuse schon 1346 nach Konstanz zurückkehrte, denn 1347 muß sich – einem Brief Heinrichs von Nördlingen an Margareta Ebner Ende 1347/Anfang 1348 zufolge[5] – jene Affäre zugetragen haben, in der Seuses guter Ruf durch die üble Nachrede einer von ihm unterstützten Frau, die ihm die Vaterschaft für ihr uneheliches Kind zuschiebt, massiv getrübt wurde. Seuse wird schon in ein anderes Kloster versetzt worden sein, als der Ordensgeneral und der Provinzial der Teutonia nach Konstanz kommt, um die Angelegenheit zu untersuchen. Seuses Unschuld stellt sich heraus – zu einem Zeitpunkt wohl (allenfalls während des Provinzialkapitels von 1354, das in Konstanz stattfand), da Seuse längst in Ulm einen neuen Wirkungskreis gefunden hatte.

Seuse hat nie einen Zweifel darüber gelassen, daß er während all der 20 Jahre seines Wirkens in Konstanz ein Anhänger der Ordensreform geblieben war. Der Dominikanerorden, so wie ihn Seuse und viele andere mit ihm erleben, steht in der ersten Hälfte des 14. Jahrhunderts keinesfalls in Hochblüte: Weithin wurden Abstriche am ursprünglichen Ordensideal gemacht. Im Argen liegen die Einhaltung der Armutsverpflichtung und die Durchführung der Studien. Kirchliche Ehrenpositionen und Privilegien haben die ursprüngliche Strenge schwinden lassen und einer Nonchalence der Lebensführung Platz gemacht, die mit dem ursprünglich intendierten Rätestand der Mendikanten nicht mehr viel gemein hat. Von diesem Niedergang her definiert sich Seuses Aufgabenbereich: Er widmet sich mit allem Nachdruck der *cura animarum* im Hinblick auf eine Ordensreform im Geiste der ursprünglichen Satzungen. Diesem Ziel dienen verschiedene Reisen in die Schweiz, ins Elsaß und in die Rheingegend. Die zwei erhaltenen Predigten sprechen nicht unbedingt für eine Pastoration in einem breiten sozialen Umfeld, sondern vielmehr für eine Betreuung kleiner Gruppen oder einzelner Individuen. Sicherlich waren es adlige Damen, die er zum Klostereintritt zu bewegen suchte, Beginen, deren Häuser er als geistlicher Berater betrat, vor allem aber Nonnen seines eigenen

5 Ebd., S. 86f., Brief LI.

Ordens, die Seuse mit Sensibilität und Geschick geistlich betreute. Eine ganze Anzahl von Besuchen Seuses in verschiedenen, zum Teil weitab liegenden Dominikanerinnenkonventen ist gut bezeugt: St. Katharinental bei Diessenhofen, Ötenbach bei Zürich, Adelhausen bei Freiburg, Unterlinden bei Kolmar, die verschiedenen Klöster in den *termini* des Predigerkonvents zu Konstanz,[6] vor allem aber zu Töß bei Winterthur, wo Seuses Vertraute *Elsbeth Stagel* weilte, die er von ihrem Klostereintritt in der Mitte der 30er Jahre bis zu ihrem Tod um 1360 geistlich betreute und förderte. Daß Seuse mit Ordensgenossen und andern an der mystischen Reformbewegung der Zeit interessierten Gläubigen Kontakte pflegte, kann erschlossen werden: So hat er mit Sicherheit Johannes den Fuoterer von Straßburg, Johannes Tauler und den Weltpriester Heinrich von Nördlingen gekannt. Seuses Lebensgestaltung in Ulm, wo er seit 1347/8 bis zu seinem Tod weilte, wird sich kaum anders als in Konstanz geformt haben: Er unternimmt Pastorations- und Missionsreisen, redigiert seine *Vita* und sein literarisches Vermächtnis in Form des *Exemplars.* Sonst ist wenig über sein Leben in Ulm bekannt. Glaubwürdig wird von seiner Freundschaft mit dem Benediktiner Walter von Bibra (= Bibrach) aus dem Kloster Wiblingen berichtet. Seuse starb am 25. Januar 1366 zu Ulm und wurde daselbst in der Predigerkirche beigesetzt. Schon die Art seiner Beisetzung in der Konventskirche verweist auf eine hohe Wertschätzung Seuses im Orden und in der Kirche. Am 16. April 1831 wird Heinrich Seuse von Papst Gregor XVI. selig gesprochen.

Werk und Lehre

Man kann in Ergänzung dessen, was oben über Seuses Autorschaft schon gesagt worden ist, sagen, daß Seuse am meisten das verwirklichte, was sich im Dominikanerorden als Existenzform abzeichnete: ein Literaten- und Intellektuellentum, das sich unter den neuen philosophisch-theologischen Einflüssen der Zeit als eine neuartige *religiöse* Lebensform etablierte. Seuse ist unter allen Ver-

6 B(ihlmeyer), S. 114*.

tretern der rheinländischen Mystik der eigentliche Literat mit entsprechenden Ambitionen. Damit ist seine Lehre enger als die anderer gebunden an die Art ihrer literarischen Vermittlung. Diese geschieht in Form einer Werkausgabe letzter Hand im sog. *Exemplar,* das – 1362/63 zusammengestellt – Seuses *Vita,* das *Büchlein der ewigen Weisheit* (= *Bdew,* zwischen 1328–30 entstanden), das *Büchlein der Wahrheit* (= *Bdw,* zwischen 1327–29, wahrscheinlich aber erst 1329/30 abgefaßt)[7] und das *Briefbüchlein* (= *Bfb,* mit einer Auswahl von 11 aus den 28 von Elsbeth Stagel im *GBfb* gesammelten Briefen) enthält. In Einzelüberlieferungen liegen vor: das zwischen 1331–34 verfaßte *Horologium Sapientiae* (= *HS*), das *Große Briefbuch* (= *GBfb*), 4 Predigten und das *Minnebüchlein.*

Das ‹Exemplar›

Seuses eigenhändig um 1361/62 redigiertes ‹Musterbuch› oder ‹Exemplar›[8] umfaßt *vier guotú buechlú* (3,2), mit (meist 12) Bildern[9] und Sprüchen versehen, deren Anschaulichkeit den von der Welt niedergezogenen Menschen *wider uf zuo dem minneklichen got reizlich ziehe* (4,27f.). Damit ist ein darstellerisch-ästhetisches Problem gegeben, die Frage nämlich, wie sich *mit bildgebender wise* (3,3) von dem, *daz über alle sinne und über menschlich vernunft ist* (191,7), sprechen läßt, oder kurz: *wie kan man bildlos gebilden unde*

7 Vgl. meinen Datierungsversuch in: A. M. Haas, Nim din selbes war. Studien zur Lehre von der Selbsterkenntnis bei Meister Eckhart, Johannes Tauler und Heinrich Seuse, Freiburg/Schweiz 1971, S. 155. L. Sturlese hat ihn im Vorwort zu H. Seuse, Das Buch der Wahrheit. Kritisch hg. von L. Sturlese und R. Blumrich. Mit einer Einleitung von L. Sturlese, Hamburg 1993, XVIII, wieder aufgenommen.

8 Über die Entstehungsgeschichte vgl. Kurt Ruh, Geschichte der abendländischen Mystik. Dritter Band: Die Mystik des deutschen Predigerordens und ihre Grundlegung durch die Hochscholastik, München 1996, S. 421ff.

9 Die Bilder siehe bei A. Diethelm, Durch sin selbs unerstorben vichlichkeit hin zu grosser loblichen heilikeit. Körperlichkeit in der Vita H. Seuses, Bern 1988, und bei M. Kersting, Text und Bild im Werk Heinrich Seuses. Untersuchungen zu den illustrierten Handschriften des Exemplars, Diss. Mainz 1987. Zum Kontext der Bildlichkeit Seuses vgl. Jeffrey Hamburger, Medieval Self-fashioning: Autorship, Authority, and Autobiography in Suso's *Exemplar,* in: ders., The Visual and the Visionary. Art and Female Spirituality in Late Medieval Germany, New York 1998, 233–278.

wiselos bewisen (191,6f.)? Von *bildlos gebilden* ist ihm auch schon die Lösung vorgegeben: Das Bildlose muß über die Anwendung von Bildern vermittelt werden, derart, *daz man bild mit bilden us tribe* (191,9). Dieses Vorgehen wird ihm zum schriftstellerischen Programm. Das ‹Exemplar› enthält die im folgenden aufgeführten Werke:

1. Vita. Die – wie schon gesagt – in erbaulicher Absicht verfaßte Lebensbeschreibung Seuses zieht die meisten Vorbemerkungen auf sich: Aus Furcht vor postumer Mißdeutung oder Unterdrückung gibt er sie zu seinen Lebzeiten der Öffentlichkeit preis, unterbreitet Proben davon aber zuvor dem Provinzial der Teutonia, Bartholomäus von Bolsenheim († 1362); nachdem dieser das Gelesene approbiert hat, stirbt er und muß so den Rest vom Himmel her in Form einer Vision beglaubigen. Sodann knüpft Seuse die Entstehung der *Vita* an seine freundschaftliche Beziehung zu *Elsbeth Stagel* im Kloster Töß: Sie habe ihm Auskünfte über seinen geistlichen Werdegang vom anfangenden über den fortschreitenden zum vollkommenen Menschen entlockt, habe sie aufgeschrieben, bis Seuse von diesem geistlichen Diebstahl erfahren, die Texte herausgefordert und sie zum Teil verbrannt habe, durch eine himmlische Botschaft aber an der Vernichtung des Rests gehindert worden sei; dieser mache den Hauptteil der *Vita* aus; etwas an Lehrhaftem habe er noch hinzugefügt. Es ist bis heute die Frage, ob «die literarische Beteiligung der Stagel [...] in den Bereich des fiktionalen Rahmens [gehöre], den das Gattungsvorbild des Ritterromans erzwingt».[10] In der Tat knüpft Seuse in seiner Autobiographie an das Stilmuster des höfischen Romans mit seinem doppelten Kursus an. Ein erster Teil (Kap. 1–20) schildert Seuse im Zustand einer aktiven Leidensnach-

10 K. Grubmüller, Die Viten der Schwestern von Töss und Elsbeth Stagel, ZDA 98 (1969) 171–204, hier S. 196, im Rückgriff auf K. Ruh, Altdeutsche Mystik. Ein Forschungsbericht, Wirkendes Wort 7 (1957) 135–146, 212–231, hier S. 222. Beide Autoren neigen, die Beteiligung der Stagel an Seuses Verfasserschaft als romanhafte Konstruktion Seuses zu betrachten. Mit nicht schlechten Gründen äußert sich gegen die Konstruktionsthese B. Stoll, Die theologischen Denkfiguren bei Elsbeth Stagel und ihren Mitschwestern, in: B. Acklin Zimmermann, Denkmodelle von Frauen im Mittelalter, Freiburg/Schweiz 1994, 149–172, hier 149–152. Vgl. auch W. Blank, Heinrich Seuses ‹Vita›, ZDA 122 (1993) 285–311.

folge Jesu Christi. Begleitet von Visionen und Entrückungen, tritt er ein in *ein cristfoermig liden* (134,5f.): Er ritzt sich den Namen Jesu (IHS) auf die Brust, fügt sich aller Art Martern zu: Geißelungen, Schweigen, Anlegen eines härenen Nagelhemdes, Tragen eines mit Nägeln gespickten Holzkreuzes, Fesselung der Hände, Wärmeentzug im Winter, Essens- und Trinkverzicht, Aufgabe der Körperpflege, eine Tür als Bettstatt, unzählige *venjen* (Prostrationen) usw. In einer entscheidenden Schau wird ihm der Verzicht auf diese Bußübungen in Nachfolge der Wüstenväter[11] empfohlen: Wie ein Hund mit einem Fußtuch spielt, so wird ihm hinfort von andern Menschen mitgespielt werden (Kap. 20). Diese Wende im 40. Lebensjahr bringt ihm auch die Erhebung in den geistlichen Ritterstand (nach Hiob 7,1). Andere Menschen fügen ihm wie einem weltlichen Turnierritter Leiden zu: Verleumdungen, Gefahren an Leib und Leben, Treuebrüche ihm nahestehender Menschen begegnen ihm in einer Reihung, wie sie im höfischen Roman als Aventiurenkette geläufig ist. Neben Gefährdungen von außen treten solche von innen: Zweifel an der Menschwerdung Gottes, Melancholie, Angst vor Verdammnis. Visionen trösten ihn und geben ihm die Gewißheit, von Gott auserwählt worden zu sein (u. a. Gottesfreunden erscheint ihm auch Meister Eckhart). Im zweiten Teil (Kap. 33–53) setzen sich Seuses Leiden fort: Neid, Mißgunst und Verzweiflungszustände werden geschildert; sie verweisen nicht mehr auf Seuses Aufstieg, sondern sind Exempel für Elsbeth Stagel, die zu voller Gelassenheit geführt werden soll. Mit Kap. 45 bricht der erzählende Teil mit dem Hinweis auf Elsbeths tätige Übernahme der Verehrung des

11 Vgl. L. Gnädinger, Das Altväterzitat im Predigtwerk Johannes Taulers, in: Unterwegs zur Einheit. Festschrift H. Stirnimann, Freiburg/Schweiz 1980, S. 253–267, hier S. 258; P. Michel, Seuse als Diener des göttlichen Wortes, in: A. M. Haas u. a. (Hgg.), Das ‹einig Ein›. Studien zu Theorie und Sprache der deutschen Mystik, Freiburg/Schweiz 1980, S. 281–367, hier S. 363. Vgl. zum Rezeptionsphänomen K. Kunze, U. Williams, Ph. Kaiser, Information und innere Formung. Zur Rezeption der ‹Vitaspatrum›, in: Wissensorganisierende und wissensvermittelnde Literatur im Mittelalter. Perspektiven ihrer Erforschung, hg. von N. R. Wolf, Wiesbaden 1987, S. 123–142; W. Williams-Krapp, *Nucleus totius perfectionis.* Die Altväterspiritualität in der ‹Vita› Heinrich Seuses, in: Festschrift Walter Haug und Burghart Wachinger, 2 Bände, Tübingen 1992, I, S. 407–421.

Namens Jesu ab, und es folgen acht theoretische Unterweisungen über die höchsten Fragen der mystischen Erfahrung: nach echter und falscher Vernunft, nach der Gelassenheit, nach der Dreieinigkeit Gottes. Quintessenz ist: *Ein gelassener mensch muoss entbildet werden von der creatur, gebildet werden mit Cristo, und úberbildet in der gotheit* (168,9f.). Der literarische Aufwand der *Vita* relativiert sich in dem eingangs genannten Grundgesetz seusescher Darstellung, daß nämlich *disú ellú entworfnú bild und disú usgeleiten verbildetú wort sind der bildlosen warheit als verr und als ungelich, als ein swarzer mor der schoenen sunnen* (193,31ff.). Damit nimmt er ein neuplatonisch-proklisches Stilprinzip in Anspruch, wonach unähnliche Ähnlichkeiten (Sonne – schwarzer Mohr) die Aussagetendenz (hier: die Sonne = Christus sichtbar zu machen) deutlicher zu akzentuieren vermögen als ähnliche Ähnlichkeiten.[12]

Wenn auch seit Schwietering[13] (1953/1969) das Buch, *daz da haisset der Súse* (7,1), trotz der allenfalls mystifizierenden Prologe als authentische Autobiographie Geltung beanspruchen darf, sind viele Fragen hinsichtlich der genaueren Autorschaft dieses Werkes noch offen. Sicher ist, daß ihm mystagogischer Charakter zukommt, daß es also vorrangig *mit bildgebender wise* (3,3) und mit *bildgebender glichnus* (191,1) das christliche Heilsgeschehen im Spiegel eines einzelnen Menschenlebens wiedergeben will. Intrikat dabei ist und bleibt, daß der Berichtgeber identisch ist mit dem Gegenstand, von dem er berichtet. Die Selbstreferenz des Heiligen in Form einer Autobiographie enthält alle Tücken möglicher Selbstmißdeutung oder Selbstüberhöhung.

2. Büchlein der ewigen Weisheit. Wie die *Vita* ist auch das *Bdew* im Leben Seuses begründet. Seine Mutter ist ihm vorbildlich für ihr *mitliden* (142,25) mit der Passion Christi, seine eigene ‹Schwermütigkeit›[14] führt ihn zur Betrachtung des Leidens Christi (256,24ff.),

12 Vgl. Alois M. Haas, Von der Allmacht der Kunst, in: Peter Panyoczky. Monographie, Bern 1996, S. 121–142.

13 J. Schwietering, Zur Autorschaft von Seuses Vita, 1953, in: K. Ruh (Hg.) Altdeutsche und altniederländische Mystik, Darmstadt 1964, S. 309–329.

14 Vgl. Alois M. Haas, Kunst rechter Gelassenheit. Themen und Schwerpunkte von Heinrich Seuses Mystik, Bern usw. [2]1996, S. 93–178.

ebenso die Möglichkeit, darin Ablaß für zeitliche Sündenstrafen zu gewinnen (258,1 ff.). In einer innerlichen Schau werden dem Diener der ewigen Weisheit 100 Betrachtungen eingegeben. Sie bilden den Grundstock des *Bdew* und haben ihren Ort im dritten Teil gefunden. Es sind kurze Anrufungen an Jesus und Maria zu den einzelnen Stationen des Leidens Christi, die er täglich in Kreuzgang und Chor der Kirche betet. Der erste Teil des *Bdew* enthält 20 Betrachtungen über das Leiden Christi. In Dialogform abgefaßt, werden die Allegorie der ewigen Weisheit (mal weiblich, dann männlich als Jesus Christus) und deren Diener Seuse im fortlaufenden Gespräch miteinander gezeigt. Hauptlehre dieser sich auf das biblische Buch der Weisheit abstützenden dialogischen Erwägungen ist die Notwendigkeit des Durchgangs durch das Leiden Christi für den, der in die ‹ungewordene› Gottheit gelangen möchte: *wilt du mich schowen in miner ungewordenen gotheit, so solt du mich hie lernen erkennen und minnen in miner gelitnen menscheit* (203,8 f.). Das ist die *via regia* (nach Num 21,22), um zur Gottheit zu gelangen.[15] Der zweite Teil des *Bdew* handelt vom leiblichen und geistlichen Tod; der Einblick in die Verdammnis (die *mors secunda* nach Apk 20,14) ist dem Diener Anlaß, wiederum den Tod Christi zu meditieren und sich so angemessen auf den Tod vorzubereiten.[16]

Sowohl der erste wie der dritte Teil des *Bdew* sind im Spätmittelalter einzeln als Andachts- und Betrachtungsbüchlein erfolgreich vertrieben worden. Aber auch das ganze *Bdew* gehört mit seinen erhaltenen 180 Hss. zu den im 14. und 15. Jahrhundert verbreitetsten Andachtsbüchern.

3. Büchlein der Wahrheit. Leitmotiv dieses Werkleins ist eine Unterscheidung zwischen Menschen, die einerseits nach *ordenlicher einvaltikeit* und andererseits nach *ungeordenter friheit* (327,27 f.)

15 J. Bühlmann, Christuslehre und Christusmystik des Heinrich Seuse, Luzern 1942, S. 197ff.

16 Vgl. A. M. Haas, Todesbilder im Mittelalter. Fakten und Hinweise in der deutschen Literatur, Darmstadt 1989, S. 172f.; ders., Sermo mysticus. Studien zu Theologie und Sprache der deutschen Mystik, Freiburg/ Schweiz [2]1989, S. 468ff.; ders., Geistliches Mittelalter, Freiburg/Schweiz 1984, S. 492f.; ders. (wie Anm. 14), S. 223ff.

streben. Gerichtet an ein Nonnenpublikum,[17] verfolgt es die didaktische Absicht, über Eckharts theologisch-mystische Positionen angesichts begardisch-freigeistiger Mißdeutungen angemessen zu orientieren. Die Wahrheit als Anwältin der Hl. Schrift und guter Theologen (328,4f.) gibt Auskunft über neuralgische Punkte der eckhartschen Mystik: über Gelassenheit und ihr Verfügtsein in den göttlichen Abgrund, über die Unterscheidung von einfacher Gottheit und dreifaltigem Gott, über das Verhältnis der Geschöpfe zu Gott, über die Inkarnation (Gott nimmt in der Menschwerdung eine menschliche Natur, aber keine menschliche Person an), über die Vereinigung des Menschen mit Gott im Diesseits und Jenseits (das menschliche Ich ist ein Nichts, es bleibt aber auch in der höchsten Versenkung erhalten, gefordert ist Selbstentäußerung in Gott hinein), schließlich über die Freiheit und die angemessene Lebensführung eines Christen (ein gelassenes Ich ist *ein kristfœrmig ich* [335,26], das immer Kreatur bleibt, selbst wenn es sich eins fühlt mit Gott). Im 6. Kap. tritt das «namenlose Wilde» auf und fordert ungebändigte Freiheit, Leben aus eigenem Antrieb ohne Unterscheidung von Gott und Welt. Der Jünger warnt vor der freigeistigen Unvernünftigkeit des Nicht-Unterscheiden-Könnens zwischen Gott und Welt. Am Schluß werden praktische Fragen einer angemessenen Lebensführung zwischen Wahrheit und Diener besprochen. Im Ganzen ist das *Bdw* (das nie eine Sonderüberlieferung hatte) ein beredtes Zeugnis für die Aktualität der eckhartschen Lehren, gleichzeitig aber auch eine intensive Selbstinszenierung Seuses in seiner Rollenfiktion als Diener der Wahrheit. Dabei kommen starke philosophische Denkformen zum Zuge, wie Sturlese und Blumrich kürzlich zeigen konnten, indem sie allerdings die rationalen Denkkategorien gegenüber den mystischen Themen überschätzten.

4. Briefbüchlein. Das *Bfb* stellt eine gekürzte Auswahl von 11 Briefen aus dem *GBfb* dar, die Muschgs Mißfallen erregt hat.[18] Gleichwohl verwirklicht Seuse in dieser Komposition ein mystagogisches

17 D. Kuhlmann, Heinrich Seuses ‹Buch der Wahrheit›. Studien zur Textgeschichte, Diss. (masch.) Würzburg 1987, S. 294ff.

18 W. Muschg, Die Mystik in der Schweiz. 1200–1500, Frauenfeld 1935, S. 258.

Anliegen, indem er die Briefe im Sinne eines mystischen Itinerars vom anfangenden Menschen bis zur höchsten Gottesfreundschaft *ze einer underlibi dines gemuetes* (360,8) reiht.

Horologium Sapientiae

Sicherlich erst aufgrund der kritischen Neuedition des *HS* durch Pius Künzle[19] ist klar, daß es eine erweiterte Neuredaktion des *Bdew* in lateinischer Sprache darstellt und die Betrachtungen des *Bdew* um Reflexionen über das Kloster- und Studienwesen und um aktuelle kirchenpolitische Stellungnahmen vermehrt. Weiterhin mag, wie Künzle vermutet, das persönliche Erlebnis der mystischen Vermählung mit der Ewigen Weisheit zu einer Steigerung der Emotionslage im *HS* beigetragen haben, denn es ist «kein Zweifel, daß das Ideal der geistlichen Gemahlschaft mit der ewigen Weisheit im *HS* ungleich stärker zur Geltung kommt als im *Bdew*.»[20] Auf drei Ebenen bringt das *HS* Neues: «Erstens selbstbiographische Aussagen (I,1; teilweise in I,5 und 13; II,1 und 7); zweitens, im Anschluß an Seuses persönliches mystisches Erlebnis, die vorrangige Bedeutung der geistlichen Vermählung, die dem Ziele dient, möglichst viele zu neuer Gottesliebe zu erwecken (II,7–8); drittens Anregung einerseits zu heilsamer Verkündigung (II,6), andererseits zur Reform des Ordenslebens (I,5), des Seelsorgseifers (I,12) und des Studiums (II,1) durch Gegenüberstellung von Zerfallserscheinungen und anzustrebendem Ideal.»[21] Alles in allem ist dieses Werk, das dann wegen seiner lateinischen Fassung weltweit Erfolg hatte, ein höchst interessanter Beleg für die sprachliche Doppelfassung ein und desselben Werks spiritueller Erbauung, an dem in besonders signifikanter Weise das lateinisch versierte, gebildete Publikum vom deutschsprachig fixierten, religiös interessierten unterschieden werden kann.

19 P. Künzle (Hg.), Heinrich Seuses Horologium Sapientiae. Erste kritische Ausgabe unter Benützung der Vorarbeiten von D. Planzer OP, Freiburg/Schweiz 1977 (= HS).

20 HS, S. 52.

21 HS, S. 53.

Großes Briefbuch

Zentrales Anliegen der im Gbfb zusammengefaßten 28 Briefe, die an verschiedene Dominikanerinnen und insbesondere an Seuses Seelenfreundin Elsbeth Stagel gerichtet sind, ist es, den Weg zur vollkommenen Liebe aufzuzeigen, die allein zur Einheit mit der Ewigen Weisheit führt. Das Hohelied, Psalmstellen, Propheten, Kirchenväter, Heilige und antike Autoren – etwa Ovid, der *meister von minnen* (434,1) – werden als Kronzeugen gegen die trügerische weltliche Liebe herangezogen. Um der Liebe Gottes willen ist Liebe zu sich selbst und zu allem Geschaffenen geboten. Die Kombination Liebe/ Leid bestimmt den Tenor der Briefe, derart, daß eine Verteilung von Leid und Liebeserfüllung statthat: *ie betruebter hie umb got, ie froelicher dort mit gotte* (490,23 f.). Genaue und praxisnahe Orientierungshinweise sollen zur wahren geistlichen Ritterschaft hinführen. Der letzte Brief – *testament(e) der minnen* (494,14) – faßt noch einmal alle Gedanken zusammen, die zum *luterlichen* Leben führen und den mystischen Weg vollenden.

Minnebüchlein

Als ‹Mosaiktraktat›, der aus verschiedensten passionsmystischen Quellen schöpft,[22] ist seine Authentizität nicht erwiesen; Molinelli-Stein vermutet dagegen, es handle sich um ein Frühwerk Seuses, um einen ‹ersten Entwurf zum *Bdew*›.[23]

Seuses Autorschaft und seine Nachwirkung

Überdeutlich ist, daß Seuse selber ein ausgeprägtes Bewußtsein von seiner Autorschaft besitzt und daß sein sprachlich-stilistisches Bemühen in einem breitesten Sinn nach Verlebendigung der Aussage tendiert. Sein geistliches Stilprinzip, Bilder mit Bildern auszutrei-

22 Vgl. Ruh (Anm. 8), S. 245 f.

23 B. Molinelli-Stein, Seuse als Schriftsteller (Rhetorik und Rhythmus in seiner Prosa), Diss. Tübingen 1966; dies., Ein Beitrag zur Echtheitsfrage des ‹Minnebüchleins› (H. S.?), Festschrift W. Mohr, Göppingen 1972, 313–354.

ben, steht in einem umgekehrten Verhältnis zu einem ästhetischen Bewußtsein von der unrückführbaren Aktualität erklingender Musik oder eines aus Gnade empfangenen *und usser einem lebenden herzen dur einen lebenden munt us fliezen(den)* Wortes; dieses – wenn es *an daz tovt bermit* kommt – erscheint ihm – *sunderliche in tútscher zungen* – wie verblichene, abgebrochene Rosen (199,14ff.). Gattungsmäßig dominiert der Dialog, stilistisch das *genus dicendi sublime*[24] mit seiner Strategie emotionaler und schmuckreicher Diktion (ohne daß die beiden andern Stilebenen – insbesondere in der *Vita* – ausgeblendet wären). Der stark narrative Zug (vor allem in der *Vita*), in dem sich eine Tendenz zu novellistisch-pointierten Kurzerzählungen (im Rückbezug auf die höfische *aventiure*) abzeichnet, verstärkt das Moment der Aktualisierung von Gefühlsbezügen. Allerdings fehlt der belehrend-dozierende Tonfall (im *Bdw* und im *Bdew*) keinesfalls, aber auch hier ist die Tendenz zur Verlebendigung im Rahmen des Dialogs spürbar. Die Neigung Seuses zu stilistisch überschaubaren Einheiten ist mit Recht beobachtet worden;[25] die einzelnen Abschnitte sind durchkomponiert und fügen sich als Teile zu einem wohlgeformten Ganzen, während in der Feinstruktur der Rede eine metaphern- und bildreiche Diktion vorherrscht mit zum Teil vom schwäbischen Dialekt her kommenden Einflüssen (Diminutive usw.). All das macht Seuses Werk zu einem Ensemble von Texten, das in der Mitte des 14. Jahrhunderts seinesgleichen sucht. Die Nachwirkung war denn auch entsprechend intensiv und überdauerte Jahrhunderte.

Seuses Ruhmesgeschichte und Nachleben in bildender Kunst, Literatur und Kult ist außerordentlich, ist aber noch nicht angemessen erforscht worden. Sein *Horologium Sapientiae* wurde früh in die europäischen Volkssprachen übersetzt: 1389 ins Französische (mit Druckausgaben 1493, 1499 usw.), ins Niederländische (zwischen 1360–80), ins Italienische (15. Jahrhundert), ins Englische (15. Jahrhundert), ins Böhmische (Ende 14. Jahrhundert), ins Dänische

24 Vgl. Molinelli-Stein, 1966 (Anm. 23), S. 32ff.

25 G. von Siegroth-Nellessen, Versuch einer exakten Stiluntersuchung für Meister Eckhart, Johannes Tauler und Heinrich Seuse, München 1979, S. 280; H. Stirnimann, Mystik und Metaphorik. Zu Seuses Dialog, FZPhTh 25 (1978) 233–303.

(15. Jahrhundert) und ins Schwedische (um 1500). Alle diese Übersetzungen zogen verschiedene Druckausgaben nach sich (Paris 1470, 1479; Venedig 1492, 1536; Köln 1496, 1501, 1503, 1509 usw.), so daß das Seusesche Werk im Rahmen der verschiedenen nationalen Spiritualitäten starken Einfluß bekommen konnte. Bemerkenswert ist die Nachwirkung des *HS* in den Niederlanden, wo die Einflußnahme Seuses beispielsweise auf die *Devotio Moderna* und die *Imitatio Christi* greifbar ist. Die Windesheimer Kanoniker, Ludolf von Sachsen in seiner *Vita Jesu Christi,* Hugo von Balma, Nikolaus von Kues, Jean Gerson und viele andere für die Spiritualitätsgeschichte bedeutsame Persönlichkeiten haben sich auf Seuses *HS* bezogen.

Die Rezeption Seuses beschränkte sich aber nicht auf das *HS,* sondern betraf früh auch schon sein deutschsprachiges Werk. Druckausgaben erfolgten in Augsburg 1482 und 1512. Zuvor aber schon war Seuse bei den Gottesfreunden in Straßburg, im Dominikanerorden und dessen Predigt (Otto von Passau, Marquard von Lindau, Johannes Nider), in Nonnenkonventen und Laienzirkeln, im 16. Jahrhundert bei den Jesuiten (Petrus Canisius, Friedrich von Spee) und auch bei den Pietisten bekannt, geschätzt und ausgeschrieben. Selbst Herder bezieht sich noch wohlwollend auf Seuse und anerkennt seinen hervorragenden Stil.

Schließlich hat auch Seuses Person als eine verehrungswürdige eine spezielle Verehrung auf sich gezogen.[26] Sein geistliches Schrifttum, das in einzigartiger Weise im späten Mittelalter und in der frühen Neuzeit verbreitet war, hielt die Erinnerung an einen ‹Heiligen› wach. Dazu kam eine Verehrung, die sich auch in Devotionsgegenständen dokumentierte. In all diesen ikonographischen und kultischen Dokumenten wird eine Spiritualität belegt, die in dem Sinne ‹modern› ist, daß sich hier die Individualität eines Seliggesprochenen literarisch selbst verantwortet, wie es insbesondere in seiner ‹Vita› bezeugt ist.[27]

Bis in die sechziger Jahre dieses Jahrhunderts befaßte sich die Seuse-Forschung einerseits mit der Frage der Authentizität der *Vita*

26 A. M. Walz, Der Kult Heinrich Seuses, in: E. M. Filthaut (Hg.), Heinrich Seuse. Studien zum 600. Todestag. 1366–1966, Köln 1966, S. 437–455.

27 Dieter Thomä, Erzähle dich selbst. Lebensgeschichte als philosophisches Problem, München 1998 (leider ohne Erwähnung dieses frühen deutschen Textes).

(mit Schwieterings Aufsatz[28] ein vorläufiges Ende findend), ihrer literarischen Struktur und Machart (Holenstein)[29] und ihrer Einzigartigkeit, andererseits mit Fragen der religiös-spirituellen Inhalte seines Werks (Bühlmann u. a.),[30] und seiner Position im Rahmen zeitgenössischer Philosophie und Theologie. Immer hatte auch die konkrete Verehrung einen Platz im Umkreis der Beschäftigung mit Seuse. Die Festschrift 1966[31] bildet einen Wendepunkt: Breit wird hier die Nachwirkung Seuses, die Handschriftengeographie und -soziologie, aber auch die thematische Problematik von Stil und Schreibweise Seuses abgehandelt. Im Gegensatz zu Seuses unbestreitbarer Geltung im Rahmen der Spiritualitätsgeschichte war und blieb die Forschung in ihrer Beschäftigung mit Seuse zögerlich. Bei dieser Zurückhaltung mag ein modern-psychologisches Verdikt über Seuses Askesepraxis und seine Emotionalität mitgespielt haben. Jetzt weisen alle Anzeichen aber auf eine intensivere Beschäftigung mit diesem Werk, das – zum Teil in Reaktion auf alte Positionen, die Seuse bloß unter dem Aspekt seiner literarisch-emotionalen Fähigkeiten sahen – hinsichtlich seiner spiritualitätsgeschichtlichen Hintergründe (*philosophia spiritualis* der Wüstenvätertradition) und seines philosophischen Gehalts (Sturlese) breit erforscht wird.

Georg Hofmanns Übersetzung

Als die Übersetzung von Georg Hofmann (1893–1976) mit den deutschen mystischen Schriften Seuses 1966 erstmals erschien, bedeutete sie einen im Seuse-Verständnis bedeutenden Schritt vorwärts. Seuse zu übersetzen ist keine leichte Sache. Seine Sprache, die in mancherlei Hinsicht, intellektuell, emotional, mental anspruchs- und kunstvoll geprägt ist, verlangt einen Zugang, in dem – möglichst ohne Abschwächungen – sowohl die Technizität einer zum Teil neuen philosophisch-theologisch orientierten Fachsprachlich-

28 Vgl. oben Anm. 13.

29 A. Holenstein-Hasler, Studien zur Vita Heinrich Seuses, Diss. Zürich, Freiburg/Schweiz 1968.

30 Vgl. oben Anm. 15.

31 Vgl. oben Anm. 26.

keit als auch die Intensität einer auf Seelen- und Geisteszustände sensibilisierten, metaphernreichen dichterischen Sprache und die realistische Genauigkeit einer Diktion, die sich auf die Sachwelt einer immer stärker akzentuierten und differenzierten Stadt- und Klosterkultur realistisch ausrichtet, angemessen und semantisch adäquat zum Austrag gebracht werden kann. Im Grund ging das nicht mehr in der Art, wie Heinrich Seuse Denifle[32] in starker Wortanlehnung ans Mittelhochdeutsche den seuseschen Text ins Neuhochdeutsche übersetzt hatte. Es ging aber auch nicht mehr in der Art der populären Übertragung von Walter Lehmann[33], die versuchte, «über Denifle hinauszukommen, als sie sich bemüht, wirklich sich unsrer Sprache anzuschmiegen, ohne den zarten Duft der Seuseschen Dichtung zu zerstören».[34] Gefragt war eine genaue und doch aus dem angezielten Inhalt und nicht dem im Mittelhochdeutschen und Neuhochdeutschen zum Teil identischen, semantisch aber differenten Wortschatz heraus gearbeitete Übersetzung. Hofmann ist dabei einem für Übersetzungen aus dem Mittelhochdeutschen nicht falschen Gesetz gefolgt, wonach nach Möglichkeit ein mittelhochdeutsches Wort nicht mit dem semantisch nahezu in jedem Fall engeren identischen neuhochdeutschen Wort, sondern mit einem andern neuen Wort übersetzt werden soll. Bisweilen führt das zu klaren oder gar überklaren Bedeutungsnuancierungen im Neuhochdeutschen. In jedem Fall aber ist eine solche Übersetzung klar und unmißverständlich darüber, was der Übersetzer damit gemeint hat. Sie ist nachprüfbar und gleichzeitig eine Deutung des Urtextes. In diesem Sinne ist Hofmanns Seuse-Übersetzung eine Seuse-Deutung aus einer hohen Kennerschaft, die auch heute noch zur Kenntnis genommen werden kann und auch muß, da Generationen von Seuse-Interpreten sich offen oder heimlich auf sie abgestützt haben.

Zürich, im Januar 1999 *Alois M. Haas*

32 Heinrich Seuse Denifle, Deutsche Schriften des seligen Heinrich Seuse, München 1876.

33 Heinrich Seuses Deutsche Schriften. Übertragen und eingeleitet von Walter Lehmann. 2 Bände, Jena 1922.

34 Ebd., LII.

Quellen

Heinrich Seuse. Deutsche Schriften, Stuttgart 1907 = Frankfurt a. M. 1961. – Pius Künzle. Heinrich Seuses Horologium Sapientiae, Freiburg/Schweiz 1977 (engl. Übersetzung von Edmund College, Washington 1994). – Heinrich Seuse. Das Buch der Wahrheit, kritisch hg. von Loris Sturlese und Rüdiger Blumrich, Hamburg 1993.

Literatur

Gisela Baldus, Die Gestalt des Dieners im Werke Heinrich Seuses, Diss. Köln 1966. – Jean Baruzi, Le mysticisme de Henri Suso: Revue d'Histoire de Spiritualité 51 (1975) 209–266. – Maria Bindschedler, Mittelalter und Moderne. Gesammelte Schriften, Bern 1985, 165–169, 170–177; Jean A. Bizet, Suso et le Minnesang, Paris 1944; ders., Henri Suso et le déclin de la scolastique, Paris 1946. – Rüdiger Blumrich/Philipp Kaiser, Heinrich Seuses Philosophia spiritualis. Quellen, Konzept, Formen und Rezeption, Wiesbaden 1994. – Bruno Boesch, Seuses religiöse Sprache, FG Friedrich Maurer, Düsseldorf 1968, 223–245. – Adelheid Bohnet-von der Thüsen, Der Begriff des Lichts bei Heinrich Seuse, Diss. München 1972.–Arno Borst, Mönche am Bodensee 610–1525, Sigmaringen 1978, 246–263. – Dieter Breuer, Zur Druckgeschichte und Rezeption der Schriften Heinrich Seuses: ders., Frömmigkeit in der frühen Neuzeit. Studien zur religiösen Literatur des 17. Jahrhunderts in Deutschland, Amsterdam 1984, 29–49. – Joseph Bühlmann, Christuslehre und Christusmystik des Heinrich Seuse, Luzern 1942. – Richayrd F. M. Byrn, Heinrich Seuse und die Lehre von den Vier Letzten Dingen: Walter Haug u. a. (Hgg.), Zur deutschen Literatur und Sprache des 14. Jahrhunderts, Heidelberg 1983, 65–75. – Edmund College, «If all the world were paper». Henry Suso's use of a much-travelled commonplace: AFP 50 (1980) 113–116. – Edmund College/J. C. Marler, ‹Mystical Pictures› in the Suso ‹Exemplar›. Ms. Strasbourg 2929: AFP 54 (1984) 293–354. – Peter Dempe, Die Darstellung der Mater dolorosa bei Heinrich Seuse. Stoff und Stil, Diss. Berlin 1953. – Heinrich Seuse Denifle, Die deutschen Mystiker des 14. Jahrhunderts. Beitrag zur Deutung ihrer Lehre, Freiburg/Schweiz 1951. – Annegreth M. Diethelm, *Durch sein selbs unerstorben vichlichkeit hin zu grosser loblichen heilikeit.* Körperlichkeit in der Vita Heinrich Seuses, Bern 1988. – Markus Enders, Das mystische Wissen bei Heinrich Seuse, Paderborn 1993. – Ephrem M. Filthaut (Hg.), Heinrich Seuse. Studien zum 600. Todestag 1366–1966, Köln 1966. – Louise Gnädinger, Arsenius. Ein bevorzugter geistlicher Lehrmeister Heinrich Seuses: Jakobus Kaffanke (Hg.), Heinrich Seuse – Diener der Ewigen Weisheit, Freiburg i. Br. 1998, 87–159. – Klaus Grubmüller, Die Viten der Schwestern von Töss und Elsbeth Stagel: ZDA 98 (1969) 171–204. – Alois M. Haas, Kunst rechter Gelassenheit. Themen und Schwerpunkte von Heinrich Seuses Mystik, Bern [2]1996. – Jeffrey F. Hamburger, The Visual and the Visionary. Art and Female Spirituality in Late Medieval Germany, New York 1998. – Anna-Marie Holenstein-Hasler, Studien zur Vita Heinrich Seuses, ZSKG 62 (1968) 185–332 (= Diss., Zürich 1968). – Ruedi Imbach, Die deutsche Dominikanerschule: Drei Modelle einer Theologia mystica: Margot Schmidt u. a. (Hgg.), Grundfragen christlicher Mystik, Stuttgart/Bad Cannstatt 1987, 157–172. – Uta Joeressen, Die Terminologie der Innerlichkeit in den deutschen Werken Heinrich Seuses, Bern 1983. – Martin Kersting, Text und Bild im Werk Heinrich Seuses. Untersuchungen zu den illustrierten Handschriften des Exemplars, Diss. Mainz 1987. – D Kuhlmann, Heinrich Seuses ‹Buch der Wahrheit›. Studien zur Textgeschichte, Diss. Würzburg 1987. – Niklaus Largier, *Anima mea liquefacta est.* Das Gespräch der Seele mit Gott bei Mechthild von Magdeburg und Heinrich Seuse: Internationale Katholische Zeitschrift 16 (1987) 227–237. – Paul Michel, ‹Formosa deformitas›. Bewältigungsformen des Hässlichen in mittelalterlicher Literatur, Bonn 1976. – Ders., Seuse als Diener des göttlichen Wortes: Alois M. Haas u. a. (Hgg.), ‹Das einig Ein›. Studien zu Theorie und Sprache der deutschen Mystik, Freiburg/Schweiz 1980, 281–367. – Georg Misch, Geschichte der Autobiographie. IV/1/4: Heinrich Seuse, Frankfurt a. M. 1967. – Barbara Molinelli-Stein, Seuse als Schriftsteller. (Rhetorik und Rhythmus in seiner Prosa), Diss. Tübingen 1966. – Ursula Peters, Religiöse Erfahrung als literarisches Faktum. Zur Vorgeschichte und Genese frauenmystischer Texte des 13. und 14. Jahrhunderts, Tübingen 1988. – Kurt Ruh, Geschichte der abendländischen Mystik. Band III: Die Mystik des deutschen Predigerordens und ihre Grundlegung durch die Hochscholastik, München 1996, 417–475. – Julius Schwietering, Zur Autorschaft von Seuses Vita: Kurt Ruh (Hg.), Altdeutsche und altniederländische Mystik, Darmstadt 1964, 309–323. – Gabriele von Siegroth-Nellesen, Versuch einer exakten Stiluntersuchung für Meister Eckhart, Johannes Tauler und Heinrich Seuse, München 1979. – Heinrich Stirnimann, Mystik und Metaphorik. Zu Seuses Dialog: FZPhTh 25 (1978) 233–303. – Peter Ulrich, Imitatio et configuratio. Die philosophia spiritualis Heinrich Seuses als Theologie der Nachfolge des Christus passus, Regensburg 1995. – Angelus Walz, Bibliographiae susonianae conatus: Angelicum 46 (1969) 430–491.

Vorwort[35]

In diesem Musterbuch sind vier nützliche Bücher vereinigt. Das erste behandelt in bildlicher Weise alles vom anfangenden Leben und lehrt auf verborgene Weise erkennen, nach welcher Ordnung ein wahrhaft anfangender Mensch sein Äußeres und Inneres auf den allerliebsten Willen Gottes hin ausrichten soll. Und weil gute Werke ohne Zweifel irgendwie besser unterrichten und des Menschen Herz eher erheben als Worte allein, so berichtet dies Buch vor allem in anschaulicher Weise von mancherlei heiligen Werken, die in Wahrheit so geschehen sind. Es spricht auch vom zunehmenden Menschen, der auf dem Wege der Entsagung, des Erduldens, der frommen Übung hindurchbrechen soll durch sein unerstorbenes sinnengebundenes Leben hin zu großer preiswürdiger Heiligkeit. Es gibt nämlich hie und da Menschen, die in Denken und Wollen das Allernächste und -beste zu erreichen bemüht sind, während es ihnen aber doch an Unterscheidungsfähigkeit gebricht; hierüber gibt dies Buch viele Unterscheidungsmerkmale wahren und falschen Vernunftgebrauches und lehrt, wie man durch rechte Ordnung zu der lauteren Wahrheit eines seligen, vollkommenen Lebens kommen kann.[36]

35 Nach *K. Bihlmeyer,* Heinrich Seuse. Deutsche Schriften, Stuttgart 1907 (Nachdruck Frankfurt a. M. 1961), Einleitung S. 133 und Anm. 2, gehört dieses Vorwort zu den später hinzugefügten Teilen des «Lebens». Im weiteren Verlauf: Bi = Bihlmeyer. Die auf Grund der von Bihlmeyer und Gröber vorgenommenen Untersuchungen mit mehr oder weniger Wahrscheinlichkeit als nicht von Seuse stammenden späteren Zusätze sind durch [...] gekennzeichnet.

36 Schon hier reiht sich der Schreiber dieses Vorwortes und (wie man in der Folge sehen wird) auch Seuse in die große Zahl mystischer Schriftsteller ein, denen die Unterweisung und Führung des Menschen auf dem dreistufigen Wege geistlichen Lebens vor allem am Herzen liegt, der des *anfangenden* Menschen auf der Stufe der Ausrichtung seines Äußeren und Inneren auf Gottes Willen hin, der des *zunehmenden* Menschen, der in Entsagung und Duldung dem Heiland nachfolgt und der auf der höchsten Stufe, der dritten, jene «große preiswürdige Heiligkeit»

Das zweite Buch enthält eine bekannte Lehre: Es spricht von der Betrachtung des Leidens unseres Herrn und wie man innerlich leben und selig sterben lernen soll und dergleichen. Weil aber dieses Buch und mehr seiner Bücher schon lange fern und nah von mancherlei ungeschickten Schreibern und Schreiberinnen in unvollkommener Weise abgeschrieben worden sind, derart, daß jedermann nach Gutdünken dort hinzutat oder wegließ, hat sie der Diener der ewigen Weisheit[37] hier zusammengefügt und wohl eingerichtet, daß man ein taugliches Muster vorfinde nach der Weise, wie sie ihm zuerst von Gott eingegeben wurden.

Zweck des dritten kleinen Buches, genannt «Büchlein der Wahrheit», ist dieser: Da zu unserer Zeit manche ungelehrten, aber doch verständigen Menschen ihre Lehrer inbetreff der hohen Gedanken der Heiligen Schrift mißverstanden haben nach ihrem eigenen (bösen) und unsteten innersten Wesen und sie davon auch ebenso geschrieben haben und *nicht* im Sinne der Heiligen Schrift, so führt dies Buch den Menschen hinsichtlich derselben hohen Gedanken durch Unterscheidung auf den rechten Weg und zur reinen Wahrheit, wie sie von Gott nach christlicher Erklärung gedacht ist.

Das vierte Büchlein, «Briefbüchlein» genannt, das seine geistliche Tochter[38] wirklich aus all den Briefen, die er ihr und anderen seiner geistlichen Töchter gesandt, zusammengestellt hat und woraus sie ein Buch machte, hat er durch Auswahl aus diesen Briefen und deren Kürzung in die vorliegende Form gebracht. Es will einem von allem Äußerlichen losgelösten Gemüte Erholung und Erleichterung bieten.[39] Und die Abbildungen himmlischer Gegenstände, die

erlangt, die im mystischen Schrifttum als *Einung mit Gott* bezeichnet wird. «Wir werden die christlichen Mystiker nie verstehen, wenn wir nicht daran denken, daß sie hingebende und begabte Lehrer waren, ganz erfüllt davon, daß Gott sie zum Werk der Erziehung berufen...» (E. Colledge, The Mediaeval Mystics of England, London 1962, S. 17).

37 Häufige Bezeichnung für Seuse, auch von ihm selbst angewandt.

38 Elsbeth Stagel, Dominikanerin zu Töss, durch ihre Lebensbilder von Schwestern ihres Konvents bekanntgeworden.

39 Auch hier ein Hinweis auf die bildende, erzieherische Absicht des gesamten Seuseschen Werkes. Die Fassung des «Kleinen Briefbuches» läßt mehr diese Absicht gegenüber der des «Großen Briefbuches» hervortreten, das seinerseits den Vorzug größerer Unmittelbarkeit besitzt.

vorausgehen oder folgen, dienen dazu, daß ein gottesfürchtiger Mensch, der sich von seiner Sinnenhaftigkeit gelöst und sein Gemüt in Gott versenkt hat, allzeit etwas finde, das ihn von dieser treulosen Welt hinweg, hinauf verlocke zu dem liebenswerten Gotte.[40]

Und noch eines sollst du wissen: Die Bogen dieses ersten Buches voll der Erfahrungen hatten viele Jahre heimlich verschlossen gelegen – sie sollten erst mit des Schreibers Tod bekanntwerden –, da er sich wahrlich ungern damit bei seinen Lebzeiten einem Menschen eröffnen wollte. Schließlich aber sagte ihm seine Einsicht, daß es in diesen Zeiten beim derzeitigen Niedergange der Menschheit[41] besser und zuverlässiger sei, dies Buch mit Gottes Willen seinem Oberen vorzulegen, derweil er lebe und er sich in jedem Punkte dieser wahrheitsgemäßen Darstellung besser verteidigen könne als nach seinem Tode; dies für den Fall, daß etliche unverständige Menschen, auf deren Wort man nicht hören sollte, in unziemlicher Weise ein falsches Urteil über sein Buch abgeben sollten, die seine gute Absicht dabei nicht anerkennen wollten oder die infolge ihres Mangels an Bildung Besseres nicht verstehen können. Denn es hätte so kommen können, daß es nach seinem Tode den Lauen und den von Gott und der Welt verlassenen Menschen in die Hände gefallen wäre, die sich keine Mühe gegeben, es fürder solchen mitzuteilen, denen Gotteslob am Herzen gelegen: und so wäre es ohne Wirkung dahingeschwunden. Auch hätte es kommen können, daß es den an Erkenntnis Blinden oder den von Herzen Nichtswürdigen zuerst zuhanden gekommen wäre, die es aus gebrechlicher Bosheit unterdrückt hätten, wie schon mehrfach geschehen.

40 Die wohl von Seuse entworfenen lavierten Federzeichnungen – in einigen Hss. und den ersten Druckausgaben von Seuses Werken (1482, 1512) mehr oder minder künstlerisch ausgeführt – unterstützen die lehrhafte Absicht des Mystikers wesentlich durch vereinfachende Anschaulichkeit. Seuses Verhältnis zur bildenden Kunst überhaupt, zur Musik, zum Tanz seiner Zeit lassen ihn als einen vielseitigen, künstlerischem Empfinden gegenüber aufgeschlossenen Menschen von vielleicht eidetischer Veranlagung erscheinen.

41 Klagen über den Niedergang der Menschen und Zeiten sind wohl so alt wie das uns überlieferte Schrifttum. So beginnt das um die Mitte des 11. Jahrhunderts entstandene französische Alexiuslied mit einer Zeile («Bons fut li secles al tens ancienur»), die man frei mit: «Schön war das Leben in früheren Zeiten», wiedergeben könnte.

Darum faßte er mit Gottes Hilfe Mut und zog aus diesem Buche die wichtigsten Thesen und die erhabensten Gegenstände, die irgendwo darin stehen, heraus und gab sie einem hohen Meister zum Durchlesen, der von Gottes Gnade mit reichen Tugenden beschenkt und in der Gottesgelehrsamkeit erprobt war. Darüber hinaus war er im Predigerorden ein mächtiger Vorsteher über das deutsche Land, mit Namen Bartholomaeus.[42] Dem übergab er es in aller Demut, und der las es mit herzlichem Wohlgefallen und sagte, es sei allen wohlgesinnten Menschen wie ein verborgener süßer Kern aus der Heiligen Schrift. Als darauf die zugehörige Lehre hinzugefügt ward, damit jeder Mensch hier das Seine fände und der Schreiber dem Meister auch dieses vorlegen wollte, nahm der liebreiche Gott den edlen Mann aus dem Leben hinweg. Als der Diener vernommen, daß er nicht mehr am Leben sei, ward er gar sehr betrübt, denn nun wußte er nicht, was er tun solle. Er wandte sich daraufhin mit gar großem Ernst an die ewige Weisheit und bat sie, ihm in dieser Sache den besten Weg zu zeigen. Darauf ward er, ich weiß nicht wann, erhört, und der obengenannte Meister erschien ihm in einem hellstrahlenden Gesichte und ließ ihn wissen, es sei Gottes Wille, daß sein – des Dieners – Buch allen Menschen guten Herzens mitgeteilt werde, die in rechter Gesinnung und leidvollem Verlangen es kennenlernen wollten.

Wer nun gern ein heiliger Mensch werden und Gottes besonderen vertraulichen Umgang gewinnen möchte oder wen Gott mit schwerem Leiden heimgesucht hat, wie er gewöhnlich bei seinen besonderen Freunden zu tun pflegt, dem wäre dieses Buch eine zuverlässige Hilfe. Es gibt Menschen guten Herzens wirklich eine lichtvolle Führung zu göttlicher Wahrheit und weist verständigen Menschen den richtigen Weg zu höchster Seligkeit.

42 Bartholomäus von Bolsenheim, von 1354 bis zu seinem Tode 1362 Provinzial der Provinz Teutonia.

Erstes Buch

Das Leben des seligen Heinrich Seuse

Erster Teil

Seuses Leben

Hier beginnt der erste Teil der Lebensbeschreibung eines Predigerbruders, der Seuse hieß.[1]

In deutschen Landen lebte ein Predigerbruder. Der war von Geburt ein Schwabe.[2] Möge sein Name im Buche des Lebens stehen! Der wäre gar gern ein Diener der ewigen Weisheit gewesen und auch so geheißen worden. Er lernte eine heilige, erleuchtete Frau (seines Ordens) kennen[3], der in dieser Welt stete Not und viel Leiden zuteil geworden war. Die bat ihn, ihr aus seinem eigenen Erleben etwas vom Leiden zu sagen, woraus ihr duldendes Herz Kraft schöpfen könne; und diese Bitte wiederholte sie immer wieder. Wenn er sie aufsuchte, erfuhr sie von ihm, dank vertraulicher Fragen, wie er sein geistliches Leben begonnen und wie er darin fortgeschritten sei, auch dies und das von seinen Übungen, die er vorgenommen, und von den Leiden, die er erduldet. Und davon sprach er ihr in frommem Vertrauen. Da sie hierdurch Trost und Führung erfuhr, schrieb sie alles auf, sich und anderen zur Hilfe; das tat sie aber heimlich, so daß er nichts davon wußte. Als er danach irgendwann einmal von diesem geistlichen Diebstahl erfuhr, tadelte er sie und ließ es sich herausgeben. Was er erhielt, verbrannte er alles. Als sie ihm das übrige gab und er damit ebenso verfahren wollte, ward ihm eine himmlische Botschaft, die das verhinderte. Und so blieb das Folgende erhalten, so wie jene Frau es mit eigener Hand geschrieben. Ein wenig an guter Lehre ward nach ihrem Tod von ihm beigefügt.

1 Der Deutlichkeit halber ausnahmsweise nach der sonst unzuverlässigen Hs. N (Stadtbibl. Nürnberg, Cent VII, 90, vgl. Bi S. 7*).

2 Das ist nur insofern richtig, als Seuses Geburtsstadt Konstanz im alten Herzogtum Schwaben liegt; sprachlich und dem Volksstamme nach ist Seuse Alemanne.

3 Gemeint ist Elsbeth Stagel (s. S. 32, Anm. 38).

Das geistliche Leben des Dieners nahm seinen Anfang in dessen achtzehntem Lebensjahr. Zwar trug er damals bereits fünf Jahre das Kleid des Ordens, sein Geist aber war ungesammelt geblieben. Wenn ihn Gott, so dünkte ihm, nur vor den größten Mängeln, die seinem Ruf hätten schaden können, bewahre, so könne es mit ihm nicht gar zu schlimm werden. Hierbei aber ward er – ich weiß nicht wie – von Gott beschützt; ein Ungenügen fand er in sich vor, zu welch begehrenswerten Dingen er auch immer sich wandte; er meinte, irgend etwas anderes müsse seinem unsteten Herzen Frieden bringen, und seine Unruhe schuf ihm Leid. Zwar mühte er sich allzeit innerlich widerstrebend ab[4], vermochte aber nicht, sich zu helfen, bis ihn der gütige Gott durch rasche Umkehr befreite. Die mit ihm lebten, wunderten sich über die schnelle Änderung, die mit ihm geschehen war; es sagte der eine dies, der andere das. Was aber mit ihm vorgegangen, das fand keiner heraus; auf eine geheimnisvolle, strahlende Weise hatte Gott ihn gezogen, und dies hatte die rasche Abkehr von allem Äußeren bewirkt.

1 Von den ersten Kämpfen eines anfangenden[5] Menschen

Als ihm diese Hilfe von Gott zuteil geworden war, erfuhr er in sich bald manche Anfechtung, mit denen der Feind seines Heiles ihn verwirren wollte. Und das war so: Das innerliche Drängen, das ihm von Gott war zuteil geworden, forderte von ihm eine leidvolle Abkehr von allem, was ihm ein Hindernis hätte sein können. Solcher Kehr aber widerstand die Anfechtung und flüsterte ihm zu: «Überlege es dir besser: Leicht ist der Anfang, schwer das Vollbringen.» Die innere Stimme verwies ihn auf Gottes Kraft und Hilfe, die Gegenstimme machte geltend, es sei (zwar) kein Zweifel an Gottes Können; wer aber wisse, ob er *wolle*. Doch davon war ihm zuver-

4 Die Ernsthaftigkeit seines Strebens hebt den jugendlichen Seuse aus einer großen Zahl seiner Mitbrüder heraus: Die Strenge des religiösen Lebens hatte mit der starken äußeren Ausdehnung des Ordens nicht gleichen Schritt gehalten.

5 Ohne sich an eine zeitliche Abfolge zu binden, läßt Seuse von nun an eigenes Erleben in eine mehr oder minder deutlich faßbare Stufenfolge geistlichen Lebens einfließen. Dies Verfahren prägt die Eigenart der «Lebensbeschreibung».

lässige Kunde geworden: hatte doch der liebreiche Gott mit freundlichen Verheißungen aus eigenem Munde all denen seine Hilfe zugesagt, die in seinem Namen beginnen wollten. Als der Sieg in diesem Streite sich der Gnade zuneigte, kam ihm die Versuchung des Bösen in Gestalt eines Freundes, der ihm also riet: «Es mag wohl gut sein, dich um Besserung zu bemühen, aber übertreib es nicht. Betreib es maßvoll, damit du es vollbringen kannst. Iß und trink kräftig, tu dir gütlich und hüte dich dabei vor Sünden! Sei in dir selbst so gut, wie du willst, aber nach außen doch so maßvoll, daß den Leuten nicht vor dir graut. Oder, wie die Leute sagen: ‹Herz gut, alles gut!› Du kannst mit den anderen wohl fröhlich und doch ein guter Mensch sein; andere wollen auch in den Himmel kommen und führen kein so strenges Leben.» Mit solchen und ähnlichen Worten ward der Diener gar sehr angefochten. Aber die ewige Weisheit in ihm verwarf diese verblendete Rede mit folgender Überlegung: «Wer den Aal, diesen glatten Fisch, beim Schwanze fassen und ein heiliges Leben mit Lauheit beginnen will, wird zweimal betrogen: denn was er zu besitzen glaubte, ist ihm entgangen. Wer aber einen verwöhnten und widerspenstigen Leib mit Nachgiebigkeit überwinden will, bedarf guter Überlegung. Wer die Welt besitzen und doch Gott vollkommen dienen will, erstrebt Unmögliches und verfälscht Gottes eigene Lehre. Darum, willst du dir nachgeben, so verzichte gänzlich auf dein Vorhaben.» Wie lange dieser Kampf in ihm währte, weiß ich nicht zu sagen; schließlich faßte er sich ein Herz und wandte sich kraftvoll von den (äußeren) Dingen ab.

Seine unstete Ruhelosigkeit legte sich gar bald, als er sich von leichtfertiger Gesellschaft fernhielt. Zuweilen übermannte ihn die Natur, daß er hinging, um sein Herz zu erleichtern; zumeist aber ging er fröhlich dorthin und kehrte traurig zurück; denn die Rede, die sie führten, und ihre Unterhaltung mißfielen ihm, und die seine war ihnen unerträglich. Wenn er zuweilen zu ihnen kam, suchten sie auf ihn mit ihren Worten einzuwirken: «Was hast du», sagte der eine, «dir für ein sonderbares Betragen zugelegt?» Ein anderer: «So zu leben wie alle, das ist das sicherste.» – Der dritte: «Das nimmt kein gutes Ende.» – Und so wußte jeder etwas zu sagen. Er schwieg wie ein Stummer und dachte nur bei sich: Hilf, lieber Gott! Hier ist nur *eine* Rettung: fliehen! Hättest du diese Worte nicht vernommen, sie könnten dir nicht schaden. Eines aber ging ihm besonders nahe, daß er niemanden habe, dem er sein Leid klagen könne, der in gleicher Weise dasselbe suche, so wie *er* gerufen worden war. So ging er hilflos und lieblos umher und entzog sich mit großer Selbstbeherrschung dem Umgang, bis ihm der Erweis großer (göttlicher) Güte zuteil ward.

2 *Wie ihm eine übernatürliche Schau zuteil ward*

Als er noch ein anfangender Mensch war, trug es sich einmal zu, daß er am St.-Agnes-Tag – es war nach dem Mittagessen des Konventes – in den Chor ging. Dort war er allein; er stand an dem niederen Gestühl der rechten Seite. Um diese Zeit fühlte er sich durch schweres Leiden, das ihn überkommen, besonders beengt. Und wie er da so stand, des Trostes bar, und niemand in seiner Nähe war, da ward seine Seele entrückt, ob im Leib, ob außer ihm, das wußte er nicht.[6] Was er da sah und hörte, läßt sich nicht in Worte fassen. Es hatte weder Form noch bestimmte Art und hatte doch aller Formen und Arten freudenreiche Lust in sich. Des Dieners Herz verlangte danach und fühlte sich doch gestillt, sein Sinn war freudvoll und bewegt; Wünschen war ihm entfallen, Begehren entschwunden; er starrte nur in den hellen Abglanz, in dem er sich selbst und alles um sich vergaß. War es Tag oder Nacht? Er wußte es nicht. Ein Ausbruch war es, von des ewigen Lebens Lieblichkeit, seinem Wahrnehmen gegenwärtig, bewegungslos, ruhig. Als er wieder zu sich kam, sagte er: «Wenn *das* nicht das Himmelreich ist, so weiß ich nicht, was Himmelreich ist. Denn all das Leiden, das man durch Worte ausdrücken kann, vermag die Freude dem, der sie ewig besitzen soll, nicht nach Recht und Billigkeit zu verdienen.» Diese übermächtige Entrückung währte wohl eine Stunde, vielleicht auch nur eine halbe. Ob die Seele im Leib geblieben, ob sie von ihm geschieden

6 Mit deutlichem Anklang an Worte des Apostels Paulus (2 Kor 12,2) leitet Seuse die Schilderung eines Erlebnisses ein, das er selbst als «Entrückung» bezeichnet und das die Abwesenheit des Selbst, das «Nicht-bei-sich-Sein» bedeutet, auch «Ekstase» genannt wird.

war, das wußte er nicht. Als er wieder zu sich zurückfand, war ihm wie einem Menschen, der aus einer anderen Welt gekommen ist. Sein Leib erfuhr in dem kurzen Augenblick einen solchen Schmerz, daß er glaubte, keinem Menschen könne, außer in der Todesstunde, in so kurzer Zeit solcher Schmerz widerfahren. Mit einem gar tiefen Seufzen kehrten ihm die Kräfte zurück; gegen seinen Willen sank er zu Boden wie ein Mensch, dem in Ohnmacht die Sinne vergehen. In ihm schrie es auf, und in seinem Innern seufzte er und sprach: «O Gott, wo war ich, wo bin ich jetzt?», und: «Ach, Herzensgut, diese Stunde wird mir stets im Gedächtnis bleiben.» Er ging (wieder) umher, und niemand sah oder merkte ihm von außen etwas an. Aber Seele und Sinne waren innen voll des himmlischen Staunens; himmlischer Glanz kam und ging im tiefsten Grunde seiner Seele, und ihm war – wie, weiß ich nicht –, als schwebe er in der Luft. Die Kräfte seiner Seele waren von lieblichem, himmlischem Duft erfüllt, so, wie wenn man wohlriechende Salbe[7] aus einer Büchse schüttet und sie dennoch den guten Geruch behält. Dieser Duft wohnte ihm lange Zeit bei und schuf ihm himmlisches Verlangen nach Gott.

3 *Wie er sich mit der ewigen Weisheit aufs innigste vereinigte*

Sein Leben danach war lange Zeit mit innerlicher Sorgfalt in beharrlichem Eifer auf die beständige Gegenwart (Gottes) in der liebevollen Vereinigung mit der ewigen Weisheit gerichtet. Wie das begann, kann man in seinem «Büchlein der ewigen Weisheit» auf deutsch und im «Horologium Sapientiae» auf lateinisch – welch beide Werkchen Gott durch ihn gemacht hat – nachlesen.

Er besaß von Jugend auf ein liebebedürftiges Herz; nun stellt sich die ewige Weisheit in der Heiligen Schrift so liebenswert dar wie

7 Das hier mit «Salbe» übersetzte Wort lautet im Urtext «latwerge» [lat. electuarium] und findet sich in dieser und ähnlicher Form heute noch in deutschen Mundarten (z. B. Frankfurt: Latwerje); es bezeichnet den dick eingekochten Fruchtsaft, der als Brotaufstrich gegessen wird; zu Seuses Zeiten verstand man darunter den eingedickten Saft von Würz- und Heilkräutern, was die Wiedergabe des Wortes mit «Salbe» rechtfertigt. Das oben angegebene lateinische Wort stammt aus der Sprache der griechischen Heilkunde.

eine anmutige Liebende, die sich hübsch herausputzt, damit sie allen wohlgefalle; sie redet da so zärtlich wie eine Frau, die sich aller Herzen geneigt machen möchte. Zuweilen sagt sie auch, wie falsch andere Liebhaberinnen, wie liebenswert und beständig sie hingegen sei. Hiervon ward sein jugendlicher Sinn angezogen.[8] Es erging ihm mit ihr wie den wilden Tieren des Waldes, die der Panther durch den angenehmen Duft, der von ihm ausgeht, anlockt.[9] Solche Verlokkung empfand er von ihr gar oft und liebevollen Anreiz zu ihrer geistlichen Liebe, besonders in den Büchern der Heiligen Schrift, die Bücher der Weisheit heißen. Wenn man daraus bei Tisch vorlas und er solch trauliche Liebesworte vernahm, ward ihm gar froh ums Herz. Dann (aber) fühlte er sich wieder hilflos und dachte in seinem liebevollen Sinne: «Du solltest dein Glück wirklich versuchen, ob dir die hohe Frau, von der ich so große Dinge sagen höre, nicht zum Lieb werden könne, wird doch dein junges unstetes Herz auf die Dauer nicht ohne eine ihm zugehörige Liebe bleiben können.» Er suchte oft nach ihr, voll Liebe erinnerte er sich ihrer; seinem Herzen und seinen Sinnen gefiel sie gar wohl.

Eines Morgens, als er wieder einmal zu Tische saß, hörte er sie durch des weisen Salomos Worte also reden[10]: «Höre, mein Sohn, den vortrefflichen Rat deines Vaters! Suchest du Umgang in edler Liebe, so nimm dir die anmutige Weisheit zum trauten Lieb, denn

8 Die bei Tisch üblichen Lesungen – hier aus den fünf unter dem Namen «Weisheitsbücher» zusammengefaßten Büchern des AT: 1. dem Buch der Sprüche, 2. dem Hohenlied, 3. dem Buch Ecclesiastes, 4. dem Buch der Weisheit Salomos, 5. dem Buch Jesus Sirach – sind für Seuse Marksteine in seiner Verehrung der Ewigen Weisheit geworden. Eine Darstellung derselben begleitet den jungen Studenten nach Köln. Entsprechend den vielfältigen Bildern, unter denen die Ewige Weisheit in der Heiligen Schrift erscheint, wechseln auch in Seuses Darstellung die Gestalten, unter welchen ihr Diener sie erblickt.

9 Beispiel für die Neigung des Mittelalters zu allegorischer Auslegung naturwissenschaftlicher Tatsachen. Das Hauptwerk auf diesem Gebiet ist der «Physiologus», der, auf ein in Alexandria in frühchristlicher Zeit erschienenes Buch zurückgehend, Eigenschaften von Tieren in Fabelweise beschrieb und sie auf Eigenschaften Christi, des Teufels oder der Menschen umdeutete. Die erwähnte «Eigenschaft» des Panthers findet Erwähnung bereits vor dem alexandrinischen «Physiologus» bei Aristoteles in dessen «Historia Animalium» und ist im 14. Jahrhundert u. a. in Konrad von Megenbergs «Buch der Natur» erwähnt (Ausg. von Pfeiffer, 1861, S. 157).

10 Spr 4, 1–2.

denen, die ihr zugetan, gibt Jugend sie und Macht, edlen Sinn und Reichtum, Ehre und Gewinn, große Gewalt und langen Nachruhm. Sie macht ihn liebenswert, lehrt ihn gesittet sein, gibt Preis ihm vor den Leuten, Ruhm im Heere; macht lieb ihn Gott und auch den Menschen. Die Weisheit (Gottes) schuf das Erdreich, festigte den Himmel[11] und stützte den Abgrund. Wer sie besitzt, schreitet sicher dahin, schläft ruhig[12] und lebt sorgenfrei.» Als er diese schönen Worte vernahm, gedachte er in seinem verlangenden Herzen: «Ach, welch ein Lieb ist das! Könntest du mein werden, wie wäre ich dann recht beraten!» Doch befremdliche Gestalten seiner Einbildung hießen ihn so überlegen: «Soll ich lieben, was ich nie erblickte, von dem ich nicht weiß, was es ist? Besser eine Handvoll des Besitzes als ein Haus voll nur der Erwartung.[13] Wer hoch baut und vornehm liebt, dem merkt man zuweilen Entbehrung an. Diese hohe Frau wäre wohl liebzuhaben, ließe sie ihre Diener auch deren Leib gut und sorglich pflegen. Nun aber spricht sie[14]: Köstliche Leckerbissen, starker Wein, langer Schlaf – wer darum besorgt ist, darf sich nicht erkühnen, der Weisheit Liebe zu gewinnen.» Wann stand ein Diener je vor solch schwerer Wahl? Doch widersprach dem ein Gedanke Gottes: «Nach altem Recht gehört zur Liebe Leiden. Noch gab es keinen Werber, der nicht litt, noch einen Liebenden, den Pein nicht quälte. Drum ist's unbillig nicht, daß dem, der so hoch zielt, auch Widerwärtiges begegne. Denk doch an all das Unglück, an das Ungemach, das dieser Welt Liebhaber müssen leiden, sie mögen wollen oder nicht.» Nach dieser und ähnlicher Eingebung fühlte er sich hart und stark genug, auszuhalten bis zur Erreichung des Zieles. Dergleichen begegnete ihm oft: Zuweilen war er voll des guten Willens, zuweilen ließ er sein Herz vergänglicher Zuneigung nachgeben. Wenn er dann hin und her suchte, fand er immer etwas, was sich zur ganzen Abkehr seines Herzens nicht fügen wollte; so ward er hin und her getrieben.

Eines Tages las man bei Tisch Worte der Weisheit vor, von denen sein Herz bis in den Grund bewegt ward. Sie sprach: «Gleich der

11 Spr 3,19.
12 Spr 3,24.
13 Vgl. Pred 4,6.
14 Vgl. Spr 6,10; 21,17.

Schönheit der blühenden Rosenstaude und dem feinen Duft des Weihrauchs, der ohne Einschnitt hervorquillt, und dem Wohlgeruch unvermischten Balsams bin ich ein blühendes Lieb, das keinen Verdruß verursacht, keine Bitterkeit aufkommen läßt in unergründlicher liebevoller Güte. Alle anderen Geliebten sprechen süße Worte und lohnen bitter, ihre Herzen sind Fallstricke des Todes, ihre Hände eiserne Fesseln, ihre Worte süßes Gift, ihre Unterhaltung Ehrabschneidung.» Da gedachte er bei sich: Wie ist das doch wahr!, und sprach ohne Zaudern zu sich selbst: «Wahrlich, so muß es recht sein! Sie muß mein Lieb und ich ihr Diener werden!» Und er dachte: Ach, Gott, könnte ich mein Lieb nur einmal sehen und das Wort an sie richten. Ach, wie mag es doch aussehen, das so viel erfreuliche Eigenschaften in sich birgt? Ist es Gott oder Mensch, Frau oder Mann, Erleuchtung oder Wissenschaft oder was sonst? Und soweit er sich aus den erklärenden Auslegungen der Schrift mit seinen inneren Augen ein Bild von ihr machen konnte, erschien sie ihm in folgender Weise[15]: Sie schwebte hoch über ihm auf einem Wolkenthron, strahlte wie der Morgenstern, glänzte wie die blinkende Sonne; ihre Krone war Ewigkeit, ihr Gewand Seligkeit, ihr Wort Lieblichkeit, ihre Umarmung allen Verlangens Stillung. Sie war fern und doch nahe, hoch und niedrig, gegenwärtig und doch verborgen. Sie ließ mit sich umgehen, doch ergreifen konnte sie niemand. Sie überragte die höchste Höhe des Himmels und berührte Gottes tiefsten Abgrund; sie dehnte sich kraftvoll von Ende zu Ende und ordnete alles in Güte. Glaubte er, ein schönes Edelfräulein vor sich zu sehen, geschwind erblickte er einen stolzen Junker; ihr Gebaren war jetzt das einer weisen Meisterin, dann das eines schönes Liebs. Gar gütig neigte sie sich zu ihm hernieder, grüßte ihn gar freundlich und sprach liebreich zu ihm: «Mein Kind, gib mir dein Herz!» Er beugte sich hernieder bis auf ihre Füße und dankte ihr demutsvoll. Dies ward ihm damals zuteil, und mehr konnte ihm nicht werden.

15 Die große Zahl der in Seuses «Lebensbeschreibung» und in dem «Büchlein der ewigen Weisheit» geschilderten Erscheinungen galt dem zeitgenössischen Leser als besonderer Erweis der Gotterwähltheit und Gottnähe der Person, von der sie berichtet werden, vor allem also Seuses selbst.

In der Folge, wenn er irgendeinmal in seinen Gedanken bei der Lieblichen war, kam eine innerliche Frage an sein liebebedürftiges Herz, und die war so: «Ach, mein Herz, sieh, woher kommt alle Liebe, alle Wohlgefälligkeit? Woher Schönheit und Zierde, herzliches Wohlgefallen und Lieblichkeit? Kommt es nicht aus dem hervorströmenden Quell der lauteren Gottheit? Wohlauf denn, mein Herz, mein Sinn und mein Verlangen! Hinein in den unergründlichen Abgrund aller lieblichen Dinge! Wer könnte mich daran hindern? Ach, heute noch will ich dich nach meines glühenden Herzens Sehnsucht umfassen!» Und dann strömte – ich weiß nicht wie – in seine Seele der Urquell alles Guten, in dem er auf geistige Weise alles erfuhr, was schön, lieblich und begehrenswert ist, und das in unbegreiflicher Weise.

Solch Erleben ward ihm zur Gewohnheit; wenn er Loblieder sagen oder singen hörte, so ward ihm Herz und Sinn mit Ungestüm, mit einem Einblick losgelöst von allem Äußeren, in sein lieblichstes Lieb weggeführt, den Ursprung aller Freude. Wie oft das schöne Lieb mit von Liebe überfließenden Augen, mit weit aufgetanem, unergründlichem Herzen umfangen und an das liebevolle Herz gedrückt ward – er wußte es nicht zu sagen. Ganz so erging es ihm hier, wie wenn eine ihr Kindlein nährende Mutter es mit den Armen umfangend auf dem Schoße stehen hat; so wie dies dann sich mit der Bewegung seines Köpfleins und seines kleinen Leibes zur liebkosenden Mutter emporstreckt und seine Freude mit Lächeln zeigt, so drängte sich sein Herz mitfühlend durchströmt gar oft zu der ewigen Weisheit lustvollen Gegenwart. Und der Gedanke kam ihm: Ach, Herr, wäre ich einer Königin Gemahl, so wäre mein Herz stolz; nun aber bist du meines Herzens Kaiserin und aller Gnaden Geberin. In dir bin ich reich genug, und mächtig, sosehr ich nur will; jetzt achte ich für nichts des ganzen Erdreiches Besitz. Unter solcher Betrachtung erhellte sich sein Antlitz, seine Augen leuchteten von Güte, sein Herz jubelte, und all sein Inneres sang: «Über alles Glück, über alle Schönheit hinaus bist du meiner Seele Glück und Schönheit; denn das Glück kam mit dir, und alles Gut habe ich in dir und mit dir empfangen!»[16]

16 Vgl. Weish 7,10f.

4 *Wie er den teuren Namen Jesu auf sein Herz zeichnete*

Zur selben Zeit ward in seiner Seele solch glutvolle Empfindung rege, daß sein Herz in sehnender Gottesliebe heiß aufwallte. Als es eines Tages wieder über ihn kam und sein Herz aufflammte in göttlicher Liebe, ging er an den verborgenen Platz seiner Zelle, versank in liebevolle Betrachtung und sprach: «Ach, lieber Gott, könnte ich mir doch ein Zeichen ausdenken, ein dauerndes Merkmal unserer wechselseitigen Liebe, daß ich dein und du meines Herzens ewige Zuneigung bist, ein Zeugnis, das kein Vergessen je vertilgen könnte!» In heiß verlangender Festigkeit schob er sein Schulterkleid[17] zur Seite, machte seine Brust frei, nahm einen Schreibgriffel zur Hand, schaute auf die Stelle, wo sein Herz klopfte, und sprach: «Starker Gott, gib mir heute Kraft und Stärke, mein Verlangen auszuführen, denn du sollst heute in den Grund meines Herzens eingegraben werden.» Und er begann, mit dem Griffel in das Fleisch über dem Herzen, den Griffel hin und her führend, auf und ab zu fahren, bis er den Namen IHS genau auf sein Herz gezeichnet hatte. Von den scharfen Stichen rann das Blut rasch aus dem Fleisch den Leib hinab. So schön war ihm der Anblick dank seiner feurigen Liebe, daß er der Schmerzen nicht viel achtete. Als er dies getan, ging er verwundet und blutig, wie er war, aus einer Zelle auf die Kanzel, kniete unter dem Kruzifix nieder und sprach: «Herr, du meine und meines Herzens einzige Liebe, schau meines Herzens großes Verlangen; nicht kann und vermag ich dich noch mehr in mich hineinzuprägen; ach, Herr, vollbringe du es, so bitte ich, und präge dich nun noch tiefer in den Grund meines Herzens, und zeichne deinen heiligen Namen so fest in mich, daß du niemals aus meinem Herzen scheidest.» Gar lange, ich weiß nicht bis wann, blieb die Wunde auf seiner Brust, dann heilte sie. Der Name IHS aber blieb auf seinem Herzen stehen, wie er begehrt hatte: Die Buchstaben hatten die Breite eines geglätteten Halmes und die Höhe eines Gliedes des kleinen Fingers. [Des Herrn Namen trug er

17 Lat. *scapularium*, von *scapulae*, die Schultern, die Achseln, der Rücken: körperbreiter Tuchstreifen, der, nach vorn und hinten herabfallend, über dem Gewand mancher Mönchsorden getragen wird, als geweihtes Sinnbild geistlichen Schutzes.

auf seinem Herzen bis zu seinem Tode.] Sooft das Herz klopfte, bewegte sich der Name mit. Solange die Wunden frisch waren, war er gar gut zu sehen. Doch blieb er sein Geheimnis: Nie sah ihn ein anderer Mensch: Nur einem Freunde zeigte er ihn in frommem Vertrauen. Begegnete ihm später Widerwärtiges, so betrachtete er das liebliche Zeichen, und die Verdrießlichkeit verlor an Gewicht. In Liebe hingegeben, sprach seine Seele die Worte: «Herr, schau, die Liebhaber dieser Welt lassen den Namen ihrer Geliebten auf ihr Gewand sticken; in solcher Weise habe ich dich, mein Lieb, in mein Herzblut gezeichnet.»

Einstmals, als er nach der Mette vom Gebete kam[18], ging er in seine Zelle, setzte sich in seinen Stuhl und legte sich das Altväterbuch[19] als Kissen unter den Kopf. Dann sank er in Schlaf, und ihm schien, als dringe ein Licht aus seinem Herzen; er schaute hin und erblickte auf seinem Herzen ein goldenes Kreuz, das mit viel Edelsteinen in erhabener Arbeit geziert war: diese leuchteten allesamt gar schön. Da nahm der Diener seine Kutte und bedeckte die Stelle des Herzens damit; er wollte den strahlenden Glanz gern bedecken, daß ihn niemand sähe. Aber der durchscheinende Glanz erstrahlte so herrlich, daß die kraftvolle Schönheit die Hülle durchdrang.

5 *Von den Vorzeichen göttlichen Trostes, mit dem Gott manche anfangende Menschen zu sich zieht*

Wenn er nach der Mette, wie dies seine Gewohnheit war, in seine Kapelle ging und dort um kurzer Ruhe willen sich niedersetzte in seinen Stuhl – die Ruhe währte nur bis zur Verkündigung des beginnenden Tages durch den Wächter –, dann öffnete er seine Augen, fiel geschwind auf seine Knie und grüßte den strahlenden, glänzenden Morgenstern, die liebliche Königin des Himmels, und dachte

18 Die Mette (Frühgebet) wurde in jener Zeit nach Mitternacht gebetet.

19 Ein in den Klöstern des Mittelalters viel gelesenes Buch, das (ein aus mehreren Quellen zusammengeflossenes Werk) Leben und Lehre der «altveter», d. h. der Einsiedler der ägyptischen Wüste, enthält. Das Altväterbuch ist für Seuse «Kern aller Vollkommenheit» gewesen; es ist auch die Quelle von Seuses Abtötungen und somit für deren Verständnis unentbehrlich.

bei sich: So, wie die kleinen Vöglein im Sommer den lichten Tag begrüßen und ihn fröhlich beginnen, so grüßte er in frohem Verlangen die Lichtbringerin des ewigen Tages; doch sprach er diese seine Worte nicht einfach vor sich hin, sondern mit einem stillen, süßen Klange seiner Seele.

Einstmals saß er um diese Tageszeit an seinem Ruheplatz, da hörte er in seinem Innern – er wußte selbst nicht was – so herzensvoll erklingen, daß er ganz bewegt ward: Die Stimme sang mit reinem, mildem Laut, während der Morgenstern aufging: «Meerstern Maria geht heut' auf...»[20] Dies Lied erklang in ihm in so übernatürlicher Weise, daß sein Gemüt ganz und gar mitgerissen ward und er fröhlich mitsang. Als das Lied frohen Sinnes verklungen war, fühlte er sich in unsagbarer Weise umarmt, und eine Stimme sprach zu ihm: «Je liebevoller du mich umfassest und je geistiger du mich küssest, um so liebevoller und gütlicher wirst du in meiner ewigen Klarheit umfangen werden.» Da schlug er die Augen auf, Tränen flossen ihm übers Gesicht, und er begrüßte den Morgenstern nach seiner Gewohnheit.

Sodann entbot er, zu Boden gestreckt[21], einen zweiten Morgengruß der teuren ewigen Weisheit mit dem Lobgebet, das er in einige neue Briefbüchlein geschrieben hatte und das mit den Worten beginnt: «Meine Seele hat begehrt...» Daran schloß er in gleicher Haltung den dritten Gruß an den höchsten, liebevollsten Geist unter den Seraphimen[22] an, dessen Liebesglut am heißesten aufflammt zur ewigen Weisheit, bittend, daß der feurige Geist sein Herz in Liebe zu Gott erglühen mache, so daß er in ihm selbst brenne und alle Menschen durch liebevolle Worte und Lehre entzünde. Dies war sein tägliches Morgengebet.

Einst an einem Fastnachtstage hatte er sein Gebet bis zum Wächterruf für den neuen Tag ausgedehnt. Da dachte er: Setz dich ein wenig nieder, eh du den hellen Morgenstern begrüßest. Als ihm die

20 Aus dem 9. Responsorium der Matutin am Fest Mariä Geburt (8. September) nach dem Dominikaneroffizium (Bi, S. 17, Anm. zu Z. 29).

21 In der kirchlichen Sprache der Zeit wird dieses Sich-Niederwerfen auf die rechte Seite des Körpers «Venje» genannt. Darüber vgl. die Konstitutionen des Predigerordens Dist. I c. 2, n. 127 (Bi).

22 Hebräische Mehrzahlform von Seraph = brennend.

Sinne ein wenig zur Ruhe gekommen waren, vernahm er hohe Stimmen von Engeln, die das schöne «Werde Licht, Jerusalem»[23] sangen, und das klang in unermeßlich lieblicher Weise in seiner Seele wider. Als sie erst ein wenig gesungen, ward seine Seele des himmlischen Klanges so voll, daß sein schwacher Leib die innere Bewegung nicht mehr zu ertragen vermochte: Die Augen gingen ihm auf, das Herz wallte über, und heiße Tränen benetzten sein Gesicht.

Als er einst um die gleiche Morgenzeit so dasaß, war ihm wie im Traume, er sei in ein anderes unbekanntes Land entrückt. Zu seiner rechten Hand glaubte er seinen Engel mit gütigem Antlitz zu erkennen. Er fuhr auf, umfaßte den geliebten Engel, umarmte ihn und drückte ihn, so liebevoll er nur konnte, an sich, so daß sie, wie ihm schien, auch gar nichts mehr trennte. Dann sprach er klagend und weinend aus der Fülle seines Herzens: «Ach, du mein Engel, den mir der liebreiche Gott zu Trost und Schutz gegeben, um der Liebe willen, die du zu Gott fühlst, verlaß mich nicht!» Da antwortete der Engel und sprach: «Wagst du, Gott nicht zu vertrauen? Sieh, Gott hat dich in seiner Ewigkeit so liebevoll umfangen, daß er dich niemals mehr lassen will.»

Ein andermal des Morgens früh, als schweres Leid auf ihm lag, sah er sich in einem Gesichte von einer Engelschar umgeben. Da bat er einen ihrer strahlenden Himmelsfürsten, er möge ihm zeigen, wie Gottes verborgene Wohnung in seiner Seele aussehe. Des antwortete der Engel: «Blick froh in dich und schau, wie der freundliche Gott mit deiner liebenden Seele gütigen Umgang pflegt.» Geschwind blickte er in sein Inneres und sah den Leib über seinem Herzen klar wie ein Kristall; in seinem Herzen erblickte er die ewige Weisheit in liebenswerter ruhevoller Gestalt, und dabei saß des Dieners Seele voll himmlischen Verlangens. Die war hingebend zur Seite des Herrn geneigt, von seinen Armen umfangen und an sein göttliches Herz gedrückt, entrückt und versunken in des geliebten Gottes Armen liegend.

Einst hatte er sich um der Buße willen einen neuen Gürtel[24] an-

23 4. Antwortvers zum Nachtgebet am Fest der Erscheinung des Herrn (nach Bi, S. 18, Anm. zu Z. 24).

24 Ein aus Draht geflochtener, mit Widerhaken versehener Gürtel, der auf bloßem Leibe getragen wird. Über andere Auffassungen der Bußübung vgl. Kap. 15.

gelegt. Da geschah es am Vorabend zum Engelsfeste[25], daß er in einer Erscheinung den Gesang der Engel und lieblichen himmlischen Klang vernahm. Davon ward ihm so wohl zumute, daß er alle Schmerzen darüber vergaß; ein Engel aber sagte: «So wie du gern von uns das Lied der Ewigkeit vernimmst, so wir gern von dir den Gesang der ewigen Weisheit.» Und fuhr also fort: «Das ist die Weise, welche die Auserwählten am Jüngsten Tage voll Freude singen werden, nun sie gewiß sind, daß sie immerwährender, ewiger Freude teilhaftig sein werden.»

Er hatte darauf am Festtage der Engel selbst viele Stunden mit der gleichen Betrachtung ihrer (himmlischen) Freuden verbracht; vor Tagesanbruch trat ein Jüngling zu ihm, der sich wie ein himmlischer, gottgesandter Spielmann verhielt; mit ihm kamen, ich weiß nicht wieviel, stattliche junge Leute, die sich ganz wie der erste benahmen, außer daß jener den anderen ein gewisses Ansehen voraushatte, als ob er ein Engelsfürst sei. Der kam ganz wohlgesinnt auf ihn zu und bedeutete ihm, sie seien von Gott zu ihm gesandt, um ihm in seinem Leid Freude zu bereiten; er solle, sagte er, seiner Leiden vergessen, sich zu ihnen gesellen und an ihrem himmlischen Reigen teilnehmen. Sie zogen den Diener bei der Hand zum Tanze, und der Jüngling fing an, ein frohes Lied zu singen von Jesus, dem Kindlein, das mit den Worten beginnt: «In dulci jubilo ...»[26] Als der Diener den geliebten Namen Jesu so lieblich erklingen hörte, da ward ihm so recht wohl um Herz und Sinn, daß ihm war, er habe nie zu leiden gehabt. Er sah voll Freude, wie sie den Reigen kühn und freudvoll sprangen. Der Vorsänger wußte alles gut einzurichten: Er sang vor und die übrigen nach, und sie sangen und tanzten mit freudig bewegtem Herzen. Der Jüngling wiederholte den Kehr-

25 Michaelsfest, am 29. September.

26 Näheres zu diesem Lied findet man bei: *Hoffmann von Fallersleben,* In dulci jubilo. Ein Beitrag z. Gesch. d. dt. Poesie, ^{2}1861, S. 8 f.; 46–50. – *Ph. Wackernagel,* Das deutsche Kirchenlied II, S. 483 ff. – In bildhafter Deutlichkeit tritt gerade hier Seuses Empfinden für Gebräuche ritterlichen Wesens (wohlgemuter Sinn, heitere Lebensauffassung, Sinn für Gesang und Tanz) zutage und seine Neigung, diese vielleicht vom Vater überkommene und als Kind erlebte Daseinshaltung mit religiösem Inhalt zu füllen und demgemäß zu deuten. Sein für bildliche Eindrücke, Klang, Farbe, Bewegung aufgeschlossenes Wesen tritt hier und anderwärts deutlich hervor.

reim wohl dreimal: «Ergo merito...» Dies Tanzen war nicht von dieser Welt: es war wie ein himmlisches Ausströmen und ein Rückfluß in den unbekannten Abgrund göttlicher Verborgenheit.[27] Solches und ähnlichen Trostes empfing er gar vielen in diesen Jahren, und das zumeist dann, wenn großes Leiden ihn bedrängte; und das ward ihm auf diese Weise erleichtert.

[Als der Diener einst zum Altar gegangen war, die heilige Messe zu feiern, erschien er einer frommen Ordensfrau in einem Gesicht, von der Herrlichkeit der Gottesliebe ganz durchstrahlt; sie sah, wie die göttliche Gnade herniedertaute in seine Seele, und er eins mit Gott ward. Und hinter ihm schritten viel anmutige Engel mit brennenden Kerzen zum Altar, einer dem anderen folgend. Sie breiteten ihre Arme aus und umfingen ihn, einer nach dem anderen, so liebevoll sie nur konnten, und drückten ihn an ihr Herz. Auf die verwunderte Frage der Frau, wer sie seien und was dies bedeute, antworteten sie: «Wir sind eure Mitschwestern, voll Lob und Freude in ewiger Seligkeit; wir sind bei euch und behüten euch allezeit.» Sie fragte weiter: «Ach, ihr lieben Engel, was bedeutet das, daß ihr den Diener so liebevoll umarmt habt?» – «Er ist uns», sagten sie, «so herzlich lieb, daß wir viel unseres Tuns mit ihm haben; wisse, daß Gott unsagbare Wunder in seiner Seele wirkt und ihm das nimmer abschlagen wird, worum er ihn wahrhaft zu bitten hat.»]

6 *Von mancherlei Gesichten*

In derselben Zeit wurden ihm in Gesichten viel zukünftige und verborgene Dinge kund, und Gott ließ ihn mitfühlend erfahren, soweit nur möglich, wie es im Himmel, in der Hölle und im Fegfeuer stehe. Es war ihm nichts Ungewöhnliches, daß viele Seelen, die aus dieser Welt geschieden, vor ihm erschienen und ihm kündeten, wie es ihnen ergangen sei, womit sie ihre Buße verwirkt hätten, wie ihnen geholfen werden könne oder wie ihr Leben vor Gott sei. Unter an-

27 Die auf neuplatonische Vorstellungen zurückgehende Lehre vom Ausströmen der Seele aus dem Abgrund göttlicher Verborgenheit und von ihrem Rückfluß ebendahin ist hier ganz als Bewegung gesehen.

deren erschien ihm auch der selige Meister Eckhart[28] und der hl. Johannes aus der Familie Futerer von Straßburg. Der Meister ließ ihn wissen, er lebe in überströmender Herrlichkeit, in der seine Seele ganz in Gott aufgegangen sei. So bat ihn der Diener, ihn zwei Dinge wissen zu lassen; einmal: wie die Menschen sich in Gott befänden, die der höchsten Wahrheit in rechter Gelassenheit gern genugtun wollten. Dazu erfuhr er, daß dieser Menschen Versenkung in den unfaßbaren Abgrund Gottes niemand in Worte fassen könne. Er fragte aber weiter: was eines Menschen förderlichste Übung sei, der zu jener höchsten Vereinigung gelangen wolle? Da erhielt er die Antwort: «Er soll sich selbst nach seinem eigenen Sein in tiefer Gelassenheit entsinken und alle Dinge als von Gott, nicht von den Geschöpfen kommend annehmen und sich gegen alle wölfischen Menschen in Geduld fassen.»

Der andere Bruder Johannes[29] zeigte ihm in der Erscheinung auch die lustvolle Schönheit seiner verklärten Seele. Und auch diesen bat er um Beantwortung einer Frage, nämlich dieser: welche von allen Übungen *die* sei, die einem Menschen am wehesten tue und ihm am nützlichsten sei? Da antwortete jener und sprach: Nichts Schmerzvolleres und Nützlicheres gebe es für den Menschen, als daß der Mensch in Gelassenheit vor Gott in Geduld den eigenen Willen aufgebe und so sich Gott um Gottes willen überlasse.

28 An dieser Erwähnung in solcher Form können wir den nachhaltigen Eindruck ermessen, den der von der Kirche verurteilte Kölner Hochschullehrer auf den aufgeschlossenen jungen Seuse gemacht hat. Der Niederschlag Eckhartscher Gedanken findet sich in Seuses «Büchlein der Wahrheit» (S. 331 ff. dieser Ausgabe). Als Seelsorger befreite der Ältere den Jüngeren aus schwerer Gewissensqual; letztlich verdankt Seuse ihm den Anstoß zu einer vertieften Auffassung des religiösen Lebens (vgl. oben die zweite Antwort des Meisters). Es ist somit hier jenes «immer tiefere Sicheinfestigen in den in seiner Güte und Herrlichkeit einmal erkannten ewigen Willen» als die Haltung derer, die sich «in allem von Gottes Willen bestimmen lassen», als Ziel auch der Entwicklung Seuses gleichsam vorweggenommen, wenn auch in der Schilderung seines Lebens das Bemühen, den Weg zu Gott auf die ihm selbst als richtig erscheinende Weise zurückzulegen, noch einen beträchtlichen Teil der Darstellung ausmacht.

29 Ein sonst wenig bekanntes Mitglied des Basler Konvents, von dessen Predigten sich dürftige Reste in dem Ms. germ. quart. 191 (15. Jahrhundert), Berlin, Staatsbibliothek, finden.

Sein eigener Vater, der ein gar weltliches Leben geführt hatte, erschien ihm nach seinem Tode und führte ihm mit leidvollem Gesicht seine schreckliche Strafe im Fegfeuer vor Augen (und ließ ihn wissen), womit vor allem er dies verschuldet, und besonders, wie er ihm helfen solle. Das tat er denn auch. Und sein Vater zeigte sich ihm daraufhin (wiederum) und sagte ihm, daß er dank seiner Hilfe seiner Strafe ledig geworden. Seine fromme Mutter, mit deren Herz und Leib Gott während ihrer Lebenstage Wunder gewirkt hatte[30], zeigte sich ihm auch in einem Gesicht und ließ ihn den großen Lohn sehen, den sie von Gott empfangen hatte. Ein gleiches ward ihm von zahllosen anderen Seelen zuteil; und von da ab fand er Wohlgefallen daran und gewann oft anschaulichen Trost an der Art, die er da pflegte.

7 *Wie er es mit den Mahlzeiten hielt*

Wenn die Zeit zur Mahlzeit kam, kniete er in innerlicher Betrachtung seines Herzens vor der ewigen Weisheit nieder und bat sie in Treuen, daß sie ihn zu Tisch begleite und mit ihm Mahlzeit halte, und sprach diese Worte: «Allerliebster Jesus Christ, mit großem Verlangen meines Herzens lade ich dich ein und bitte dich, daß, wie du *mich* liebevoll speisest, du auch heute mir deine teure Gegenwart zuteil werden lassest.» Wenn er dann bei Tisch saß, setzte er den lieben Gast der reinen Seele als Tischgenossen zu sich, sah ihn gar freundlich an und verneigte sich zuweilen voll der Ehrerbietung nach der Seite seines Herzens. Die Schüssel jedes Gerichts, das man ihm vorsetzte, erhob er nach dem himmlischen Hausherrn zu, daß der ihm seinen heiligen Segen darüber spreche, und sagte oft nach Art eines liebenden Freundes: «Ach, lieber Gast, mein Herr, nun iß mit mir, greif zu und halte Mahl mit deinem Knecht.» Derlei liebevolle Worte sprach er zu ihm.

Wollte er trinken, so hob er den Becher, bot ihn ihm zuvor an, daß er trinke. Bei Tisch trank er gewöhnlich fünf Schluck und tat

30 Hierbei ist wohl nicht an «Wunder» im eigentlichen Sinne zu denken, sondern an Gnadenerweise Gottes (Vgl. *Ancelet-Hustache,* Le Bienheureux Henri Suso, Oeuvres traduites, Paris 1943, Introduction, S. 13).

dies (gleichsam) aus den fünf Wunden seines geliebten Herrn; da aber aus Christi göttlicher Seitenwunde Wasser *und* Blut geflossen war, verdoppelte er diesen Schluck: den ersten und den letzten nahm er zu sich in Zuneigung zu dem liebevollsten Herzen, das die Erde hervorbringen kann, und zur feurigsten Liebe des höchsten Seraphim, daß dessen Liebe seinem Herzen gänzlich zuteil werden möchte. War eine Speise ihm nicht bekömmlich, so bot er sie seinem Gast dar, daß er sie in das Blut seines liebreichen Herzens tauche, voll des guten Glaubens, daß sie ihm dann nicht schaden könne.

Er trug Verlangen nach Obst. Das wollte Gott ihm nicht gewähren. In einem Gesichte erschien ihm eine Gestalt, bot ihm einen Apfel und sprach: «Nimm, das ist das, wonach du dich sehnst.» Er aber antwortete: «Nein, mein ganzes Verlangen geht auf die liebevolle ewige Weisheit.» Er glaubte nun, sein Sehnen sei nicht recht, er trage ein zu starkes Verlangen nach Obst. Da schämte er sich vor sich selbst, und durch zwei Jahre hindurch rührte er kein Obst mehr an. Die beiden Jahre vergingen unter heftigem Verlangen. Im folgenden Jahre mißriet das Obst, und der Konvent konnte keines erhalten. Als er unter manch innerem Begehren sich selbst überwunden hatte, daß er bei Tisch nichts über das Dargebotene an Obst haben wollte, bat er Gott, wenn er nach seinem Willen Obst genießen sollte, er es (auch) dem Konvent zukommen lasse. Und so geschah's. Des Morgens kam eine fremde Person und brachte dem Konvent ein gut Teil neuer Münzen[31], wollte sich aber ihrer nicht entäußern, sondern kaufte für die ganze Summe Äpfel. Und so kam es, daß sie für lange Zeit damit versehen waren, und er begann voll des Dankes wieder Obst zu essen.

Einen großen Apfel teilte er in vier Teile: Drei davon aß er im Namen der Heiligen Dreifaltigkeit, das vierte mit der Liebe, mit welcher die himmlische Mutter dem zarten Kinde Jesus ein Äpflein zu essen gab. Diesen Teil aß er ungeschält, wie es die kleinen Kinder zu essen pflegen. Vom Weihnachtstag bis zu unbestimmter Zeit danach

31 «ein gut teil núwer pfenning»: Der «Pfennig» war damals eine Silbermünze, deren Vergleichswert mit Silbergeld von heute festzustellen infolge des Münzwirrwarrs im 14./15. Jahrhundert – es galten an manchen Orten sieben, zehn und mehr verschiedene Münzsorten zu gleicher Zeit – auf Schwierigkeiten stößt.

aß er den vierten Teil nicht; in seiner Betrachtung bot er es der teuren Mutter (des Herrn), daß sie es ihrem lieben jungen Söhnlein gebe; unter dieser Bedingung wollte er darauf verzichten. Wenn er bisweilen zu rasch aß oder trank, schämte er sich vor seinem edlen Tischgenossen; und wenn er bei Tisch eine dieser Ordnungen nicht beachtet hatte, legte er sich selbst eine Buße dafür auf.

[Einst kam ein guter Mensch aus einer anderen Stadt zu ihm und sagte, Gott habe in einem Gesichte zu ihm gesprochen: «Willst du lernen, wie man sich bei Tische gut verhält, so geh zu meinem Diener und laß dir all seine Art mitteilen.»]

8 *Wie er den Jahresanfang beging*[32]

In Schwaben, seiner Heimat, ist es an manchen Plätzen Sitte, daß in der Neujahrsnacht die törichten jungen Männer durch den Ort ziehen und um eine Liebesgabe (ihrer Mädchen) bitten. Sie singen Lieder, tragen schöne Gedichte vor und bringen es, so fein sie immer können, zuwege, daß ihre Mädchen ihnen Kränze geben. Dieses Brauchs erinnerte sich sein liebevolles junges Herz sogleich, als er davon hörte. Und so wandte auch er in derselben Nacht sich an sein ewiges Lieb um ein Kränzlein. Vor Tagesbeginn begab er sich vor das Bild, auf dem die reine Mutter (dargestellt ist), wie sie ihr teures Kind, die schöne ewige Weisheit, an ihr Herz drückt. Dort kniete er nieder und begann im stillen, sanften Klang seiner Seele eine Sequenz zur Mutter Gottes zu singen, sie möge ihm erlauben, ein Kränzlein von ihrem Kind zu erhalten;[33] und da er es nicht gut könne, daß sie ihm dabei helfe; und da ward ihm so ernst zumute, und es drängte ihn zu weinen, so daß ihm die heißen Tränen übers Gesicht rannen. Als er mit seinem Lied zu Ende war, wandte er sich der von Herzen geliebten Weisheit zu und neigte sich nieder bis auf

32 Seuses Darstellung knüpft hier an alemannische Volksbräuche der Neujahrsnacht an, die er seinem ganzen Empfinden und Erleben nach sogleich ins Geistliche wendet. – Über die alemannischen Volksbräuche der Neujahrsnacht findet man Näheres bei *E. H. Meyer,* Badisches Volksleben im 19. Jahrhundert, 1900, S. 200ff.; 493.

33 Das ist, wie der weitere Verlauf der Schilderung zeigt, nicht wörtlich zu nehmen.

ihre Füße. Aus tiefstem Grunde seines Herzens grüßte er sie und rühmte mit Lobesworten ihre Schönheit, ihren Adel, ihre Tugenden, ihre Feinheit, ihre Freiheit bei steter Würde vor allen schönen Jungfrauen dieser Welt. Das tat er mit Gesang, mit Worten, mit Gedanken und mit Sehnen, so gut er vermochte. Sein Wunsch war, er möge in geistlicher Weise allen Liebenden und liebevollen Herzen ein Vorläufer sein und Urheber aller freundlichen Gedanken, Worte und aller Weisheit, daß er die Würdige als ihr unwürdiger Diener liebevoll genug möchte loben können. Und zuletzt sagte er: «Ach, du, mein Lieb, bist mein froher Ostertag, die Sommerwonne meines Herzens, meine liebe Stunde. Du bist das Lieb, das mein junges Herz allein liebt und ersehnet, um deswillen ich jegliche zeitliche Liebe verschmäht habe. Laß dessen, Herzenslieb, mich freuen und heute ein Kränzlein vor dir gewinnen. Ach, gütiges Herz, tu es um deiner göttlichen Tugenden willen, dank deiner natürlichen Güte, und laß mich heute zu diesem Jahresbeginn nicht leer von dir gehen. Ach, wie stünde das dir an, milde Güte? Gedenke, daß einer deiner lieben Freunde[34] uns von dir sagt und spricht, in dir sei nicht ‹nein› und ‹ja›, sondern nur stets ‹ja› und ‹ja›. Darum, Herzlieb, sag heute ein gütiges ‹Ja› zu deiner himmlischen Gabe; und wie den weltlichen Verliebten in ihrer Torheit ein hübsches Kränzlein gegeben wird, so möge heute meiner Seele zu einem guten (neuen) Jahre eine besondere Gnade oder ein neues Licht von deiner schönen Hand geboten werden, liebe, traute Weisheit!» So und ähnlich verhielt er sich da und ging nie unerhört von dannen.

9 Von den Worten «Sursum corda»

Man fragte ihn, was er empfinde, wenn er bei der gesungenen heiligen Messe vor deren stillem Abschnitt die Präfation «Sursum corda» anhub. Denn diese Worte bedeuten nach allgemeiner Übereinstimmung auf deutsch: «Empor, alle Herzen, in die Höhe, zu Gott!» Diese Worten kamen so recht voll des Verlangens aus seinem

34 Wörtlich: «Knecht», gemeint ist Paulus; die Anspielung bezieht sich auf 2 Kor 1,19.

Mund, damit die Menschen, die sie vernähmen, davon besondere Andacht gewinnen sollten. Auf die Frage antwortete er mit innerlichem Seufzen also: «Wenn ich diese lobreichen Worte in der Messe sang, so zerfloß mir Herz und Seele in schmerzlichem Verlangen und in Sehnsucht, die mein Herz sogleich außer sich brachten; denn drei zur Höhe strebende Gedanken erhoben sich mir da: Zuweilen kamen einer oder zwei, zuweilen alle drei, die mich zu Gott hinauftrugen und durch mich alle Geschöpfe.

Der erste (in mein Herz hineinleuchtende) Gedanke war der: Ich stellte vor meine inneren Augen mich selber mit allem, was ich bin, mit Leib, Seele und allen meinen Kräften; um mich herum stellte ich alle Geschöpfe, die Gott je in Himmel und Erde erschuf und im Bereich der vier Elemente, ein jegliches mit seinem Namen, sei es ein Vogel in der Luft, ein Tier des Waldes, ein Fisch im Wasser, Laub und Gras der Erde, die unzähligen Körnlein Sandes im Meer und dazu der kleine Staub, der im Sonnenstrahl erglänzt und alle Tröpflein Wassers, die von Tau, Schnee oder Regen je fielen und immer weiter fallen; dann wünschte ich, ein jegliches hätte ein liebliches, in die Höhe dringendes Saitenspiel, angeschlagen aus meinem innersten Herzen; und daß sie erklingen lassen möchten ein neues hochgemutes Lob Gott von Ewigkeit zu Ewigkeit.» Und dann taten sie freudig die liebreichen Arme seiner Seele allen den zahllosen Geschöpfen auf; und sein Sinn war, sie alle froh dadurch zu machen, so recht wie wenn ein frischer, wohlgemuter Vorsänger die singenden Gesellen auffordert, fröhlich zu singen und ihre Herzen zu Gott in die Höhe zu heben: Hinauf die Herzen!

«Der zweite Gedanke war dieser», sagte er, «ich gedachte meines Herzens und aller Menschen Herzen und vertiefte mich (in die Vorstellung), welcher Lust, welcher Freuden, welchen Friedens und welcher Liebe *die* genießen, die Gott allein ihre Herzen geben, und auf der anderen Seite, was des Schadens und Leidens, was an Leid und Unruhe vergängliche Zuneigung denen einträgt, die ihr folgen; und dann rief ich in großem Verlangen meinem Herzen und jenen anderen zu, wo immer sie sein mochten bis ans Ende dieser Welt: Wohlauf, gefangene Herzen, befreit euch aus den Banden vergänglicher Liebe! Wohlauf, schlafende Herzen, laßt hinter euch den Tod der Sünden! Auf, auf, üppige Herzen, erhebt euch aus der Lauheit eures trägen, fahrlässigen Lebens! Wendet euch mit ganzer völliger Umkehr hinaus zu dem liebevollen Gott: Hinauf die Herzen!

Der dritte Gedanke war ein freundlicher Aufruf an alle gutwilligen ungelassenen Menschen, die in sich selber in die Irre gehen, so daß sie weder Gott noch den Geschöpfen anhängen, denn ihr Herz wird im Zeitlauf hin und her gezogen. Die rief ich und mich selbst auf zu einem kühnen Wagnis unseres Selbst mit ganzer Abkehr von uns und allen Geschöpfen.»

Dies waren seine Gedanken, die er in die Worte «Hinauf die Herzen!» legte.

10 Wie er das Fest Mariä Lichtmeß beging[35]

Zum Tage Mariä Lichtmeß bereitete er unter Gebet drei Tage zuvor der himmlischen Gottesmutter eine Kerze, aus drei Strängen gewunden: der eine im Gedanken an ihre reine, jungfräuliche Lauterkeit, der andere an ihre unergründliche Demut, der dritte an ihre mütterliche Würde, welche drei Eigenschaften gemeinsam sie allein unter allen Menschen besaß. Dies geistliche Licht bereitete er täglich vor unter dreimaligem Gebete der «Hochpreisung Mariens». Kam dann der Tag der Kerzenweihe heran, so ging er, bevor jemand zur Kirche kam, zum Hochaltar und wartete da in Betrachtung der Gottesmutter, bis sie sich mit ihrem Kind, dem Schatz des Himmels, nahe. Kam der Zug (der Kerzenprozession) zum äußeren Stadttor, so eilte er in seines Herzens Begehr allen voran und lief ihr entgegen mit der Schar aller gottliebenden Frommen. Er sank vor ihr nieder in der Straße und bat sie, ein wenig stillzuhalten mit ihrer Schar, bis er ihr ein Lied gesungen habe. Er erhob sich dann und sang mit frommem stillem Klange, so daß seine Lippen sich bewegten und es doch niemand hörte, die Worte: «Unverletzt, unberührt und rein bist du, Maria!», so liebevoll er nur konnte, und neigte sich gar tief vor ihr, wenn er zu den Worten kam: «O Gütige, die du allein unver-

35 Daß es sich bei dem Fest Mariä Lichtmeß ursprünglich um ein Herrenfest, d. h. ein Fest zur Verehrung des Mysteriums Christi, gehandelt hat, als welches es seit 1960 wieder gefeiert wird, klingt hier nur im zweiten Teil des Berichtes an.

letzt geblieben bist.»[36] Dabei bat er sie, sie möge einem armen Sünder ihre milde Güte erzeigen. Dann stand er auf und folgte ihr mit seiner geistigen Kerze voll des Sehnens, daß sie die brennenden Flammen göttlichen Lichts in ihm nimmer erlöschen lasse. Wenn er dann zur Schar aller Gottliebenden kam, so begann er zu singen: «Schmücke dein Gewand, Sion, und empfange Christus den König»[37], und ermahnte sie, liebevoll den Heiland zu empfangen und voll Verlangen seine Mutter zu umfassen; und führte sie mit Lob und Gesang bis zum Tempel. Danach trat er mit einem Herzen voll Verlangens hinzu, ehe daß die Gottesmutter hineinkäme und Herrn Simeon den Sohn reichte, kniete vor ihr nieder, hob Augen und Hände zu ihr auf und bat sie, ihm das Kindlein zu zeigen und ihm zu erlauben, es zu küssen. Und da sie ihm das Kind voll Güte darreichte, dehnte er seine Arme in die endlose Weite der Welt, nahm und umarmte den Geliebten dann gar vielmals. Er betrachtete seine hübschen Augen, sah seine kleinen Händlein, begrüßte seinen zarten Mund, erkannte jedes kindliche Glied des himmlischen Schatzes, hob dann seine Augen auf, und sein Herz war voll des Wunderns, daß der Träger des Himmels so groß und zugleich so klein ist, so schön im Himmel und so kindlich auf Erden; dann befaßte er sich mit ihm, wie jener ihm Gelegenheit bot, mit Singen, Weinen und geistlicher Übung und gab ihn dann geschwind seiner Mutter wieder und ging mit ihr hinein (in den Tempel), bis alles vollbracht war.

11 Wie er die Fastnacht beging

Wenn dann die Fastnacht sich nahte, begann er an dem Abend, an dem das Alleluja verstummt[38] und die Toren dieser Welt anfangen, sich ausgelassen zu betragen, in seinem Herzen eine himmlische

36 Gesang nach dem Gebrauch des Predigerordens aus der ersten Vesper von Mariä Lichtmeß.

37 Antwortvers zur ersten Lesung des Frühgebetes am selben Fest; als Gesang bei der Prozession nach der Kerzenweihe dienend.

38 Vom Sonntag Septuagesimä bis Ostern fällt in den kirchlichen Gesängen und im Tagesgebet der Geistlichen (Brevier) das Alleluja fort oder wird anderweitig ersetzt.

Fastnacht zu gestalten. Und das geschah so: Zum ersten gedachte er der kurzen schädlichen Lust dieser irdischen Fastnacht und wie so manchem dieser kurzen Vergnügungen langes Leid folgte; dann betete er den Psalm «Miserere»[39] zum lieben Gott für all die Sünde und Unehre, die ihm in dieser ausgelassenen Zeit zugefügt werde. Diese Fastnacht nannte er die Fastnacht der Bauern, denn *die* verstehen es nicht besser.[40] Die andere war die Betrachtung des Vorspiels der Ewigkeit, wie Gott mit seinen auserwählten Freunden dennoch in deren sterblichem Leib mit himmlischem Trost sich freut; und er gedachte dankbaren Lobes, was ihm davon zuteil geworden, und fand seine Freude mit Gott daran.

In der Zeit, da er noch ein anfangender Mensch[41] war, ward ihm einst eine solche Fastnacht von Gott zuteil, und die verlief so: Er war in der Fastnacht vor der Komplet[42] in ein geheiztes Stübchen[43] gegangen, um sich zu wärmen, denn ihn fror und hungerte. Schlimmer noch quälte ihn der Durst. Und als er sah, wie man da Fleisch aß und guten Wein trank und ihm Hunger und Durst zusetzten, ward er innerlich bewegt, ging bald hinaus, empfand Mitleid mit sich selbst und begann von Grund seines Herzens zu seufzen. In dieser Nacht hatte er ein Gesicht:[44] Ihm war, er sei in einer Krankenstube. Draußen ertönte ein himmlischer Gesang, dessen Klang so lieblich war, wie er ihn nie von einer irdischen Harfe vernommen hatte; es war, als ob ein zwölfjähriger kleiner Schüler allein sänge. Der Diener vergaß alle gute Speise und lauschte dem angenehmen Klang und sprach sehnenden Herzens: «Ach, was ist das für ein Gesang? Hörte ich doch nie auf Erden solch herrlichen Laut!» Da er-

39 Ps 51, der große Bußpsalm.

40 Diese abwertende Bezeichnung der Fastnachtsgewohnheiten des bäuerlichen Standes erklärt sich aus der Spannung in Seuses Zeit zwischen dem verbürgerlichten Ritteradel (dem seiner Herkunft nach vielleicht auch Seuses Vater angehörte) und den in der Stadt heimisch gewordenen Bauern, deren Sitten und Gebräuche von jenem als besonders derb und anstößig empfunden wurden.

41 Offenbar rückblickend erzählt: Es sei daran erinnert, daß das «Leben» keine den Zeitablauf wiedergebende «Autobiographie» im heutigen Sinne ist.

42 Die Komplet ist das kirchliche Abendgebet.

43 Der oder einer der wenigen geheizten Räume in mittelalterlichen Klöstern.

44 Seuse hat für die zahlreichen von ihm berichteten «Gesichte» Namen, wie z. B. «lichter Schlaf», «abgeschiedener Einblick», «Entsinkung», «Ruhe der Sinne».

blickte er einen stattlichen Jüngling, der beantwortete seine Frage: «Wisse, der Gesang dieses lieblichen Sängers gilt dir; dir will er Freude bereiten mit seinem Gesang.» – «Gott segne mich!» rief der Diener. «Ach, himmlischer Jüngling, laß ihn doch weiter singen!» Und jener sang, daß es laut erschallte, und sang wohl drei himmlische Lieder von Anfang bis zu Ende. Als dies geschehen, kam derselbe liebliche Sänger, so schien es ihm, durch die Luft zum kleinen Fenster der Stube und reichte dem Jüngling ein hübsches Körbchen voll roter Früchte, die sahen aus wie rote reife Erdbeeren und waren von großem Wuchs. Der Jüngling nahm das Körblein von dem Knaben entgegen, bot sie dem Diener mit freundlichem Gesicht und sprach: «Sieh, Freund und Bruder, die roten Früchte sendet dir dein Freund und himmlischer Herr, der anmutige Knabe und Sohn des himmlischen Vaters, der dir auch gesungen hat. Ach, wie so sehr liebt er dich!» Da ward der Bruder bewegt, Röte übergoß sein freudiges Gesicht, nahm das Körblein voll Verlangen und sprach: «Wie freut mich das! Das ist mir ein liebes Geschenk des gütigen himmlischen Knaben. Des wird sich mir Herz und Seele stets freuen.» Und er sprach zu dem Jüngling und dem himmlischen Gefolge, das da war: «Ach, liebe Freunde, ist es nicht recht und billig, daß ich den himmlischen, gnadenvollen Knaben liebe? Wahrhaftig, ich muß ihn von Rechts wegen lieben, und wüßte ich, was ihm am liebsten wäre, *das* wollte ich stets tun!» Und er wandte sich zu dem Jüngling und sprach: «Sag mir, Lieber, habe ich nicht Recht?» Jener lachte gütig und antwortete: «Gewiß, das hast du; und du mußt ihn billigerweise liebhaben, denn er hat deiner mit größerem Wohlwollen gedacht und dich mehr beschenkt als viele andere Menschen. Darum sollst du ihn gar sehr lieben! Und ich sage dir: Du mußt leiden und mehr leiden als viele andere Menschen. Darum bereite dich darauf vor!» Der Diener sprach: «Das will ich von Herzen gern tun; hilf mir, ich bitte dich, daß ich (den himmlischen Knaben) sehe und ihm für seine schöne Gabe danke.» Da antwortete jener: «Komm her zum Fensterlein und blick hinaus!» Er öffnete das Fenster – und der Diener sah den allerschönsten, liebenswertesten Schüler, den man sich vorstellen konnte, davor stehen. Und als der Bruder durch das Fenster zu ihm hinaus wollte, da kehrte er sich freundlich zu ihm hin, verneigte sich gütig vor ihm, segnete ihn und verschwand vor seinen

Augen. So endete die Erscheinung. Als er wieder zu sich selbst kam, dankte er Gott für die gute Fastnacht, die ihm zuteil geworden.

12 Wie er den Mai feierte

Am Vorabend des Monatsbeginns begann er gewöhnlich damit, daß er einen geistlichen Maibaum[45] aufrichtete und den täglich einmal eine geraume Zeit lang ehrte. Unter all den schönen Zweigen, die je gewachsen waren, konnte er nichts dem schönen Mai Ähnlicheres finden als den herrlichen Querbalken des heiligen Kreuzes, der mehr Gnaden und Tugenden erblühen läßt und alle schöne Zier, als je ein Maibaum hervorgebracht. Sechsmal warf er sich davor zu Boden, und betrachtend gab er dabei jedesmal dem Verlangen Ausdruck, den geistlichen Maibaum mit dem Schönsten zu zieren, was der Sommer bringen konnte. In seinem Inneren sprach und sang er vor dem Maibaum die Hymne: «Sei gegrüßt, himmlischer Maibaum der ewigen Weisheit, an dem die Frucht der ewigen Seligkeit entsprossen ist!»[46] Zum ersten biete ich dir statt aller roten Rosen herzliche Zuneigung; sodann: für alle kleinen Veilchen ein demutsvolles Verneigen; ferner an Stelle aller zarten Lilien eine lautere Umarmung; für alle schon in Schönheit glänzenden und leuchtenden Blumen, wie sie keine Heide, kein Anger, weder Wald noch Au, nicht Bäume oder Wiesen in diesem schönen Mai hervorgebracht, je hervorbrachten oder hervorbringen werden, bietet dir mein Herz ein geistliches Küssen; weiterhin: statt aller kleinen Vöglein anmutigem Gesang, wie sie es auf keinem Maienzweig frischweg gesungen haben, entbietet dir meine Seele ein unergründliches Lob; an Stelle aber all der Zier, die keinen zeitlichen Maienbaum je geschmückt, erhebt dich mein Herz mit geistlichem Gesang, und ich bitte, geseg-

45 Ursprünglich der Ausdruck des sich nahenden Sommers: Mit dem im Dorf aufgepflanzten Maibaum, der mit Bändern und Kränzen geschmückt wird, holt man den Sommer herbei, oder die Burschen ehren dadurch ihre Mädchen. Im Mittelalter wurde der Maibaum als Bild des Kreuzes gedeutet: Diese Vorstellung leitet hier Seuses Schilderung.

46 Im Verlauf der Darstellung verdichtet sich das Bild der «ewigen Weisheit» bei Seuse zur Gestalt des leidenden Heilands.

neter Maibaum, mir zu helfen, in dieser Erdenzeit dich *so* zu loben, daß ich dich, die lebende Frucht, ewig werde genießen dürfen.

So feierte er den Beginn des Maimonats.

13 Von dem jammervollen Kreuzweg, auf dem er Christus folgte, als man den Heiland in den Tod führte

Gott hatte den Diener in der ersten Zeit lange mit himmlischem Trost verwöhnt, und er war darauf gar sehr versessen; was der Gottheit angehörte, bereitete ihm Freude; sollte er aber unseres Herrn Marter betrachten und sich zur Nachfolge hierin entschließen, so war ihm das schwer und bitter. Um deswillen ward er einmal von Gott gar sehr getadelt, und er vernahm in sich die Worte: «Weißt du nicht, daß ich das Tor bin, das alle wahren Gottesfreunde durchschreiten müssen, die zu wahrer Seligkeit kommen sollen? Du mußt durch meine leidende Menschheit hindurch, sollst du wirklich zu meiner lauteren Gottheit gelangen.» Der Diener erschrak, und diese Worte fielen ihm schwer aufs Herz. Er begann ihnen aber sein Augenmerk zu schenken, sosehr sie ihm zuwider waren; er begann zu lernen, was er zuvor nicht konnte, und fügte sich in Gelassenheit darein.

Er begann damit, daß er jede Nacht nach der Mette an der gewohnten Stelle – das war im Kapitelsaal[47] – ein christförmiges Mitleiden in sich hervorrief alles dessen, was sein Herr und Gott zuvor erlitten hatte. Er erhob sich und ging von Ecke zu Ecke, um Trägheit nicht aufkommen zu lassen und munter und wachsam für das Mitgefühl des Leidens zu bleiben. Er begann mit der Betrachtung[48]

47 Der Raum des Klosters, in dem sich die stimmberechtigten Mitglieder eines Konvents täglich versammelten, einen Abschnitt aus der Ordensregel anhörten und über wichtige Angelegenheiten des Konvents sprachen.

48 Zunächst verstandesmäßige Erwägung einer Lehre oder einer Forderung des Glaubens mit dem Zweck, die eigene Heiligung dadurch zu fördern. Dabei wird oft nach einem bestimmten Plan vorgegangen. Auf höherer Stufe kann an die Stelle des verstandesmäßigen Aufbaus der Betrachtung das sogenannte Gebet der Einfachheit treten, das sich von der zergliedernden Betrachtung im geschilderten Sinne zur erlebenden Hingabe eines Gefühles Gott gegenüber erhebt: z. B. der Dankbarkeit – ein Gebet ohne Worte.

des letzten Abendmahls und nahm teil an seinem Leiden mit Geduld, bis er mit ihm vor Pilatus stand. Zuletzt begleitete er den Verurteilten ins Gericht und schritt mit ihm hinaus zu dem jammervollen Kreuzweg, den er vom Richthaus bis unter das Kreuz tat.

Den Kreuzweg setzte er folgendermaßen ins Werk: Wenn er zu den Türschwellen des Kapitelsaales kam, kniete er nieder und küßte die ersten Fußspuren des Herrn, die dieser tat, als er, ein Verurteilter, sich umwandte und in den Tod gehen wollte. Dann betete er den Psalm vom Leiden unseres Herrn: «Mein Gott, mein Gott, warum hast du mich verlassen»[49], und ging mit ihm durch die Tür in den Kreuzgang hinaus. Auf vier Wegen begleitete er sodann den Herrn:

Den ersten durchschritt er mit ihm auf dem Weg zum Tod, in dem Verlangen, auf Freude und vergängliches Gut zu verzichten und ihm zu Lob trostlose Verbannung und willige Armut zu leiden.

Im zweiten Gang des Kreuzweges faßte er den Vorsatz, vergängliche Ehre und Würde zu verabscheuen und aus freien Stücken diese ganze Welt zu verachten, indem er daran dachte, wie auch sein Herr ein Wurm und Abscheu aller Menschen geworden sei.

Wenn er in den dritten Gang einbog, kniete er nieder, küßte die Erde im Gedanken an den freiwilligen Verzicht auf alle unnötige Bequemlichkeit und weichliches Nachgeben der Not seines zarten Leibes und stellte sich vor Augen, wie geschrieben steht, wie alle des Herrn Kräfte verdorrten und seine Natur erstarb. Und da sie den Heiland so leidvoll (auf dem Kreuzweg) vorantrieben, gedachte er, wie es nur recht und billig sei, daß alle Augen feucht würden und alle Herzen seufzten.

Kam er dann zum vierten Zweig des Kreuzganges, so kniete er mitten auf dem Weg nieder, als wäre er vor dem Tor, durch das der Heiland, dicht an ihm vorbeigehend, die Stadt verlassen mußte, fiel vor ihm auf die Erde, küßte sie, rief ihn an und bat ihn, daß er nicht ohne ihn in den Tod gehe, daß er ihn mitnehme, denn das habe er von Rechts wegen verdient. Und (all) dies veranschaulichte er in sich, so gut er konnte, und sprach das kleine Gebet: «Sei gegrüßt, König, du Sohn Davids...», und ließ ihn seinen Weg weiterschreiten.

49 Ps 22.

Dann kniete er, nach der anderen Seite gewendet, auf das Tor zu nieder, begrüßte das Kreuz mit dem Vers: «Kreuz, einz'ge Hoffnung, sei gegrüßt!»[50], und ließ es an sich vorbei. Nochmals kniete er nieder vor der lieben Mutter, die man in unfaßbarem Leid an ihm vorbeiführte, sah, wie bitter das Leid war, das sie trug, erblickte ihre heißen Tränen, ihr jammervolles Seufzen, ihre traurigen Mienen, ehrte sie mit einem: «Sei gegrüßt, Königin...», und küßte ihre Fußspuren.

Danach stand er geschwind auf, trat kühn auf den Herrn zu, daß er an seiner Seite stand. Und sein Bild war ihm so gegenwärtig, wie wenn er leiblich an seiner Seite gehe, und er gedachte, wie, als König David sein Königreich verlassen mußte, die wackersten Ritter ihn umgaben und ihm als Freunde halfen.[51] Hier unterwarf er seinen Willen Gott: was *der* mit ihm täte, solle seinetwegen stets gelten. Endlich nahm er die Epistel vor, die man in der Karwoche aus den Weissagungen des Jesaja nimmt und die lautet: «O Herr, wer achtet auf unser Wort...»[52], die recht eigentlich seinen Weg zum Tod in Worte faßt. Und damit ging er zu der Tür, die zum Chor führte, hinein und stieg die Stufen zur Kanzel hinauf. Als er unter dem Kreuz stand, wo er einst die hundert Betrachtungen des göttlichen Leidens empfangen hatte[53], kniete er nieder und sah vor sich, wie der Heiland entkleidet und unter schrecklichen Schmerzen an das Kreuz genagelt wurde; da griff er zur Geißel und vereinigte sich in herzlichem Verlangen mit seinem Herrn am Kreuz und bat ihn, daß ihn, seinen Diener, weder Leben noch Tod, nicht Lieb und Leid jemals von ihm trennen möchten.

Noch auf eine andere Weise nahm er innerlich am Kreuzgang des Herrn teil, und das geschah auf folgende Art: Wenn man zur Komplet das Salve Regina[54] sang, erweckte er in seinem Herzen die Vor-

50 Strophe aus dem Hymnus: «Des Königs Fahnen ziehn einher», der in der Feier des Karfreitags nach der Verehrung des heiligen Kreuzes angestimmt wird.

51 2 Sam 15.

52 Jes 53.

53 Anspielung auf die hundert Betrachtungen, die den 3. Teil des Büchleins der ewigen Weisheit bilden (s. S. 319ff.).

54 Das geschieht im Predigerorden an allen Tagen des Jahres mit Ausnahme dreier Tage der Karwoche. Während des Gesanges werden die Brüder mit Weihwasser besprengt.

stellung, die reine Gottesmutter sitze noch zu dieser Zeit bei ihres lieben Kindes Grab in mütterlicher Trauer; nun sei es Zeit, sie nach Haus zu führen, und daß *er* das tun solle. In seinem Gemüt warf er sich dreimal zu Boden, und in seiner Betrachtung führte er die Gottesmutter in ihr Heim zurück; zum erstenmal warf er sich am Grab nieder, wenn man den Gruß zu singen begann: Seine Seele verneigte sich vor ihr, und er nahm sie geistigerweise in seine Arme und beklagte ihr teures Herz, das eben damals so voll der Bitterkeit, der Verachtung, der Todestraurigkeit war, und ermahnte sie tröstend, wie sie um des Todes ihres Sohnes willen die Königin aller Würde, unsere Zuversicht, unsere liebliche Frau[55] sei, wie es im Gesange heißt.

Wenn er sie bis zum Stadttore gebracht, trat er auf dem Weg vor sie hin und blickte sie an, wie hilflos sie durch das Tor ging, befleckt mit dem heißen Blut, das von den aufgebrochenen Wunden ihres so sehr geliebten Sohnes geflossen und auf sie herabgetropft war; wie sie verlassen und beraubt war allen Trostes. Und dann warf er sich im Inneren seines Herzens vor ihr wiederum zu Boden und begrüßte sie mit den Worten: «Wohlan denn, du unsere Fürsprecherin ...», und gedachte, sie solle sich aufrichten, denn nun sei sie ja unser aller würdige Fürsprecherin, und bat sie, daß sie in der Liebe ihres jammervollen Aussehens ihre barmherzigen Augen zu ihm kehre und ihm den geliebten Sohn nach dieser Verbannung zu schauen gebe, wie der Wortlaut des Gebets begehrt.

Zum drittenmal warf er sich in seinem Inneren zu Boden vor der Tür des Hauses St. Annens, ihrer Mutter, in das sie in ihrem Schmerz hineingeführt ward; er dankte ihr dabei und befahl sich ihrer Güte und ihrer mütterlichen Freundlichkeit mit den andächtigen Worten: «O milde, o gütige, o liebe Maria», und bat sie, seine unglückliche Seele auf ihrem letzten Weg aufzunehmen, zu schützen vor den bösen Geistern und zu leiten durch das himmlische Tor hinein in die ewige Seligkeit.

55 Für lat. «dulcedo».

14 Von der nützlichen Tugend des Schweigens

Der Diener hatte in seinem Inneren eine Neigung, zu einem wahren Frieden seines Herzens zu gelangen, und gedachte, Schweigen möchte ihm dazu nützlich sein. Daher hielt er seine Zunge so in Hut, daß er durch dreißig Jahre hindurch das Schweigen bei Tisch stets beobachtete, mit der einzigen Ausnahme, als er einmal mit vielen Brüdern zu Schiff heimkehrte von einem Kapitel[56] und sie auf dem Schiff ihre Mahlzeit einnahmen.

Damit er nun seine Zunge um so mehr in der Gewalt haben könne und nicht zuviel seiner Absicht untreu werde, wählte er sich für seine Betrachtung drei Lehrmeister, ohne deren Erlaubnis er nicht reden wollte; das waren die lieben Heiligen, unser Vater Dominikus, der hl. Arsenius[57] und der hl. Bernhard. Wenn er reden wollte, ging er in seiner Vorstellung vom einen zum anderen, bat um Erlaubnis zum Reden mit den Worten: «Laß mich segnen, Herr!» War es möglich zu rechter Zeit, an rechter Stelle zu sprechen, so gab ihm der erste der drei Meister die Erlaubnis; lag keine Anhänglichkeit an äußere Dinge vor, so erhielt er sie von dem zweiten; brachte sie seinem Inneren keine Beengung, so besaß er die Erlaubnis von allen dreien, und dann äußerte er sich. Waren diese Bedingungen nicht erfüllt, so dünkte ihn, er habe zu schweigen.

Rief man ihn zur Pforte, so beachtete er diese vier Punkte: jeden Menschen gütig zu empfangen, die Sache rasch zu Ende zu bringen, den Besuch getröstet zu entlassen und selbst ohne Anhänglichkeit an die äußeren Dinge wieder zurückzukehren.

56 Entweder von einer Versammlung aller Provinziale des Ordens, einem Generalkapitel, oder aller Prioren einer Ordensprovinz, einem Provinzialkapitel.

57 Arsenios der Große (354–445), der als Einsiedler in der Lybischen Wüste und anderen einsamen Orten Ägyptens lebte.

15 Von der Züchtigung seines Leibes[58]

In seiner Jugend hatte er eine frische Art. Als er ihrer bewußt wurde und merkte, daß sie ihn selbst bedrängte, empfand er das als bitter und beschwerlich. Er suchte nach mancherlei Kunstgriffen und viel Bußübung, um seinen Leib dem Geist zu unterwerfen. Ein härenes Unterhemd und eine eiserne Kette trug er, ich weiß nicht wie lange, bis das Blut herabfloß: da mußte er es aufgeben. Insgeheim ließ er sich ein härenes Bußkleid für den Unterkörper anfertigen, dahinein Riemen, in denen hundertfünfzig spitz zugefeilte Messingnägel eingeschlagen waren, alle gegen den Leib zu gerichtet. Dies Kleidungsstück wurde gar eng und vorn zusammengezogen, damit es der Haut dichter aufläge und die spitzen Nägel in das Fleisch drängen, und er ließ es bis an den Nabel hinaufgehen. Darin schlief er des Nachts. Wenn es nun im Sommer heiß und er vom Gehen müde und schwach war oder wenn man ihn zur Ader gelassen hatte[59] und er

58 Seuses Zeit (wie auch das ganze Mittelalter) war im häuslichen wie im öffentlichen Leben an für unsere heutigen Anschauungen überstrengen, ja grausamen Handlungen reich: Es sei nur an die Rechtspflege erinnert. Die Mahnung des englischen mystischen Werkleins The Cloud of Unknowing. A New Translation by Clifton Wolters, The Penguin Classics 108, 1961: «Work with eager enjoyment rather than with brute force» (Ziehe in deinem Wirken freudigen Eifer roher Kraft vor), sollte, nachdem sich Seuse von seinen eigenwilligen Selbstquälereien abgewandt, auch einmal *sein* Leitbild werden. Jegliche Beurteilung von Seuses Vorgehen im einzelnen – mag man sein Vorgehen nun zögernd bewundern oder als krankhafte Übersteigerung ablehnen – setzt zunächst voraus, daß Seuse selbst (und nicht ein späterer, die Dinge vergröbernder Überarbeiter) die hier geschilderten Vorgänge erlebt und wahrheitsgemäß im geschichtlichen Sinne niedergeschrieben hat. Davon einmal abgesehen, wird man außer zeitgeschichtlichen Auffassungen auch Gesichtspunkte einer typischen und individuellen Veranlagung berücksichtigen müssen. Dies letztere spricht sich ja auch in der Antwort aus, die in dem genannten englischen Büchlein der «Lehrer» dem «Schüler» auf die Frage gibt, welche Aufmerksamkeit der Lernende dem Maße des Essens und Trinkens oder des Schlafens schenken solle: «Nimm, was kommt! (so lautet die Antwort); tu das ohne Nachlaß und ohne Sorge Tag für Tag, und du wirst gut genug wissen, mit wirklicher Unterscheidung, wann in jeglichem zu beginnen und zu enden. Ich kann mir nicht denken, daß eine Seele, die mit voller Loslösung (vom Irdischen) tags und nachts lebt, in irdischen Dingen fehlgreift. Tut sie es, dann gehört sie, denke ich, zu dem Typus, der die Dinge stets falsch anpackt» (Cloud of Unknowing, Kap. 42, S. 101 f.).

59 Der Aderlaß deutet nicht auf eine vorliegende Krankheit, sondern wurde im Mit-

nun in seiner Mühsal hilflos dalag und ihn das Ungeziefer peinigte, so weinte er zuweilen und knirschte mit den Zähnen und wandte sich von einer Seite auf die andere vor Drangsal wie ein Wurm, den man mit spitzen Nadeln gestochen hat. Oft war ihm, er läge in einem Ameisenhaufen, so quälte ihn das Ungeziefer. Wenn er gern eingeschlafen wäre oder eingeschlafen war, so saugten sie an ihm und bissen ihn um die Wette. Da sprach der dann wohl zu Gott aus vollem Herzen: «O weh, lieber Gott, welch ein Sterben ist das! Wen ein Mörder oder ein großes Tier tötet, der hat es bald überstanden; so aber lieg' ich hier bei diesem widerlichen Ungeziefer, sterbe und komme doch nicht davon.» Doch nie wurden ihm die Nächte des Winters zu lang noch des Sommers zu heiß, daß er davon abgelassen hätte. Und damit er bei dieser Pein um so weniger Erholung gewänne, erdachte er sich noch etwas: Um seinen Hals schlang er ein Stück Gürtel und befestigte daran auf ausgeklügelte Weise zwei Lederringe; dahinein schob er seine Hände und schloß die Arme mit zwei Vorhängeschlössern fest. Die Schlüssel legte er vor sein Lager auf ein Brett, bis zur Mette, da er aufstand und sich selber aufschloß. Seine Arme waren in diesen Fesseln, jeder am Hals hochgezogen, und die Bande waren so befestigt, daß er – wäre die Zelle über ihm in Flammen gestanden – sich selber nicht hätte helfen können. Dies trieb er, bis ihm Hände und Arme von der Spannung zittrig geworden waren; dann ersann er sich etwas anderes. Er ließ sich zwei lederne Handschuhe anfertigen, so wie sie die Arbeiter zu tragen pflegen, wenn sie Dornen entfernen[60] und ließ sich durch einen Spengler daran um und um messingene Stifte befestigen; die zog er des Nachts an. Er tat das, damit ihn die Stifte stächen, wenn er etwa im Schlaf das härene Bußkleid abwerfen oder sich sonstwie vor dem Nagen des Ungeziefers befreien wollte; und dann stachen ihn die Stifte. Wollte er sich dann selbst mit den Händen helfen, so zerkratzte er sich im Schlaf mit den Stiften die Brust; er zog sich damit so schreckliche Wunden zu, als wenn ein Bär mit den spitzen Klauen ihn zerkratzt hätte. An den Armen und in der Herzgegend

telalter in geistlichen und weltlichen Kreisen (z. B. Gottfried von Straßburg, Tristan, Vers 15 122) zur Entlastung des Kreislaufs vorgenommen.

60 Es ist wohl an eine Art Fäustling zu denken.

begannen die Wunden zu schwären; als sie nach vielen Wochen geheilt waren, trieb er es noch schlimmer und zog sich neue Wunden zu. Diese qualvolle Übung trieb er wohl sechzehn Jahre. Als dann sein Blut und seine Natur zugrunde gerichtet war, da erhielt er zu Pfingsten durch einen himmlischen Boten in einer Erscheinung die Nachricht, daß Gott diese Übung nicht länger von ihm haben wolle. Da ließ er davon und warf das ganze Nagel- und Riemenwerk in ein fließendes Gewässer.[61]

16 Von dem Nagelkreuz auf seinem Rücken

Vor allen anderen Übungen erfüllte ihn ein zufälliger Einfall mit Verlangen (der nämlich), ein Zeichen mitfühlenden Mitleidens des grausamen Erduldens seines gekreuzigten Herrn an seinem Leib zu tragen. So fertigte er sich ein hölzernes Kreuz an, das hatte die Länge der ausgestreckten Hand eines Mannes und die entsprechende Breite. Dahinein schlug er dreißig eiserne Nägel in besonderem Gedenken an alle Wunden des Heilands und der fünf Wundzeichen seiner Liebe. Dies Kreuz befestigte er auf die bloße Haut zwischen den Schultern auf das Fleisch und trug es acht Jahre Tag und Nacht dem gekreuzigten Herrn zu Lobe. Im letzten Jahre schlug er noch sieben Nadeln hinein, so daß deren Spitzen aus dem Holz hervorragten und die Nadeln darin stecken blieben; ihr Ende brach er hinten ab. Die Verwundungen ertrug er dem tiefinnerlichen Herzeleid der lauteren Gottesmutter zu Lobe, das ihr Herz und Seele zur Stunde des qualvollen Todes ihres Sohnes so sehr durchdrang.

Als er dies Kreuz zum erstenmal auf den bloßen Rücken spannte, erschrak seine menschliche Natur darüber; er glaubte, er werde es nicht ertragen können; er nahm es ab und bog die Nadelspitzen an

61 Das Ende dieser Übungen, deren Beschreibung noch drei weitere Kapitel füllt, vorausnehmend, läßt uns Seuse wissen, daß er nach Jahren diese Kasteiung aufgab (in Kapitel 19 spricht er von ihrer Maßlosigkeit!), nachdem er an den schlimmen Folgen für seine Gesundheit nicht mehr zweifeln konnte und ihm – er kleidet diese Erkenntnis in das Bild einer Erscheinung – klargeworden sein mußte, daß Gott dergleichen «nicht länger von ihm haben wollte».

einem Steine um. Aber bald gereute ihn diese unmännliche Verzagtheit; er feilte die Nägel wieder spitz und scharf und spannte sich das Kreuz wieder auf. Es riß ihm den Rücken auf, da wo die Knochen lagen, und machte ihn blutig und wund: Wo er saß oder stand, war ihm, als ob ein Igelfell auf ihm läge; rührte ihn jemand unversehens an oder stieß ihn, so bereitete ihm das Schmerz. Damit ihm dieses qualvolle Kreuz leidlicher würde, schnitt er auf dessen Rückseite den lieben Namen des Heilands ein. Während er es trug, nahm er lange Zeit täglich zwei Züchtigungen vor: Er schlug sich mit der Faust auf das Kreuz, so daß die Nägel in das Fleisch drangen und stecken blieben: er mußte sie wieder herausziehen. Diese Schläge auf das Kreuz tat er aber insgeheim, daß es niemand gewahr werden konnte.[62] Die erste der beiden Züchtigungen nahm er vor, wenn er mit seiner Betrachtung bis zur Stelle gekommen war, wo der herrliche Herr an der Säule so furchtbar gegeißelt ward; er bat ihn, er möge mit seinen Wunden die des Dieners heilen. Die andere Züchtigung folgte, sowie Christus bis unter das Kreuz gekommen war und daran genagelt wurde; da nagelte er sich zu ihm, um sich niemals mehr von ihm zu trennen. Eine dritte Züchtigung geschah nicht täglich: er nahm sie vor, wenn er sich selbst zuviel an Bequemlichkeit oder ungeordnetem Betragen gegönnt hatte, sei es im Trinken oder Essen oder dergleichen. Einst hatte er unachtsam die Hände zweier junger Mädchen, die in aller Öffentlichkeit in der Gemeinde bei ihm saßen, ohne jeden bösen Gedanken in die seinen genommen. Rasch gereute ihn, daß er sich hierin nicht genug gehütet hatte; und er dachte, diese ungeordnete Freude müsse er büßen. Als er die Versammlung verlassen hatte und in seine Kapelle an die verborgene Stelle kam, schlug er sich wegen dieses Fehltritts auf den Rücken, wo er das Kreuz trug, so daß ihm die Nägel im Rücken steckenblieben. Er legte sich um jenes Vergehens willen als Strafe auf, nicht nach der Mette in den Kapitelsaal an die gewohnte Stelle seines Gebets zu gehen, wo bei seiner Betrachtung das reine himmlische Gefolge gegenwärtig war. Nach einiger Zeit, da er den Fehl-

62 Als «geheimen Ort» solcher Züchtigung werden wir, außer seiner Zelle, die Seuse bei seiner Übernahme eingeräumte «eigene Kapelle» ansehen dürfen. Die Mitglieder des Konvents dürften vom Umfang seiner selbstgewählten Kasteiungen kaum die richtige Vorstellung gehabt haben.

tritt gänzlich gutmachen wollte, wagte er sich gar schüchtern dorthin, fiel vor dem Bild des Richters nieder und züchtigte sich vor ihm. Dann ging er zu beiden Seiten des Saales von Heiligenbild zu Heiligenbild, schlug sich dreißigmal auf das Nagelkreuz, daß ihm das Blut den Rücken herabrann. So entgalt er gar bitter die von ihm begangene Ungehörigkeit.

Nach der Mette pflegte er in den Kapitelsaal zu gehen an den verborgenen Platz, warf sich hundertmal zu Boden[63] und fiel ebenso oft auf seine Knie, wobei er jeweils ausgestreckt eine Betrachtung vornahm; wegen des Nagelkreuzes hatte er gar qualvolle Schmerzen zu erdulden; dann nämlich, wenn er (wie er zu dieser Zeit pflegte), das Kreuz so straff und nahe auf den Rücken gespannt trug, wie wenn ein Küfer einem Faß einen Reif umlegt; fiel er dann gestreckt nieder auf den Boden (wie er hundertmal tat), so blieben die Nägel infolge des Niederfallens im Rücken stecken; erhob er sich dann, so riß er sie wieder heraus; sie stachen aber beim nächsten Niederstrecken neue Löcher; blieben sie nur stets in der gleichen Stelle stecken, so war es erträglich.

Vor dieser Übung hatte er eine andere: Aus einem Riemen hatte er sich selbst eine Geißel angefertigt; den Riemen ließ er mit spitzen Messingstiften beschlagen, scharf wie ein Schreibgriffel; die beiden Spitzen schauten auf jeder der beiden Seiten zum Riemen heraus; wie er damit auch den Leib traf, immer entstanden Wunden; vor der Mette stand er auf, ging in das Chor vor den Hauptaltar und geißelte sich stark. Und das tat er, ich weiß nicht mehr wie lange; als die Brüder es merkten, unterließ er es.

Am St.-Clemens-Tag, zu Winterbeginn, legte er eine Lebensbeichte ab. Da dies im Geheimen geschah, schloß er sich daraufhin in seine Zelle ein, entblößte sich bis auf das härene Unterkleid, griff zu seiner mit Stacheln besetzten Geißel und züchtigte sich Leib, Arme und Beine, daß das Blut herabrann, wie bei einem, den man zur Ader läßt. An der Geißel war ein besonders krummer Stift wie ein Häkchen; wo er aufs Fleisch traf, riß er es weg. Mit dieser Geißel schlug er sich so fest, daß sie in drei Stücke zersprang; eins blieb in

63 Vgl. Kap. 5, Anm. 21, S. 48. Es handelt sich also nicht um «Kniefälle», wie zuweilen übersetzt wird; diese werden unmittelbar darauf erwähnt.

seiner Hand, die Spitzen aber flogen an die Wände. Wie er nun so blutend dastand und sich selbst betrachtete, war der Anblick so jämmerlich, daß es ihn immer wieder irgendwie an den Anblick gemahnte, den der so grausam gegeißelte liebe Heiland bot. Er begann vor Erbarmen über sich selbst recht herzlich zu weinen, kniete in der Kälte nackt und blutig nieder und bat Gott, er möge seine Sünden vor seinen gütigen Augen tilgen.

Am Fastnachtssonntag ging er wiederum wie schon früher während der Tischzeit des Konvents in seine Zelle, entkleidete sich und schlug sich selbst so schrecklich, daß das Blut niederrann. Als er noch fester zuschlagen wollte, kam ein Bruder, der hatte das Geräusch gehört, und er mußte aufhören; er wusch sich die Wunden mit Essig und rieb sie mit Salz ein, damit die Schmerzen noch stärker würden.

Am St.-Benedikts-Tag, dem Tag, an dem er in diese unglückliche Welt geboren ward, ging er während der Mahlzeit in seine Kapelle. Er schloß hinter sich ab und entkleidete sich wie früher; er nahm die Geißel und begann sich zu schlagen; dabei traf ein Schlag auf den linken Arm die mittlere Blutader oder eine andere daneben; als diese so stark angeschlagen war, quoll das Blut so stark heraus, daß es ihm über den Fuß durch die Zehen auf den Fußboden rann und da weiterfloß. Der Arm schwoll rasch an und verfärbte sich blau. Darüber erschrak er und getraute sich nicht mehr zu schlagen. [Zu ebendieser Zeit und Stunde, da er sich selbst so züchtigte, war eine fromme Frau, namens Anna, in einer anderen Stadt auf einer Burg im Gebet. Die hatte eine Erscheinung, in der sie an die Stelle geführt ward, an der er sich also schlug. Als sie die schweren Schläge sah, dauerte sie das so sehr, daß sie zu ihm hintrat, und als er den Arm hob und sich wieder schlagen wollte, hinderte sie ihn am Zuschlagen, und der Schlag traf ihren eigenen Arm, wie ihr in dem Gesicht dünkte. Als sie wieder zu sich kam, fand sie den Schlag mit schwarzblauen Striemen auf den Arm gezeichnet, als ob die Geißel *sie* getroffen hätte. Sie trug dies offenbare Merkmal lange Zeit mit großem Schmerz.]

17 Wie er sich sein eigenes Lager herrichtete

In dieser Zeit kam er irgendwie in den Besitz einer alten weggeworfenen Tür; die legte er in seiner Zelle auf seine Bettstatt unter sich, und darauf legte er sich ohne alles Bettzeug. Zu seiner Hilfe hatte er sich eine gar dünne kleine Matte aus Rohr geflochten; die legte er auf die Tür; sie endigte an seinen Knien. Unter seinen Kopf legte er an Stelle eines Kissens ein mit Erbsenstroh gefülltes Säcklein und darauf ein ganz kleines Kissen. Bettzeug hatte er überhaupt keines; so wie er des Tages umherging, lag er des Nachts; nur die Schuhe zog er aus; und mit einem dicken Mantel bedeckte er sich. So war er zu einem jämmerlichen Lager gelangt. Das harte Erbsenstroh im Säcklein lag ihm in Klumpen unter dem Kopf; in den Rücken stach ihn das Kreuz auf dem Rücken mit seinen scharfen Nägeln; die Arme steckten in den verschlossenen Bändern, die Hüften in dem härenden Untergewand; dazu war der Mantel schwer und die Tür hart. So lag er da, abgehärmt, und konnte sich nicht mehr bewegen als ein Holzklotz; wollte er sich umdrehen, so bereitete ihm das Schmerz; kam er im Schlaf fest auf das Kreuz zu liegen, so drangen ihm die Nägel durch bis auf die Knochen: dann seufzte er gar vielmals zu Gott. Im Winter bereitete ihm die Kälte gar großes Leid; denn wollte er im Schlaf nach Gewohnheit die Füße ausstrecken, so lagen sie unbedeckt auf der Tür und froren ihm; zog er sie zu sich herauf und streckte sie nicht aus, so begann das Blut in den Beinen zu toben; und das tat ihm gar weh. Krankheit befiel die Füße; die Arme schwollen an, als ob er wassersüchtig werden sollte. Die Knie waren blutig und wund, die Hüften vom härenen Bußkleid voller Striemen; der Rücken wund vom Nagelkreuz; der Leib war schwach infolge seiner Maßlosigkeit, der Mund trocken vom Durst; die Hände zitterten kraftlos. Und in dieser qualvollen Weise lebte er Tag und Nacht.

Danach vertauschte er den Gebrauch der Tür mit einer anderen Übung, zog in eine kleine Zelle und bereitete sich aus dem Stuhl, auf dem man saß, eine Liegestatt; der Stuhl war schmal und so kurz, daß er sich darauf nicht ausstrecken konnte. In diesem Zellchen und auf dieser Tür hat er wohl mit seinen gewohnten Banden acht Jahre gelegen. Auch hatte er es sich zur Gewohnheit gemacht, nach dem

Abendgebet im Winter, sofern er vom Kloster nicht abwesend war, um sich zu wärmen, in keinen geheizten Raum oder in die Nähe des Konventsofens zu gehen, wie kalt es auch sein mochte, es sei denn aus einem anderen Grund. So hielt er es fünfundzwanzig Jahre lang. Während des gleichen Zeitraums mied er jedes Wasser- oder Dampfbad seinem Behagen suchenden Leib zu Leide. Auch aß er lange Zeit sommers und winters nur einmal am Tag und verbrachte die Fastenzeit nicht nur ohne Fleisch, sondern auch ohne Fisch und Eier. Insgleichen übte er sich in der Armut, indem er geraume Zeit keinen Pfennig annehmen oder ausgeben wollte, weder mit noch ohne Erlaubnis. Und es dünkte ihm auch solche Lauterkeit gut, sich niemals am Leib zu kratzen noch ihn anzurühren, sondern nur an Händen und Füßen.

18 Wie er das Trinken einschränkte

Einst begann er mit der schmerzvollen Übung, sich nur eine ganz kleine Menge des Getränks zu erlauben; und damit er die Grenze um so besser innehalte, innen wie außen, verschaffte er sich selbst ein Becherlein für dieses Maß, und dies nahm er mit sich, wenn er ausging. Bei großem Durst bot ihm das nur Abkühlung des trockenen Mundes, wie wenn jemand einen Kranken in seiner Fieberhitze labt. Lange Zeit nahm er keinen Wein zu sich, außer am Ostertag; da tat er es dem hohen Tag zu Ehren. Wenn er dann gar durstig war und er den Durst aus Strenge gegen sich selbst weder mit Wasser noch mit Wein stillen wollte, wandte er den leidvollen Blick zu Gott. Da ward ihm einst von oben die innerliche Antwort: «Sieh, wie ich durstig in Todesnot war und mich mit wenig Essig und Galle begnügen mußte; und doch waren alle kühlen Brunnen des Erdreichs mein Eigentum.»

Es geschah zu einer Zeit vor Weihnachten, als er auf alle leibliche Bequemlichkeit verzichtet hatte, daß er drei Übungen außer seinen langgewohnten vornahm. Die erste bestand darin, daß er nach der Mette vor dem Hauptaltar auf den bloßen Steinen bis zum Tagesanbruch stehenblieb; das war um die Zeit, wo die Nächte am längsten sind und man sehr früh zur Mette läutet. Die andere: Er ging an keinen Platz, wo er sich hätte wärmen können, weder tags noch nachts; auch verzichtete er darauf, sich die Hände am Altar über den glühenden Kohlen zu wärmen, die man dorthin gestellt; da es um diese Zeit am kältesten war, schwollen ihm die Hände sehr an. Nach dem Abendgebet ging er ganz durchkältet auf seinen Stuhl schlafen, nach der Mette stand er bis Tagesanbruch vor dem Hauptaltar auf den bloßen Steinen. Als dritte Übung verkürzte er sich selbst jeden Trank den Tag über, wie schlimm ihn auch dürsten mochte, nur nicht des Morgens bei Tisch, und da hatte er keinen Durst. Wenn es jedoch Abend wurde, dürstete ihn gar sehr, so daß seine ganze Natur sich nach einem Trunk sehnte; und den versagte er sich ganz und gar mit manch bitterem Schmerz. Der Mund war ihm innen und außen so trocken wie einem Fieberkranken. Davon ward ihm die Zunge rissig, daß sie danach länger als ein Jahr nicht heilen konnte. Wenn er beim Abendgebet so dastand und man die Anwesenden, wie üblich, mit Weihwasser besprengte, öffnete er den trockenen Mund voll Verlangen und sperrte ihn weit auf in der Hoffnung, es möchte ein kleines Tröpfchen des Wassers auf seine trockene Zunge fallen, sie ein wenig anzufeuchten. Wenn er bei der Abenderfrischung[64] oder bei Tisch so dürstend den Wein wegschob, hob er zuweilen seine Augen empor und sprach: «Ach, himmlischer Vater, nimm als Opfer meines Herzblutes diesen kühlen Trank und lösche damit deinem Sohn den Durst, den er erduldet, als er sterbend am Kreuze hing.» Zuweilen auch ging er mit seinem großen Durst am Klosterbrunnen vorüber, betrachtete das in das verzinnte Becken plätschernde Wasser und blickte dann auf zu Gott mit herzlichem Seufzen. Einst, als ihn sein Verlangen nach einem Trunk fast überwunden hatte, sprach er von Grund seines Herzens: «O ewiges Gut, über deine verborgenen Gerichte! Daß mir der breite Bodensee so

64 Eine solche Abenderfrischung, bei welcher nur Trinken, nicht die Einnahme fester Nahrungsmittel gestattet war, fand statt während der Fastenzeit, d. h. nach Sitte des Ordens zwischen dem 14. September, dem Fest der Kreuzerhöhung, und Ostern, die Sonn- und Feiertage ausgenommen. Die Bedeutung dieser «Kollationen», während welcher oft ein Vortrag gehalten oder Fragen beantwortet wurden, ist – man denke an so manche «Kollation», deren Gegenstand sich bei M. Eckhart, Tauler, Seuse u. a. später als Predigt oder Abhandlung niederschlug – für die religiöse Bewegung jener Zeit beträchtlich gewesen.

nahe ist und der klare Rhein mich umfließt[65] und mir doch ein einziger Trunk Wasser so kostbar ist! Welch kläglich Ding ist das doch!»

Dies zog sich hin auf den Sonntag, da man das Evangelium liest, wie unser Herr Wasser in Wein verwandelte.[66] An diesem Tag saß er des Abends mit schmerzlichem Verlangen zu Tisch, denn bei seinem großen Durst wollte ihm das Essen nicht schmecken. Als man den Tischsegen gesprochen hatte, eilte er in seine Kapelle, denn er konnte sich vor dem überstandenen Leiden nicht mehr zurückhalten; unter bitteren Tränen brach er da in die Worte aus: «Ach Gott, du allein weißt um alles Herzeleid und alle Not; was bin ich doch in ein Leben voll ständiger Not geboren, daß ich bei allem Genüge so großen Mangel leiden muß.» Während er so klagte, da war ihm, als ob in seinem Inneren eine Stimme zu seiner Seele spräche: «Sei guten Mutes! Gott wird dich bald erfreuen und trösten! Weine nicht mehr, wackerer Ritter! Lebe wohl!» Diese Worte erfreuten sein Herz irgendwie; er hielt an mit Weinen und hätte nun am liebsten gar nicht mehr weinen mögen; vor Schmerz konnte er aber auch nicht ganz heiter sein. Während ihm die Tränen noch flossen, nötigte ihn etwas in seinem Inneren, zu lächeln im Hinblick auf eine wunderbare künftige Begebenheit, die ihm in Kürze von Gott zuteil werden sollte. So ging er zum Abendgebet. Mit zitterndem Mund sang er, und dabei war ihm, als wenn er bald all seines Leidens entschädigt werden sollte. Und so geschah es auch nach kurzem; und in derselben Nacht begann es zum Teil in folgender Weise: In einem Gesichte erblickte er die Gottesmutter, wie sie mit dem Jesuskind kam, in der Gestalt, die es hatte, als es sieben Jahre zählte. Es brachte in der Hand ein hell glänzendes Krüglein frischen Wassers; das war ein wenig größer als die im Kloster üblichen Becher. Unsere Liebe Frau nahm das Krüglein und bot es dem Diener an, damit er tränke. Er nahm es, trank mit großem Verlangen und löschte seinen Durst nach seinem Wunsch.

Einst ging er über Land, und auf einem schmalen Pfad kam ihm

65 Das Kloster lag auf einer kleinen Insel am Ausfluß des Rheins aus dem Bodensee (Bi).

66 Am 2. Sonntag nach Erscheinung.

eine arme ehrbare Frau entgegen. Als sie nahe bei ihm war, verließ er den trockenen Pfad, trat beiseite in den nassen Boden nebenan und ließ sie vorbeigehen. Die Frau kehrte sich um und sagte: «Lieber Herr, was bezwecket Ihr hiermit, daß Ihr, der ehrbare Herr und Priester, mir, der armen Frau, demütig den Weg freigegeben, die ich doch viel richtiger Euch hätte ausweichen sollen.» Er antwortete: «Ach, liebe Frau, es ist meine Gewohnheit, allen Frauen gegenüber höflich und ehrerbietig zu sein um der lieben Gottesmutter vom Himmelreiche willen.» Da erhob die Frau ihre Augen und Hände zum Himmel und sprach: «So bitte ich die ehrwürdige himmlische Frau, daß Ihr nicht aus dieser Welt scheiden möchtet, ehe Ihr eine besondere Gabe von ihr empfangen, die Ihr sie in allen Frauen ehret.» – Er antwortete: «Dazu verhelfe mir die reine himmlische Frau.»

[Bald darauf geschah es, daß er, da er nach seiner Gewohnheit sehr wenig getrunken, durstig von Tische wegging. Als er sich des Abends niederlegte, erschien ihm eine himmlische Frauengestalt, trat auf ihn zu und sprach: «Ich bin die Mutter, die dich in voriger Nacht aus dem Krüglein hat trinken lassen; und ich will, wenn dich gar so sehr dürstet, dir gern nochmals den Durst stillen.» Er antwortete schüchtern: «Ach, herrliches Geschöpf, du hast doch nichts in der Hand, womit du das tun könntest.» Sie erwiderte und sprach: «Ich werde deinen Durst mit dem heilbringenden Trank stillen, der aus meinem Herzen fließt.»[67] Er erschrak so sehr, daß er nicht antworten konnte, denn er hielt sich dessen für unwürdig. Doch sie sagte voll Güte: «Da sich Jesus, der himmlische Hort, so lieblich in dein Herz gesenkt und selbst dein teurer Mund das in so herber Weise entgolten hat, so sei dir diese Gabe zu besonderem Troste von mir gewährt.» Und sie fügte hinzu: «Nicht ein leiblicher Trank ist das, sondern ein geistlicher Trank wahrer Lauterkeit, voll der heilsamen Wirkung.» Da ließ er es geschehen und dachte bei sich selbst: «Nun magst du in vollen Zügen trinken, damit du deinen großen Durst wirklich löschen kannst.» Als er den himmlischen Trank ge-

67 Es handelt sich hier um eine «Wanderlegende», die sich in ähnlicher Weise in anderen Heiligenleben findet, so z. B. im «Speculum hist.» des Vinzenz von Beauvais (VIII, 84), bei *Vacandard,* Vie de S. Bernard II (1895) 78f., Analecta Bollandiana 1899, 318.

nossen, blieb ihm etwas wie ein ganz kleines weiches Küglein im Mund, weiß wie das Brot des heiligen Mahles; das behielt er, ich weiß nicht wie lange, im Munde, als Zeugnis der Wahrheit (der Erscheinung). Dann brach er in Tränen aus, die ihm von Herzen kamen; er dankte Gott und seiner lieben Mutter für die großen Gnaden, die er von ihnen empfangen hatte.

In derselben Nacht erschien die Gottesmutter einer gar frommen Frau, die in einer anderen Stadt wohnte, und ließ sie wissen, in welcher Weise sie des Dieners Durst gestillt, und befahl ihr: «Geh und sag dem Diener meines Kindes das, was man von dem hohen Lehrmeister Johannes Chrysostomus, Goldmund genannt, berichtet: Als dieser, da er noch ein Schüler war, einst vor einem Altar kniete, auf dem die himmlische Mutter in Holz geschnitzt dargestellt war, wie sie ihr Kind auf dem Schoße hielt und ihm als seine Mutter zu trinken gab, hieß die Gestalt der Gottesmutter ihr Kind ein wenig einhalten und den Schüler auch von ihrem Herzen trinken. Ebendiese Gnade ist auch dem Diener in der Erscheinung durch mich geworden; als Beweis dessen beachte, daß die Lehre, die aus seinem Munde kommt, mit größerem Verlangen und mit mehr Freude ferner vernommen werden wird als zuvor.» Als er dies vernahm, hob er Hände, Augen und Herz zum Himmel und sprach: «Gelobt seist du, Ader der ausfließenden Gottheit, und hochgepriesen du, liebe Mutter aller Gnaden, von mir armem unwürdigem Menschen für deine Himmelsgabe.» – Den gleichen Vorgang findet man auch im ersten Teil des Buches berichtet, das da heißt: «Spiegel des Vincentius».

Diese fromme Frau begann aufs neue zu ihm zu sprechen: «Noch eins soll ich dir sagen: Du sollst wissen, daß mir unsere liebe Frau mit ihrem Kind heute nacht erschienen ist; in ihrer Hand trug sie ein schönes Trinkgefäß, gefüllt mit Wasser. Kind und Mutter sprachen gar freundlich über dich. Dann reichte sie den Becher Wassers dem Kinde dar und bat es, seinen Segen darüber zu sprechen. Das tat das Kind auch, und flugs ward das Wasser zu Wein. Dazu sagte es: ‹Es ist genug, ich will nicht, daß der Bruder sich fürder mehr in der Enthaltsamkeit übe und ohne Wein sei; er soll fernerhin Wein trinken seiner Entkräftung wegen.›» Und da es ihm so von Gott erlaubt worden war, trank der Diener von nun an Wein, wie er auch zuvor getan hatte.]

Während dieser Zeit war er vom Übermaß der Übungen, die er so lange getrieben, gar schwach geworden. Da erschien unser Herr einer frommen Gottesfreundin mit einer Büchse in der Hand. Sie sprach: «Ach Herr, was willst du mit der Büchse?» Er antwortete: «Die ist für meinen Diener bestimmt; er ist krank.» Dann ging unser Herr zu dem Diener und öffnete die Büchse, in der frisches Blut war. Davon nahm er heraus, bestrich damit des Dieners Herz, daß es über und über blutig ward, und ebenso Hände und Füße und all seine Glieder. Da fragte sie ihn: «Ach, mein Herr und Gott, was zeichnest du ihn so? Willst du ihm etwa deine fünf Wunden eindrücken?» Er antwortete: «Ja, ich will sein Herz und sein ganzes Wesen liebevoll mit Leiden zeichnen; dann will ich ihm Arznei geben und ihn gesund machen: Ich will einen Menschen aus ihm machen, ganz nach meinem Herzen.»

Nachdem der Diener solche Übungen seines äußeren Menschen – ein Teil von ihnen ist hiervor beschrieben – von seinem achtzehnten bis zu seinem vierzigsten Jahre getrieben hatte und seine ganze Natur so zugerichtet war, daß er nur noch die Wahl hatte, zu sterben oder auf derlei Übungen zu verzichten, ließ er davon ab; Gott ließ ihn wissen, daß solche Strenge und all diese Formen nichts anderes gewesen seien als ein guter Anfang und ein Durchbruch durch seinen ungezügelten Menschen; und fügte hinzu, er müsse noch weiterhin auf andere Weise heimgesucht werden, solle ihm jemals das, was für ihn richtig sei, zuteil werden.

19 *Wie er auf den geistigen Weg verwiesen wurde, der zur Kunst rechter Gelassenheit führt*

Einst saß der Diener nach der Mette in seinem Stuhl, in Gedanken vertieft, so daß er nichts um sich sah und hörte. Da kam – vor seinem inneren Auge dünkte es ihm so – ein stattlicher junger Mann von oben herab, trat vor ihn und sprach: «Nun bist du lange genug in der Schule der Anfangenden[68] gewesen, hast dich dort genug ge-

68 Seuse wird nun auf eine höhere Ebene, auf den «Weg der Erleuchtung», geführt. Was er hier erlitten und erduldet, findet einen anschaulichen Hintergrund im

übt und Reife erlangt. Wohlan! Komm mit mir! Ich will dich jetzt zur höchsten Schule führen, die es hienieden gibt; da sollst du mit Fleiß zur höchsten Geschicklichkeit gelangen, die dir den göttlichen Frieden bringen und deinen heiligen Anfang zu einem seligen Ende führen soll.»[69] Das freute ihn, und er erhob sich. Sein Führer nahm ihn bei der Hand und führte ihn, so schien ihm, in ein geistiges Land. Da war ein gar schönes Haus, das schien geistlicher Leute Wohnung zu sein. Da wohnten die, welche sich der gleichen Kunst widmeten. Als er eintrat, ward er freundlich empfangen und gütig begrüßt von ihnen. Sie eilten zu dem obersten Meister und sagten ihm, es sei einer gekommen, der wolle auch sein Jünger werden und ihre Kunst lernen. Der Meister antwortete: «Ich will ihn zuvor selbst betrachten und sehen, wie er mir gefällt.» Als er ihn sah, lachte er ihn gar freundlich an und sprach zu den anderen: «Merket das von mir: Dieser Gast mag wohl ein wackerer Meister unserer hohen Kunst werden, will er sich geduldig der engen Einschränkung unterwerfen, in der er sich bewähren muß.» Der Diener verstand diese geheimnisvollen Worte damals noch nicht; er wandte sich zu dem Boten, der ihn hier eingeführt hatte, und fragte: «Ei, lieber Gefährte, was ist das, die höchste Schule und ihre Geschicklichkeit, von der du mir gesprochen?» – Jener antwortete: «Die hohe Schule und ihre Kunst, die man hier lernt, ist ein gänzliches, völliges Lassen seiner selbst, derart, daß der Mensch so zunichte wird, wie Gott sich auch gegen ihn erzeige oder durch seine Geschöpfe sich ihm gegenüber verhalte in Lieb oder Leid; er soll sich darum bemühen, allzeit gleich zu bleiben in völliger Preisgabe des Seinen, soweit es menschliche Schwachheit vermag, nur auf Gottes Lob und Ehre sehen, so wie der liebe Heiland es seinem himmlischen Vater gegenüber tat.» Als der Diener dieses hörte, gefiel es ihm gar wohl, und er

3. Kapitel des 2. Teiles von P. Denifles mystischer Blütenlese: «Das geistliche Leben. Deutsche Mystiker des 14. Jahrhunderts.» Dies Buch, das wie selten eines in den Geist deutscher Mystik einführt, ist im Buchhandel längst vergriffen (letzte Auflage Salzburg/Leipzig 1936).

69 Diese zweite Stufe ist hier als Durchgang von der ersten, der des «anfangenden Menschen» – «Weg der Reinigung» –, zur dritten und höchsten, der der Vereinigung der Seele mit Gott – «Weg der Einung» –, gedacht. Daß auch dieser Stufenfolge im religiösen Leben des einzelnen Menschen kein zeitlicher, eine Stufe von der anderen trennender Ablauf zu entsprechen braucht, sei nur kurz erwähnt.

meinte, diesem Können wolle er sein Leben weihen; es möge wohl nicht so schwer sein, daß ihn etwas davon abbringen könne; dies Feld wolle er bestellen und unausgesetzt tätig sein. Dem widersprach der himmlische Bote und antwortete ihm: «Diese Kunst bedarf gänzlichen, vollkommenen Aufgebens seiner selbst;[70] je weniger man hier Geschäftigkeit entfaltet, um so mehr hat man getan; und damit zielte er auf ein Tun, bei dem der Mensch hindernd zwischen sein eigenes Selbst und das lautere Lob Gottes tritt.»[71]

Nach diesen Worten kam der Diener rasch zu sich selbst und blieb sitzen. Er begann diese Worte gründlich zu durchdenken und zu merken, daß es lautere Wahrheit sei, von Christus selbst gelehrt. Er begann in sich und mit sich selbst zu sprechen und sagte: «Schaust du eifrig in dich selbst, so findest du da noch deinen eigenen Willen und erkennst, daß du mit all deinen äußeren Übungen, die du dir selbst aus dem Grunde deiner eigenen Seele auferlegt hast, dich nicht Gott gefügt hast, wenn es galt, von anderen kommende Widerwärtigkeiten auf dich zu nehmen. Du bist noch wie ein furchtsames Häslein, das sich in einem Busch versteckt hat und vor jedem fliegenden Blatt erschrickt. So ist es mit dir bestellt: Trifft dich ein Leid, so erschrickst du immer wieder; beim Anblick deiner Widersacher entfärbst du dich; wenn du dich Gottes Willen unterordnen sollst, so fliehst du; sollst du offen vortreten, so verbirgst du dich; lobt man dich, so erfreut dich das; wenn man dich tadelt, so macht dich das traurig. Es ist wohl so, daß du der Unterweisung in

70 Gemeint ist die «Gelassenheit»: Für Seuse treffen sich in diesem bei ihm immer wieder vorkommenden Worte Geduld, Selbstverleugnung, Gehorsam, Verträglichkeit, Nachgiebigkeit, Selbstbeherrschung, Beherrschung der Begierden, Gottergebenheit. Sein Gegensatz ist die «Eigenschaft», d. h. die Betonung des eigenen Ich, der Selbstheit, kurz: die ungeordnete Anhänglichkeit ans Irdische, d. h. also das mächtige Hindernis der Vereinigung der Seele mit dem Wesen der Gottheit. Auch Gott muß, sagt M. Eckhart, alle persönliche Eigenart ablegen, will er im Wesen der menschlichen Seele Einlaß finden: Das Buch der göttlichen Tröstung. Ins Neuhochdeutsche übertragen von Josef Quint, Frankfurt a. M. 1961. Hierin folgt ihm M. Dietrich von Freiburg. Näheres über die vielschichtige Bedeutung des Wortes und sein Schrifttum von den Brüdern Grimm bis Heidegger siehe Lex. f. Theol. u. Kirche K 4,631 («Gelassenheit»).

71 Wörtlich: «... sich selbst ein Hindernis bereitet und nicht das lautere Gotteslob im Sinne hat», d. h.: indem er sein eigenes Ich, seine Selbstheit betont und so sich selbst zum Hindernis zwischen seiner Seele und Gott macht.

der hohen Schule bedürftest.» Er seufzte innerlich, blickte auf zu Gott und sprach: «Ach, wie ist mir doch die Wahrheit so unverblümt gesagt worden!», und fügte hinzu: «Wann werde ich wohl ein recht gelassener Mensch werden?»[72]

20 *Von schmerzvoller Unterwerfung*

Als dem Diener solche äußeren Übungen, die sein Leben bedrohten, von Gott untersagt worden waren, wurde er in seiner entkräfteten Natur so froh, daß er Freudentränen vergoß. Wenn er seiner harten Bande gedachte und dessen, was er dabei erlitten und erstritten hatte, sprach er bei sich zu sich selbst: «Wohlan denn, lieber Herr, von jetzt an will ich ein geruhsames und freies Leben führen und es mir wohl sein lassen. Meinen Durst will ich mit Wein und Wasser gänzlich stillen und ungefesselt auf meinem Strohsack schlafen; wie oft habe ich mich danach gesehnt, diese Bequemlichkeit vor meinem Tode von Gott zu erhalten! Ich habe mir selbst lange genug geschadet, es ist an der Zeit, mich fernerhin auszuruhen.» Solche verwegenen Gedanken und derlei Einfälle kamen ihm damals in den Sinn; ach, er wußte nicht, was Gott ihm zugedacht hatte!

Da ihm bei solch erfreulichen Gedanken gar manche Woche wohl gewesen, geschah es einst, daß er in seinem gewöhnlichen Stuhl saß (den er sich zu einer Liegestatt eingerichtet) hatte. Er versank in eine Betrachtung über das so wahre Wort des leidenden Job: «Des Menschen Leben ist ein ritterlicher Kriegsdienst auf Erden.» Dabei vergingen ihm die Sinne; ihm schien, es trete ein schöner junger Mann von männlichem Aussehen auf ihn zu: Der trug zwei schmucke Ritterschuhe bei sich und andere Kleidungsstücke, wie Ritter sie zu tragen pflegen; der näherte sich ihm, legte ihm die Ritterkleidung an und sprach: «Sei ein Ritter! Bislang warst du Knappe; Gott will, daß du nun ein Ritter seiest.» Er betrachtete sich selbst in den Ritterschuhen und sprach mit großer Verwunderung: «Ach, Gott, wie ist

72 In dieser Erkenntnis und Selbsterkenntnis wird der entscheidende, freilich zeitlich nicht genau festzulegende Wendepunkt in Seuses innerer Entwicklung klar; von dem selbst erdachten, sein ganzes Ich widerspiegelnden Verfahren der Kasteiung zu ganzem Sicheinfügen in Gottes Willen in guten und bösen Tagen.

es mir ergangen, was ist aus mir geworden. Soll ich hinfort ein Ritter sein? Viel lieber lebte ich von nun an meiner Behaglichkeit!» Und zu dem Boten sprach er: «Da Gott will, daß ich Ritter sei, so wäre mir doch lieber, ich wäre es in einem preiswerten Streite geworden.» Jener kehrte sich ein wenig zur Seite, lachte und sprach zu ihm: «Sei ohne Sorge, dir wird noch genug des Streites werden. Wer Gottes geistlicher Ritter unverzagt sein will, dem wird viel größere Drangsal begegnen als je vor alten Zeiten den berühmten Helden, von deren mutigem Rittertum uns die alten Zeiten zu singen und zu sagen wissen. Du meinst, Gott habe dir dein Joch abgenommen und deine Fesseln weggeworfen, und du könntest nun behaglich dahinleben: noch geht es nicht so; Gott will dir deine Bande nicht wegnehmen, er will sie nur ändern; er will sie viel schwerer machen, als sie je waren.» Über diese Worte erschrak der Diener gar sehr und sprach: «Ach, Gott, was hast du nun mit mir vor? Ich glaubte, (das Leiden) habe ein Ende, nun beginnt es erst, nun erst muß ich Drangsal erdulden, wie mich dünkt. Ach, Herr des Himmels, was hast du mit mir im Sinn? Bin denn nur *ich* ein Sünder, und sind alle anderen Menschen gerecht, daß du mich Armen deine Rute so fühlen läßt und sie an manchem Menschen sparst? So hast du es mit mir seit meiner Kindheit getrieben, in der du meine jungen Jahre mit schwerer langwieriger Krankheit plagtest; nun, dachte ich, sei es genug!» Der andere sprach: «Nein, dem ist nicht so; du mußt bis auf den Grund (deiner Seele) in allem heimgesucht werden, wenn es gut mit dir werden soll.» Der Diener antwortete: «Herr, zeige mir, wie viele Leiden meiner noch warten.» Jener erwiderte: «Blick aufwärts zum Himmel! Kannst du die zahllosen Sterne zählen, dann auch die Leiden, die dir noch bevorstehen; und so wie die Sterne klein scheinen und doch groß sind, so werden auch deine Leiden vor ungeübter Menschen Auge klein erscheinen, dir selbst aber, nach deiner eigenen Empfindung, schwer zu tragen.» Der Diener sprach: «Ach, Herr, zeige mir meine Leiden zuvor, damit ich sie kenne!» Doch jener erwiderte: «Nein, dir ist besser, sie nicht zu kennen, damit du nicht im voraus verzagst. Doch von den zahllosen Leiden, die deiner warten, will ich dir nur drei nennen:

Das eine ist dies: Du schlugst dich bisher mit deinen eigenen Händen und hörtest auf, wenn du wolltest, und du erbarmtest dich deiner; jetzt will ich dich dir selber wegnehmen und dich wehrlos in die Gewalt fremder Menschen geben. Da wird dann durch etliche blinde Menschen dein Ansehen in aller Öffentlichkeit zugrunde gerichtet werden; und dieser Schlag wird dich mehr schmerzen als das Nagelkreuz auf deinem verwundeten Rücken; denn deine früheren Übungen haben dein Ansehen vor den Leuten sehr erhöht, hier aber wirst du niedergebeugt und mußt zunichte werden.

Das andere Leiden: In wie manch bittere Todesnot du dich selbst auch gebracht, so ist dir durch Gottes Zulassung doch deine zarte, liebebedürftige Natur geblieben; und es wird geschehen, daß (gerade) da, wo du vor allem Liebe und Treue suchst, du auf große Untreue, großes Leiden, großen Verdruß treffen wirst. Dies Leiden wird so vielfältig sein, daß die Menschen, die eine besonders gute Meinung von dir haben, dein Leid dann aus Barmherzigkeit mitleiden müssen.

Das dritte Leiden (entsteht dir daraus), daß du bisher ein Säugling und verwöhnter Zärtling gewesen bist und in göttlicher Güte dich wie ein Fisch im Wasser bewegt hast. Das will ich dir nun entziehen, will dich darben und dörren lassen, daß du von Gott und aller Welt verlassen und von Freunden und Feinden in aller Öffentlichkeit verfolgt werden wirst. Kurz gesagt: Alles, was du beginnen wirst, dir zu Liebe oder zum Troste, das wird alles fehlschlagen; und was dir leid und zuwider ist, wird dich treffen.»

Der Diener erschrak hierüber so, daß er am ganzen Körper zitterte; er fuhr hastig auf: Dann stürzte er mit ausgebreiteten Armen zu Boden und schrie zu Gott und weinte laut und flehte ihn an, er möge, wenn es sein könne, ihm um seiner milden, väterlichen Güte willen diesen großen Jammer ersparen; könne es aber nicht sein, dann möge, so bat er, der göttliche Wille seiner ewigen Ordnung nach an ihm erfüllt werden. Als er nun in seiner Not eine gute Weile so dagelegen hatte, sprach irgend etwas in ihm: «Fasse Mut! Ich selbst will mit dir sein und dir gnädig helfen, dies Ungewöhnliche zu überstehen.» Da erhob er sich und gab sich in Gottes Hand.

Als es nach der (Konvents)messe Morgen ward und er traurig in seiner Zelle saß und über diese Dinge nachdachte und ihn fror – denn es war Winter –, vernahm er irgendeine Stimme in seinem Innern: «Tu auf das Fenster, schau und lerne!» Er öffnete es und blickte hinaus: Da sah er einen Hund, mitten im Kreuzgang, der hatte ein verschlissen Fußtuch im Maul und spielte damit auf seltsame Weise: Er warf es in die Höhe und wieder zu Boden und zerrte Löcher hinein. Er blickte auf, seufzte von Herzen, und ihm erklang die Stimme in seinem Innern: «Solch ein Spielzeug wirst du in deiner Brüder Gerede werden.» Da gedachte er bei sich selbst: Da es doch nicht anders sein kann, so gib dich darein und schau nur, wie sich das Fußtuch schweigend so übel behandeln läßt: Das tu auch! Er ging hinab, nahm das Tuch an sich und behielt es viele Jahre als teures Kleinod; und wollte die Ungeduld ihn übermannen, so holte er es hervor, damit er sich selbst daran erkenne und jedem gegenüber Schweigen bewahre.

Wenn er etwa seinen Blick voll Verachtung ein wenig abgewandt hatte von einigen, die ihn bedrängten, tadelte ihn eine innere Stimme, die also sprach: «Bedenke, daß ich, dein Herr, mein schönes Antlitz nicht von denen abwandte, die mich anspien.»[73] Sein Verhalten gereute ihn dann sehr, und er wandte sich jenen wieder freundlich zu.

Zuerst, wenn ein Leid auf ihn fiel, gedachte er bei sich: Ach, Gott, wann wird dies Leiden zu Ende sein, daß ich davon befreit bin! Da erschien ihm am Tage Mariä Lichtmeß das Jesuskind, tadelte ihn und sprach: «Du verstehst noch nicht zu leiden, ich will dich lehren. Sieh, wenn du leidest, sollst du nicht auf die Beendigung des gegenwärtigen Leidens schauen, indem du denkst, seiner ledig zu werden. Du sollst dich wie ein Mädchen verhalten, das Rosen pflückt; bricht sie eine Rose vom Strauche ab, so genügt ihr das (noch) nicht, sie nimmt sich vor, noch mehr zu pflücken. So tu auch du: Bereite dich darauf vor, daß, wenn ein Leiden ein Ende hat, dir geschwind ein anderes begegnet.»

[Unter den Gottesfreunden, die ihm seine zukünftigen Leiden voraussagten, kam eine gar fromme Frau zu ihm und sagte, sie habe am Engelfeste[74] nach der Mette Gott gar sehr für ihn gebeten. In einer Erscheinung, so dünkte sie, ward sie dorthin geführt, wo der Diener war, und sah, wie über ihm ein schöner Rosenstrauch auf-

73 Vgl. Jes 50,6.
74 29. September, Fest des Erzengels Michael.

blühte, groß und umfangreich; er hatte eine anmutige Gestalt und trug viel schöne rote Rosen. Sie blickte zum Himmel, und ihr schien, die Sonne gehe strahlend an einem wolkenlosen Himmel auf. Im Sonnenglanz (aber) stand ein schönes Kindlein mit ausgebreiteten Armen. Auch sah sie, daß aus der Sonne ein Strahl in des Dieners Herz drang, so kräftig, daß alle seine Adern und Gelenke aufleuchteten. Der Rosenstrauch aber hätte gern, sich neigend, mit seinen starken Ästen den Sonnenstrahl, der in des Dieners Herz fiel, gehemmt. Das aber gelang ihm nicht, denn die aus der Sonne hervorbrechenden Strahlen waren so stark, daß sie die Äste (des Strauches) durchdrangen und bis in des Dieners Herz leuchteten. Danach sah sie, daß das Kind aus der Sonne herausschritt. Sie fragte: «Ach, liebes Kind, wohin willst du?» Es antwortete: «Zu meinem lieben Diener!» Jene fuhr fort: «Ach, teures Kind, was bedeutet der Sonnenstrahl in deines geliebten Dieners Herz?» Es erwiderte: «Sein liebreiches Herz habe ich mit solch hellem Glanze durchglüht, daß dessen ein Widerschein von seinem Herzen ausgehen wird, der menschliche Herzen auf liebreiche Weise zu mir ziehen soll; und der starke Rosenstrauch, der meines Dieners mannigfache zukünftige Leiden versinnbildet, kann das nicht hindern: Es wird herrlich an ihm vollendet werden.»]

Da Loslösung von allem Äußeren einem anfangenden Menschen gar nützlich ist, entschloß er sich, mehr als zehn Jahre im Kloster zuzubringen, getrennt von aller Welt. Ging er von Tisch weg, so schloß er sich in seiner Kapelle[75] ein und blieb daselbst.[76] Weder an der Pforte noch anderswo wollte er, sei es mit Frauen oder Männern, ein längeres Gespräch führen, ja, sie (nicht einmal) anblicken. Seinen Augen hatte er eine nahe Grenze gesetzt, über die hinaus sie nicht sehen sollten, eine Strecke von fünf Fuß. Stets blieb er zu Hause, wollte weder in die Stadt noch aufs Land hinausgehen und nur sein Alleinsein bewahren. Diese Vorsicht freilich half ihm nichts, denn gerade in diesen Jahren ward er von schmerzlichen Lei-

75 Diese Kapelle rechts vom Chor, «wie man auff den Lethner geht under der Stiegen», war nach *H. Muser,* Helvetia Sancta (Luzern 1648, S. 329) noch im 17. Jahrhundert im Konstanzer Kloster vorhanden.

76 Statt an einem Spaziergang im Garten oder an einer Zusammenkunft im Aufenthaltsraum teilzunehmen, wobei das Schweigegebot aufgehoben war.

den heimgesucht, von denen er so schwer geplagt wurde, daß er sich selbst und anderen Menschen erbarmenswert ward.

Damit ihm seine Einschließung leichter werde, da er sich selber zehn Jahre hindurch nach (freiem) Belieben und ohne Fesseln in der Kapelle eingeschlossen hielt, bestellte er bei einem Maler Bildnisse der heiligen Altväter und eine Darstellung ihrer Aussprüche[77] und anderer frommer Gegenstände, die einen leidenden Menschen zu Geduld in Widerwärtigkeiten mahnen. Aber Gott wollte nicht, daß er sich der Bilder erfreuen solle, denn als der Maler die Altväter mit Kohle an der Wand der Kapelle entworfen hatte, wurde er augenkrank, so daß er die Farben nicht mehr auftragen konnte. So verabschiedete er sich und sagte, die Arbeit müsse bis zu seiner Genesung liebenbleiben. Der Diener fragte den Maler, wie lange das dauern werde. Er antwortete: «Zwölf Wochen.» Jener ließ ihn die am Boden liegende Leiter wieder auf zu den Entwürfen richten, stieg hinauf, berührte mit seinen Händen die Bilder, bestrich des Malers schmerzende Augen und sprach: «In der Kraft Gottes und der Heiligkeit dieser Altväter befehle ich Euch, Meister, daß Ihr morgen wieder mit völlig gesunden Augen hierherkommt!» Des anderen Morgens kam der Maler fröhlich und gesund und dankte Gott und dem Diener, daß er genesen war. Dieser aber schrieb es den Altvätern zu, deren Bildnis er mit seinen Händen berührt hatte. In ebendiesen Zeiten verfuhr Gott so mit ihm, als ob er den bösen Geistern und allen Menschen erlaubt habe, ihn zu quälen. Unzähliges Leid erlitt er von den bösen Geistern, die ihm in furchtbaren Gestalten, in wildem Übermut erschienen und ihm bei Tag und bei Nacht, er mochte wachen oder schlafen, so viel Betrübnis, so viel Leiden zufügten, daß ihm viel Schmerz dadurch entstand. [Einst quälte ihn eine Anfechtung, ein Gelüste, Fleisch zu essen, denn das hatte er lange Jahre hindurch gemieden. Als er das Fleisch gegessen und seine Begierde kaum befriedigt hatte, erschien vor ihm eine ungeheure höllische Gestalt und sprach den Psalmvers: «Noch war der Bissen in ihrem Munde...»[78], und mit keifender Stimme redete sie

77 Sprüche aus dem «Altväterbuch» (Vitae Patrum) sind nachzulesen in der Zeitschrift für deutsche Philologie 1903, S. 371 ff. (in alemannischer Mundart).

78 Ps 78,30.

zu denen, die ihn umstanden: «Dieser Mönch hat den Tod verdient, und den soll er durch mich erleiden.» Als sie sich zur Wehr setzten, zog sie einen furchtbar anzusehenden Bohrer hervor und sprach zu dem Diener: «Da ich dir jetzt nichts anderes antun kann, so will ich dich doch mit diesem Bohrer peinigen und ihn dir in den Mund hineindrehen, daß dein Schmerz ebenso groß sein wird, wie zuvor deine Gier nach dem Fleische gewesen ist.» Und er fuhr ihm mit dem Bohrer zum Munde. Sogleich schwollen ihm Kinnbein und Zahnfleisch an und auch der Mund, so daß er ihn nicht öffnen konnte und wohl drei Tage lang weder Fleisch noch sonst etwas zu essen vermochte außer dem, was er durch die Zähne ziehen konnte.]

21 Von inneren Leiden

Unter dem, was er zu erdulden hatte, quälten ihn vor allem drei Leiden: Das eine waren ungebührliche Gedanken über den Glauben. Ihm kam in den Sinn etwa: Wie konnte Gott Mensch werden? und dergleichen mehr. Je mehr er dem Widerstand leistete, desto mehr verwirrte er sich. In solcher Anfechtung ließ ihn Gott wohl an die neun Jahre jammernden Herzens und mit weinenden Augen zu Gott und allen Heiligen um Hilfe rufen. Schließlich, als es Gott an der Zeit dünkte, befreite er ihn gänzlich davon und verlieh ihm große Festigkeit und Erleuchtung im Glauben.

Das zweite innere Leiden war eine törichte Traurigkeit. Ihm war beständig so schwer ums Herz, als ob ein Berg auf ihm läge; und *das* war ein Teil davon: Seine ungestüme Abkehr von der Welt war so eifrig erfolgt, daß seine lebendige Natur davon in große Drangsal geriet. Diese Bedrängnis dauerte wohl acht Jahre.

Das dritte innere Leiden aber bestand in der quälenden Vorstellung, für seine Seele sei keine Rettung; sie müsse auf ewig verloren sein, wie recht er auch immer handle und wie sehr er auch seine Kräfte übe; dies (dachte er) helfe alles nichts, er werde (doch) nicht zu den Geretteten gehören; alles sei (bereits) im voraus vergeblich. Damit beschäftigte er sich Tag und Nacht. Wenn er zum Gebet in den Chor ging oder sonst etwas Gutes tun sollte, kam die Anfechtung über ihn, und er sprach mit klagender Stimme: «Was hilft es dir (schon), Gott zu dienen? Es wird dir nur zum Fluch; für dich gibt es keine Rettung. Laß nur beizeiten davon: Du bist verloren, du magst es anfangen, wie du willst.» Er gedachte bei sich: Ach, ich Armer, wohin soll ich mich kehren? Verlaß ich den Orden, so ist die Hölle mein Teil; bleib ich darin, so finde ich doch keine Hilfe. Ach, lieber Gott, erging es wohl je einem Menschen schlimmer als mir? Zuweilen stand er in Gedanken versunken, seufzte tief, und Tränen rannen ihm übers Gesicht. Er schlug sich an die Brust und sprach: «O Gott, soll es keine Hilfe für mich geben? Welch ein kläglich Ding! Soll ich denn hier und dort in Not sein? Weh mir, daß mich meine Mutter je gebar!»

Diese Anfechtung hatte ihren Grund in unbegründeter Furcht: Ihm wurde gesagt, bei seiner Aufnahme in den Orden sei zeitlicher Besitz im Spiel gewesen; davon schreibt sich die Sünde her, die «Simonie» heißt, und die bedeutet, daß man ein geistliches Gut durch ein weltliches erkauft. Dies senkte er in seine Seele, bis er dies Leid überwand; als dieses schreckliche Leiden wohl an die zehn Jahre gewährt hatte, so daß er sich in dieser ganzen Zeit für nichts anderes denn einen verdammten Menschen hielt, kam er zu dem frommen Meister Eckhart und klagte ihm sein Leid. Der befreite ihn davon, und so ward er aus der Hölle erlöst, in der er so lange gewesen war.

22 *Von der seelsorgerischen Hilfe, die er draußen seinen Mitmenschen auf dem Wege zum Heil zuteil werden ließ*

[Als er viele Jahre seiner inneren Heiligung gelebt hatte, ward er von Gott durch mancherlei Offenbarungen auf seines Nächsten Heil verwiesen, daß er dem auch Genüge tun sollte. Ohne Zahl und Maß waren die großen Leiden, die bei Übung dieses guten Werkes auf ihn fielen, wenn auch mancher Seele durch ihn geholfen wurde. Das zeigte Gott einst einer auserwählten Gottesfreundin, die Anna hieß und auch des Dieners geistliche Tochter war. Die ward einst bei ihrer Andacht entrückt und erblickte den Diener, wie er auf einem hohen Berg das Meßopfer darbrachte. In ihm und an ihm sahen ihre Augen eine unzählige Menge (von Seelen), eine immer anders als die andere: Je mehr eine an Gott Anteil hatte, um so mehr Raum war ihr auch in ihm gegeben, und je innerlicher dieser Raum im Inneren des Dieners war, um so mehr hatte sich Gott dieser Seele zugewandt. Sie sah, daß er voller Ernst Gott für sie alle bat, ihn, den er in seinen Händen trug. Sie bat Gott, ihr kundzutun, was diese Erscheinung bedeute. Und Gott antwortete ihr, die gewaltige Zahl der Leute, die an ihm hingen, seien alle die, welche bei ihm beichteten oder belehrt würden oder die ihn ohne eine solche Beziehung treu liebten. «Die hat er so zu mir gebracht, daß ich ihr Leben zu einem guten Ende führen will und sie von meinem zufriedenen Antlitz niemals getrennt werden sollen. Was ihm selbst gleicherweise an Leid zufallen mag, dafür will ich ihn reichlich entschädigen.»

Ehe dieselbe vorgenannte edle Frau den Diener der ewigen Weisheit kannte, trieb Gott sie innerlich an, ihn kennenzulernen. Einstmals ward sie entrückt, und in der Erscheinung vernahm sie die Worte, sie solle dahin kommen, wo der Diener sich aufhielt, und ihn besuchen. Sie antwortete: «Ich werde ihn unter den vielen Brüdern nicht erkennen.» Da sprach die Stimme: «Er ist unter den anderen leicht herauszufinden; er trägt einen grünen Kranz um sein Haupt, der ist ringsum abwechselnd mit roten und weißen Rosen besetzt, wie ein Rosenkranz; die weißen Rosen versinnbilden seine Lauterkeit, die roten seine Geduld in mannigfachem Leiden, das er ertragen muß. Und wie das goldene Kreisrund, womit man den gemalten Heiligen das Haupt umgibt, ihre ewige Seligkeit bedeutet, die sie in Gott besitzen, so versinnbildet der rosenfarbene Kranz die mannigfachen Leiden, die die lieben Gottesfreunde ertragen müssen, während sie noch in dieser Zeitlichkeit Gott in ritterlicher Übung dienen.» Darauf führte sie der Engel in der Erscheinung dahin, wo der Diener sich aufhielt, und sie erkannte ihn rasch an dem rosenfarbenen Kranz, den er ums Haupt trug.]

In derselben Zeit seines Leidens war seine größte innere Stütze die eifrige Hilfsbereitschaft der Engel. Einst waren ihm die äußeren Sinne entschwunden, da sah er sich in einer Erscheinung an eine Stelle geführt, wo gar viele Engel waren, und einer, der ihm am nächsten stand, sprach zu ihm: «Reich deine Hand her und sieh!» Als er seine Hand dargeboten hatte und hinblickte, sah er mitten auf der Hand eine schöne rote Rose mit grünen Blättern entspringen. Die Rose ward so groß, daß sie die ganze Hand bis an die Finger bedeckte, und so schön und glänzend, daß sie den Augen gar wohlgefiel. Er wandte die Hand nach innen und außen um: Es war auf beiden Seiten ein wundervoller Anblick. Da sprach er voll tiefer Verwunderung: «Ei, lieber Freund, was bedeutet dieses Gesicht?» Der Himmelsbote antwortete: «Es bedeutet Leiden und nochmals Leiden und noch mehr Leiden und wieder und immer noch Leiden, das dir Gott schenken will, und das versinnbilden die vier roten Rosen, die du an beiden Händen und Füßen siehst.» Der Diener seufzte und sprach: «Ach, lieber Herr, daß Leiden dem Menschen so gar weh tut, und es ihn, geistlich gesehen, doch so sehr verherrlicht, ist ein erstaunliches Verhalten Gottes!»

23 *Von mannigfachem Leid*

Einstmals auf dem Wege zu einer kleinen Stadt traf er nahe bei ihr auf ein holzgeschnitztes Bildnis des Heilands, ein Kruzifix, das, wie hie und da üblich, in einem kleinen Häuslein stand. Die Leute glaubten, daß dort viele Wunder geschähen. Darum brachten sie viele Wachsbilder dorthin und hängten sie auf, Gott zum Lob.[79] Als er vor das Bildnis des Heilands kam, trat er hinzu und kniete nieder. Nachdem er eine Weile gebetet hatte, erhob er sich und ging mit seinem Begleiter[80] in die Stadt zur Herberge. Dieses Knien und Beten vor dem Bildnis hatte ein Mädchen beobachtet, ein Kind von sieben Jahren. In der Nacht kamen Diebe, brachen die Tür des Häusleins auf und stahlen alles Wachs, das sie da fanden. Als es Tag ward, brachte man die Nachricht in die Stadt und zu dem Bürger, der das Heilandshaus in seiner Obhut hatte. Der ging den Dingen nach, festzustellen, wer die große Missetat begangen habe. Da sagte das bereits genannte Kind, es wisse wohl, wer das getan habe. Und da man sehr in es drang, daß es den Übeltäter angebe und zeige, sagte es: «Da ist niemand anders schuldig an der Missetat als der Bruder», und meinte damit den Diener; «denn», sagte es, «den sah ich gestern

79 Sogenannte «Votivgaben», d. h. Nachbildungen z. B. eines durch Andacht und Gebet vor jenem Heilandsbild geheilten Gliedes aus Wachs.

80 Einen Begleiter (socius) mußte nach den Ordensbestimmungen jeder reisende Bruder bei sich haben (Bi).

abend spät vor dem Bildnis knien und dann in die Stadt gehen.» Die Aussage des Kindes nahm der Bürger für Wahrheit und erzählte die Nachricht überallhin weiter, so daß der böse Leumund über den Bruder durch die ganze Stadt verbreitet und er der niedrigen Tat bezichtigt wurde. Manche böse Meinung lief über ihn um, wie man ihn zugrunde richten und als bösen Menschen beseitigen solle. Als er dies vernahm, erschrak er gar sehr, wiewohl er sich ganz unschuldig wußte, und mit tiefem Seufzen sprach er zu Gott: «Ach, Herr, da ich nun leiden soll und muß, so wollte ich allgemein bekannte Leiden, die mich nicht mit Schande bedeckten, gern tragen; nun greifst du mir aber ans Herz mit der Vernichtung meiner Ehre durch Vorkommnisse, die mich am schlimmsten treffen.» Er blieb in dem Städtchen, bis das Gerede sich gelegt hatte.

In einer anderen Stadt entstand um ihn ein großer Lärm, der sich über die Stadt und die ganze Gegend verbreitete. In einem Kloster dieser Stadt war ein steinern Bildnis des gekreuzigten Heilands, von (wie man sagte) eben der Größe, die Christus gehabt. Dort fand man einmal in der Fastenzeit frisches Blut unterhalb der Stelle von Christi Seitenwunde. Der Diener eilte mit anderen dorthin, um das Wunder zu sehen.[81] Als er das Blut erblickte, neigte er sich hin und betastete es mit seinem Finger, so daß alle es sahen, die da umherstanden. Der Zulauf aus der ganzen Stadt ward sehr groß, und man nötigte ihn, daß er vor aller Öffentlichkeit sage, was er gesehen und berührt habe. Das tat er und sagte es; doch war er so vorsichtig, daß er kein Urteil darüber abgab, ob das Blut durch Gott oder durch Menschen dahingekommen sei: Das überließ er anderen.

Die Kunde hiervon durchlief weithin das Land; jedermann fügte hinzu, was ihn gut dünkte; man gab vor, er habe sich selbst in den Finger gestochen, das Blut an das Bildnis des Heilands gestrichen, so daß man habe glauben müssen, das Bildnis blute von selbst; den Auflauf habe er aus Habsucht selbst zuwege gebracht, um dadurch

81 Berichte von solchen «Blutwundern» sind im Mittelalter öfter anzutreffen. Theologisch gesehen, kann Christi Blut nicht mehr vergossen werden. Nachgewiesenes echtes Blut könnte als solches nur auf Christi Blut verweisen, es aber nicht sein. Eine Verehrung solchen Blutes könnte nur *dem* gelten, auf den es verweist, d. h. auf Christus als den für die Menschen gestorbenen Erlöser (vgl. *A. Winklhofer*, in: Lex. f. Theol. u. Kirche, Bd. II, S. 548: «Blutwunder»).

den Leuten das Geld aus der Tasche zu ziehen. Solche üblen Dinge erzählte man sich von ihm in anderen Städten. Als die Bürger dieser Stadt die Kunde von solchem Betrug vernahmen, mußte er des Nachts aus der Stadt fliehen; sie verfolgten ihn, und wäre er nicht entronnen, so hätten sie ihn getötet; sie setzten einen Preis auf seinen Kopf für den, der ihn lebend oder tot zurückbrächte. Diese und dergleichen Gerüchte wurden viel (über ihn) erzählt: Kam ein solches auf, so nahmen sie es für (volle) Wahrheit und schalten und fluchten über ihn; manch leichtfertiges Urteil wurde über ihn gefällt. Einige besaßen auch die Einsicht, ihn richtig zu beurteilen; die sagten, er sei unschuldig; denen antwortete man so zornig, daß sie schweigen und ihn seinem Schicksal überlassen mußten. Eine vornehme Frau derselben Stadt, die von all den schmerzlichen Dingen hörte, die der arme Mann unschuldig erleiden mußte, ging aus Mitleid in seiner Not zu ihm und gab ihm einen Rat: Er solle sich von der Stadt ein gesiegeltes Zeugnis seiner Unschuld für nach auswärts geben lassen, denn jeder in der Stadt wisse wohl, daß er unschuldig sei. «Ach, liebe Frau», antwortete er, «wäre dies das einzige Leid, das Gott über mich verhängen wollte und sonst keines, so wollte ich mir wohl ein Schreiben für meine Sicherheit ausstellen lassen; nun ist aber die Zahl solcher Leiden so groß, die täglich auf mich fallen, daß ich das Gott anheimstellen muß und nichts dagegen tun kann.»

Einst wanderte er rheinabwärts in die Niederlande zu einem Kapitel.[82] Da erwartete ihn bereits Leid, denn zwei hohe Mitglieder des Ordens traten ihm dort entgegen, die gar sehr darauf aus waren, wie sie ihn betrüben könnten: Mit zitterndem Herzen ward er vor das Ordensgericht gestellt; viel Dinge wurden ihm zur Last gelegt, deren eines war: daß er Bücher schreibe, die falsche Lehren enthielten; durch sie werde das ganze Land mit ketzerischem Schmutz verunreinigt.[83] Gar übel ward er mit scharfen Worten angefahren, und große Leiden wurden ihm angedroht, obgleich Gott und die Welt

82 Vielleicht das Generalkapitel zu Maastricht (1330) oder Brügge (1336) oder eines der Provinzialkapitel der Provinz Teutonia: Antwerpen (1327), Utrecht (1330), 's Gravenhage (1335).

83 Mit großer Wahrscheinlichkeit hatten übelwollend ausgelegte Stellen aus Seuses «Büchlein der Wahrheit», das ihn unter M. Eckharts Einfluß zeigt, zu solchen Anklagen Anlaß oder Vorwand gegeben.

seine Unschuld kannten. An dieser schweren Drangsal war es Gott nicht genug, er vermehrte die Menge seiner Leiden noch mehr. Er schickte ihm auf der Rückfahrt Krankheit, und er fiel in heftiges Fieber; ein bedenkliches Geschwür in der Herzgegend kam hinzu. Und so geriet er durch innere Trübsal und äußeren Schmerz notgedrungen in Todesgefahr, daß niemand mehr an sein Aufkommen glaubte. Sein Begleiter betrachtete ihn oft, als gehe es mit ihm zu Ende.

Als er nun in einem fremden Kloster in großer Schwäche zu Bett lag und des Nachts vor Schmerzen keinen Schlaf fand, da begann er mit Gott abzurechnen und sprach: «Ach, gerechter Gott, daß du doch meine schwache Natur mit bitterem Leiden so sehr überladen und mein Herz mit großer Unehre und Verschmähung, die man mir bietet, verwundet hast, und daß ich so mit bitterer Not von außen und innen umgeben bin! Wann wirst du mich erhören, barmherziger Vater, wann wird es dir genug dünken?» Und sein Gemüt empfand die Todesangst, die der Herr auf dem Ölberg ausgestanden. In solchen Überlegungen kroch er aus dem Bett auf einen Sessel, der vor dem Bett stand, und blieb da sitzen, denn er konnte wegen der Schmerzen, die ihm das Geschwür bereitete, nicht liegen. Wie er so in seiner Schwäche dasaß, da erschien ihm in einem Gesichte eine große himmlische Schar; sie kamen in die Kammer, ihn zu trösten; sie sangen ein himmlisches Reigenlied; das klang ihm so lieblich in den Ohren, daß sein ganzes Wesen verändert ward. Als sie nun so fröhlich sangen und der kranke Diener so traurig dasaß, trat ein Jüngling zu ihm und sprach gar freundlich: «Warum bleibst du stumm und singest nicht mit uns? Du kennst doch wohl den himmlischen Gesang?» Da antwortete ihm der Diener aus der tiefen Betrübnis seines Herzens: «Ach, siehst du nicht, welche Schmerzen ich aushalten muß? Woher sollte sich wohl ein dem Tod naher Mensch freuen? Soll ich singen? Ich singe jetzt den schmerzvollen Trauergesang. Habe ich je fröhlich gesungen, so ist es damit nun aus, denn jetzt warte ich auf meine Todesstunde.» Da sprach der himmlische Bote gar freudig: «Sei standhaft, getrost und froh! Dir geschieht kein Leid! Du wirst zu deinen Lebzeiten noch solch ein Lied anstimmen, daß Gott in seiner Ewigkeit Lob und mancher leidende Mensch Trost empfangen wird.» Da füllten sich des Dieners

Augen mit Tränen, und er brach in Weinen aus; und rasch zur selben Zeit brach das Geschwür auf, das er in sich hatte, löste sich auf, und er ward auf der Stelle gesund.

Als er danach wieder nach Hause zurückkehrte, kam ein frommer Gottesfreund zu ihm und sprach: «Lieber Herr, wenn Ihr auch auf dieser Reise mehr denn hundert Meilen von mir entfernt waret, so ist mir doch Euer Leiden ganz gegenwärtig gewesen. Eines Tages sah ich mit meinen inneren Augen den göttlichen Richter auf seinem Stuhl sitzen, und gemäß seiner Zulassung wurde zwei bösen Geistern die Macht gegeben, Euch zuzusetzen in Gestalt der beiden Oberen, die Euch Leid antaten. Da rief ich zu Gott und sprach: ‹Ach, barmherziger Gott, wie kannst du dies bittere Leiden zulassen?› Er antwortete und sprach: ‹Dazu habe ich ihn mir auserwählt, daß er durch solches Leiden meinem göttlichen Sohn nachgebildet werde. Und dennoch wird dank meiner Gerechtigkeit das große Unrecht, das man ihm antut, durch den jähen Tod der beiden, die ihn gepeinigt haben, vergolten werden.›» Das geschah denn auch bald darauf wirklich, so daß es vielen Menschen offenbar ward.

24 *Von dem großen Leid, das ihm die eigene Schwester bereitete*

Der Diener hatte eine Schwester, die lebte in einem Orden. Da geschah es, daß sie, als der Bruder an einem anderen Ort wohnte, öfter ihr Kloster verließ und in schlechte Gesellschaft geriet.[84] Als sie einst mit der Gesellschaft unterwegs war, hütete sie sich nicht und fiel in Sünde; und Leid und Trübsal, die über sie kamen, trieben sie an, nicht wieder in ihre Gemeinschaft zurückzukehren, und sie lief weg, er wußte nicht, wohin.

Als der Diener wieder in seinen Konvent zurückkehrte, erzählte man sich untereinander die schlimme Nachricht. Einer kam zu ihm

84 Papst Bonifatius VIII. hatte die Klausur für Frauenklöster 1298 eingeführt, doch dauerte deren Durchführung für einzelne Klöster geraume Zeit. Auch im vorliegen Fall hat es sich offenbar um ein Kloster gehandelt, in dem den Insassen weitgehende Freiheit hinsichtlich der Verwendung ihrer nicht dem Gebet oder dem Gottesdienst gewidmeten Zeit gewährt war.

und berichtete, was sich ereignet hatte. Der Diener erstarrte vor Leid, das Herz wollte ihm stille stehen, und er ging umher wie einer, der den Verstand verloren hat. Er fragte, wo sie sei, wohin sie gegangen: Niemand konnte es ihm sagen. Er gedachte bei sich: «Neues Leiden ist schon recht, aber hierin! Verzag nun nicht, sieh zu, ob du nicht der armen zugrunde gerichteten Seele helfen kannst; opfere du deine zeitliche Ehre dem barmherzigen Gott, schieb alle menschliche Beschämung zur Seite, spring zu ihr in die tiefe Pfütze und heb sie auf!» Als die Brüder im Chor standen, ging er durch das Chor, und alle Farbe wich ihm aus dem Gesicht, und ihm war, als sträubten sich alle seine Haare. Er wagte zu niemandem zu gehen, denn jeder schämte sich seiner, und die zuvor seine Freunde gewesen, flohen ihn. Suchte er Rat bei ihnen, so kehrten sie sich voll Unwillen ab von ihm. Da dachte er an den armen Job und sprach: «Nun mag mich der barmherzige Gott trösten, da ich von aller Welt verlassen bin.»

Er zog Nachricht von allen Seiten ein, um zu erfahren, wohin er der Verlorenen nacheilen solle. Schließlich nannte man ihm einen Ort; da ging er hin. Es war am Tag der lieben hl. Agnes[85] und kalt. In der Nacht hatte es stark geregnet, und die Bäche waren angeschwollen. Als er über einen Bach springen wollte, verließen ihn die Kräfte, und er stürzte hinein. Sowie er konnte, stand er auf; innerlich fühlte er sich so elend, daß er der äußeren Hilflosigkeit wenig achtete. Als er ans Ziel kam, ward ihm die Wohnung seiner Schwester in einem kleinen Häuschen gezeigt. Dorthin lenkte er voll des Jammers seine Schritte, ging hinein und fand sie da. Als er sie anblickte, fiel er nieder auf die Bank, auf der sie saß, und ihm schwanden zweimal die Sinne; sowie er zu sich kam, begann er mit heiserer Stimme zu jammern und zu weinen; er schlug die Hände über dem Kopf zusammen und sprach: «O weh, mein Gott, wie hast du mich verlassen!» Dann sah er nichts mehr, der Mund blieb ihm stehen, seine Hände erstarrten, und bewußtlos blieb er eine Weile wie tot liegen. Als er wieder zu sich kam, nahm er seine Schwester in die Arme und sprach: «Ach Kind, ach Schwester, was muß ich an dir erleben! Ach, zarte Jungfrau, hl. Agnes, wie ist mir dein Tag so bitter geworden!» Und wieder sank er nieder, und die Sinne vergingen ihm.

85 Am 21. Januar.

Da stand seine sündige Schwester auf, fiel ihm mit bitterlichem Weinen zu Füßen und sprach mit klagender Stimme: «Ach[86], welch beklagenswerter Tag brachte mich in diese Welt, daß ich nun Gott verloren und dir so großes Leid verursacht habe! Darüber sollte mein unglückliches Herz stets Schmerz empfinden und Scham und immer und immer seufzen! Ach, du getreuer Retter meiner verlorenen Seele, wenn ich auch deines Wortes und deines Anblicks nicht würdig bin, so erhöre mich doch in deinem treuen Herzen und bedenke, daß du Gott nicht treuer sein und ihm nicht wirken kannst in besserer Weise als in einer verworfenen Sünderin und einem bedrängten Herzen. Gott hat dich doch allen erbarmungswürdigen Dingen gegenüber barmherzig gemacht, wie kannst du dann mir armer, preisgegebener Sünderin Erbarmen versagen, da ich Gott und der Welt zum Erbarmen geworden bin in dieser Stunde; mich hat meine schwere Schuld gar rasch, und ohne daß ich es merkte, der Verachtung aller Menschen preisgegeben. Was alle Menschen verwerfen und verabscheuen, das suchst du auf; wo sich alle Menschen meiner mit Recht schämen, faßt du mich, deine schmerzliche Schmach, ins Auge und kommst zu mir. Ach, ich bitte dich mit immerwährendem Herzeleid, gestreckt und gebeugt unter deine Füße, daß du Gott an mir armer, schuldiger Sünderin ehrest und mir diese Missetat und diese Schlechtigkeit vergebest, die ich dir und meiner armen Seele zugefügt; und gedenke auch, wenn ich auf dieser Erde deine Ehre geschwächt und dir an Leib und Seele Schaden zugefügt, daß du davon besondere Ehre, besonderen Trost empfangen wirst; hab Erbarmen, denn ich bin die arme Unglückliche, die in das Netz gefallen ist und an Herz und Seele (dies Elend) stets mit sich tragen muß in Zeit und Ewigkeit und die sich selbst und allen Menschen eine Last ist. Laß mich hier und dort deiner Hilfe stets bedürftig sein. Nichts Höheres begehrt je mein Herz, als daß ich, obgleich ich nach Recht deine Schwester nicht mehr heißen oder sein kann, nur nach deinem Erbarmen deine verlorene Schwester sei, nach Recht aber deine wiedergefundene, errettete Bettlerin. Und dieser Grund ist gewißlich wahr in mir: falls man mich deine Schwester heißen

86 Die damals übliche Anrede auch an den geistlichen Bruder («Herr und Vater») ist hier ausgelassen.

und sich auf mich in diesem Sinne berufen wollte, so wäre das meinem Herzen besonders bitter. Ach, wie erbarmt mich deiner, der du da bist, mich gegenwärtig siehst und dadurch leiden mußt, daß du dich – wie ich wohl weiß – alles dessen, wessen ein Herz sich von Natur schämen muß, nicht erwehren kannst. Und eine andere Gemeinschaft werde und will ich niemals mehr von dir oder mit dir haben, außer daß deine Augen und Ohren sich meiner schämen und über mich erschrecken müssen. Diese schmerzlichen Dinge will ich leiden und sie Gott für meine schändliche Sünde darbringen, daß du mildes Erbarmen und eine wohlmeinende Buße für mich arme Sünderin vor Gott (bereit) habest und meiner armen Seele wieder zu (Gottes) Wohlwollen verhelfest.»

Auf diese Klage antwortete der Bruder, als er wieder zu sich selbst kam, folgendermaßen: «Ach, heiße Tränen, brecht aus meinem vollen Herzen, das sich vor Herzeleid nicht mehr zurückhalten kann. Ach, Kind, einzige Freude meines Herzens und meiner Seele seit meinen Kindertagen, an dem ich Freude und Trost zu erleben hoffte, komm und laß dich an das erstorbene Herz deines unglücklichen Bruders drücken. Laß mich das Gesicht meiner Schwester benetzen mit den bitteren Tränen meiner Augen, laß mich über mein gestorbenes Kind aufschreien und weinen. Ach, tausendfacher leiblicher Tod: kleines Weh; ach, Tod der Seele und der Ehre: großes Weh. Ach, Leid und Leiden meines unglücklichen Herzens! Ach Gott, barmherziger Gott, was habe ich erlebt! Kind, komm her zu mir! Wenn ich dich nur noch gefunden habe, so will ich Klagen und Weinen lassen und will dich heut aufnehmen in der Gnade und Barmherzigkeit, mit der, wie ich wünsche, der barmherzige Gott mich sündigen Menschen bei meinem Hinscheiden aufnehmen möge; gern will ich dir das unermeßliche Leid und Leiden vergeben, das ich durch dich gehabt und bis zu meinem Ende werde haben müssen, und dir kräftig helfen, deine Missetat zu büßen und besser zu werden vor Gott und der Welt.» Das erbarmte alle, die es sahen und das Klagen beider hörten, so sehr, daß niemand sich der Tränen erwehren konnte. Und mit Klage und gütiger Tröstung brachte er sie so weit, daß sie guten Willens war, bald wieder in ihren Orden zurückzukehren.

Danach, als er unter unsagbarer Beschämung und großem Aufwand und mit viel Mühe die Verlorene in seinem Arme dem barmherzigen Gott wieder zurückgebracht, fügte dieser es, daß sie an einer zuverlässigeren Stelle als die, an der sie zuvor gewesen, aufgenommen ward. Daraufhin wurde ihr Ernst zu Gott und ihre wohlbehütete fromme Lebensführung so durch Tugenden bis an ihr Lebensende bekräftigt, daß der Diener Gott und der Welt gegenüber durch sie für all den Schmerz und das Leiden, das er je erfahren, reichlich entschädigt ward. Als der treue Bruder sah, daß sein Leid so zum Guten ausgeschlagen sei, empfand er Wohlgefallen und Freude und gedachte geheimnisvoller Fügung, wie alle Dinge dem Guten zugute kommen. So blickte er gar dankbaren Herzens auf zu Gott, und sein Herz zerging im Lobe Gottes.

25 Von schwerem Leiden, das ihm ein Mitbruder verursachte

Als er einst zu einer Reise aufbrechen wollte, wurde ihm ein Laienbruder zum Begleiter bestimmt; das war ein unverständiger Mann, und der Diener nahm ihn ungern mit, denn er gedachte, welchen Verdruß er schon von Begleitern erlitten hatte; aber er gab sich (schließlich) darein und nahm ihn mit.

Nun geschah es, daß sie einmal vor dem Frühstück in ein Dorf kamen, in dem an diesem Tag ein Jahrmarkt stattfand, zu dem allerlei Volk zusammengekommen war. Der Begleiter war vom Regen naß geworden, ging in ein Haus, sich an das Feuer zu setzen, und meinte, er könne nirgendwo hingehen; der Diener möge ohne ihn tun, was zu tun nötig sei, er wolle hier auf ihn warten. Als der Bruder kaum das Haus verlassen hatte, stand der Begleiter auf und setzte sich zu fremden Leuten und Händlern, die auch zum Jahrmarkt gekommen waren. Als diese merkten, daß ihm der Wein zu Kopf stieg, und er aufgestanden war, unter der Hoftür stand und um sich gaffte, griffen sie ihn an und behaupteten, er habe ihnen einen Käse gestohlen. Und als die bösen Menschen so übermütig mit ihm umgingen, kamen vier oder auch fünf verruchter Kriegsknechte hinzu, die griffen ihn auch an und sagten, der böse Mönch trage Gift bei sich: Das war um die Zeit, wo sich überallhin das Gerücht von Giftträgern verbreitete.[87] Sie griffen ihn, verursachten einen großen Lärm, und alles lief zusammen. Als er sah, wie alles kam, und daß er gefangen war, hätte er sich gern selbst geholfen, kehrte sich zu den Leuten und sagte: «Haltet einen Augenblick inne, steht stille und laßt mich reden; ich will euch bekennen und sagen, wie alles gekommen ist, denn es ist leider schlimm genug.» Sie hielten ein, und jeder hörte zu; er hub an und sprach: «Seht, ihr merkt es mir wohl an, ich bin ein törichter, unverständiger Mann; mich beachtet man nicht. Aber mein Begleiter, das ist ein erfahrener kluger Mann, dem hat der Orden Giftsäcklein anvertraut, die soll er in den Brunnen versenken, landauf und -ab bis ins Elsaß, wohin er jetzt gehen will; und er will alles, wo er hinkommt, mit bößem Gift verderben. Seht zu, daß ihr ihn bald faßt, oder er stiftet Unheil an, gegen das es keine Rettung gibt; und jetzt hat er ein Säcklein hervorgeholt und in den Dorfbrunnen getan, damit alle, die hierher zum Markt kommen, sterben müssen, wenn sie aus dem Brunnen trinken. Darum bin ich hiergeblieben und nicht mit ihm gegangen, weil es mir zuwider ist. Und zum Beweis, daß ich euch die Wahrheit sage, sollt ihr wissen, er trägt bei sich einen großen Büchersack voll der Giftsäcklein und vieler Gulden, die er und der Orden von den Juden bekommen haben, damit er das Verbrechen begehe.» Als die wilde Gesellschaft dies hörte und alle, die herumstanden und hinzugelaufen waren, tobten sie und schrien mit lauter Stimme: «Los, auf den Mörder, daß er uns nicht entrinne!» Einer packte einen Spieß, der andere eine Streitaxt, und jeder, was er greifen konnte, und liefen mit wildem Toben davon, drangen in Häuser und Klöster ein und wo immer sie ihn zu finden hofften, stachen mit bloßen Schwertern in Betten und Stroh, so daß der ganze Jahrmarkt zusammenlief. Es kamen aber dorthin auch fremde ehrbare Leute, die den Bruder wohl kannten, und als sie seinen Namen nennen hörten, traten sie hervor und sagten zu den Aufgeregten, sie täten übel an ihm, er sei ein gar frommer Mann, der schwerlich eine solche Missetat begehe. Da sie ihn nicht fanden, so ließen sie von ihm ab und führ-

87 Zu Pestzeiten wurden Brunnenvergiftungen allgemein den Juden zur Last gelegt. Von Köln bis Österreich flammten die Scheiterhaufen: In Konstanz wurden z. B. am 3. März 1349 dreihundertfünfzig Juden verbrannt.

ten seinen Begleiter gefangen vor den Dorfvogt, der ihn in einer Kammer einsperren ließ.

Das zog sich hin, bis es ganz hell geworden war. Von diesen schlimmen Vorgängen wußte der Diener nichts; es dünkte ihn an der Zeit für einen Fastenimbiß[88], und da er glaubte, daß sein Begleiter sich beim Feuer wohl getrocknet habe, ging er in jenes Haus, um eine Mahlzeit einzunehmen. In der Herberge erhielt er die schlimme Nachricht; man erzählte ihm, was sich zugetragen. Er lief erschrokkenen Herzens in das Haus, wo sich sein Begleiter und der Vogt befanden, und bat, seinen Gesellen freizugeben. Der Vogt aber antwortete, das könne nicht geschehen, er wolle ihn seines Vergehens wegen in den Turm sperren lassen. Das empfand er als schwer und unerträglich, und er lief dahin und dorthin, um Hilfe zu finden. Er fand ⟨aber⟩ niemanden, der ihm geholfen hätte. Nachdem er dies lange mit Beschämung und bitterem Leid betrieben hatte, ließ man seinen Gesellen schließlich gegen ein hohes Lösegeld frei.

Er glaubte nun, sein Leid sei zu Ende; aber da begann es erst. Denn als er sich unter Trübsal und mit Schaden von den Männern der Obrigkeit entfernt hatte, da erst kam er in Lebensgefahr. Als er das Haus des Vogtes verließ – es ging auf die Vesperzeit –, da hatte es sich unter dem gewöhnlichen Volk und den Troßknechten herumgesprochen, er sei ein Giftträger; und die schrien auf ihn ein, er sei ein Mörder, daß er sich nicht getraute, das Dorf zu verlassen. Sie gingen auf ihn los und riefen: «Seht da den Giftträger; er ist uns den ganzen Tag entronnen; den müssen wir totschlagen! Bei uns ist mit Geld nichts zu machen wie bei dem Vogt!» Als er entfliehen und ins Dorf entweichen wollte, schrien sie noch lauter auf ihn ein. Ein Teil rief: «Wir wollen ihn im Rhein ertränken», denn der lief am Dorf vorbei; die anderen: «Nein, der böse Mensch beschmutzt uns das Wasser, wir wollen ihn verbrennen!» Ein unheimlicher Kerl in einer rußigen Joppe packte einen Spieß, drängte sich durch sie alle hindurch und rief: «Hört mich, ihr Herrschaften all miteinander! Diesem schlimmen Ketzer können wir keinen schimpflicheren Tod antun, als daß ich diesen langen Spieß mitten durch ihn hindurch renne, so wie man eine giftige Kröte aufspießt! Laßt mich diesen

88 Morgenmahlzeit an einem im Orden geltenden Fasttag (Bi).

Gifttträger nackt aufspießen, rücklings in die Höhe heben, ihn fest auf den starken Zaun da heften und ihn festbinden, daß er nicht herunterfällt; da mag der Wind den treulosen Kerl austrocknen, damit jeder, der da vorbeigeht, den Mörder sieht und ihn nach seinem schimpflichen Tod verflucht, daß er in dieser und jener Welt um so mehr verdammt sei, denn das hat der Erzbösewicht wohl verdient.» Das hörte der hilflose Diener mit viel bitterem Schrecken und tiefen Seufzern mit an, daß ihm vor Angst große Tränen über das Gesicht rannen. Die ihn aber im Kreis umstanden und ihn ansahen, begannen bitterlich zu weinen; einige klopften vor Erbarmen an ihre Brust und schlugen die Hände über dem Kopf zusammen. Niemand aber wagte vor dem wilden Volk ein Wort zu sagen, denn sie fürchteten, auch angegriffen zu werden. Als es zu dunkeln begann und er hin und her ging und mit weinenden Augen bat, es möge sich jemand um Gottes willen seiner erbarmen und ihn für die Nacht aufnehmen, da trieben sie ihn mit Püffen und Schlägen davon; einige gutherzige Frauen hätten ihn gern bei sich beherbergt, aber sie wagten es nicht.

Da der hilflose Dulder in Todesgefahr war und auf keine menschliche Hilfe zählen konnte und man nur darauf wartete, daß sie ihn angriffen und töteten, da fiel er an einem Zaun hin aus Leid und Todesangst, erhob seine unglücklichen (vom Weinen), angeschwollenen Augen zum himmlischen Vater und sprach: «Ach, Vater aller Barmherzigkeit, wann willst du mir heute in meiner großen Not zu Hilfe kommen? Ach, gütiges Herz, wie hast du deiner Liebe gegen mich vergessen! O Vater, treuer, liebreicher, hilf mir Armem in dieser großen Not! Ich kann doch in meinem bereits toten Herzen keinen Entschluß fassen, ob mir erträglicher sei, ertränkt, verbrannt oder aufgespießt zu werden, denn eine dieser Todesarten muß ich erleiden. Ich befehle dir heute meinen hilflosen Geist, erbarme dich meines kläglichen Todes, denn nahe sind die, welche mich töten wollen!» Diese jammervolle Klage hörte ein Priester, der drängte sich durch den Haufen hindurch und riß ihn aus ihren Händen, führte ihn herein in sein Haus, behielt ihn die Nacht über bei sich, so daß ihm nichts zustieß, und half ihm des Morgens früh entkommen.

26 Von dem Mörder

Einst kam der Diener aus den Niederlanden und wanderte rheinaufwärts. Er hatte einen jungen Begleiter, der gut zu Fuß war; und so kam es eines Tages, daß er ihm nicht mehr folgen konnte, denn er war müde und schwach. Der Begleiter ging ihm wohl eine halbe Meile weit voraus. Der Diener blickte sich um, ob er jemanden sehe, mit dem er durch den Wald gehen könne, der nahe vor ihm lag; es war nämlich spät am Tage. Der Wald war groß, und es war nicht geheuer darin, denn es waren dort schon viele Menschen ermordet worden. Er hielt an vor dem Wald und wartete, ob jemand käme. Da kamen zwei Menschen heran, die schritten rasch zu: Eine junge, hübsche Frau und ein ganz unheimlicher Mann mit einem Spieß und einem langen Messer, der ein schwarzes Wams trug. Der Diener erschrak vor des Mannes üblem Aussehn und blickte sich um, ob er noch jemanden kommen sähe. Aber er sah niemanden. Er dachte: «Ach, Gott, was sind das für Leute! Wie werde ich bei Tag noch durch diesen langen Wald kommen, und wie wird es mir heute ergehen?» Da bekreuzigte er sich und wagte es.

Als sie tief in den Wald hineingekommen waren, trat die Frau an ihn heran und fragte ihn, was er sei und wie er heiße. Er sagte es ihr. Sie antwortete: «Lieber Herr, Ihr seid mir nach Eurem Namen bekannt. Bitte, laßt mich Euch beichten.» Sie begann, beichtete und sprach dann: «Ach, edler Herr, ich muß Euch klagen, daß es mir gar schlimm ergangen ist. Seht Ihr den Mann, der uns folgt? Das ist ein richtiger Mörder; der mordet die Leute hier in diesem Wald und anderswo, nimmt ihnen Geld und Kleidung ab und verschont niemanden auf Erden. Betrogen hat er mich, von meinen ehrbaren Verwandten entführt, und jetzt muß ich seine Frau sein.» Der Diener erschrak über diese Worte, daß er beinahe ohnmächtig geworden wäre, und schaute sich gar ängstlich um, ob er jemanden kommen sähe oder hörte oder ob er auf irgendeinem Weg entrinnen könnte. Er erblickte aber niemanden in dem dunklen Wald als den Mörder, der ihm folgte. Er dachte: «Läufst du, wo du so müde bist, weg, so hat er dich bald eingeholt und schlägt dich tot; schreist du, so hört dich niemand in dieser Wildnis, und es kostet dich auch dein Leben.» Als die Frau gebeichtet hatte, ging sie den Weg zurück zu dem

Mörder, bat ihn heimlich und sprach: «Ach, lieber Mann, geh hin und beichte auch; bei uns zu Hause haben sie das Vertrauen zu ihm, daß Gott *den* niemals verlassen wird, der bei ihm gebeichtet, wie schwer er auch gesündigt hat. Darum tu es, vielleicht hilft dir Gott um seinetwegen bei deinem letzten Seufzer.» Da der Diener sie miteinander flüstern sah, erschrak er tief und dachte: «Jetzt ist es aus mit dir!» Der Mörder schwieg und ging auf ihn zu. Als der arme Bruder sah, wie der Mörder mit dem Spieß auf ihn zutrat, erschrak er und zitterte am ganzen Leib: «Ach, jetzt bist du verloren!», denn er wußte nicht, was sie miteinander geredet hatten. Neben dem Wald floß der Rhein talab, und der schmale Weg lief am Uferrand hin. Der Mörder richtete es so ein, daß der Bruder neben dem Strom, er aber längs des Waldes ging. Als der Diener nun voller Angst dahinschritt, begann der Mörder zu beichten und erzählte ihm jeden Totschlag und jeden Mord, den er je begangen. Besonders sprach er ihm von einer schrecklichen Mordtat, bei deren Anhören dem Bruder fast das Herz stillstand: «Ich kam einst hierher in diesen Wald, um zu töten, ganz so wie jetzt auch. Da kam ein ehrbarer Priester, dem beichtete ich. Der ging so neben mir her wie Ihr jetzt, und als ich gebeichtet hatte, zog ich das Meser heraus, das ich da bei mir trage, durchstieß ihn und stieß ihn über den Uferrand in den Rhein.»

Bei diesen Worten und Gebärden des Mörders erbleichte der Diener; ein solch tödlicher Schrecken fuhr durch ihn, daß ihm der kalte Angstschweiß über Gesicht und Leib rann; er verzagte und verstummte; die Sinne vergingen ihm, und er blickte immer wieder neben sich, ob der Mörder nicht schon dasselbe Messer in ihn stieße und ihn über den Uferrand in den Fluß würfe. Da er vor Angst fast niedergesunken wäre und nicht mehr weiter konnte, blickte er gar kläglich rückwärts wie ein Mensch, der gern dem Tod entronnen wäre. Die Frau sah sein jammervolles Gesicht, lief hinzu und fing den Niedersinkenden mit ihren Armen auf, hielt ihn fest und sprach: «Guter Herr, fürchtet Euch nicht, er tut Euch nichts.» Der Mörder fügte hinzu: «Viel Gutes habe ich von Euch gehört; dafür will ich Euch heute leben lassen. Bittet Gott, daß er mir armem Mörder in meiner letzten Stunde um Euretwillen helfe.» Unterdes waren sie aus dem Wald herausgekommen. Des Bruders Begleiter saß dort vor dem Wald unter einem Baum und erwartete ihn. Der Mörder und seine Gefährtin gingen vorüber. Der Diener schleppte sich zu seinem Weggenossen und fiel zu Boden; er zitterte am ganzen Leib wie einer, den das Fieber schüttelt, und lag (ich weiß nicht wie lange) bewegungslos. Als er wieder zu sich kam, stand er auf und ging weiter, bis er an sein Ziel gelangte. Dabei bat er Gott mit Ernst und innerem Seufzen um das Heil des Mörders, daß Gott ihm seinen guten Glauben, den er zu ihm – dem Diener – gefaßt, entgelte und ihn bei seinem letzten Seufzer nicht verdamme. Da ward ihm von Gott solche Antwort zuteil, daß der Bruder keinen Zweifel haben konnte, der Mordgeselle werde errettet und um seines Zutrauens willen von Gott niemals geschieden werden.

27 In Gefahr des Ertrinkens

Er war nach seiner Gewohnheit einst gen Straßburg gewandert. Als er wieder zurück wollte, fiel er in einen der schrecklich schmalen und tiefen Nebenarme des Rheins und sein neues Büchlein mit ihm, dem der Böse sehr feind war.[89] Als er nun in Todesnot hilflos flußabwärts getrieben wurde, fügte es der treue Gott, daß zur selben Zeit von ungefähr ein junger Ritter aus Preußen[90] des Weges kam; der wagte sich zu ihm in das trübe, stürmische Wasser und rettete ihn und seinen Begleiter vor jammervollem Tod.

Einstmals übernahm er aus Gehorsam (gegen seinen Prior), als es kalt war, eine Fahrt auf einem Wagen. Und als er ohne Speise den ganzen Tag bis zum Abend in dem kalten Wind und frostigen Wetter auf dem Wagen gesessen, kamen sie irgendwo an ein dunkles Wasser, das, von dem Regenwetter angeschwollen, tief und schnell dahinströmte. Der Fuhrknecht versah sich irgendwie, kam zu nahe an den Uferrand und warf um. Der Bruder stürzte vom Wagen ins Wasser und kam auf den Rücken zu liegen. Der Wagen fiel ihm nach und so auf ihn, daß er sich in dem Wasser weder hin noch her wenden und sich auch nicht selber helfen konnte, und so wurden Mann

89 Vermutlich eine Anspielung auf Seuses «Büchlein der ewigen Weisheit», das 1328 vollendet wurde.

90 Das heißt: ein Ritter des Deutschen Ordens.

und Wagen gegen des Bruders Willen weit flußabwärts auf eine Mühle zu getrieben. Der Knecht lief dorthin, holte Leute, die ins Wasser sprangen, ihn ergriffen und gern herausgezogen hätten; aber der schwere Wagen lag auf ihm und drückte ihn hinunter. Als sie mit großer Mühe den Wagen von ihm weggezogen hatten, holten sie ihn, von Wasser triefend, ans Land. Und als er aus dem Wasser gekommen war, fror das Gewand der großen Kälte wegen ihm am Leib fest. Er zitterte vor Frost, die Zähne klapperten ihm; er stand in so leidvoller Lage ein Weilchen still, blickte auf zu Gott und sprach: «Ach, Herr, was soll ich tun, was beginnen? Es ist bald Nacht, und keine Stadt noch Dorf in der Nähe, wo ich mich wärmen und wohin ich mich retten kann. Soll ich hier so sterben? Das ist ein klägliches Ende!» Er blickte hin und her: Da sah er fern am Berg einen ganz kleinen Weiler, da schleppte er sich hin, naß und frierend, und da war auch die Nacht hereingebrochen. Er ging vom einen zum anderen und bat um Herberge um Gottes willen. Aber er ward von den Häusern weggejagt; niemand wollte sich seiner erbarmen. Da begann er sich zu fürchten, und er rief laut zu Gott: «Herr, hättest du mich ertrinken lassen, so wäre alles vorbei gewesen, eher als daß ich hier vor Kälte an der Straße sterben muß.» Diese Klage hörte ein Bauer, der ihn zuvor vertrieben hatte, erbarmte sich seiner, nahm ihn und führte ihn in sein Haus zurück, und so brachte er diese Nacht unter Mühe und Leid zu.

28 Von einer Leidenspause, die Gott ihm einst gewährte

Gott hatte ihn daran gewöhnt: Wenn ein Leiden abklang, stand schon ein anderes für ihn bereit. So gab ihm Gott ohne Unterlaß zu tun; einmal jedoch gewährte er ihm Ruhe; sie war aber nicht von langer Dauer.

Er kam in ebendieser Zeit zu einem Frauenkloster, und seine geistlichen Töchter fragten ihn, wie es ihm gehe. Er antwortete: «Ich fürchte, nicht gut; es ist nämlich bereits vier Wochen her, daß weder mein Leben noch meine Ehre gegen meine alte Gewohnheit von jemandem angegriffen worden ist, und ich fürchte, Gott habe mich vergessen.» Als er so eine gar kurze Zeit bei ihnen am Sprechgitter gesessen hatte, kam ein Bruder seines Ordens, rief ihn heraus und sprach: «Kürzlich war ich auf einer Burg, da fragte der Herr voll Zorn nach Euch, wo Ihr Euch aufhieltet; er hob seine Hand und schwur, so daß es jeder hören konnte, er wolle Euch, wo er Euch träfe, ein Schwert durch den Leib stoßen. Das gleiche haben auch einige übermütige Kriegsknechte getan, seine nächsten Freunde, die Euch schon in einigen Klöstern der Umgebung gesucht, damit sie ihren bösen Willen an Euch vollbringen könnten. Darum seid gewarnt und hütet Euch, so lieb Euch Euer Leben ist.» Der Diener erschrak über diese Worte und fragte den Bruder: «Ich wüßte gern, womit ich den Tod verschuldet haben soll.» Jener erwiderte: «Dem Burgherrn ist gesagt worden, Ihr hättet seine Tochter und noch viele andere Menschen zu einer abgesonderten Lebensführung veranlaßt, die man den ‹Geist› nennt, und die in gleicher Weise leben, die nennt man ‹die (freien) Geister›[91] und das sei, wie man ihm erklärt, das verkehrteste Volk auf Erden. Und mehr noch: Ein anderer treuloser Mensch war auch da und sagte von Euch: ‹Er hat mir eine Frau, die ich liebe, abspenstig gemacht: Sie zieht jetzt den Schleier vors Gesicht und will mich nicht mehr anblicken; sie will nur noch in ihr Innerstes schauen: Das soll er mir büßen.›» Als der Diener diese Nachricht vernommen hatte, sprach er: «Gott sei gelobt!» Dann eilte er zu dem Sprechgitter und sprach zu den Schwestern: «Laßt es Euch gut gehen, meine Lieben! Gott hat an mich gedacht und meiner nicht vergessen», und er erzählte ihnen die schlimme Kunde, wie man ihm Wohltat mit Bösem vergelten wolle.

91 Dem Ritter ist begreiflicherweise der Unterschied zwischen «Gottesfreunden» – übrigens ein Wort, das Seuse in weiterem Sinne gebraucht als manche Zeitgenossen – und «freien Geistern» nicht aufgegangen. Die Gottesfreunde waren eine religiöse Bewegung unverheirateter oder verheirateter Laien, die beim Verbleiben im Beruf oder in der Familie, meist unter Führung eines Geistlichen, sich um Vertiefung ihres geistigen Lebens bemühten. Die «Brüder und Schwestern des freien Geistes» – kurz die «Freien Geister» genannt – sind eine aus der religiösen Bewegung des Hochmittelalters hervorgegangene Unterströmung mystisch-pantheistischer Art, die die christlichen Hauptlehren, die Kirchenordnung und das christliche Sittengesetz ablehnten. Näheres siehe Kap. 46, Anm. 62, S. 175.

29 *Wie er einst in gütlicher Weise mit Gott Abrechnung hielt*

In diesen selben Leidenszeiten und den gleichen Orten, wo er damals wohnte, wurde er, wenn er sich zuweilen in die Krankenstube begab, um seinem schwachen Körper etwas Erholung zu gönnen, oder nach seiner Gewohnheit schweigend bei Tisch saß, durch Spottreden und dumme Worte belästigt, was ihm anfangs sehr wehe tat; und es ging ihm so nahe, daß ihm oft die heißen Tränen die Wangen herunterliefen und sich mit Speise und Trank vermischten. Dann blickte er schweigend auf zu Gott und sprach mit innerlichem Seufzen: «Ach Gott, ist es nicht genug mit meiner Mühsal, die ich Tag und Nacht leide, muß mir auch noch meine Mahlzeit mit großer Widerwärtigkeit gewürzt werden?» Das geschah gar häufig.

Einstmals, als er vom Tisch ging, konnte er nicht mehr an sich halten, er ging an seinen verborgenen Platz[92] und sprach zu Gott: «Ach, lieber Gott, Herr aller Welt, sei gütig und edel zu mir armem Menschen, denn heute muß ich Abrechnung mit dir halten, es geht nicht anders. Und ob du auch ob deiner großen Erhabenheit niemandem etwas schuldest noch zu etwas verpflichtet bist, so geziemt es doch wohl deiner unermeßlichen Güte, daß du ein volles Herz, das niemanden anders hat, dem es klagen könne oder der es tröste, dir gegenüber sich aussprechen lässest dank deiner Gnade. Ich bezeuge vor dir, der du ja alles weißt, daß ich von meiner Mutter Schoß an ein gütiges Herz all mein Lebtag gehabt habe. Nie erblickte ich einen Menschen in Leid oder Trübsal, ohne daß ich ein herzliches Mitleid mit ihm gehabt hätte; und nie hörte ich gern etwas über einen Menschen reden, das ihn hätte betrüben können, mit oder ohne Wissen desselben. Das müssen alle meine Gefährten bezeugen, daß es selten von mir gehört wurde, daß ich eines Bruders oder anderen Menschen Angelegenheit mit meinen Worten verschlimmerte weder gegen den Prior noch sonstwo, sondern daß ich aller Menschen Sache, soweit ich konnte, besserte. Konnte ich das nicht, so schwieg ich oder entfernte mich, um das böse Gerede nicht zu hören. Mit Menschen, die an ihrer Ehre gekränkt waren, verkehrte ich aus Barmherzigkeit um so vertrauter, damit sie um so

92 Das heißt also wohl in «seine» Kapelle.

eher ihre Ehre wiedergewännen. Ich wurde ‹Vater der Armen› genannt, war aller Gottesfreunde besonderer Freund; alle Menschen, die traurig oder beschwert zu mir kamen, fanden stets irgendwelchen Rat, so daß sie froh und getröstet fortgingen, denn mit den Weinenden weinte ich, mit den Trauernden trauerte ich, bis ich sie wie eine Mutter (von ihrem Kummer) erlöst hatte. Niemals fügte mir ein Mensch so großes Herzeleid zu, daß nicht mein Schmerz vergangen war, als ob nichts geschehen wäre, sobald er mich danach nur freundlich anlachte. Herr, von den Menschen will ich nichts (mehr) sagen: doch aller Tierlein und Vögelein und aller Gottesgeschöpfe Mangel und Trauer – sah ich die oder hörte ich davon, so ging es mir ans Herz, und konnte ich nicht helfen, so bat ich den obersten gütigen Herrn unter Seufzen, daß er ihnen hülfe. Alles, was auf Erden lebt, fand bei mir Hilfe und Güte. Ach, und du, barmherziger Herr, gestattest etlichen, von denen der liebe Paulus spricht und die er seine falschen Brüder nennt[93], daß sie – das klag' ich dir – ihren Grimm an mir auslassen, wie du, Herr, wohl weißt und jedermann sieht. Ach, lieber Herr, sieh dies an und entschädige mich dessen durch dich selbst.»

Als er eine gute Weile sein Herz gegenüber Gott so ausgeschüttet hatte, kam (ich weiß nicht wie) ein wenig stille Ruhe über ihn und eine Erleuchtung von Gott, der so zu ihm sprach: «Deine kindliche Rechnung, die du mir vorlegst, kommt daher, daß du nicht jederzeit sorgfältig auf des duldenden Christus Wort und Gehaben geachtet hast. Du sollst wissen, daß Gott dein gütiges Herz nicht genügt, das du besitzest, er will noch mehr von dir, er will auch dies: Wenn du von jemandem mit Wort oder Tat schlecht behandelt wirst, so sollst du das nicht nur geduldig erleiden; du mußt von deinem eigenen Selbst so sehr absehen, daß du nicht schlafen gehst, ehe du dich zu deinen Widersachern begibst und, soweit möglich, mit deinen liebevollen, demütigen Worten ihr aufgeregtes Herz beruhigst; denn mit solch sanftmütiger Bescheidenheit nimmst du Schwert und Messer aus ihren Händen und schwächst ihre Bosheit. Sieh, das ist der alte Weg der Vollkommenheit, den der liebe Heiland seine Jünger lehrte, als er zu ihnen sprach: ‹Seht, ich sende euch wie Schafe unter die

93 Vgl. 2 Kor 11,26; Gal 2,4.

Wölfe›.»[94] Als der Diener zu sich selbst kam, dünkte ihn dieser Rat der Vollkommenheit zu beschwerlich; es fiel ihm schwer, daran zu denken, und noch viel schwerer, danach zu handeln. Dennoch machte er sich daran und begann es zu lernen.[95]

Einmal danach hatte ein Laienbruder (von Beruf Schuster) gar hochfahrend mit ihm geredet und sich in aller Öffentlichkeit ungehörig gegen ihn benommen. Der Diener schwieg mit großer Geduld und wollte es dabei bewenden lassen. Da mahnte ihn eine innere Stimme, er müsse noch mehr tun. Als es Abend ward und jener Bruder in der Krankenstube sein Essen zu sich nahm, wartete der Diener vor der Krankenstube, bis der Laienbruder herauskäme. Als dies geschah, fiel der Diener ihm zu Füßen und sprach demütig flehend: «Ach, lieber tugendhafter Vater, ehrt Gott in mir Armem, und habe ich Euch betrübt, so vergebt mir ganz und gar um Gottes willen!» Der Bruder stand still, sah ihn verwundert an und sprach schluchzend: «O weh, was tut Ihr da? Ihr habt mir so wenig wie den anderen je ein Leid zugefügt. Ich selbst habe Euch mit meinen boshaften Worten gekränkt, und ich bitte Euch, daß *Ihr* mir vergebt.» Und so wurde sein Herz still und friedvoll.

Als er einst bei Tisch saß – es war da, wo die Fremden bewirtet werden –, griff ihn ein Bruder in ungebührlicher Weise mit bösen Worten an. Er aber wandte sich ihm freundlich lächelnd zu, als ob er ihm etwas besonders Wertvolles geboten habe. Da ward der Bruder sich seines Fehltritts bewußt, so daß er schwieg und auch ihm sein Antlitz wieder freundlich zuwandte. Nach Tisch erzählte der Bruder diesen Vorfall in der Stadt: «Heute bin ich bei Tisch so unumwunden beschämt worden wie nur je. Als ich dem Diener ungehörig kam, da wandte er mir sein Gesicht gar freundlich zu, daß ich schamrot ward; dieses Bild wird mir stets von Nutzen sein!»

94 Vgl. Lk 10,3.
95 Vgl. Art. «Demut», in: Lex. f. Theol. u. Kirche, II, 5.

30 Wie er durch sein Leiden einstmals dem Tode nahe war

Einst geschah es, daß in mancher Nacht – sobald er aus dem Schlaf aufschreckte – eine Stimme in ihm den Psalm von unseres Herrn Marter zu sprechen begann: «Gott, mein Gott, blick her auf mich.»[96] Diese Worte sprach der hilflose Christus, als er am Kreuz in seiner Not von dem himmlischen Vater und jedermann verlassen war. Von diesem beharrlichen Einsprechen erschrak er, sobald er erwachte, und fürchtete sich. Er rief zu ihm am Kreuz bitterlich weinend und sprach: «Ach, mein Herr und Gott, soll und muß ich mit dir aufs neue die Kreuzigung erleiden, so laß deinen reinen, unschuldigen Tod mir Armem zur Ehre gereichen, sei bei mir und hilf mir all mein Leiden überwinden!» Als das Kreuz kam, so wie es vor seinem Inneren gestanden, begannen schreckliche Leiden, von denen hier nicht gesprochen sei, gar rasch sich zu verschlimmern und tagtäglich sich zu mehren; sie wurden schließlich so stark, daß sie den Armen so oft heimsuchten, daß sie ihn bis nahe an den Tod brachten. Denn als er eines Abends außerhalb des Konvents sich zu ruhen zu Bett gelegt hatte, überfiel ihn eine Schwäche, daß ihm war, er müsse davon zusammenbrechen, und alles sei zu Ende. Er lag so ruhig, daß sich keine Sehne an ihm rührte. Da dies ein treuer gutherziger Mensch, der für ihn sorgte und den er mit viel Mühe für Gott gewonnen hatte, sah, lief er mit bitterem Schmerz zu ihm, befühlte sein Herz, um zu sehen, ob noch Leben in ihm sei. Das aber lag und rührte sich so wenig wie bei einem verstorbenen Menschen. Da fiel jener auf die Knie in großem Leid und klagte voll Jammer und unter strömenden Tränen: «Ach Gott, wie hat doch dies edle Herz, das dich, lieber Gott, so liebevoll manchen Tag in sich getragen und dich so erfreulich manchem führerlosen Menschen mit Wort und Schrift in allen Landen verkündet hat, heute Abend zu schlagen aufgehört! Welch ein noch größeres Übel, daß dies edle Herz verfaulen und nicht noch viel länger Gott zu Lob und manchem Menschen zum Trost leben soll!» Und so neigte er sich mit erbarmungsvoller Klage und weinenden Augen über ihn, griff ihm ans Herz, an den Mund und die Arme, um zu sehen, ob er noch lebe

96 Ps 22.

oder schon tot sei. Der Diener bewegte sich nicht mehr, das Antlitz war erbleicht, der Mund schwarz, und er gab kein Lebenszeichen von sich, wie bei einem Menschen, den man auf die Bahre gelegt hat. Dieser Zustand währte so lange, daß man in der Zeit eine Meile hätte gehen können.

Als er nun so schwach dalag, stand Gott und Gottheit, das Wahre und die Wahrheit nach ewiger ineinanderfließender Einheit gegenwärtig vor seinem Geist. Und ehe er ganz schwach zu werden begann und das Bewußtsein verlor, fing er in seinem Inneren an, vertrauensvoll so mit Gott zu reden: «Ach, ewige Wahrheit, deren tiefe Grundlosigkeit allen Geschöpfen verborgen ist, ich, dein armer Diener, rechne damit, daß es mit mir zu Ende gehe, wie es mir meine entschwindende Kraft anzeigt. So spreche ich jetzt in meiner letzten Stunde, gewaltiger Herr, mit dir, den niemand belügen noch betrügen kann, da dir alle Dinge offenbar sind; so weißt du (denn auch) allein, wie es zwischen dir und mir steht. Darum suche ich, getreuer himmlischer Vater, deine Gnade, und habe ich mich je von dir als aus der höchsten Wahrheit entfernt, so ist mir das leid und reut mich aus der Tiefe meines Herzens; ich bitte dich, daß du solches mit deinem kostbaren Blut austilgst nach deiner Gnade und meiner Bedürftigkeit. Gedenke, daß ich das reine, unschuldige Blut alle Tage mit Lob und Ehre erhoben habe, so hoch ich nur konnte, und das wird mir jetzt bei meinem letzten Gang alle meine Sünden abwaschen. Ihr, alle Heiligen, kniet nieder, darum bitte ich, und vor allem du, mein gnädiger Herr, St. Nikolaus:[97] Hebt eure Hände und helft mir, den Herrn um ein gutes Ende zu bitten! Ach, reine, zarte, milde Mutter Maria, gib mir heute deine Hand, deine gnädige Hand, und empfange in dieser letzten Stunde meine Seele im Vertrauen auf Wohlwollen in deinen Schutz, denn du bist meines Herzens Trost und Freude allein. Ach Frau, meine Mutter, in deine Hände befehle ich heute Abend meinen Geist.[98] Ach, ihr lieben Engel, denkt daran, daß mein Herz alle Tage lachte, wenn ich euch nur nennen hörte, und wie oft ihr mir in meiner Not himmlische Freude bereitet und

97 Der hl. Nikolaus, am Bodensee als Schutzherr der Schiffer verehrt, war auch Patron des Konstanzer Predigerklosters.

98 Vgl. Ps 31,6; Lk 23,46.

mich vor Feinden behütet habt; ach, ihr zarten Geister, jetzt erst komme ich in meine letzte Not und bedarf eurer Hilfe; helft und beschirmt mich vor dem schrecklichen Anblick meiner Feinde, der bösen Geister. Ach, Herr des Himmels, dir sei Lob, daß du mir bei meinem Tod ein so klar bewußtes Ende und ebensolche Erkenntnis verliehen hast. Jetzt fahre ich von hinnen im ganzen Christenglauben ohne Zweifel und ohne Furcht; ich vergebe allen, die mir je ein Leid zugefügt, wie du am Kreuz denen vergeben, die dich töteten.[99] Herr, Herr, dein göttlicher Leib, den ich heute in der Messe empfing, wiewohl ich schwach war, soll mein Behüter und mein Begleiter hin zu deinem göttlichen Angesicht sein. Und meine letzte Bitte, die ich jetzt an meinem Ende ausspreche, teurer Herr des Himmels, gilt meinen lieben geistlichen Kindern, die sich in besonderer Treue oder durch Beichte in dieser Verbannung mir zugekehrt haben. Ach, barmherziger Heiland, wie du bei deinem Hinscheiden deine lieben Jünger deinem himmlischen Vater in Treuen anbefahlst[100], in derselben Liebe seien sie *dir* empfohlen, daß du auch ihnen ein gutes, heiliges Ende verleihen wolltest. Und nun wende ich mich in Geduld ab von allen Geschöpfen und kehre mich hin zu der lauteren Gottheit in den ersten Ursprung der ewigen Seligkeit.» Als er nun dies und derlei mehr zu sich selbst gesprochen, da verließen ihn die Sinne, und die Schwäche kam über ihn, von der berichtet worden ist. Als nun er und andere Menschen wähnten, es sei zu Ende mit ihm, kam er wieder zu sich; das erstorbene Herz begann wieder zu schlagen, und Gefühl kam wieder in seine schwachen Glieder; er genas und war bald wieder lebendig wie je zuvor.

31 *Wie ein Mensch sein Leiden Gott in lobenswerter Weise zum Opfer darbieten soll*

Als der leidende Diener sich in diesem langwierigen Kampf in tiefe Betrachtung versenkte und auch an Gottes verborgene Wunder dabei dachte, wandte er sich mit innigem Seufzen einstmals zu Gott

99 Lk 23,34.
100 Joh 17,9ff.

und sprach: «Ach, lieber Herr, die genannten Leiden erscheinen von außen betrachtet wie scharfe Dornen, die durch Fleisch und Bein dringen; darum, teurer Herr, laß aus den spitzen Dornen der Leiden ein wenig süße Frucht guter Lehren wachsen, damit wir in steter Not lebenden Menschen desto geduldiger leiden und unser Leiden zu Gottes Lob um so besser darbringen können.»

Da er dies geraume Zeit ernstlich von Gott erbeten, wurde er einstmals in sich und über sich hinaus entrückt, und in der Entsunkenheit seiner Sinne vernahm er in seinem Inneren eine freundliche Stimme, die sprach: «Heute will ich dir die Vollkommenheit meines Leidens dartun und zeigen, wie ein leidender Mensch in lobenswerter Weise sein Leiden dem liebevollen Gott wieder als Gabe darbieten soll.» Von diesen eingesprochenen gütigen Worten zerging ihm die Seele im Leib, und in der Entrückung der Sinne breiteten sich in der abgründigen Fülle seines Herzens die Flügel seiner Seele aus bis an die fernen Enden der Welt in Himmel und Erde. Er dankte und lobte Gott mit abgrundtiefem Sehnen und sprach: «Herr, bis jetzt habe ich dich in allem, was ich schrieb, gelobt und durch all das, was in allen Geschöpfen erfreulich und liebenswert ist. Jetzt aber will ich froh mit einem neuen und fremdartigen Loblied beginnen, das ich noch nicht kannte, das ich aber nun in meinem Leiden kennenlernte. Und damit verhält es sich so: Aus der grundlosen Tiefe meines Herzens begehre ich, daß alles Leiden und alles Leid, das ich je erduldet, und auch aller Menschen schmerzliches Herzeleid, der Schmerz aller Wunden, das Ächzen aller Kranken, die Seufzer aller Trauernden, die Tränen aller Weinenden, aller Bedrückten Beschimpfung, aller armen Witwen und Waisen Mangel, aller Durstigen und Hungrigen Entbehrung dir, himmlischer Vater, ein ewiges Lob und deinem eingeborenen leidenden Sohn eine Ehre sei in die Ewigkeiten der Ewigkeiten. Und ein gleiches begehre ich für aller Märtyrer vergossenes Blut, aller frohen blühenden Jugend Selbstüberwindung, aller Gottesfreunde schmerzvolle Frömmigkeitsübungen und all das verborgene oder offenbare Leiden und Leid, das ich oder irgendein in Not befindlicher Mensch je erduldet an Leib, an Gut und Ehren, an Freunden, oder an Betrübnis oder was je ein Mensch noch erleiden wird bis an den Jüngsten Tag. Ich, dein armer Diener, begehre heute aller leidenden Menschen, die sich vielleicht nicht recht verhalten konnten in ihrem Leiden, ein durch geduldiges, dankbares Gotteslob getreuer Stellvertreter zu sein, daß ich dir ihre Leiden statt ihrer heute zu deiner Verherrlichung darbringe, wie immer sie auch gelitten haben. An ihrer Statt opfere ich es dir, als ob ich selbst das alles nach meines Herzens Wunsch an meinem Leib und Leben allein erlitten hätte; an ihrer Statt biete ich es heute deinem eingeborenen leidenden Sohn dar, daß er dadurch in alle Ewigkeit gelobt und die leidenden Menschen getröstet werden, seien sie noch am Leben hier in diesem Jammertal oder in jener Welt in deiner Macht.

Oh, alle ihr mit mir leidenden Menschen, seht mich an und hört, was ich euch sage: Wir armen Gliedmaßen sollen unsere Zuversicht setzen und uns freuen unseres würdigen Hauptes, des liebevollen eingeborenen Sohnes, dessen, der uns ein Beispiel des Leidens gab und auf Erden keinen guten Tag sah. Schaut, wäre in einer armen Familie nur *ein* reicher, angesehener Mann, die ganze Familie freute sich seiner. Ach, edles Haupt all unserer Glieder, sei uns gnädig, und wo es uns an der echten Geduld in irgendeiner Widerwärtigkeit menschlicher Schwäche fehlt, da ergänze du es gegenüber deinem lieben himmlischen Vater! Gedenke, daß du einst einem deiner Diener zu Hilfe kamst; als er im Leiden verzagen wollte, sprachst du zu ihm: ‹Halte dich wacker und sieh mich an! Ich war edel und arm, schön und hilflos, geboren aus dem Reich aller Freuden und doch voll des Leidens!› Darum sollen wir, des kaiserlichen Herrn wackre Ritter, nicht verzagen, wir, die edlen Nachfolger des angesehenen Vorgängers, wollen uns wacker halten und nicht ungern leiden. Selbst wenn Leiden keinen anderen Nutzen hätte, nichts Gutes sonst, als daß wir dem schönen hellen Spiegel Christus so viel ähnlicher werden, so wäre es gut angelegt. Mich dünkt wahrlich eines: Falls Gott fürwahr die Leidenden und die Nicht-Leidenden nach diesem Leben in gleicher Weise belohnen wollte, so sollten wir doch allein um der Gleichheit (mit Christus) willen die Leiden, die uns zuteil geworden, auf uns nehmen, denn Liebe gleicht sich an und macht sich geneigt der Liebe, wo sie kann oder vermag.

Aber mit welcher Kühnheit wagen wir uns dessen anzumaßen, daß wir dir, edler Herr, mit unserem Leiden gleich werden wollen? O weh, wie bist du, Leiden und Leiden, doch einander so ungleich!

Herr, du allein bist der Leidende, der durch eigene Verschuldung nie Ursache zum Leiden gab; ach, wer aber ist der, der sich rühmen dürfte, nie eine Ursache für sein Leiden gegeben zu haben? Denn war er einerseits an seinem jetzigen Leiden unschuldig, so ist er doch in anderer Hinsicht straffällig geworden. Darum wollen wir uns, das heißt alle duldenden Menschen, die je gelitten, in einen weiten Kreis ringsum setzen und dich teuren, trauten, unschuldigen Geliebten, mitten unter uns in den Ring, und unser durstiges Innere wollen wir dir weit öffnen aus großem Verlangen zu dir, du rauschender, gnadenreicher Quell! Schaut, welch ein Wunder! Das am meisten von Trockenheit zerrissene Erdreich saugt allermeist des nassen Regens stürmische Flut auf; und je mehr wir gebrechlichen Menschen dir gegenüber schuldig geworden sind, um so mehr schließen wir dich mit verzehrtem Herzen in uns und wollen, so wie dein göttlicher Mund selbst gesprochen hat: ob einem lieb oder leid, durch deine leidenden, blutenden Wunden reingewaschen und unschuldig werden jeder Missetat; so wirst du ewiges Lob und ewige Ehre von uns und wir Gnade von dir empfangen, denn in deiner gewaltigen Kraft wird jede Gottesferne beseitigt.»

Als der Diener eine gute Weile so still gesessen hatte, bis sich dies alles im Innersten seiner Seele mit großer Festigkeit kundgetan hatte, stand er fröhlich auf und dankte Gott für seine Gnade.

32 *Womit Gott in dieser Zeit einen leidenden Menschen sein Leid vergessen macht*

An dem frohen Ostertag war dem Diener einstmals gar freudig zumute, und er saß nach seiner Gewohnheit an seinem Ruheplatz. Da begehrte er von Gott zu erfahren, wie Gott die Menschen, die um seinetwillen vielfach gelitten, für ihr Leid belohnen wolle. Und in seiner Versunkenheit leuchtete Gottes Antwort folgendermaßen in sein Inneres: «Freuen mögen sich im Geiste alle leidenden, gelassenen Menschen, denn ihre Geduld soll hochgepriesen werden, und wie sie hier vielen Menschen erbarmenswert erschienen, so wird sich gar mancher von ihnen in Gott freuen würdigen Lobes und ewiger Ehre. Sie sind mit mir gestorben, sie werden auch mit mir freudig auferstehen. Drei besondere Gaben sollen sie erhalten, so wertvoll, daß niemand sie (angemessen) abschätzen kann. Die eine ist: Sie sollen Wunschgewalt[101] im Himmel und auf Erden haben, so daß alles, was immer sie wünschen, geschieht. Die zweite Gabe: Ich werde ihnen meinen göttlichen Frieden geben, den ihnen weder Engel noch Teufel, weder Mensch noch irgendein Geschöpf soll nehmen können. Die dritte: Ich will sie so innig durchdringen und so liebevoll umfassen, daß ich sie und sie ich seien, und wir beide eine einzige Einheit in alle Ewigkeit bleiben werden.[102] Und da langes Warten unruhigen Herzen wehtut, so sei ihnen für diese gegenwärtige Zeit diese Freude einen Augenblick lang nicht verweigert, sondern es werde damit hier begonnen, und sie werde dort ewig genossen, soweit es die sterbliche Menschheit nach der Beschaffenheit eines jeglichen mehr oder weniger ertragen kann.»

Über diese frohe Nachricht freute der Diener sich sehr, und als er zu sich selbst kam, sprang er auf und lachte so von Herzen, daß es in der Kapelle, in der er sich befand, laut widerhallte, und sprach zu seinem Innern so: «Wer gelitten hat, der trete vor und klage! Das will ich wohl verantworten, daß mich dünkt, ich habe auf Erden nie zu leiden gehabt; ich weiß nicht, was Leiden ist, wohl (aber), was Wonne und Freude ist. Wunschesgewalt ist mir gegeben, deren gar manches verirrte Herz entbehren muß. Was will ich noch mehr?»

Danach kehrte er sich mit seiner Vernunft zur ewigen Wahrheit und sprach also: «Ach, ewige Wahrheit, jetzt belehre mich über dies verborgene Geheimnis, soweit man es durch Worte ausdrücken kann; diese Wahrheit ist manchem blinden Menschen so gänzlich unbekannt.» Darüber belehrte ihn eine innere Stimme in folgender Weise: «Schau, dem Menschen, dem ein rechter Durchbruch zuteil wird und den ein Mensch hinnehmen muß mit einer Loslösung von seinem eigenen Selbst und von allen Dingen – es gibt deren freilich nicht viel –, dessen Sinn und Geist sind so ganz in Gott eingegangen, daß sie irgendwie nicht um sich selber wissen, sondern sich und

101 Das heißt Vermögen, alles Heil und Segen zu schaffen (vgl. *M. Lexer*, Mittelhochdeutsches Handwörterbuch, Leipzig, 1872ff., III, 997); *J. Grimm*, Deutsche Mythologie, 1835, ³I, S. 114ff. (Bi).

102 Vgl. Joh 17,21–23. Zur genauen Vorstellung sei hier auf Seuses spätere Darstellung verwiesen; s. unten S. 200, dazu Anm. 94.

alle Dinge in ihrem ersten Ursprung nehmen. Und darum haben sie so große Lust und so großes Wohlgefallen an jedem Ding, das Gott tut, als ob Gott (des Tuns) ledig und müßig wäre und ihnen aufgegeben habe, an diesem Ding nach ihrem Sinne zu wirken. Und in dieser Weise gewinnen sie Wunschgewalt in sich selbst, denn ihnen dienen Himmel und Erde, und ihnen sind alle Geschöpfe gehorsam, indem ein jegliches tut, was es tut, oder läßt, was es läßt. Und solche Menschen empfinden in keinem Ding Herzeleid; denn das nenne ich Leid und Herzeleid, wovon der Wille mit wohlbedachter Absicht befreit sein möchte. Denn dem Äußeren nach zu beurteilen, haben und empfinden sie Wohl und Wehe wie andere Leute, und sie empfinden beides zuweilen stärker als andere infolge ihrer von Sinnlichkeit befreiten Zartheit; dies Empfinden hat aber innen keinen Bestand, und von außen gesehen bleiben sie fest gegen Ungestüm. So werden sie, soweit möglich, umgeformt durch ihre eigene Entrückung, so daß ihre Freude voll und beständig wird in allen Dingen; denn in dem göttlichen Wesen, in das sich ihr Herz verloren hat, falls es ihnen zuteil geworden ist, hat Leid und Betrübnis keine Stätte, wohl aber Friede und Freude. Soviel dich nun eigener Mangel dahin zieht, daß du Sünde tust, wovon jedem Menschen, der sündigt, billig Leid und Trübsal zuteil wird[103], so viel fehlt dir noch an dieser Vollkommenheit; soweit du aber Sünde meidest und dabei deinen eigenen Willen aufgibst und dorthin entsinkst, wo du weder Leid noch Last haben kannst, weil dir Leid nicht Leid ist und Leiden nicht Leiden, da bist du auf dem rechten Wege. Und das geschieht alles unter Preisgabe des eigenen Willens; denn diese Menschen werden von selbst durch peinvollen Durst hin zu dem Willen Gottes und seiner Gerechtigkeit getrieben, und Gottes Willen verkosten sie so wohl und gewinnen so viel Herrlichkeit, daß alles, was Gott über sie verhängt, so angenehm ist, daß sie nichts anderes weder wollen noch begehren. Das darf man aber nicht so verstehen, daß hiermit dem Menschen Bitten und Beten zu Gott erlassen sei, denn Gottes Wille ist, daß er gebeten werden will; es ist zu verstehen nach der ordnungsgemäßen Einordnung des preisgegebenen Eigenseins in den Willen der hohen Gottheit, wie gesagt wurde.

103 Vgl. Röm 2,9.

Nun liegt aber hierin ein verborgenes Hindernis, das manchen Menschen anficht, nämlich so: ‹Wer weiß›, sagen sie, ‹ob es Gottes Wille ist?› Schau, Gott ist ein über allem Wesen seiender Grund, der jedem Ding innerlicher und gegenwärtiger ist als das Ding sich selbst und gegen dessen Willen kein Ding geschehen noch bestehen kann (auch nur) einen Augenblick. Das muß *die* schmerzen, die Gottes Willen stets widerstreben und ihrem eigenen Willen nachgingen, wenn sie könnten: Solche (Menschen) haben Frieden, wie er in der Hölle herrscht, denn sie leben allzeit in Trübsal und Traurigkeit. Anders einem (von Eigenwillen) befreiten Sinn: Ihm ist Gott und Friede allzeit gegenwärtig in den widerwärtigen Erlebnissen wie in den angenehmen, denn *er* ist wahrhaft da, der alles wirkt, der alles ist; wie kann diesen Menschen der Anblick des Leidens schwer werden, da sie Gott darin schauen, Gott finden, Gottes Willen wirken und von dem eigenen nichts wissen? Nicht will ich sagen von dem lichtvollen Trost und der himmlischen Freude, mit denen Gott in geheimnisvoller Weise seine leidenden Freunde oft aufrechterhält. Solche Menschen sind irgendwie ganz so, als ob sie im Himmelreich wären; was ihnen geschieht oder nicht geschieht, was Gott in allen seinen Geschöpfen wirkt oder nicht wirkt, schlägt ihnen alles zum Besten aus.[104] Und so wird der Mensch, der gut leiden kann, für sein Leiden in dieser Zeitlichkeit entschädigt, denn er gewinnt Friede und Freude in allen Dingen, und dem Tode folgt für ihn das ewige Leben. Amen.»

104 Röm 8,28.

Zweiter Teil

33 Von des Dieners geistlicher Tochter[1]

[Fasse Mut, Tochter![2] Zur gleichen Zeit wie der Diener, von dem berichtet worden ist, lebte in einem beschlossenen Kloster zu Töß[3] eine Schwester aus dem Predigerorden; sie hieß Elsbeth Stagel[4]; sie führte ein gar frommes Leben und besaß ein engelgleiches Gemüt. Ihre edle Hinwendung zu Gott, die sie mit Herz und Seele genommen, war so entschieden, daß alles Nichtige, womit mancher Mensch sich um die ewige Seligkeit bringt, von ihr abgefallen war. Mit allem Eifer strebte sie nach geistlicher Unterweisung, die ihr den Weg zu einem heilsamen, vollkommenen Leben öffnen könne, wonach sie das größte Verlangen trug. Was ihr und anderen Menschen (in ihrem Streben) zu göttlicher Tugend förderlich sein konnte, das schrieb sie auf, wo immer etwas ihr Wohlgefallen erregte. Sie tat wie die arbeitsamen Bienlein, die den süßen Honig aus vielerlei Blumen beibringen.

In dem Kloster, wo sie unter den Schwestern als Vorbild aller Tugenden lebte, vollendete sie bei schwacher Gesundheit ein gar gutes Buch[5]; darin ist zu lesen unter anderem von den verstorbenen frommen Schwestern, wie gesegnet sie lebten und welch große Wunder

1 Nach Bihlmeyer, S. 133*, Anm. 2, später hinzugefügt.

2 Mt 9,22.

3 Töss, ehemaliges unter Klausur stehendes (= «beschlossenes») Dominikanerinnenkloster am Töss (unweit Winterthur), gegründet 1233 durch die Grafen von Kiburg.

4 Fromme, aufgeschlossene, schriftstellerisch tätige Ordensfrau, Seuses geistliche Tochter und Freundin.

5 Gemeint ist: *E. Stagel,* Das Leben der Schwestern zu Töss, Hrsg. F. Vetter = Deutsche Texte des Mittelalters, hrsg. von der Kgl. Preußischen Akademie der Wissenschaften, Bd. 6, Berlin 1906.

Gott an ihnen erzeigte, ein Buch, gar anregend zur Andacht für Menschen guten Herzens.

Diese fromme Schwester hörte von dem Diener der ewigen Weisheit. Gott brachte sie dahin, mit großer Andacht des Dieners Leben und Lehre kennenzulernen. Sie entlockte ihm heimlich den Hergang seiner Umkehr zu Gott und schrieb es nieder, so wie es zuvor und im folgenden geschrieben steht.

Im ersten Beginn ihrer Hinwendung zu Gott wurden ihr, ich weiß nicht von wem, hohe übersinnliche Begriffe, die gar überschwenglich waren, beigebracht: von der lauteren Gottheit, von aller Dinge Nichtigkeit, vom Versinken des eigenen Selbst in das (göttliche) Nichts, von aller Bilder Bildlosigkeit und derlei Begriffe, die in schöne Worte gefaßt waren und des Menschen Wohlgefallen erregten. Für den schlichten anfangenden Menschen bargen sie jedoch einige Gefahr, denn ihm fehlte es am notwendigen Unterscheidungsvermögen, derart, daß man jene Worte auf den Geist wie auf die Natur beziehen konnte, wie man eben wollte. Diese Lehre war an sich betrachtet gut: aber sie konnte damit doch nichts anfangen.[6] Sie schrieb dem Diener, er möge ihr dabei helfen und sie auf den rechten Weg weisen. Doch hatte sie zuvor Freude an jener Lehre gefunden, und darum meinte sie, er möge auf handfeste Belehrung verzichten und ihr von den zuvorgenannten übersinnlichen Begriffen etwas schreiben.

Der Diener antwortete ihr: «Gute Tochter, fragst du mich nach jenen hohen Begriffen aus Neugier, daß sie dir bekannt seien und du von dem ‹Geiste› schön *reden* könntest, so kann ich mich darüber kurz fassen. Dieser Kenntnis darfst du dich aber nicht sehr freuen, denn du kannst dadurch in bedenklichen Irrtum fallen.[7] Rechte Vollkommenheit liegt nicht in schönen Worten, sondern in guten Werken. Fragst du aber nach jenen Dingen, um sie (in dir selbst) zu *erleben*, so laß die hohen Fragen noch beiseite und frage

6 Es handelt sich um Prägungen aus M. Eckharts Lehre. Diese «schönen Worte» in einer Anmerkung kurz umschreiben zu wollen, ohne neue Unklarheiten hervorzurufen, erscheint kaum möglich.

7 Seuse denkt wohl an die Gefahren, welche die Lehren der «freien Geister» für alle bedeuteten, die sich ohne ausreichende Fähigkeit mit solch schwierigen und nicht immer klar umrissenen Begriffen wie den obengenannten einließen.

nach Dingen, die dir angemessen sind. Du scheinst mir noch eine junge, unerfahrene Schwester; darum ist es dir und deinesgleichen besser, etwas von dem ersten Beginn zu erfahren, wie man anfangen, wie man den Eigenwillen überwinden[8] und nach heiligen Vorbildern leben soll, wie dieser und jener der Gottesfreunde[9], die auch einmal einen Anfang im gottseligen Leben hatten, sich zuerst darin übten, mit Christus zu leben und zu leiden, was sie gleich ihm erlitten, wie sie sich nach innen und außen verhielten, ob Gott sie nun durch Freundlichkeit oder durch Härte zu sich hinzog und wann oder auf welche Weise bildhaftes Erleben sich von ihnen löste. Sieh, auf solche Weise wird ein anfangender Mensch angetrieben und geführt, zur nächsten Stufe voranzuschreiten, obwohl Gott dies alles dem Menschen in einem Augenblick geben könnte; das pflegt er aber nicht zu tun; es muß in der Regel erstritten und erlitten werden.»

Die Tochter erwiderte: «Mein Verlangen geht nicht nach klugen Worten, sondern nach heiligem Leben, und das recht und gehörig zu erreichen, dahin geht mein Entschluß, wie weh das immer auch tun mag; es sei Meiden, Leiden oder Sterben oder was sonst immer mich auf die höchste Stufe der Vollkommenheit zu bringen vermag: Das muß bis zum Ende durchgehalten werden. Und verzagt nicht wegen meiner körperlichen Schwäche. Was *Ihr* mir zu befehlen Euch getraut, das getraue *ich* mir mit Gottes Hilfe zu erreichen. Fanget mit dem Untersten an und leitet mich hindurch, wie man ein junges Schülerlein zuerst lehret, das zu den Kindern zählt, und das man weiter und weiter voranführt, bis es selbst ein Meister an Wissen wird. Eine einzige Bitte habe ich an Euch, und die sollt Ihr mir um Gottes willen gewähren, damit ich durch Euch nicht nur unterwiesen, sondern auch in aller Widerwärtigkeit, die mir begegnen mag, gestärkt werde.» Er fragte sie, worin die Bitte bestände. Sie antwortete: «Herr, ich habe sagen hören, es liege in der Art des Pelikans[10], daß er sich selbst beiße und seine Jungen im Nest aus Va-

8 Bihlmeyer 98,11: «von übrigem leben»: an Stelle des etwas farblosen Ausdrucks «Leben der Übung», ist hier einer der Hauptpunkte eines geistlichen Strebens genannt: die Preisgabe des eigenen Willens in Unterordnung unter den Willen Gottes.

9 Siehe Anm. 91, S. 108.

10 Eine Erzählung nach der Art derer, wie sie der bereits erwähnte (S. 42) «Physiolo-

terliebe mit seinem eigenen Blut nähre. Ach, Herr, da ist nun meine Meinung, Ihr möchtet in gleicher Weise an mir, einem durstigen Kinde, handeln und mich mit der geistlichen Speise einer guten Lehre nähren und nicht zu weitab suchen und nach Euch selbst greifen. Je mehr Ihr es selbst durchlebt habt, um so begehrenswerter ist es meiner verlangenden Seele.»

Der Diener schrieb zurück: «Du schriebst mir kürzlich von irgendwelchen überschwenglichen Begriffen, die du dir selbst aus der lieblichen Lehre des frommen Meisters Eckhart[11] ausgelesen und die du, wie billig, so liebevoll behandeltest; und ich wundere mich sehr, daß du nach einem so köstlichen Trunke aus des hohen Meisters Quelle dich ebenso durstig zeigst wie nach des kleinen Dieners gewöhnlichem Tranke. Aber wenn ich es recht betrachte, fühle ich voll Freude deine große Einsicht in dieser Sache, nach der du so eifrig fragst, (nämlich) wie der Anfang eines hohen wahrhaftigen Lebens sei, oder mit welchen Übungen ein Mensch zuerst dahin gelangen soll.»]

34 *An des Dieners geistliche Tochter Elsbeth Stagel vom ersten Beginn eines anfangenden Menschen*

«Der Anfang, Tochter, eines heiligen Lebens ist mannigfaltig; bei dem einen so, bei dem anderen anders. Aber von dem Anfang, nach dem du fragst, will ich dir erzählen. Ich kenne einen Menschen in Christus[12], der reinigte, als er begann, zuerst sein Gewissen mit

gus» bietet. Nicht Beobachtung oder Versuch erschien dem Mittelalter gegenüber der Naturwissenschaft am Platze, sondern allegorische Ausdeutung des zum Teil aus dem Altertum überkommenen Stoffes; aus der Zahl der «Ausnahmen» seien hier der Oxforder Dominikaner Robert Bacon (13. Jh.) und in Deutschland der dem gleichen Orden angehörige Dietrich von Freiberg (Sachsen) genannt (14. Jh.).

11 Seuse spricht stets mit größer Achtung und offenbarer Zuneigung von seinem Kölner Lehrer. Seine Lehren, deren Deutbarkeit der Schüler wohl erkannt hat, finden bei Seuse ihren handgreiflichen Niederschlag im 3. Beitrag zum «Musterbuch», dem «Büchlein der Wahrheit», das, noch zu Lebenzeiten Meister Eckharts geschrieben, Seuse eine Anklage vor einem Provinzkapitel einbrachte. Von diesem Erlebnis berichtete er in Kap. 23.

12 Seuse spricht wohl von sich selbst.

einer sein ganzes Leben umfassenden Beichte. Sein ganzer Eifer ging darauf, wie er die Beichte richtig ablege, daß er all seine Fehltritte einem richtigen Beichtiger vorlege, damit er von diesem, der an Gottes Statt da sitzt, lauter und rein weggehe und ihm all seine Sünden vergeben seien, so wie Maria Magdalena geschah, als sie Christus reuigen Herzens und mit weinenden Augen die göttlichen Füße wusch und Gott ihr all ihre Sünden vergab. So begann dieses Menschen Weg zu Gott.»

Dieses Beispiel nahm die Tochter sich gar sehr zu Herzen, wollte ihm schnell Genüge tun und verfiel voller Verlangen darauf, ebendieser Diener sei für sie der beste, dem sie beichten könnte, und meinte auch dabei, daß sie durch die Beichte seine geistliche Tochter werde und ihm dadurch um so mehr in Aufrichtigkeit vor Gott anvertraut sei. Nun lagen die Dinge so, daß die Beichte nicht mit Worten geschehen konnte. Da überblickte sie ihr ganzes Leben, das in der Tat rein und lauter war, und was sie sich ihrer Meinung nach je hatte zuschulden kommen lassen, das schrieb sie auf eine große Wachstafel[13] und sandte sie ihm wohlverschlossen und bat ihn, er möge sie von ihren Sünden lossprechen.[14] Als der Diener diese Tafel durchgelesen hatte, fand er am Ende diese Worte stehen: «Gnädiger Herr, ich sündiger Mensch falle Euch zu Füßen und bitte Euch, daß Ihr mittels Eures liebevollen Herzens mich in das göttliche Herz zurückbringt und ich Euer Kind heiße in Zeit und Ewigkeit.» Diese Andacht, so voller Vertrauen, bewegte ihn tief. Er wandte sich zu Gott und sprach: «Barmherziger Gott, was soll ich, dein Diener, hierzu sagen? Soll ich sie abweisen? Das möchte ich selbst einem Hündlein nicht tun. Täte ich das, so hieße das in deinen Augen schlimm gehandelt. Sie sucht des Herren Reichtum in seinem Knechte. Ach, lieber Herr, so falle ich denn mit ihr zu deinen edlen Füßen nieder und bitte dich, sie zu erhören. Laß sie sich ihres Glaubens, ihres herzlichen Vertrauens, erfreuen, ‹denn sie schreit uns nach›.[15] Wie verhieltest du dich gegenüber der heidnischen Frau?

13 Wachstafeln wurden für persönliche Mitteilungen bis tief ins Mittelalter hinein benutzt. Vgl. *Wattenbach,* Das Schriftwesen im Mittelalter, ³1896, 81 ff.

14 Im Urtext. 100,14 steht: aplass; mhd. ablaz, ahd. ablaz bedeutet Ablaß, Erlaß, Vergebung.

15 Hinweis auf die Erzählung von der kanaanäischen Frau, Mt 15,22.

Ach, mildes Herz, deine unergründliche Güte wird uns so von Herzen gerühmt, und du solltest es (ihr) vergeben, selbst wenn es noch viel mehr wäre. Ach, gütige Barmherzigkeit, wende ihr deinen freundlichen Blick zu und sprich ein einziges Wörtlein zu ihr, sag ihr: ‹Sei getrost, Tochter, dein Glaube hat dir geholfen›,[16] und tu es an meiner Statt, denn ich habe das Meine getan und ihr Lossprechung all ihrer Sünden gewünscht.»

Demselben Boten gab er folgende Antwort mit: «Was du von Gott durch seinen Diener begehrt hast, ist geschehen; du sollst wissen, daß es ihm zuvor von Gott eröffnet ward. An ebendiesem Morgen hatte er sich nach seinem Gebet niedergesetzt in stiller Sammlung. Da vergingen ihm die Sinne, und er erschaute viel der göttlichen Geheimnisse. Unter anderem erkannte er klar irgendwie, wie Gott die Engel ihrer äußeren Gestalt nach unterschied und wie er jedem seine besondere Eigenschaft nach einer besonderen, der Ordnung gemäßen Unterscheidung gegeben hatte, was er nicht in Worte fassen konnte. Als er eine gute Weile mit den Engeln himmlische Unterhaltung gepflegt und ihm froh ums Herz war dank des überströmenden Wunders, das seine Seele erfahren hatte, da erblickte er in demselben Gesicht dich, wie du vor ihn tratest, als er unter den Engeln saß. Du knietest mit großem Ernst vor ihm nieder und neigtest dein Angesicht gerade auf sein Herz. Und so knietest du mit deinem auf sein Herz geneigten Antlitz eine gute Weile, daß die dabeistehenden Engel es sahen. Der Bruder wunderte sich ob deiner Kühnheit, und doch stand es dir in deiner Frömmigkeit wohl an, so daß er es dir freundlich erlaubte. Was dir da, geneigt auf des Dieners beklagenswertes Herz, der himmlische Vater an Gnaden erzeigte, das weißt du gar wohl, und man sah es dir an; denn nach geraumer Zeit richtetest du dich auf – da sah dein Gesicht so froh und gnadenhaft beschaffen aus, daß man deutlich erkennen konnte, Gott habe dir irgendwelche besonderen Gnaden erwiesen und wolle dir weitere erweisen um desselben Herzens willen, so daß Gott dadurch gelobt und du getröstet werdest.»

[Ein gleiches geschah auch einem frommen Edelfräulein, das auf einer Burg wohnte, Anna hieß, und deren Leben ein einziges Leiden

16 Mt 9,22.

war. An der erzeigte Gott große Wunder von ihrer Jugend bis zu ihrem Tode. Ehe diese den Diener kennenlernte oder je von ihm gehört hatte, war sie einst in ihrer Andacht entrückt und sah, wie im Himmel die Heiligen Gott schauen und loben. Da begehrte sie von ihrem lieben Herrn und Apostel St. Johannes, zu dem sie eine besondere Zuneigung hatte[17], daß er ihr die Beichte abnähme. Da sprach dieser gar freundlich zu ihr: «Ich will dir an meiner Statt einen guten Beichtiger geben; ihm hat Gott ganze Vollmacht über dich verliehen, und er kann dich in deinem mannigfachen Leiden wohl trösten.» Sie fragte, wer der sei, wo er wohne, wie er heiße. Darüber ward sie in allem von ihm belehrt. Sie dankte Gott, stand des Morgens früh auf und gelangte an das Kloster, das ihr von Gott bezeichnet worden war, und fragte nach ihm. Er kam zu ihr an die Pforte und fragte, was sie wünsche. Sie begann und berichtete und beichtete ihm, und als er von der göttlichen Botschaft vernahm, ließ er es angehen und befolgte sie.

Dieselbe fromme geistliche Tochter erzählte, daß sie einst im Geiste einen schönen Rosenstrauch gesehen habe, geziert mit roten Rosen. Auf dem Strauche zeigte sich ihr das Jesuskind mit einem roten Rosenkränzlein. Unter dem Strauch sah sie den Diener sitzen. Das Kindlein brach viele Rosen ab und warf sie auf den Diener herab, daß er über und über damit bestreut war. Als sie das Jesuskind fragte, was die Rosen bedeuteten, sprach es: «Die Zahl der Rosen deutet die vielfältigen Leiden an, die Gott ihm senden wird; er soll sie voll Liebe von Gott entgegennehmen und sie geduldig tragen.»]

35 *Von den ersten Vorbildern und der ersten Unterweisung eines anfangenden Menschen und wie er seine Übungen in verständiger Weise vornehmen solle*

Als der Diener zuerst (als anfangender Mensch) begann und sich durch die Beichte genug geläutert hatte, zog er in Gedanken drei Kreise, in die er sich in geistlicher Vorsicht einschloß. Der erste um-

17 Der Evangelist Johannes wurde im Dominikanerorden, besonders in dessen Frauenklöstern, bevorzugt verehrt.

faßte seine Zelle, seine Kapelle und den Chor; befand er sich innerhalb dieses Kreises, so glaubte er, in guter Sicherheit zu sein. Der zweite Kreis zog sich um das ganze Kloster mit Ausnahme der Pforte. Der dritte beschloß die Pforte in sich, und hier galt es sich vorzusehen. Überschritt er diese drei Kreise, so kam er sich wie ein in der Wilde wohnendes Tierlein vor, das außerhalb seines Baues sich befindet und von Jagdhunden umgeben ist. Da bedurfte es zu seinem Schutz großer Klugheit.

Er hatte sich auch bei seinem Anfang eine verborgene Stelle, eine Kapelle, erwählt, wo er seine Andacht in dem mit Bildern und Sprüchen geschmückten Raum verrichten konnte.[18] In seiner Jugend ließ er sich auf ein Pergament im besonderen die ewige Weisheit malen, die Himmel und Erde in ihrer Gewalt hat, und da sie in lieblicher Schönheit und liebenswerter Gestalt aller Geschöpfe Schönheit übertrifft, hatte er sie in seiner blühenden Jugend zu seinem Lieb erkoren. Dies liebreiche Bild nahm er mit sich, als er zur hohen Schule[19] zog; er setzte es vor sich ans Fenster seiner Zelle[20] und betrachtete es liebevoll und mit herzlichem Verlangen. Er nahm es wieder mit nach Hause und ließ es in liebevoller Absicht in der Kapelle anbringen.

Welch andere Vorbilder er ihrem inneren Gegenstande nach noch hatte, wie es sich für ihn und andere anfangende Menschen gehörte, das kann man an den Bildnissen und guten Sprüchen der Altväter sehen, wie sie in der Kapelle gemalt sind. Ihre Aussprüche sind zu einem Teil hier im folgenden wiedergegeben und lauten auf deutsch wie folgt: Der Altvater Arsenius fragte den Engel, was er tun solle, um gerettet zu werden. Dieser erwiderte: «Du sollst (die Menschen) fliehen, schweigen und dich ruhig verhalten.» Später las der Engel

18 Das im Urtext stehende «nah bildricher wise» ist hier mit Beziehung auf die in Kap. 20 beschriebene, von Seuse veranlaßte Ausschmückung dieser Kapelle wiedergegeben.

19 Das ist das Studium Generale zu Köln, die damalige Hochschule der deutschen Dominikaner. Seuse kam dorthin um 1324, hatte u. a. M. Eckhart zum Lehrer und hat dort wohl auch Tauler kennengelernt.

20 Die Dicke der Mauern an mittelalterlichen Gebäuden machte Nischen nötig, in die man hineingehen mußte, um zu der sie abschließenden Fensteröffnung zu gelangen. Ausdrücke wie «in diu venstere stân» sind sehr verbreitet; so ist auch hier der Ausdruck «in siner celle venster» zu verstehen.

in einem Gesicht dem Diener aus dem Altväterbuch die Worte vor: «Ein Ursprung aller Seligkeit ist, sich selbst still und einsam halten.» – Theodorus: «Sich lauter halten bringt mehr Weisheit ein als viel studieren.» – Abt Moses: «Setze dich in deine Zelle; sie wird dich alles lehren. Halte deinen äußeren Menschen in Ruhe und deinen inneren in Lauterkeit.» – Abt Johannes: «Der Mönch außerhalb des Klosters gleicht dem Fisch auf dem Trockenen: (beide gehen zugrunde).» – Antonius: «Züchtigung des Leibes, Andacht des Herzens, Flucht vor den Menschen erzeugt Sittsamkeit. Du sollst kein Kleid tragen, dem man Eitelkeit anmerkt. Der erste Kampf eines anfangenden Menschen besteht im frischen Kampfe gegen die Eßgier.» – Pastor: «Du sollst mit keinem Menschen zürnen, bis daß er dir dein rechtes Auge ausreißen wolle.» – Isidorus: «Ein zorniger Mensch mißfällt Gott, wie große Wunder er auch tue.» – Ipericius: «Es ist eine geringere Sünde, Fleisch zu essen, wenn es zu vermeiden ist, als seinen Nächsten zu verleumden.» – Pyor: «Es ist gar bös, anderer Leute Gebrechen hervorzuziehen und die eigenen zu verkleinern.» – Zacharias: «Viel Demütigung muß ein Mensch erleiden, soll ihm je Recht zuteil werden.» – Nestor: «Sollst du je göttliche Weisheit erlangen, so mußt du zuvor ein Esel werden.» – Senex: «Du sollst unbewegt in Freud und Leid verharren wie die Toten.» – Helias: «Bleiche Farbe, ein abgezehrter Leib und demütige Lebensführung stehen einem geistlichen Menschen wohl an.» – Hilarion: «Einem zu wilden Pferde und einem unenthaltsamen Leibe muß man die Nahrung verkürzen.» – Senex: «Ein Altvater sprach: ‹Nimm den Wein weg von mir, denn darin liegt ein Tod der Seele verborgen.›» – Pastor: «Der wird nie ein geistlicher Mensch, der sich noch beklagt, der Zorn, Ungeduld und Vielrederei nicht unterdrücken kann.» – Cassianus: «Nach der Art, wie sich der sterbende Christus am Kreuz verhielt, soll unser Benehmen ausgerichtet sein.» – Antonius sprach zu einem Bruder: «Mensch, hilf dir selbst; anders werde weder ich noch wird Gott dir helfen.» – Arsenius: «Eine Frau bat einen Altvater, er möge ihrer (in seinem Gebet) vor Gott gedenken; er erwiderte: ‹Ich bitte Gott, daß er dein Bild aus meinem Herzen tilge.›» – Macharius: «Ich behandle meinen Leib gar hart, denn ich erfahre von ihm viel Anfechtung.» – Johannes: «Ein Altvater sprach: ‹Ich hielt nie an meinem Willen fest, noch lehrte ich mit Worten, was ich nicht selbst ausführte.›» – Senex: «Nichtig wie ein wohlbelaubter Baum ohne Früchte sind viel schöne Worte ohne Taten.» – Nilus: «Wer viel mit der Welt zu tun hat, muß gar manche Wunde hinnehmen.» – Senex: «Kannst du nichts anderes tun, so sollst du um Gottes willen in deiner Zelle bleiben.» – Ipericius: «Wer sich rein verhält, wird hier geehrt und dort von Gott gekrönt werden.» – Apollonius: «Du sollst dem Anfang widerstehen und auf das Haupt der Schlange zielen.» – Agathon: «Ein Vater sprach: ‹Drei Jahre trug ich einen Stein im Munde, um schweigen zu lernen.›» – Arsenius: «Reden hat mich oft gereut, schweigen nie.» – Senex: «Ein Jünger fragte einen Altvater, wie lange er schweigen solle. ‹Bis man dich fragt›, war die Antwort.» – Hl. Syncletica: «Wirst du krank, so freue dich; denn Gott hat deiner gedacht; wirst du kraftlos, so schiebe das nicht auf dein Fasten, denn die, welche nicht fasten, erkranken auch; ergreifen dich Anfechtungen des Leibes, so freue dich, daß ein zweiter Paulus aus dir werden kann.»[21] – Nestorius: «Ein guter Bruder sprach: ‹Die Sonne sah mich nie essen.›» – Johannes: «Der andere sagte: ‹und mich nicht zürnen.›» – Antonius: «Die größte Tugend ist: maßhalten können in allen Dingen.» – Paphnucius: «Es hilft nichts, gut anzufangen, es sei denn, du bringst es zu einem guten Ende.» – Abt Moses: «Was dich des lauteren Sinnes berauben kann, sollst du meiden, wie gut es auch scheint.» – Cassianus: «Alle Vollkommenheit endet, wenn die Seele mit all ihren Kräften hineingenommen ist in das einzig Eine, das Gott ist.»

Diese Beispiele und Lehren der alten Väter sandte der Diener seiner geistlichen Tochter, und sie nahm sie in sich auf und verstand sie so, daß er damit meine, sie solle nach der Altväter strenger Weise auch auf ihren Leib mit viel Züchtigungen einwirken; sie begann ihrer Art Abbruch zu tun und sich mit härenen Hemden, mit Stricken und furchtbaren Banden, mit spitzen eisernen Nägeln und dergleichen zu quälen.

Als der Diener davon erfuhr, ließ er ihr durch einen Boten mitteilen: «Liebe Tochter, wenn du dein geistliches Leben nach meiner Lehre einrichten willst, wie du es von mir verlangt hast, so unterlaß derlei übertriebene Strenge, da dies der Schwäche der Frau und dei-

21 Vgl. 2 Kor 12,7.

ner wohlgeordneten Natur nicht ziemt. Der liebe Heiland sprach ja nicht: ‹Nehmet *mein* Kreuz auf euch›, er sagte: ‹Nehme jeder Mensch *sein* Kreuz auf sich.› Du sollst es nicht darauf anlegen, der alten Väter strenge Lebensweise und die harten Züchtigungen deines geistlichen Vaters zu erreichen, du sollst aus alldem dir selbst auch ein Teil nehmen, das du mit deinem schwachen Körper fertigbringen kannst, damit Untugend in dir sterbe und du ein langes Leben führen könntest. Das ist eine langdauernde Übung und für dich das beste.»

Nun wollte sie von ihm wissen, warum er sich so strenge Züchtigung auferlegt und er das weder ihr noch anderen anraten wolle. Da verwies er sie auf die heilige Lehre[22] und antwortete so: «Man findet geschrieben, daß früher unter den Altvätern etliche ein unmenschliches und unglaublich strenges Leben führten, daß in diesen unseren Zeiten einige weiche Menschen ein Grauen ankommt, wenn sie nur davon hören; und sie erkennen gar nicht, was heiß verlangender Ernst mit göttlicher Kraft zu tun und zu leiden vermag. Einem solchen inbrünstigen Menschen ist es möglich, alle unmöglichen Dinge in der Kraft Gottes zu vollbringen,[23] wie David sagte,[24] er wolle mit Gottes Hilfe eine ganze Mauer durchdringen. Man liest aber auch in der Altväter Buch, daß manche von ihnen nicht mit solch großer Strenge gegen sich verfuhren: und sie hatten doch mit jenen das gleiche Ziel. St. Peter und St. Johannes wurden auf verschiedene Weise (zu Gott) gezogen.[25] Wie kann man dieses Wunder nun erklären, als so, daß der Herr, der in seinen Freunden Wunder tut,[26] auf mancherlei Weise seine Herrlichkeit wegen gelobt werden will. Auch sind wir von ungleicher Art: Was dem einen Menschen angemessen, ist es dem anderen nicht. Darum soll man nicht glauben, daß ein Mensch gehindert sei, das höchste Ziel zu erreichen, falls er solche Strenge nicht geübt hat. Weiche Menschen

22 «Heilige Lehre», wie es hier und öfter heißt, bedeutet im Mittelalter nicht nur die «Heilige Schrift» im heutigen Wortgebrauch, sondern auch die Lehre der Kirchenväter und selbst die gesamte Kirchenlehre.

23 Phil 4,13.

24 Ps 18,30.

25 Bezüglich des hl. Johannes vgl. Taulers Predigt Nr. 15b in der Übersetzung des Herausgebers, S. 104ff., Freiburg 1961.

26 Ps 68,36.

dürfen aber auch strenge Übungen bei anderen nicht verwerfen, noch in böser Weise beurteilen; sehe nur jeder Mensch auf sich selbst und beachte, was Gott von ihm will; dem leiste er Genüge und lasse alle anderen Dinge auf sich beruhen. Allgemein gesprochen, ist kluge Strenge der maßlosen vorzuziehen. Da aber der Mittelweg schwierig zu finden ist, so ist es doch angemessener, ein wenig darunter zu bleiben, als sich zuviel darüber hinaus zu wagen; denn es geschieht oft, daß, wenn man der Natur auf ungeordnete Weise zuviel Abbruch tut, man ihr auch danach gleicherweise zuviel wiedergeben muß; wie denn auch mancher große Heilige sich hierin aus heiß verlangendem Ernste versah. Solch strenges Leben und die Vorbilder, von denen gesprochen ward, können jenen Menschen von Nutzen sein, die sich selbst für zu schwach halten und ihre widerspenstige Natur zu ihrem ewigen Schaden zu mutwillig gebrauchen. Das trifft aber für dich und deinesgleichen nicht zu. Gott hat mancherlei Kreuze, mit denen er seine Freunde züchtigt. Ich erwarte, daß Gott dir ein andersartig Kreuz auf den Rücken legen wird, das dir schmerzhafter sein wird als alle (eigene) Züchtigung. Kommt dir dies Kreuz, so empfange es mit Geduld!»

Darauf, nach kurzer Zeit, sandte Gott des Dieners geistlicher Tochter eine langwierige Krankheit, daß sie leidend und hilfsbedürftig bis an ihr Ende ward. Sie ließ ihn wissen, daß es ihr ergangen sei, wie er ihr zuvor gesagt hatte. Er antwortete hinwieder: «Liebe Tochter, Gott hat damit nicht dich allein getroffen, sondern in dir auch mich; denn nun habe ich niemanden mehr, der mir mit solchem Fleiße und mit solch frommer Zuverlässigkeit hülfe, meine Bücher zu beendigen, wie du es tatest, solange du gesund warst. Darum bat der Diener Gott vertrauensvoll für dich, daß er dir, wäre es sein Wille, die Gesundheit wiedergebe. Und da Gott ihn nicht so bald erhören wollte, stritt er mit Gott, wie es sich unter Freunden ereignet, und meinte, er wolle über den liebevollen Gott nie mehr ein Buch schreiben und auch seinen gewöhnlichen Morgengruß weglassen aus Mißmut, falls er dich nicht gesunden lasse. Als er nun in seines Herzens Unruhe nach seiner Gewohnheit sich in der Kapelle niedersetzte, da entsanken ihm irgendwie die Sinne, und ihm war, es träte eine Engelschar in die Kapelle herein vor ihn hin. Die sangen ihm zum Troste ein himmlisches Lied, denn sie wußten, daß er damals in besonderer Weise litt, und fragten ihn, warum er so traurig sei und nicht mit ihnen singe; da gestand er ihnen sein unziemliches Betragen dem lieben Gott gegenüber, weil er seine Bitte um deine Gesundung nicht erhört. Sie sagten, er solle von seinem Verhalten ablassen und sich nicht so benehmen; denn Gott habe die Krankheit zu deinem Besten über dich verhängt, und dies soll dein Kreuz sein hier in dieser Zeit, mit dem du dir hier große Gnade erwerben sollest und mannigfaltigen Lohn im Himmel. Darum, meine Tochter, sei geduldig und nimm dein Leiden auf, allein als freundliche Gabe des liebevollen Gottes.»

36 Von der kindlichen Andacht eines jungen anfangenden Menschen

Die kranke geistliche Tochter bat einst den Diener, als er nach Töss gekommen war und sie in ihrer Krankheit besuchen wollte, daß er ihr etwas erzähle von erbaulichen Dingen, die nicht gar so ernst und auch für einen frommen Sinn erfreulich zu hören seien. Da berichtete er ihr von der Andacht seiner Jugendjahre wie folgt: Er hatte damals einen frohgemuten Sinn und eine Zeitlang die Gewohnheit, wenn er zuvor zur Ader gelassen war, daß er sogleich sich an den lieben Gott unter dem Kreuze wandte, ihm seinen verwundeten Arm darbot und mit innigem Seufzen sprach: «Ach, lieber Freund, bedenk, daß Lieb zum Lieb zu gehen pflegt, wenn man um gutes Blut zur Ader gelassen ist. Nun weißt du, daß ich nichts Liebes habe als dich allein; darum komme ich zu dir, daß du mir die Wunde segnest und mir gutes Blut verleihst.»

In denselben Zeiten seiner Jugend, wenn ihm dann und wann die Haare geschnitten worden waren – damals war sein Gesicht noch frisch und rot –, ging er zu dem freundlich dareinblickenden Herrn und sprach: «Ach, lieber Herr, wäre mein Aussehen und mein Mund so rot wie aller roten Rosen Glanz, das wollte dein Diener *dir* bewahren und niemandem sonst geben. Und da du allein aufs Herz siehst und aufs Äußere nicht viel achtest,[27] lieber Herr, so bietet dir

27 Vgl. 1 Sam 16,7.

doch mein Herz ein Liebeszeichen, daß ich mich damit zu dir und sonst niemandem wende.»

Wenn er eine neue Kutte oder einen neuen Mantel anlegte, ging er dann und wann zuerst an seinen gewohnten Platz und bat den himmlischen Herrn, der ihm das Kleid gegeben, daß er ihm Glück und Heil darin wünsche und ihm hülfe, es nach seinem liebsten Willen aufzutragen.

In seiner Kindheit hatte er die Gewohnheit (dann), wenn der schöne Sommer kam und die zarten Blümlein zuerst hervorsprossen, die Blumen nicht zu brechen noch zu berühren, bis zur Zeit, da er sich seinem geistlichen Lieb, der lieben geschmückten rosigen Jungfrau, Gottes Mutter, mit seinen ersten Blumen zuerst mitteilen konnte. Wenn es ihn an der Zeit dünkte, pflückte er die Blumen unter manchem liebevollen Gedanken, trug sie in seine Zelle und flocht sie zu einem Kranze. Dann ging er in den Chor oder in die Muttergotteskapelle, kniete voll Demut vor Unserer Lieben Frau nieder und setzte ihr den Kranz aufs Haupt in dem Gedanken, da sie die allerschönste Blume und seines Herzens Sommerfreude sei, möge sie die ersten Blumen von ihrem Diener nicht verschmähen.

Einstmals, als er sie in ihrer Schönheit so gekrönt hatte, erblickte er in einer Erscheinung den Himmel offen und sah die strahlenden Engel in hellen Gewändern auf- und absteigen. Auch hörte er an dem himmlischen Hofe von der frohen Gefolgschaft den allerschönsten Gesang, der je gehört ward. Sie sangen vor allem ein Lied von Unserer Lieben Frau, das tönte so lieblich, daß sein Herz vor großer Freude zerging; und ihr Gesang glich dem, den man von ihr am Allerheiligentag in der Sequenz singt; der bedeutet: «Dort oben schwebt die Königin der Jungfrauen über allem himmlischen Heere.» Er erhob sich und stimmte in den himmlischen Gesang mit ein; seine Seele erfüllte da viel des himmlischen Sehnens und schmerzlichen Verlangens nach Gott.

Zu Beginn des Monats Mai hatte er einst in großer Andacht der allerliebsten himmlischen Frau nach seiner Gewohnheit einen Kranz von Rosen aufgesetzt; am selben Morgen wollte er, da er von irgendwoher gekommen und müde war, sich ausreichenden Schlaf gönnen und die Jungfrau zu dieser Stunde nicht begrüßen. Als es nach seiner Gewohnheit an der Zeit war und er aufstehen sollte, da war ihm gleichsam, als ob er in einem himmlischen Chor sei: und da sang man das «Hochpreiset meine Seele den Herrn» der Mutter Gottes zu Lobe. Als dies zu Ende war, trat die Jungfrau auf ihn zu und gebot dem Bruder, mit dem Verse zu beginnen: «O du schöne Sommerrose!» Er dachte bei sich, was sie damit meine, wollte ihr aber gehorchen und fing mit frohem Sinne an; sogleich fielen drei oder vier Jünglinge ihres himmlischen Gefolges, das im Chor stand, ein, darauf die ganze übrige Schar um die Wette; und sie sangen das Lied in freudig erhöhter Stimmung, daß es so lieblich erscholl, als erklängen da alle Saitenspiele; und solch höchste Freude konnte seine sterbliche Natur nicht länger ertragen, und er kam wieder zu sich selbst.

Am Tage nach dem Fest der Aufnahme Mariens in den Himmel, da ward ihm am himmlischen Hof abermals große Freude erzeigt: man wollte niemandem den Zutritt gewähren, der unwürdig daherkäme. Als der Diener gern hineingelangt wäre, kam ein Jüngling, ergriff ihn bei der Hand und sprach: «Freund, du gehörst zu dieser Zeit nicht hier herein; bleib draußen: Du bist schuldig geworden, und bevor du den himmlischen Gesang hören darfst, mußt du deine Verfehlung büßen.» Und er führte ihn irgendwie einen krummen Weg in ein Loch unter der Erde: Dort war es finster und öde und kläglich beschaffen. Er konnte weder hin noch her gehen, wie einer, der gefangen liegt, wo er weder Sonne noch Mond sehen kann.[28] Das schmerzte ihn; er begann zu seufzen und sich wegen seiner Gefangenschaft elend zu fühlen. Bald darauf kam der Bote und fragte, wie es ihm gehe. «Schlecht, schlecht!» gab er zur Antwort. Da sprach der Jüngling zu ihm: «Wisse, daß die hohe Fürstin des Himmelreiches dir jetzt zürnt um jener Schuld willen, die dich hier ins Gefängnis gebracht.» Der Diener erschrak gar sehr und sprach: «O weh mir Armem, was habe ich gegen sie gefehlt?» Er antwortete: «Sie zürnt dir, weil du an ihren Festtagen so ungern über sie predigst; und gestern an ihrem hohen Feste weigertest du dich gegenüber deinem Oberen, über sie zu predigen.» Der Diener erwiderte:

28 Das heißt in einem Verlies, dem als Kerker dienenden untersten Geschoß des Burgturms, das keinen Zugang von außen hatte und in das man nur durch ein in der Gewölbedecke angebrachtes Loch gelangte.

«Ach, lieber Freund und Herr, sieh, mich dünkt, sie sei so großer Ehren wert, daß ich mir zu klein dafür vorkomme, über sie zu predigen, und ich überlasse es den Alten und Würdigen, da mir scheint, daß sie würdiger von ihr predigen können als ich armer Mensch.» Der Jüngling sagte: «Wisse, daß sie es gern von dir hat, daß es ihr von dir ein wohlgefälliger Dienst ist. Darum weigere dich nicht mehr!» Der Diener begann zu weinen und antwortete dem Jüngling: «Ach, lieber Bote, mach es mir wieder gut bei der reinen Mutter, denn ich verspreche dir bei meinem Wort, daß es mir nicht mehr begegnen soll.» Der Jüngling blickte ihn freundlich an, tröstete ihn gütlich und führte ihn wieder aus dem Gefängnis nach Hause und sprach: «Ich habe es an der Himmelsfürstin freundlichem Gesicht und den Worten, mit denen sie von dir spricht, angemerkt, daß sie dir verzeiht; sie hat ihren Zorn gegen dich abgelegt und will dir gegenüber immer wie eine Mutter sein.»

Auch hatte er die Gewohnheit, wenn er die Zelle verließ oder wieder zu ihr hinaufstieg, daß er in der Regel seinen Weg durch den Chor zum Sakrament nahm; er dachte bei sich: Wer einen lieben Freund irgendwo in seiner Straße wohnen hat, der verlängert seinen Weg gern ein klein wenig um eines freundschaftlichen Gespräches willen.

Ein Mensch begehrte einmal eine Fastnacht aus Gottes Hand, da er sie von keinem Geschöpf annehmen wollte. Und als ihm die Sinne entsanken, sah er, wie der liebe Heiland hereinschritt in der Gestalt eines Dreißigjährigen. Der sagte, er wolle ihm sein Verlangen erfüllen und eine himmlische Fastnacht gewähren. Er nahm einen Becher Weines in die Hand und bot ihn den drei Frauen, die da auch bei Tisch saßen, einer nach der anderen. Die erste sank kraftlos nieder, die andere ward auch ein wenig schwach, die dritte aber achtete seiner nicht. Und er sagte ihm da den Unterschied zwischen einem anfangenden, einem zunehmenden und einem vollkommenen Menschen, wie sie sich unterschiedlich verhalten zu göttlicher Güte.

[Mit dieser und derlei frommen Reden nahm das Gespräch ein Ende. Die Schwester schrieb das alles heimlich auf und sandte es irgendwohin, damit es dort in einem verschlossenen Kasten aufbewahrt und verborgen werde. Einstmals kam eine gute Schwester zu der, welche es aufbewahrte, und fragte: «Ach, liebe Schwester, was hast du da an gottseligem Wunderbarem in deinem Kasten? Sieh, ich träumte heute, ein junger himmlischer Knabe stehe in deiner Lade, der hatte ein Saitenspiel in der Hand, das man Taschengeige[29] nennt, und darauf spielte er geistliche Lieder, die waren so verlockend, daß jeden davon geistliche Lust und Freude ergriffen. Ich bitte dich, gib heraus, was du eingeschlossen hast, damit auch wir anderen es lesen können.» Jene aber schwieg und wollte ihr nichts davon sagen, denn es war ihr verboten.]

37 *Wie er leichtfertige Menschen zu Gott führte und Leidende tröstete*

Einst war lange Zeit verstrichen, ohne daß der Diener seiner geistlichen Tochter etwas geschrieben hatte. Da schrieb sie ihm einen Brief, sie bedürfe dessen wohl, daß er ihr etwas mitteile, wovon ihr leidendes Gemüt erhoben werde; und dies sprach sie so aus: Ein bedauernswerter Mensch gewinnt ein wenig Trost für sich, wenn er einige andere Menschen vor sich sieht, die noch bedauernswerter sind als er; und ein leidender Mensch schöpft guten Mut, wenn er hört, daß seine Nachbarn in noch größeren Nöten gewesen sind und Gott ihnen daraus geholfen hat.

Und so schrieb er ihr: Damit du in deinem Leiden geduldiger seiest, so will ich dir, Gott zu Lobe, etwas vom Leiden sagen. Ich kannte einen Menschen, auf dessen zeitliches äußeres Ansehen durch Gottes Fügung schwere, offen sichtbare Betrübnis fiel. Desselben Menschen gutes Verlangen ging stets dahin, daß er Gott von Grund seines Herzens lieben wollte und er dasselbe liebevolle Ziel allen Menschen lieb machen und sie von leichtfertiger Liebe abziehen wollte; und das geschah denn auch an vielen Männern und Frauen. Da er dem Teufel das Seine entfremdete und es Gott wiederbrachte, verdroß das den bösen Geist sehr: er erschien guten Menschen und vertraute ihnen an, er wolle sich an jenem rächen.

Einst aber kam er zum Kloster eines Ordens, in dem Mönche in

29 Altfranzösisch: «rebec», eine Art dreisaitiger Zither oder Geige.

besonderen Wohnungen waren, getrennt von Ordensfrauen, die gleichfalls für sich lebten.[30] In diesem Kloster waren zwei geistliche, sehr gewichtige Personen, ein Mann und eine Frau, aneinander gebunden in großer Liebe und schadenbringender Vertraulichkeit. Und davon hatte der Teufel ihrer beider Herzen verblendet, da sie ihre Verfehlung ansahen, als ob es kein Übelstand, keine Sünde und ihnen von Gott erlaubt sei. Als der Diener im Vertrauen gefragt wurde, ob das so in Wahrheit vor Gottes Willen bestehen könne, sprach er: «Nein, keineswegs!», und sagte ihnen, daß dies Leben unehrenhaft und gegen die christliche Lehre sei, und brachte es dahin, daß sie voneinander abließen und sich ferner von Sünde frei hielten.

Während er dies tat, verrichtete eine fromme Frau, mit Namen Anna, ihre Andacht. Da ward sie im Geiste entrückt und sah, wie sich über dem Diener in den Lüften eine große Schar teuflischer Geister sammelte, die allesamt schrien: «Mord und Tod über den bösen Mönch!» Sie schalten und verfluchten ihn, weil er sie durch seinen Rat von jener (für sie) günstigen Stelle vertrieben hatte; sie schworen alle mit schrecklichen Gebärden, daß sie ihm immer nachstellen und sich an ihm rächen wollten; und da sie ihm weder an seinem Leben noch an Gut schaden könnten, so wollten sie ihn doch vor der Welt in seinem ehrenvollen Ansehen aufs höchste schädigen. Sie wollten ihm schimpfliche Dinge unterschieben, und hüte er sich vor einem Anlaß, so eifrig er nur immer könne, so wollten sie es doch mit unwahrhaftiger Schlauheit dahin bringen, daß es geschehe. Darüber erschrak die fromme Frau gar sehr und bat die liebe Gottesmutter, daß sie ihm in künftiger Not helfe. Die liebe Mutter antwortete ihr gar gütig: «Sie können ihm nichts tun ohne meines lieben Kindes Zulassung; was der ihm fügt, das ist und wird sein Höchstes und Bestes. Darum heiß ihn guten Mut haben!»

Als sie dem Bruder dies mitteilte, fürchtete er sich gar sehr vor der feindlichen Versammlung der bösen Geister und ging, wie er in

30 Es handelt sich um ein sogenanntes «Doppelkloster», in dem Mönche und Nonnen wohnten. Solche Anlagen bildeten räumlich und rechtlich eine Einheit. Trotz des Mißtrauens, das auch kirchliche Kreise dieser Einrichtung entgegenbrachten, wurden die Doppelklöster doch nie verboten. Die Einrichtung, an der übrigens die Bettelorden nicht beteiligt waren, erlosch allmählich von selbst.

Drangsal oft zu tun pflegte, den Berg hinauf, wo eine den heiligen Engeln geweihte Kapelle stand, und ging nach seiner Gewohnheit neunmal um die Kapelle herum, betend zu Ehren der neun Engelchöre der himmlischen Scharen, und bat sie voller Ernst, daß sie ihm gegen all seine Feinde hülfen. Als es des Morgens dämmerte, wurde er in einer geistlichen Erscheinung auf ein schönes Feld hinausgeführt. Er erblickte um sich eine gar große Schar himmlischer Edelknaben, die ihm helfen wollten. Die trösteten ihn und sprachen so zu ihm: «Gott ist mit dir und wird dich in keiner Not verlassen; darum hör nicht auf, weltliche Menschen zu Gottes Liebe zu führen!»

Hierdurch fühlte er sich gestärkt und strebte eifrig danach, entfremdete und willfährige Menschen wieder zu Gott zu führen. Er hatte sich mit guten Worten um einen abtrünnigen Menschen bemüht, der seit achtzehn Jahren nicht mehr gebeichtet hatte; der gewann durch Gott Vertrauen zu ihm und beichtete ihm so reuevoll, daß sie beide in Tränen ausbrachen. Er starb bald darauf und nahm ein gesegnetes Ende. Auch hatte der Bruder einst zwölf öffentliche Sünderinnen von ihrem sündigen Leben abgewendet. Was er durch diese erlitt, ist nicht in Worte zu fassen. Von ihnen blieben nur zwei fest. Auf und ab im Lande gab es gar manche Frauen, weltlichen und geistlichen Standes, die aus Schwachheit ihrer Natur sich einen Fehltritt hatten zuschulden kommen lassen. Die Armen hatten niemanden, dem sie ihr schmerzliches Leid gewagt hätten einzugestehen, so daß sie oft aus Angst versucht waren, sich das Leben zu nehmen. Als diese Frauen hörten, daß ebendieser Diener ein so gütiges Herz für alle Leidenden habe, da faßten sie Mut, zu ihm zu kommen, eine jede zu der Zeit, wenn sie ihre schwere Stunde nahen fühlte, und klagten ihm ihre Angst und ihre Not, in die sie geraten waren. Wenn er die armen Menschen in ihrem jammervollen Leid sah, da weinte er mit ihnen und tröstete sie mit gütigen Worten. Er half ihnen und setzte oft seine zeitliche Ehre darein, daß er ihnen an Seele und Ansehen wieder hülfe, und ließ böse Zungen darüber reden, was (denen) gefallen mochte.

[Unter den anderen fand sich auch eine Frau von hoher Geburt bei ihm ein und sagte ihm in der Beichte, als sie große Reue über ihren Fall empfunden, sei ihr die Mutter Gottes erschienen und habe zu ihr gesprochen: «Geh zu meinem Kaplan[31], der wird dir wieder helfen.» Sie antwortete: «Ach, liebe Frau, ich kenne ihn nicht.» – Die Mutter der Barmherzigkeit erwiderte: «Schau unter meinen Mantel, da hab' ich ihn unter meinem Schutze; betrachte dir sein Gesicht genau, damit du ihn erkennest; er ist ein Nothelfer und Tröster aller Leidenden, der wird dich trösten.» Sie ging zu ihm in ein entferntes Gebiet und erkannte sein Gesicht, wie sie es zuvor im Geiste erblickt hatte, und bat ihn, daß er ihr wieder zu Gottes Gnade verhelfe, und erzählte, wie alles gekommen sei. Er nahm sie gar freundlich auf und half ihr wieder nach bestem Vermögen, wie ihm die Mutter der Barmherzigkeit hatte gebieten lassen.]

38 Von leidvoller Trübsal, die ihm hierbei begegnete

In solcher Weise half er manchem leidenden Menschen. Aber dies edle Werk mußte er teuer bezahlen mit qualvollem Leid, das ihn dabei heimsuchte. Und dies zukünftige Leiden zeigte ihm Gott in einem Gesichte zuvor auf folgende Weise an:

Er kam einst eines Abends in eine Herberge; und als es Tag ward, wurde er in einer Erscheinung an eine Stelle geführt, wo man eine Messe singen wollte; und er sollte das selbst tun, denn das Los war auf ihn gefallen. Die Sänger begannen mit dem Wortlaut der Messe von den Blutzeugen: «Zahlreich sind die Bedrängnisse der Gerechten ...» Das hörte er ungern; er hätte es gern rückgängig gemacht und sprach: «O weh, wozu solch törichtes Zeug von den Blutzeugen? Was singet ihr von den Märtyrern, wo wir doch heute keines Blutzeugen Tag begehen?» Sie blickten ihn an, zeigten mit den Fingern auf ihn und sprachen: «Gott findet seine Blutzeugen an diesem Tag, wie er sie zu jeder Zeit fand. Bereite dich nur für dich darauf

31 Zugrunde liegt diesem Wort das mittellateinische Wort «capella», das im Althochdeutschen und Mittelhochdeutschen entweder auf der zweiten oder auf der ersten Silbe betont wurde. Die romanische Betonung zeigt sich in dem heutigen Wort «Kapélle», die mittelhochdeutsche etwa in der Aussprache des «Käppele» (Würzburg) und in Dorfnamen: Kappel, Waldkáppel. Das Wort «Kapelle» bezeichnete zuerst das Haus in Tours, in dem die «cappa» (der kleine Mantel) des hl. Martin von Tours aufbewahrt wurde. Dieser Reliquie wurden Wächter bestellt, die «cappelani» = Kapläne.

und singe für dich (selbst).» Er schlug die Blätter des Buches um, das vor ihm lag, hin und her, er hätte gern von den Beichtigern oder von irgend etwas anderem gesungen als von den leidenden Blutzeugen; aber wo er auch aufschlug, überall stand alles voll von Märtyrern. Als er sah, daß es nicht anders sein konnte, stimmte er in ihren Gesang ein; aber sein Gesang klang gar traurig. Über eine kleine Weile begann er wiederum und sprach: «Das ist ein seltsam Ding; man möchte eher singen: ‹Laßt uns jubeln...›,[32] von freudigen als von traurigen Dingen, von den Märtyrern.» Sie antworteten: «Guter Gesell, du verstehst noch nicht! Dieser Gesang von den Blutzeugen kommt zuvor, und danach, irgendwann, wenn es an der Zeit ist, kommt das fröhliche: ‹Laßt uns jubeln!›»

Als er wieder zu sich kam, da erzitterte ihm das Herz wegen dieser Erscheinung; er sprach: «Ach Gott, muß ich wieder Qualen erleiden?» Als er unterwegs sich so recht traurig zeigte, fragte ihn sein Begleiter: «Ach Vater, was bedrückt Euch, daß Ihr so traurig seid?» Er antwortete: «Lieber Geselle, ich muß hier eine Messe von den Märtyrern singen», und bedeutete ihm, Gott habe ihm kundgetan, er müsse qualvoll leiden. Das verstand sein Begleiter nicht. Da schwieg der Diener auch und verschloß (seine Betrübnis) in sich.

Als er in die Stadt kam – es war zur Zeit der dunklen Tage vor Weihnachten –, da wurde er, wie ihm schon oft begegnet, von bitterem Leid heimgesucht, so schmerzlich, daß es ihm, nach menschlicher Weise zu reden, schien, ihm müsse sein Herz brechen, falls das noch keinem leidenden Menschen je geschehen wäre. Denn die Trübsal hatte ihn da so drückend heimgesucht, daß ihm davon nichts ward als ein sofortiger, jammervoller Verlust all dessen, was seine Stütze an Nutzen, Trost und Ehren war und was den Menschen auf dieser Welt trösten kann. Die bittere Trübsal aber war so beschaffen:

Unter anderen Menschen, die er gern zu Gott geführt hätte, suchte ihn eine Frau auf, voller Trug und Verschlagenheit. Die verbarg ein wölfisches Herz unter einem freundlichen Äußeren; das verdeckte sie so eifrig, daß der Bruder es lange nicht merken konnte.

32 So der Introitus der gewöhnlichen Messe von den Jungfrauen, die nicht Blutzeugen sind, und der meisten Muttergottesfeste.

Die war in große Sünde und Schande mit einem Mann gefallen; ihren Fehltritt vergrößerte sie dadurch, daß sie die Vaterschaft (ihres Kindes) einem anderen zuschob als dem wirklich Schuldigen, der erklärte, er sei daran durchaus unschuldig. Diese Frau ließ er ihre Missetat nicht entgelten; er hörte ihre Beichte an, und sie ward ihm mit notwendigem, ehrbarem Dienste behilflich mehr als den anderen, die nach Gewohnheit geistlicher Leute des Landes Almosensammler heißen.[33] Als dies eine lange Zeit gewährt hatte, da erfuhren er und andere wahrhaftige Menschen, daß sie heimlich die gleichen bösen Dinge trieb wie zuvor. Er schwieg still dazu und wollte sie nicht gern anzeigen; er brach aber den Umgang mit ihr ab und nahm ihren Dienst nicht mehr an. Als sie des inne ward, ließ sie ihn wissen, das solle er nicht tun; entziehe er ihr den Nutzen, den sie durch ihn habe, so werde er das entgelten: sie wolle ihn als Vater eines Kindes bezeichnen, das sie von einem weltlichen Mann hatte: Dieses Kindes Vater müsse *er* sein, und sie wolle ihn dadurch so entehren, daß er überall in schlechten Ruf komme. Er erschrak über diese Worte wie einer, der vor Schreck erstarrt ist, seufzte tief und sprach zu sich: «Angst und Not haben mich von allen Seiten umgeben, und ich weiß nicht, wohin mich kehren; tue ich das eine, dann wehe mir; tue ich es nicht, dann wehe mir ebenfalls:[34] So bin ich von Leid und Not allenthalben umgeben, daß ich darin versinken könnte.» Er wartete mit schreckensvollem Herzen, was Gott dem Teufel erlauben werde, über ihn zu verhängen. Er ging mit Gott und mit sich selbst zu Rate, daß bei der jammervollen Wahl zwischen dem, was seiner Seele, und dem, was seinem Leibe drohe, ihm angemessener sei, sich von der bösen Frau abzukehren, wie auch immer es für seine zeitliche Ehre ausgehe. Und so tat er auch.

Darüber geriet sie in ihrem treulosen Herzen in eine solche Wut, daß sie hierin und dorthin lief, zu geistlichen und weltlichen Leuten, sich aus unmenschlicher Bosheit selbst schimpflich zu enteh-

33 Jeder Konvent hat bei den Bettelorden ein genau bestimmtes gegen den anderen Konvent abgegrenztes Gebiet, wohin er allein seine Mitglieder zu Predigt und Almosensammeln schicken durfte. Diese Almosensammler (Terminierer genannt) bedurften, ebenso wie im vorliegenden Bericht Seuse, für ihren kleinen Haushalt der Hilfe fremder Frauen.

34 Vgl. Dan 13,22.

ren, nur um den armen Bruder in Not zu bringen. Sie erzählte jedem, sie habe ein Kind geboren und dessen Vater sei der Bruder. Das löste bei allen, die ihren Worten glaubten, große Entrüstung aus, und dies um so mehr, je weiter die Kunde von seiner ausgezeichneten Frömmigkeit gedrungen war. Das drang ihm bis ins Innerste von Herz und Seele. Er ging umher, in sich selbst versunken, von Jammer und Not umgeben; die Tage wurden ihm lang und die Nächte hart, und Schrecken weckte ihn aus kurzer Ruhe. Er blickte klagend zu Gott auf und sprach mit tiefem Seufzen: «Ach Gott, meine leidvolle Stunde ist gekommen. Wie werde, wie kann ich die unglückliche Herzensnot nur ertragen? Ach Gott, wäre ich doch tot, daß ich den Jammer weder sähe noch hörte. Herr, Herr, nun hab' ich all meine Tage deinen würdigen Namen geehrt und weit und breit gar manchem Menschen lieb und verehrt gemacht, und du willst meinen Namen in große Unehre stürzen? Das ist meine große Klage. Schau, der würdige Predigerorden wird nun durch meine Person so erniedrigt werden; das klag' ich dir heute und immerdar! Ach, der Not meines Herzens! Alle die guten Menschen, die mich als frommen Mann in Ehren hielten, woraus mir eine freudig erhöhte Stimmung erwuchs, die sehen mich, wehe mir, nun als schlimmen Betrüger der Welt an; davon wird mir Herz und Seele verwundet und durchdrungen.»

Als der arme Leidende geraume Zeit geklagt hatte und ihm Leben und Gesundheit dahinschwand, kam eine Frau zu ihm und sprach: «Ei, guter Herr, was richtet Ihr Euch in so beklagenswerter Weise zugrunde? Fasset Mut! Ich will raten und helfen, wollt Ihr mir folgen, daß Euch nichts an Eurer Ehre geschieht: darum fasset Mut!» Er blickte auf und sprach: «Ach, wie willst du das zuwege bringen?» – Sie antwortete: «Ich will das Kind heimlich unter meinen Mantel nehmen und es des Nachts lebend begraben oder ihm mit einer Nadel ins Gehirn stechen, wovon es sterben muß; und ist das Kind weg, so hört die böse Nachrede allesamt auf, und Eure Ehre ist unangetastet.» Da rief der Bruder in heftiger Erregung: «O du schlimme Mörderin mit deinem blutgierigen Sinn! Wolltest du das unschuldige Kind solcherart töten? Was kann es dafür, daß seine Mutter eine böse Frau ist! Willst du es also lebendig begraben? Nein, das wolle Gott nicht, daß solch ein Mord durch mich je geschehe. Siehe, das Schlimmste, was mir dabei geschehen kann, ist der Verlust meiner zeitlichen Ehre; und hinge eines ganzen Landes weltliche Ehre an mir, die wollte ich heute ganz dem werten Gott darbringen, ehe ich unschuldiges Blut so verderben ließe.» – Sie erwiderte: «Es ist doch nicht Euer Kind, was macht Ihr Euch Gedanken darum?», und zog ein scharfes, spitzes Messer heraus und sprach: «Laßt es mich nur einmal aus Euren Blicken wegtragen, so reiß ich ihm die Kehle ab und steche ihm dieses Messer in sein kleines Herz; dann ist es bald tot, und Ihr habt Ruhe.» Er sprach: «Schweig, du böser Teufel! Mag es auf Erden gehören, wem es wolle, so ist es doch nach Gott gebildet und mit dem kostbaren unschuldigen Blute Christi gar mühsam erlöst; darum will ich nicht, daß sein junges Blut so vergossen werde.» Sie antwortete voller Ungeduld: «Wollt Ihr es nicht töten lassen, so laßt es doch eines Morgens heimlich in die Kirche tragen, damit ihm geschehe wie anderen armseligen Findelkindern; Ihr werdet aber große Kosten und Mühe haben, bis daß das Knäblein erzogen ist.» Er erwiderte: «Ich vertraue dem gewaltigen Gott vom Himmel, der mich bisher allein beraten hat, der wird mir seinen Rat auch für dies Kind noch dazu geben.» Und er fügte hinzu: «Geh und bring das Kind heimlich herbei, daß ich es sehe.»

Als er das Kindlein auf den Schoß nahm und es ansah, lachte es ihn an. Da seufzte er von Grund seines Herzens und sprach: «Sollte ich ein mich anlachendes, hübsches Kindlein töten? Wahrlich nein! Lieber will ich alles leiden, was kommen wird.» Und er wandte sich zärtlich dem Kinde zu und sprach: «Ach, du hilfloses armes Kind, was bist du doch für eine armselige Waise. Denn dein eigener ungetreuer Vater hat dich verleugnet, deine grausame Mutter wollte dich preisgeben wie einen widerwärtigen, hinausgestoßenen Hund! Nun hat Gottes Fügung dich mir geschenkt, daß ich dein Vater sein soll und muß; und das will ich gern sein. Ich will dich von Gott annehmen und von niemandem anders. Ach, du mein Herzenskind, du schaust mich in meiner Traurigkeit so freundlich an und kannst doch nicht sprechen; ach, und ich netze mit dem Fluß meiner Tränen wunden Herzens mit weinenden Augen und dem Kuß meines Mundes dein kindliches Gesicht.» Als dem hübschen Knäblein des weinenden Mannes große Tränen über die Äuglein so sehr herabflossen, da begann es auch gar sehr zu weinen, und nun weinten sie beide. Als er das Kindlein so weinen sah, drückte er es liebevoll an sich und sprach: «Sei still, Kind meines Glücks. Ach, liebes Kind, soll ich dich töten, weil du nicht mein Kind bist und du auf so bittere Weise mein geworden bist? Ach, schönes, liebes, teures Kind, schau, ich kann dir wirklich kein Leid antun, weil du mein und Gottes Kind sein mußt. Und solange mir Gott auch nur einen einzigen Mundvoll (Nahrung) gibt, will ich ihn mit dir teilen, dem lieben Gott zum Lobe, und will alles geduldig leiden, was mir, liebes Kind, dabei zustoßen wird.»

Als die schreckliche Person, die das Kind zuvor hatte töten wollen, dies klagende Liebkosen sah und hörte, wurde sie im Herzen zu großer Barmherzigkeit gerührt, sie brach in ein Weinen und Schreien aus, daß er sie zum Schweigen bringen mußte, denn er fürchtete, daß jemand käme und sähe (was sich ereignet). Als sie sich ausgeweint hatte, reichte er ihr wieder das Kind, segnete es und sprach: «Nun segne dich der liebe Gott, und die heiligen Engel mögen dich vor allem Übel beschützen!», und er hieß es mit Kost, soviel es nötig habe, wohl versehen.

Darauf kam einmal des Kindes Mutter, das böse Weib, herzu, und wie sie den Bruder übel verleumdet hatte, so tat sie das jetzt noch mehr, wo sie ihm nur schaden konnte. Manchem guten, tugendhaften Menschen ward es zum Erbarmen, und ihr wurde oft gewünscht, der gerechte Gott möge sie von der Erde nehmen. Da fügte es sich einst, daß einer seiner Verwandten zu ihm kam und sprach: «O über die große Missetat, die das böse Weib an Euch begangen hat. Weiß Gott, ich will Euch tüchtig an ihr rächen. Heimlich will ich mich auf die lange Brücke stellen, die über den Fluß geht, und kommt sie etwa hinüber, so will ich die Frevlerin hinabstoßen und sie ertränken, damit die Missetat an ihr gerächt werde.» Er antwortete: «Aber nein, mein Lieber, das wolle Gott nicht, daß ein lebender Mensch meinetwegen getötet werde. Gott, der alle verborgenen Dinge kennt, weiß, daß sie mir mit dem Kind Unrecht getan; so befehle ich die Sache in seine Hand, daß er sie bald sterben oder leben lasse nach seinem Willen; und dir sage ich: ‹Könnte ich ihren Tod meiner Seele auch verzeihen, so wollte ich doch aller reinen Frauen Namen an ihr ehren und sie am Leben bleiben lassen.›»

Der Mann antwortete boshaft: «Mir wäre es gleich, ob ich ein Weib oder einen Mann tötete, die mich so in Verruf gebracht hätten.» Der Bruder erwiderte: «Nein, das wäre eine unvernünftige Roheit und eine unziemliche Wildheit. Laß ab und laß nur herankommen all das Leiden, das Gott von mir gelitten haben will.»

Als das Leid schnell zunahm, gewann einst eine schwächliche Stimmung in ihm die Oberhand, da seine Not gar so groß war, daß er sich selbst gern in seinem Leid etwas Hilfe und Erleichterung verschafft hätte. Und so ging er aus und suchte Trost vor allem bei zwei Freunden, die sich ihm gegenüber, als es ihm noch gut ging, verhalten hatten, als ob sie treue Gefährten und gute Freunde wären: Da wollte er für sein leidendes Gemüt Trost suchen. Ach, da ließ Gott ihn an ihnen beiden erfahren, daß es in den Geschöpfen keine Vollkommenheit gibt. Denn er ward von denselben und ihrer Umgebung empfindlicher gedemütigt, als ihm je von niederem Volke widerfahren. Der eine empfing den leidenden Bruder voll Strenge, wandte sein Gesicht geringschätzig von ihm ab und ließ ihn seine Verachtung mit scharfen Worten fühlen; und unter anderen verletzenden Worten, die er ihm sagte, ließ er ihn hören, daß er sein Freund nicht mehr sei, denn er schäme sich des Umganges mit ihm. Das drang ihm tief ins Herz, und er antwortete voller Jammer: «Ach, lieber Freund, wärest du mit Gottes Zulassung in eine solche Schmutzlache geraten wie ich, wahrlich, ich wäre zu dir hineingesprungen und hätte dir als Freund herausgeholfen. O des Jammers! Dir genügt nicht, daß ich tief in der Pfütze vor dir liege, du möchtest auch noch dazu auf mich treten! Das klag' ich dem jammervollen Herzen Jesu.» Der Gefährte hieß ihn schweigen und sprach voll Verachtung zu ihm: «Mit Euch ist es jetzt aus; nicht allein Eure Predigten, sondern auch Eure Bücher, die Ihr geschrieben habt, soll man wegwerfen.» Der Bruder antwortete gar freundlich, blickte zum Himmel und sprach: «Ich vertraue dem guten Gott im Himmel, daß meine Bücher noch angesehener und geschätzter werden, als sie je waren, wenn es an der Zeit ist.» Solch jämmerlichen Trost empfing er von seinem besten Freund.

In derselben Stadt und bis zu dieser Zeit hatte er, was er zum Leben brauchte, von gutherzigen Menschen gar wohl erhalten. Als er nun bei ihnen durch diese falschen Nachrichten verleumdet ward, entzogen die, welche diesen seinem Ansehen abträglichen Geschichten Glauben schenkten, ihm Hilfe und Freundschaft, bis sie von der göttlichen Wahrheit ermahnt wurden, so daß sie in einsichtsvoller Sinnesänderung sich ihm wieder zuwandten.

Einst setzte er sich in stiller Beschaulichkeit nieder: Da vergingen ihm irgendwie die tätigen Sinne, und ihm war, als wäre er in ein übersinnliches Land geführt. Irgend etwas sprach da im Grunde seiner Seele: «Hör, hör, ein tröstlich Wort, das ich dir vorlesen will.» Er beugte sich vor und hörte aufmerksam zu, da begann die Stimme und las auf Lateinisch das Kapitel zur Non vom heiligen Weihnachtsabend, das auf Deutsch lautet: «Du sollst fortan nicht mehr die von Gott Verlassene heißen und dein Land nicht mehr das verwüstete; du sollst heißen: Gottes Wille ist in ihr, und dein Land wird bebaut, denn der himmlische Vater hat selber ein Wohlgefallen an dir.»[35] Als die Stimme geendet hatte, begann sie dieselben Worte wieder und wieder und nochmals zu lesen, wohl viermal. Er sprach verwundert: «Ach Lieber, was willst du damit sagen, daß du mir diese Worte so oft vorsprichst?» Die Stimme antwortete: «Das geschieht, um dich im Gottvertrauen zu stärken; Gott will seiner Freunde Land, das ist ihren sterblichen Leib, mit allem, was er braucht, versehen; und was ihnen auf der einen Seite abgeht, da wird er auf der anderen hinzufügen, was sie nötig haben; so wird Gott dir auch als ein Vater tun.» Das geschah alles in Wahrheit so genau, daß mancher Mensch vor Freuden lachte und Gott lobte, dessen Augen zuvor mitleidige Tränen geweint hatten.

Dem von Leid heimgesuchten Bruder geschah da, wie wenn ein totes, abgehäutetes Tierlein von wilden Tieren zerrissen wird und noch etwas Geruch davon ausgeht: Wie dann zuletzt die hungrigen Stechfliegen in Schwärmen darüber herfallen und den abgenagten Knochen gänzlich abfressen und das, was sie daraus gesogen, mit sich in die Luft führen, so ward auch der Bruder ausgetragen in ferne Lande von solch gutscheinenden Menschen; und das taten sie mit schöner Rede und bedachten Klageworten, als ob sie als Freunde sprächen; und doch war keine Aufrichtigkeit dabei.

Hierbei kam ihm ein schlimmer Gedanke: «Ach, lieber Herr, wer

35 Vgl. Jes 62,4.

von Juden oder Heiden oder öffentlichen Sündern allein litte, der könnte das noch irgendwie ertragen; nun erscheinen diese Menschen, die mich so schwer plagen, als deine guten Freunde; und darum schmerzt es um soviel mehr.» Als er aber wieder zu sich selbst kam und die Dinge mit gehörigem Verständnis betrachtete, maß er ihnen keine Schuld bei, außer daß Gott diese Dinge durch sie gewirkt und er sie also erleiden solle und daß Gott seinen Freunden oft durch seine Freunde ihr Bestes zubereitet.

Einst, als ihm sein Inneres den qualvollen Gegenstand (wieder) zeigte, sprach eine Stimme in ihm folgendes: «Gedenke, daß Christus nicht allein seinen lieben Jünger Johannes und den getreuen Petrus in seiner reinen Gesellschaft haben, sondern auch den bösen Judas bei sich dulden wollte, und du willst ein Nachfolger Christi sein und *deinen* Judas (nur) ungern ertragen?» Darauf fuhr ihm ein Gedanke durch den Kopf, der besagte: «Ach Herr, hätte ein leidender Gottesfreund nur *einen* Judas, so ginge es noch an; aber in diesen Zeiten sind ihrer alle Winkel voll, und geht einer fort, so kommen vier oder fünf (andere) herzu.» Auf diese Worte erwiderte die innere Stimme: «Einem Menschen, mit dem es recht bestellt ist, soll kein Judas ein Judas im eigentlichen Sinne sein, er soll ihm (vielmehr) ein Mithelfer Gottes sein, durch den ein Gottesfreund auf sein Bestes hin gebracht werden soll.» Als Judas Christus mit einem Kuß verriet, nannte Christus ihn seinen Freund und sprach: «Freund, wozu bist du gekommen?»

Als der bedauernswerte Bruder, ich weiß nicht wie lange, so jammervoll litt, hatte er eine freilich gar kleine Ermutigung, die seine ganze Stütze war, nämlich die, daß die (ihn) drückende Bürde noch nicht zur Kenntnis der Richter und Klostervorsteher des Ordens gekommen war. Aber Gott nahm ihm diesen schwachen Trost rasch wieder weg, denn der Generalmeister des Ordens und der Provinzial der deutschen Provinz kamen gemeinsam in die Stadt, wo jenes böse Weib den unbescholtenen Mann verleumdet hatte.[36] Als der Arme, der an einem anderen Ort wohnte, diese Nachricht erhielt,

36 Das wäre also das Provinzialkapitel zu Konstanz im Jahre 1354 gewesen. Wahrscheinlicher hat es sich aber (wie ja der Wortlaut auch nahelegt) um eine Zusammenkunft der beiden genannten Meister außerhalb des Rahmens eines Kapitels gehandelt.

krampfte sich ihm das Herz zusammen, und er dachte: «Schenken die Meister dem, was das böse Weib gegen dich vorbringt, Glauben, so bist du verloren: Sie legen dir eine solch schwere Buße auf, daß der leibliche Tod ihr vorzuziehen wäre.» Diese furchtbare Bedrükkung währte ununterbrochen zwölf Tage lang Tag und Nacht, während welcher Zeit er auf die qualvolle Buße wartete, für den Fall, daß jene an seinen Wohnort kämen.

Eines Tages brach er aus menschlicher Schwachheit in Wehklagen aus und war aufgebracht über die Drangsal, in der er sich befand; in der Not seines inneren und äußeren Menschen ging er von den Leuten weg an einen verborgenen Platz, wo ihn niemand sehen noch hören konnte, und immer wieder stieß er unergründlich tiefe Seufzer aus. Die Tränen traten ihm in die Augen und flossen über seine Wangen herab. Er konnte vor angstvoller Bedrängnis nicht ruhig bleiben: Jetzt setzte er sich rasch nieder, dann sprang er auf und lief in der Kammer hin und her wie ein Mensch, der mit Angst und Not ringt. Dann schoß ihm ein Gedanke durch den Kopf, und mit sich selbst sprechend, sagte er mit zitternder Stimme: «Ach Gott, was hast du mit mir vor?» Inzwischen sprach, da er noch in ungestümen Klagen sich erging, eine göttliche Stimme in ihm: «Wo ist nun deine Gelassenheit, dein ebenmäßiges Verhalten in Lieb und Leid, das du oft anderen Leuten in so froher Weise lieb gemacht hast, wie man sich Gott geduldig überlassen und auf nichts beharren soll?» – Darauf antwortete der Bruder mit gar wehklagender Stimme: «Fragst du *mich*, wo meine Gelassenheit sei, ach, so sag *du* mir, wo ist Gottes unergründliche Barmherzigkeit gegen seine Freunde? Ich muß ja hier warten, mir selbst zunichte geworden als ein Mann, den man des Lebens, des Gutes, der Ehre für verlustig erklärt hat. Ich glaubte, Gott sei gütig, er sei ein gnädiger, edler Herr denen, die sich ihm zu überlassen getrauten; weh mir, Gott schenkt mir kein Vertrauen mehr. Ach, du Quell der Barmherzigkeit, der nie aufgehört hat, Erbarmen zu spenden, an mir Armem bist du versiegt! Ach, du geduldiger Gott, dessen Gnade die ganze Welt verkündet, du hast mich hilflos gelassen! Er hat seine herrlichen Augen und sein gnädiges Antlitz von mir gekehrt. Ach, du gütiges Antlitz, du liebreiches Herz, ich hätte dir nie zugetraut, daß du mich so verstoßen hättest. O unergründlicher Abgrund, komm mir zu Hilfe, sonst gehe ich zugrunde! Du weißt, daß all mein Trost, all meine Zuversicht bei dir und sonst niemandem auf Erden ist. Ach, hört mich heute um Gottes willen, alle ihr Leidenden! Schaut, niemand darf sich auf mein schlechtes Verhalten berufen, denn die ganze Zeit über, da mir Gelassenheit nur im Munde war, um mit Worten darüber zu sprechen, da war mir das angenehm, nun aber bin ich bis ins tiefste Herz verwundet, und mein Innerstes, mein Blut und mein Hirn, ist bis ins Letzte (von Leid) durchtränkt, daß kein einziges Glied mehr an meinem Leibe ist, das nicht zermartert und bis ins Innerste versehrt ist; wie kann ich da gelassen sein?»

Als diese Aufregung wohl einen halben Tag gewährt und der Kopf ihm wüst geworden, da setzte er sich still nieder, kehrte sich von sich selbst zu Gott, ergab sich in seinen Willen und sprach: «Wenn es denn nicht anders sein kann, so geschehe dein Wille.»[37] [Als er da saß und die Sinne ihm vergangen waren, schien ihm eine seiner frommen geistlichen Töchter vor ihn zu treten, die, als sie noch lebte, ihm oft gesagt hatte, er werde viel leiden müssen, aber Gott werde ihn davon befreien: Diese also erschien ihm und tröstete ihn gar gütig. Er nahm es (aber) gar geringschätzig auf und bezweifelte die Wahrheit ihrer Worte. Sie lachte, trat näher, bot ihm ihre heilige Hand und sprach: «Nehmt mein christliches Wort an Gottes Statt, daß Gott Euch nicht verlassen wird, er wird Euch helfen, dies und all Eure anderen Leiden zu überwinden.» Er antwortete: «Sieh, Tochter, meine Drangsal ist so groß, daß ich dir nur glauben kann, wenn du mir ein gutes Wahrzeichen gibst.» Sie erwiderte: «In allen guten Menschen wird Euch Gott selbst freisprechen, die bösen machen sich die Dinge nach ihrer eigenen Bosheit zurecht, worauf ein weiser Gottesfreund nicht achten sollte. Und der Predigerorden, um den Ihr klagt, der wird Gott und allen verständigen Menschen um Euretwegen um so mehr gefallen. Nehmt für diese Wahrheit dieses Zeichen: Seht, Gott wird Euch bald Genugtuung schaffen; er

37 Mt 26, 42. – Die Erzählung von der «schlechten Frau» zeugt ebenso wie die von dem Mörder (Kap. 26) von Seuses Begabung, ein Erlebnis in künstlerischer Weise zu einer Ganzheit zu formen. Hier wie dort dürfte der Hinweis, daß es sich in beiden Fällen um «Dichtung und Wahrheit» handle, am Platze sein; doch dürfte kein ausreichender Grund bestehen, beide Erzählungen als überhaupt nicht von Seuse herrührend oder als inhaltlich erfunden zu bezeichnen.

wird seinen Zorn über das böse Weib, das Euch so betrübt hat, senden und will sie sterben lassen; und dazu wird an denen, die ihr vor allem in dieser Sache durch verleumderisches Geschwätz geholfen haben, die Strafe bald vollzogen werden, dessen seid gewiß!» Der Bruder ward hierdurch sehr getröstet und wartete sehr, wie Gott die Sache zu Ende bringen wolle.

Nicht viel Zeit war verstrichen, da geschah alles wirklich so, wie sie es gesagt hatte. Denn das böse Weib, das ihn so gepeinigt hatte, starb, und zwar eines unvorhergesehenen Todes; die anderen, wieviel es waren, weiß ich nicht, die ihm so sehr Schlimmes zugefügt, riß der Tod hinweg: Ein Teil von ihnen starb auf unbegreifliche Weise, andere starben ohne Beichte und Abendmahl. Einer von diesen war ein Ordensoberer gewesen, der ihm viel Leid zugefügt hatte. Den erblickte er in einem Gesichte, als er gestorben war, und er kündete ihm, daß ihm Gott um der Sache des Bruders willen Leben und Amt verkürzt habe und er darum geraume Zeit büßend darben und dorren müsse.

Als viele Menschen, die von des Bruders Fall wußten und ihm günstig gesonnen waren, von der ungewöhnlichen Vergeltung und auch von den Todesfällen erfuhren, die Gott über seine Widersacher so rasch verhängt hatte, lobten sie Gott und sprachen: «Wahrlich, Gott ist mit diesem guten Menschen, und wir sehen, daß man ihm Unrecht getan; er soll daher bei uns und allen einsichtigen Menschen billigerweise an frommer Vollkommenheit in größerem Ansehen stehen, als wenn Gott dieses Leiden nicht über ihn verhängt hätte.»

Hierauf half ihm der gütige Gott, daß sich das unheimliche Unwetter seines Leidens gar gnädig legte und auflöste, so wie ihn die fromme Tochter in der Erscheinung getröstet hatte. Er dachte oft: «Ach, Herr, wie ist das Wort, das man von dir sagt, so wahr: ‹Wem Gott wohl (will), dem vermag niemand Übles (anzutun).›»[38]

Auch sein Freund, der sich in des Bruders Sache unfreundlich (gegen ihn) benommen und den Gott daher bald darauf von der Erde wegnahm, erschien vor ihm, als er gestorben und jedes Hin-

38 Ein Zusatz in der Handschrift Nr. 362, München (siehe *H. S. Denifle*, Die deutschen Schriften des sel. H. Seuse, München 1890, S. 189, Anm. 1) besagt, daß die Ordensoberen Seuses den Vorgang als verleumderisches Gerede ohne sachlichen Grund aufgefaßt haben.

dernis, das (ihn) an der reinen göttlichen Beschauung gehindert, gefallen war, in glänzendem goldenem Gewande, umfing ihn liebreich, drückte des Bruders Antlitz gütig an seine Wangen und bat ihn um Vergebung, da er sich in ihm getäuscht habe und eine treue himmlische Freundschaft zwischen ihnen beiden ewig bleiben werde. Das nahm der Diener mit Freuden auf und umarmte ihn gleichfalls liebevoll; und damit verschwand er vor ihm und ging in die göttliche Freude ein. Danach, als es Gott an der Zeit schien, ward der Dulder mit innerem Herzensfrieden, mit stiller Ruhe und lichtreichen Gnaden von ihm entschädigt für all das Leiden, das er ausgehalten. Er lobte Gott von Herzen um des liebevollen Leidens willen und sprach, er hätte nicht die ganze Welt haben wollen dafür, daß er all das Leid ausgestanden habe. Gott gab ihm wohl zu erkennen, daß diese Heimsuchung ihn seines eigenen Selbst mehr beraubt und ihn mehr in Gott hineinversetzt habe als all die vielfachen Leiden, die er von Jugend auf bis an diese Zeit erlitten hatte.]

39 *Von innerem Leiden*

Als unterdes des Dieners geistliche Tochter den vorstehenden Bericht seines jammervollen Leidens las und sich aus Mitgefühl so recht ausweinte, bat sie ihn, daß er ihr auch sagte, wie innere Leiden beschaffen seien. Er antwortete: «Von innerem Leiden will ich dir zweierlei sagen: Es war in einem Orden ein ausgezeichneter Mann, über den hatte Gott ein inneres Leiden verhängt, und dadurch waren ihm Mut und Herz so entsunken, daß er weinend und schreiend umherging, tags und nachts, und sich gar schlecht befand. Dieser Bruder kam zu dem Diener der Weisheit mit großer Andacht, klagte ihm seine Not und bat ihn, für ihn Gott zu bitten, daß er ihm helfe. Eines Morgens, als der Diener das tat und so in seiner Kapelle saß, sah er in einer Erscheinung, wie der böse Geist selbst sich vor ihn stellte, und der sah in seiner angenommenen Gestalt aus wie ein schmutziger Mohr[39] mit feurigen Augen; der hatte einen höllischen,

39 Zu den Vorstellungen, die sich das Mittelalter vom Teufel machte, gehörte auch die des «hellemôr»: so z. B. bei Walther von der Vogelweide.

schreckenerregenden Anblick und trug einen Bogen in der Hand. Der Diener sprach zu ihm: ‹Ich beschwöre dich bei dem lebendigen Gott, daß du mir sagest, wer du seiest und was du hier willst.› Jener antwortete gar teuflisch: ‹Ich bin der Geist der Lästerung, und du sollst schon merken, was ich will.›

Der Diener kehrte sich um zur Tür, die in den Chor führte, da kam der leidende Bruder zu derselben Tür herein und wollte in den Chor zur Messe gehen. Da legte der böse Geist seinen Bogen an und schoß einen feurigen Pfeil in des Bruders Herz, daß er beinahe nach rückwärts umgefallen wäre und nicht in den Chor gelangen konnte. Das verdroß den Diener sehr, und er schalt den Teufel mit harten Worten. Da ward der hoffärtige Teufel auf ihn zornig und legte den Bogen mit einem feurigen Pfeil auch auf ihn an und wollte auch ihm ins Herz schießen. Der Bruder wandte sich geschwind zu Unserer Lieben Frau um Hilfe und sprach: ‹Die Jungfrau Maria segne uns und all ihre frommen Kinder.›[40] Da verlor der Teufel seine Kraft und verschwand vor ihm. Als es Morgen ward, sprach er davon dem leidenden Bruder, tröstete ihn und sagte ihm, was (gegen den Teufel) helfe: nichts anderes als er in einer seiner Predigten geschrieben, die mit den Worten beginnt: ‹Unser Lager ist grün.›»[41]

[Unter vielen innerlich leidenden Menschen kam einmal ein weltlicher Mann aus fernem Land zu ihm und sprach zu ihm: «Herr, ich leide an dem größten inneren Leiden, das je einen Menschen befallen, und niemand kann mir helfen. Vor kurzem verzweifelte ich an Gott und war so verzagt, daß ich aus übermäßigem Leid mich selbst töten, mir den Tod geben wollte an Leib und Seele. Als ich gerade dabei bin und in ein wildes Wasser springen will, den Anlauf genommen habe und mich selbst aus freiem Willen ertränken will, hörte ich eine Stimme über mir: ‹Halt ein! Halt ein! Tu dir nicht selbst den schmachvollen Tod an! Such einen Predigerbruder auf!›» Und die Stimme nannte ihm den Diener mit dessen eigenem Namen, den er nie gehört hatte, und sprach: «Den wirst du bereit finden, dir zu helfen!» Er war froh, nahm sich nicht das Leben und fragte nach dem Predigerbruder, wie er geheißen worden war. Als

40 Segen von der 3. Lesung im Frühgebet (Matutin) der Muttergottesfeste.
41 Hld 1,16.

der Diener sah, wie beklagenswert dieser Mensch sei, wandte er sich dem Dulder gar gütlich zu und tröstete ihn; er erleichterte ihm das Herz und sagte ihm, was er tun solle, so daß er mit Gottes Hilfe danach nicht mehr in solche Anfechtung kam.]

40 *Durch welche Leiden der Mensch am meisten gefördert und Gott am meisten gepriesen wird*

Die geistliche Tochter fragte und sprach: «Gern wüßte ich, durch welche von allen Leiden der Mensch am meisten gefördert und Gott am meisten gelobt werde.» Er antwortete und sprach: «Du sollst wissen, daß sich mancherlei Leiden finden, die auf den Menschen einwirken und dem, der sie recht aufnimmt, einen guten Weg öffnen zu seiner Seligkeit.

Gott verhängt etwa über einen Menschen schwere Leiden gänzlich ohne dessen Schuld. Gott will den Menschen durch das Leiden entweder erproben, wie fest er stehe, oder was er an sich selber sei, wie man oft im Alten Testament liest, oder Gott hat dabei allein sein göttliches Lob und seine Ehre im Sinn, wie das Evangelium von dem blindgeborenen Menschen berichtet, den Christus für unschuldig erklärte und sehend machte.[42]

Manches Leiden ist auch durchaus verschuldet wie das Leiden des Schächers, der mit Christus gekreuzigt ward und den er selig machte wegen der treuen Umkehr, die er zu Christus nahm in seinem Leiden.[43]

Manches Leiden bedeutet keine Schuld hinsichtlich des Leidens selbst, das den (Menschen) befallen hat; er hat aber sonst einen Mangel an sich, um dessentwillen Gott ihm Leiden schickt; so geschieht es gar oft, daß Gott übermäßigen Stolz herniederbeugt und den Menschen auf sich selbst verweist mit schmerzlicher Vernichtung seiner Überheblichkeit in einer Sache, an der er um diese Zeit vielleicht ganz und gar unschuldig ist.

Etliche Leiden werden dem Menschen von Gott in der guten Ab-

42 Joh 9,3.
43 Lk 23,43.

sicht gegeben, dem Menschen dadurch noch größere Leiden zu ersparen, wie es jenen Menschen widerfährt, die Gott ihr Fegfeuer hienieden abbüßen läßt mit Krankheit oder Armut oder dergleichen, daß sie der nachfolgenden (Strafen) enthoben werden oder auch, daß er teuflische Menschen sie heimsuchen läßt, daß sie bei ihrem Tode von des Teufels Anblick verschont bleiben.

Manche Menschen leiden von rechter, heiß verlangender Liebe wie die Blutzeugen, die durch ihr mannigfaltiges Sterben des Leibes oder des Gemüts dem lieben Gott gern ihre Liebe bezeugten.

Man findet auch manch eitles Leiden ohne Trost, wie die es haben müssen, die der Welt nach weltlicher Weise dienen wollen. Sie müssen in gar harter Weise sich die Hölle «verdienen», während ein nach Gottes Willen leidender Mensch sein Leiden als Hilfe gebrauchen könnte.

So gibt es manche Menschen, die Gott des öfteren innerlich mahnt, sich in der rechten Weise Gott zuzuwenden, da er vertrauten Umgang mit ihnen wünscht und sie ihm durch Lauheit widerstreben. Solche zieht Gott zuweilen durch Leiden zu sich hin, wohin sie sich auch wenden und Gott gern entrinnen möchten: er ist mit zeitlichem weltlichem Unglück da und hält sie am Haar fest, so daß sie ihm nicht entgehen können.

Man findet auch Menschen, die gar keine Leiden haben außer dem, was sie sich selbst bereiten, indem sie das für groß veranschlagen, was nicht für groß zu halten ist. Einst kam ein von Leiden gar sehr heimgesuchter Mensch vor ein Haus und vernahm, daß (drinnen) sich eine Frau gar unglücklich gebärdete. Er dachte: Geh hinein und tröste die Frau in ihrem Leid. Er trat hinzu und sprach: «Ach, liebe Frau, was bedrückt Euch, daß Ihr so klaget?» – Sie antwortete: «Ich habe eine Nadel fallen lassen und kann sie gar nicht mehr finden.» – Er kehrte sich um, ging hinaus und dachte bei sich: Ach, du törichte Frau, hättest du nur eine meiner Bürden zu tragen, du weintest nicht um eine Nadel. So machen sich manche weichen Menschen selbst ein Leiden in manchen Dingen, die gar keine (Leiden) sind.

Das edelste und beste Leiden aber ist nach Christi Vorbild gestaltetes Leiden, ich meine *das*, das der himmlische Vater seinem eingeborenen Sohne und auch seinen lieben Freunden (zu tragen) gibt.

Das ist nicht so zu verstehen, als ob irgendein Mensch ganz und gar ohne irgendwelche Schuld sei außer dem lieben Heilande, der nie eine Sünde beging. Aber wie Christus sich geduldig zeigte und sich in seinem Leiden wie ein sanftes Lamm unter Wölfen benahm, so läßt Gott einige seiner liebsten Freunde auch zuweilen großes Leid tragen, damit wir ungeduldigen Menschen bei den gesegneten lernen, geduldig zu sein und allezeit mit Güte Böses durch Gutes zu überwinden.

Dies alles sollst du, meine Tochter, berücksichtigen und nicht ungern leiden; denn woher Leiden auch immer kommt, es kann dem Menschen von Nutzen sein, wenn er das Leid von Gott anzunehmen, es wieder in Gott zu tragen und mit seiner Hilfe zu überwinden versteht.»

Die Tochter sagte: «Das edelste Leiden, von dem ihr hier kürzlich gesprochen, daß man unschuldig leidet, kennen wenige Menschen. Ich erführe gern, wie ein schuldbeladener, gebrechlicher Mensch sein Leiden mit Gottes Hilfe überwinden kann, denn solche Menschen leiden zweifach: Sie haben Gott erzürnt und werden von außen gepeinigt.»

Er antwortete: «Das will ich dir sagen. Ich kannte einen Menschen, der hatte die Gewohnheit, wenn er sich aus menschlicher Schwäche irgendeinen Fehltritt hatte zuschulden kommen lassen, wie eine gute Wäscherin zu tun, die mit der eingedrückten und eingeweichten Wäsche zum reinen Wasser geht und all das, was zuvor unsauber war, in dem fließenden Wasser sauber und rein wäscht: So ruhte er nicht, bis er auf geistliche Weise des unschuldigen herabfließenden Blutes, das Christus zu Hilfe und Trost mit unsagbarer Liebe um aller Sünden willen vergoß, in Fülle gwonnen hatte. In dem heißen Blute wusch er sich und seine Flecken ab, badete sich in dem heilsamen blutigen Bad, wie man ein Kindlein in warmem Wasser badet; und das tat er mit herzlicher Andacht in völlig vertrauendem, christlichem Glauben, daß es all seine Sünden ihm solle und werde abwaschen und ihn von aller Schuld befreien dank seiner allvermögenden Kraft. Und so wie die Dinge auch ausgingen, ob er unschuldig oder schuldig war, endeten sie allezeit gleicherweise in dem guten Gott.»

41 *Wie er einige liebende Herzen von zeitlicher zu göttlicher Liebe zog*

Als sich der Diener dessenungeachtet (der Aufgabe) widmete, die Menschen von vergänglicher Liebe hin zu Gott führen, nahm er wahr, daß in einigen Klöstern etliche Frauen lebten, die geistliches Gewand, aber weltlichen Sinn hatten.

Unter diesen war eine, die hatte ihr Herz sehr vergänglicher Liebe zugewandt, die man Liebesgetändel nennt und die ein Gift geistlicher Vollkommenheit ist. Er sagte ihr, wolle sie zu einem ruhigen, gottseligen Leben gelangen, so solle sie davon lassen und anstatt ihres Geliebten die ewige Weisheit zu ihrem Lieb nehmen. Das war schwer für sie, denn sie war jung und frisch und in solcherlei Liebe verstrickt. Er brachte sie irgendwann dazu, daß sie guten Willens bereit ward zu tun (was der Diener wollte); aber da ihr der gute Wille von den Ihren ausgeredet ward, sprach er zu ihr: «Tochter, laß davon! Ich sage dir: Tust du es nicht frohen, so wirst du es betrübten Sinnes tun!» Da sie sich nicht an seine wohlmeinenden Worte kehren wollte, bat er Gott mit großem Ernst, daß er sie von ihrer schlechten Lebensführung abziehe, sei es mit Lieb oder Leid. Eines Tages ging er auf die Kanzel, (kniete) unter seinem Kruzifix nieder und geißelte sich den bloßen Rücken, daß ihm das Blut herunterlief, und bat Gott für sie, daß sie gezähmt werde. Und das geschah auch: Als sie wieder ins Kloster zurückkehrte, wuchs ihr bald darauf ein ungestalter Höcker auf dem Rücken, so daß sie häßlich ward und notgedrungen das bleiben lassen mußte, worauf sie um Gottes willen nicht hatte verzichten wollen.

In demselben offenen Kloster lebte eine junge schöne Ordensschwester aus vornehmem Stand, die durch des Teufels Lockung manches Jahr Sinn und Zeit auf leichtfertige Weise mit allerlei Gesellschaft hingebracht hatte und darin so verblendet war, daß sie den Diener der Weisheit allzeit wie ein wildes Tier floh; denn sie fürchtete, daß er ihr die Lebensweise, die sie führte, ausrede. Nun bat ihn derselben geistlichen Tochter leibliche Schwester, daß er sein Glück mit ihr versuche, ob er sie nicht von der schadenbringenden Lebensart hin zu Gott führen könne. Diese Bitte zu erfüllen, schien ihm unmöglich; er erwiderte, es scheine ihm eher möglich, daß der

Himmel sich herbeineige, als daß sie von ihrer Art lasse, es sei denn, der Tod entziehe ihr die Möglichkeit. Sie bat ihn gar flehentlich und sagte, sie sei des Glaubens, mit welcher Angelegenheit auch er sich mit Ernst zu Gott wende, daß Gott ihm seine Bitte nicht abschlagen werde. Mit solchen Worten überredete sie ihn, daß er es ihr zu tun versprach.

Und da sie ihm stets auswich und sich nicht verantworten wollte, nahm er eines Tages um St. Margareten (die Gelegenheit) wahr, als sie mit den anderen jungen Schwestern auf einen Acker hinausgegangen war, Flachs zu rupfen. Er folgte ihr vorsichtig nach, umging den Acker, daß er sich ihr auf angemessene Weise nähern könne. Als sie merkte, daß er sich ihr nahte, kehrte sie ihm gar boshaft den Rücken zu und mit einem vor Zorn feuerroten Gesicht rief sie ihm gar ungestüm entgegen: «Herr Mönch, was wollt Ihr bei mir? Nehmt Euren Weg weg von mir, das rate ich Euch! Schaut, ehe daß ich Euch beichten wollte, will ich mir lieber den Kopf abschlagen lassen; ehe daß ich Euch folgen wollte und von meinen Freundschaften ablassen, wollte ich mich lebendig begraben lassen. Darum geht lieber Eure Wege, denn mit mir erreicht Ihr doch nichts!» Ihre Begleiterin, die ihr zunächst stand, beruhigte und tadelte sie und meinte, er habe das nur in guter Absicht getan. Sie fuhr mit dem Kopf heftig in die Höhe und sprach: «Sieh, ich will ihm nichts vormachen, ich will ihm mit Wort und Tat zeigen, wie mir's ums Herz ist.» Vor diesen trotzigen Worten und solch aufgebrachtem Verhalten erschrak der Diener: Er ward rot vor Scham und verstummte, so daß er nicht sprechen konnte. Den anderen Schwestern, die das gegen den Bruder gerichtete Geschrei hörten, tat es leid, und sie tadelten sie; er ging weg, ließ sie stehen, blickte auf und seufzte von Herzen; und er hätte sein Vorhaben aufgegeben, wäre nicht von Gott ein irgendwie innerliches Drängen geblieben, das ihm zu verstehen gab: Wer um Gott oder der Welt willen etwas ins Werk setzen will, darf nicht so bald davon ablassen. Das geschah am Nachmittag.

Es ward Abend, und nach dem Abendessen, als die Schwestern gemeinsam in den Hof gehen wollten, den ausgerupften Flachs zu hecheln, und ebenjene Schwester dabei war und sie an der Herberge vorbei mußten, wo der Diener wohnte, bat er eine ihrer Gefährtinnen, daß sie sie auf kluge Weise zu ihm hereinbringe und selbst wieder hinausgehe: und das geschah denn auch mit Mühe. Als sie hereinkam und am Fenster[44] bei ihm saß, sprach er aus vollem Herzen innig seufzend: «Ach, schöne zarte Auserwählte Gottes, wie lange wollt Ihr Euren schönen, lieblichen Leib und Euer teures schönes Herz dem verhaßten Teufel überlassen? Ihr seid doch von Gott so gnadenvoll gestaltet worden, daß es ein schlimmes Ding wäre, daß ein solch engelhaftes, edles Wesen einem anderen sollte zuteil werden denn dem Allerhöchsten als sein Lieb. Wer soll die schöne zarte Rose mit mehr Recht brechen als der, dem sie zugehört? Wahrlich, nein, liebe Tochter, öffnet Eure hellen, scharfen Augen und gedenkt der herrlichen Freude, die hier beginnt und niemals endet, und bedenket auch, welche Mühsal und Treulosigkeit, welches Leid und Leiden an Leib und Gut, an Seele und Ehre jene Menschen erdulden müssen, sei es in Freud und Leid, die mit solchen Dingen umgehen, es sei denn, das süße Gift verblende sie so, daß sie zeitweilig den großen Schaden vergessen, der sie in Zeit und Ewigkeit befällt. Darum also, du engelhaftes Wesen, liebenswertes edles Herz, verwandle den Adel deiner (menschlichen) Natur in ewigen Adel und laß ab von deiner Art. Ich verspreche dir auf meine Treu: Gott wird dich zum Lieb nehmen und dir ganze Treue und rechte Liebe hier und dort ewig erweisen.»

Gut war die Stunde! Diese feurigen Worte drangen ihr sogleich tief ins Herz und erreichten sie so sehr, daß sie rasch ihre Augen aufhob, ganz, ganz tief seufzte und mit frisch entschlossenen, kühnen Worten zu ihm sprach: «Ach, Herr und Vater, ich gebe mich heute Gott und Euch anheim; auf mein ausgelassenes, eitles Leben will ich zu dieser Stunde freiwillig verzichten und nach Eurem Rat und mit Eurer Hilfe mich dem liebenswerten Gott zu Eigen geben und ihm allein dienen bis an mein Ende.» – Er antwortete: «Das ist eine frohe Stunde; gelobt sei der gütige Herr, der alle umkehrenden Menschen mit Freude aufnehmen wird.»

Während sie beide so vertraulich von Gott sprachen, standen die verlassenen Gefährten (jener Schwester) draußen vor der Tür; die

44 Wörtlich: «unter den laden». Die Verglasung der Fensteröffnungen war keineswegs üblich; die Fenster wurden durch Holzläden geschlossen, die am oberen Teil des Fensters befestigt waren; der angegebene Ausdruck bedeutet also einfach: allen vor dem Haus Stehenden sichtbar in der Fensternische sitzen.

lange Unterhaltung verdroß sie, denn sie fürchteten, daß jene Schwester ihrer leichtfertigen Gesellschaft abtrünnig werde. Die riefen ihr zu, sie solle ein Ende machen. Sie aber, eine andere geworden, ging mit dem Bruder (hinaus) und sprach zu ihnen: «Gott segne Euch, meine Gefährten, aus freien Stücken trenne ich mich von Euch und all unseren Gesellen, mit denen ich leider meine Zeit in nichtiger Weise vertrieben habe, denn jetzt will ich Gott allein besitzen und auf alles andere verzichten.»

Des Bruders geistliche Tochter begann alle schädliche Gesellschaft zu meiden und sich von allem Äußeren losgelöst zu halten; und wie oft es auch versucht ward, sie wieder in ihr früheres Leben zurückzubringen, es half nichts. Sie hielt sich so, daß sie in lobenswertem, ehrenhaftem Verhalten fest und beständig zu Gott hielt bis an ihr Ende.

Der Diener machte sich danach einmal auf den Weg, seine neue Tochter im guten Leben zu bestärken (und zu fragen), ob sie nicht leide, damit er sie gütlich tröste, und er bereitete sich selbst viel Schmerzen mit ihr in der Krankheit, an der er damals litt. Als er nun so durch den tiefen Schmutz schritt und die hohen Berge hinaufklomm, hob er oft seine Augen zu Gott und sprach: «Barmherziger Gott, sei eingedenk deiner jammervollen Fußwege, die du um des Menschen Heil zurückgelegt hast, und bewahre mir mein Kind.» Sein Gefährte, auf den er sich irgendeinmal stützte, sprach voller Erbarmen: «Es ziemt wohl Gottes Güte, daß manch einer durch Euch gerettet werde.»

Als er weiterging, bis er nicht mehr konnte und ganz erschöpft war, sprach der Gefährte zu ihm: «Ei, Vater, Gott sollte Eure Schwäche wohl berücksichtigen und Euch ein Rößlein senden, daß Ihr reitet, bis Ihr irgendwo zu den Leuten kommt.»[45] Der Bruder antwortete: «Nun wir uns beide an Gott gewandt haben, vertraue ich darauf, daß mich Gott für deine Tugend entschädigen wird und

45 Wenn es im Text zu jener Erzählung heißt: «und sah niemandem dez rossli da her zelten...», so weist das darauf hin, daß das Pferd ein «Zelter», d. h. ein Paßgänger, war, ein Pferd also, wie es wegen seines ruhigen Ganges – diese Art Pferde heben beide Beine einer Seite zu gleicher Zeit – von Frauen geritten ward. Das heute übliche Wort «Pferd» bezeichnet seit dem 13. Jahrhundert das bei Turnieren und im Krieg gebrauchte Streitroß.

daß es geschehe.» Der Diener schaute sich um und sah rechter Hand dorther aus einem Wald ein hübsches, wohlgezäumtes und gesatteltes Pferd ohne Reiter kommen. Der Gesell rief freudig aus: «Ach, lieber Vater, schaut, wie Euch Gott nicht im Stiche lassen will.» Er erwiderte: «Sohn, sieh dich rings auf diesem weiten Felde um, ob jemand dabei sei, dem es gehört.» Der blickte in die Nähe und Ferne und sah niemanden außer dem Pferd daherkommen und sprach: «Wahrlich, das hat Euch Gott gesendet, sitzt auf und reitet!» Der Bruder antwortete: «Schau, Gesell, steht das Pferd still, wenn es zu uns gelangt ist, so vertraue ich auf Gott, daß er es uns zu unserer Hilfe geschickt hat.» Das Pferd kam gemächlich heran und blieb vor ihm stehen. Der Diener sagte: «Nun denn her, in Gottes Namen!» Der Gefährte half ihm hinauf und ließ ihn reiten. Er ging mit ihm, ich weiß nicht mehr wie weit, bis er ruhen wollte. Und als sie in die Nähe eines Dorfes kamen, saß der Bruder ab, legte dem Pferd den Zaum wieder über und hieß es seinen Weg zurückgehen dahin, von wo es gekommen sei. Wohin das Pferd ging oder wem es gehörte, das konnte er später niemals erfahren.

Als der Diener dahin gelangt war, wohin er wollte, geschah es, daß er eines Abends bei seinen geistlichen Kindern saß und ihnen vergängliche Liebe verleidete und das ewige Lieb ihnen lieb machte. Als sie ihn verlassen hatten, war sein Herz irgendwie warm geworden an göttlicher Lieb von seiner verlangenden Rede, denn ihn dünkte, daß sein Lieb, das er im Sinn hatte und anderen Menschen liebenswert machte, wirklich viel besser sei als jegliches Lieb dieser Welt. Und als ihm bei der Betrachtung die Sinne irgendwie entsanken, schien es ihm in einem Gesichte, er werde auf eine schöne grüne Heide geführt, neben ihm schritt ein stattlicher himmlischer Jüngling; der führte ihn an der Hand. Da hub derselbe in des Bruders Seele ein Lied an zu singen, das klang so fröhlich, daß es ihm von der Übermacht des lieblichen Schalles all seine Sinne außer sich brachte, sein Herz schien ihm ganz voll zu werden mit heiß verlangender Liebe und schmerzhaftem Verlangen nach Gott; und das begann sich so in seinem Leib hin und her zu bewegen und zu toben, als ob es vor übergroßer Not zerbrechen wolle, und er mußte die rechte Hand auf das Herz legen sich selbst zur Hilfe; seine Augen füllten sich so, daß ihm die Tränen herabrannen. Als das Lied zu

Ende war, ward ihm ein Bild vorgesetzt, in dem man ihn dasselbe Lied lehren wollte, daß er es nicht vergäße. Er schaute es an und sah, wie Unsere Liebe Frau ihr Kind, die ewige Weisheit, an ihr mütterliches Herz gezogen hatte. Der Anfang des Liedes stand dem Kindlein über dem Haupt geschrieben mit schönen, wohlverzierten Buchstaben; die Schrift aber war so geheim, daß nicht jeder sie lesen konnte; nur *die* Menschen, die es erlangt hatten durch viel Übung des Mitfühlens, die lasen es wohl. Und die Schrift zeigte das Wort: «Herzenstraut.» Der Diener las die Schrift rasch, sah auf und blickte den himmlischen Boten liebevoll an; er empfand es irgendwie, daß dies Wort das Wahre träfe, daß das himmlische Kind allein das zarte Herzenstraut sei, in dem man Lieb ohne Leid habe; er drückte es tief in den Grund seines Herzens und begann und sang mit dem Jüngling das Lied weiter und zu Ende. Und in dieser heiß verlangenden, herzlichen Liebe kam er wieder zu sich selbst und fand seine rechte Hand auf dem Herzen liegen, so wie er sie der ungestümen Bewegung zur Hilfe auf das Herz gelegt hatte.

Einst hatte er einen weiten Weg zurückgelegt und war sehr müde geworden. Da kam er des Abends an einen fremden Platz zu einer Klause, wo er (und sein Begleiter) die Nacht zubringen wollen.[46] Es war aber kein Wein da, weder im Dorf noch in der Klause.[47] Da kam eine gute Tochter auf ihn zu und sagte, sie hätte ein sehr kleines Fläschlein mit Wein, wohl gegen ein halb Maß, und fügte hinzu, was sei das für so viele? Denn es waren ihrer wohl gegen zwanzig da mit denen, die gekommen waren, um Gottes Wein aus seinem Mund zu vernehmen. Er hieß das Fläschlein (mit Wein) auf den Tisch bringen; sie baten ihn, er möge einen göttlichen Segen darüber sprechen. Und er tat das in der hohen Kraft des liebenswerten Namens Jesu und begann mit dem Umtrunk, denn ihn dürstete nach dem Gehen, und reichte es weiter, und sie tranken alle daraus. Das Fläschlein

46 Zelle oder Zellen, meist in der Nähe eines Ortes, wo Männer oder Frauen sich unter Abschluß vom öffentlichen Leben der Betrachtung und dem Gebet widmeten. Schlossen sich einer Klausnerin Bewerberinnen an, so entwickelte sich die Klause zum Konvent, wie z. B. Disibodenberg bei Bingen am Rhein.

47 In jener Zeit das einzige zu den Mahlzeiten genossene Getränk, um so begehrter, als man bei den Speisen nicht an Würze sparte. Von den uns heute bekannten Getränken gab es nur noch das aus Gerste oder Weizen ohne Hopfenzusatz hergestellte Bier.

ward allen sichtbar niedergesetzt, ohne daß Wasser oder Wein hinzugegossen wurde, da kein anderer Wein da war. Sie tranken aber immer wieder kräftig aus demselben Fläschlein und waren so begierig, von ihm Gottes Wort zu hören, daß niemand auf das göttliche Wunder achtete. Schließlich irgendwann, da sie zu sich selber kamen und Gottes Kraft in der Vermehrung des Trankes als offenbar ansahen, begannen sie Gott zu loben und wollten das Werk auf des Dieners Frömmigkeit zurückführen. Das wollte er jedoch keineswegs gestatten und sprach: «Das, meine Lieben, ist nicht mein Werk, Gott hat der lauteren Genossenschaft ihren guten Glauben vergolten und sie leiblich wie geistlich getränkt.»

42 *Von einigen leidenden Menschen, die dem Diener in besonderer Treue anhingen*

In einer Stadt lebten zwei durch ihre Frömmigkeit ausgezeichnete Personen, die ihm vertraut waren. Dieser beider Gottesfreundinnen Weg war gar ungleich. Die eine war vornehmen Standes und mit göttlicher Milde begabt, die andere nicht solchen Standes, und Gott wirkte auf sie eifrig durch Leiden. Als die beiden gestorben waren, hätte der Diener gern von Gott erfahren, wie unterschiedlich ihr Lohn in jener Welt sei, da sie hier so ungleiche Wege gegangen. Eines Morgens erschien ihm die eine, die vornehmen Standes gewesen, und sagte ihm, sie sei noch im Fegefeuer; und als er fragte, wie das möglich sei, meinte sie, keine andere Schuld habe sie auf sich geladen, außer daß von ihrem vornehmen Stand her etwas geistliche Hoffart in sie gekommen sei, die sie nicht rasch genug überwunden habe, bald aber werde ihr Leiden zu Ende sein. Die andere, die gedrückt und leidend gewesen, war ohne Umschweife zu Gott gekommen.

Auch des Dieners leibliche Mutter war all ihre Tage eine große Dulderin. Und das kam von der gegensätzlichen Ungleichheit zwischen ihr und ihrem Gatten. Sie war von Gott erfüllt und hätte gern gottesfürchtig gelebt; er aber war der Welt verhaftet und bekämpfte das Verlangen seiner Gattin mit harter Strenge, und daraus erwuchs ihr viel Leiden.

Sie hatte die Gewohnheit, all ihr Leid in das bittere Leiden des Heilands zu legen, und damit überwand sie ihr eigenes. Sie bekannte ihm vor ihrem Tod, daß sie in dreißig Jahren keine Messe besucht habe, ohne sich bitterlich auszuweinen aus herzlichem Mitleid, das sie mit unseres Herrn Leiden und seiner treuen Mutter habe, und sagte ihm auch, daß sie von der übergroßen Liebe, die sie zu Gott gefühlt, einst erkrankt sei und wohl zwölf Wochen zu Bett gelegen habe, von schmerzlichem Verlangen nach Gott ergriffen und dahinwelkend, daß den Ärzten (der Anlaß) offenbar wurde und sie sich ein gutes Beispiel daran nahmen.

Sie ging einst zu Beginn der Fastenzeit in das Münster, wo die Abnahme des Heilands vom Kreuz in Holz geschnitzt auf einem Altar steht, und vor diesem Werk überkam sie, wie, weiß ich nicht, in mitfühlender Weise der große Schmerz, den Gottes liebe Mutter unter dem Kreuz litt. Und davon erfaßte die gute Frau ein solcher Schmerz vor Erbarmen, daß ihr das Herz im Leib irgendwie fühlbar fast zerbrach, sie ohnmächtig auf die Erde sank und nichts mehr sah noch sprach. Als man sie nach Hause gebracht hatte, lag sie krank darnieder bis zum Karfreitag: Da starb sie, während die Leidensgeschichte des Herrn verlesen ward.

Um diese Zeit war ihr Sohn, der Diener, zu Köln auf der (hohen) Schule. Sie erschien ihm in einem Gesichte und sprach voll großer Freude: «Ach, mein Kind, habe Gott lieb und vertrau auf ihn; er verläßt dich keinesfalls in irgendeiner Widerwärtigkeit. Sieh, ich bin aus dieser Welt geschieden und nicht tot; ich werde ewig leben vor Gott.» Sie küßte ihn mütterlich auf den Mund, segnete ihn voll Treue und verschwand. Er begann zu weinen und rief ihr nach: «Ach, treue, heilige Mutter, sei mir vor Gott getreu!» Und so kam er unter Seufzen und Weinen wieder zu sich selbst.

In seinen jungen Tagen, als er zur (hohen) Schule zog, wies ihm Gott einst einen lieben, gottesfürchtigen Begleiter zu. Als sie einst in vertraulichem Gespräch viel von Gott geredet hatten, bat ihn der Begleiter in freundschaftlicher Aufrichtigkeit, daß er ihm zeige und ihn sehen lasse den liebenswerten Namen Jesu, den er auf sein Herz gezeichnet habe. Er tat es ungern und doch, da er seine große Andacht sah, erfüllte er seine Bitte, öffnete das Gewand über seinem Herzen und ließ ihn das Kleinod nach ganzem Verlangen sehen.

Das aber war dem Gesellen nicht genug; als er es deutlich vor Augen hatte, wie es an seinem Leib mitten auf seinem Herzen stand, fuhr er mit der Hand und dem Gesicht darüber und berührte es mit seinen Lippen. Er weinte von Herzen vor Andacht, daß dem Bruder die herunterfließenden Tränen über das Herz rannen. Der Diener verbarg den Namen darauf und wollte ihn keinen Menschen mehr sehen lassen außer einem einzigen auserwählten Gottesfreund, dem es von Gott erlaubt worden war; der betrachtete ihn mit gleicher Andacht wie jener.

Als die beiden lieben Freunde manches Jahr in frommer Verbundenheit zusammen gewesen waren und voneinander scheiden sollten, da segneten sie einander in Treue und kamen überein, daß dem, der zuerst stürbe, der andere nach dem Tode Freundestreue bewahren solle: und er solle ihm ein Jahr lang jede Woche zwei Messen halten, ein Requiem an den Montagen und eine Messe vom Leiden des Herrn am Freitag. Nach ich weiß nicht wieviel Jahren starb des Dieners Gesell; der Diener aber vergaß das Versprechen der genannten Messen, doch gedachte er im übrigen seiner in Treue. Als er nun eines Morgens in sich versunken in seiner Kapelle saß, erschien ihm der Freund in einem Gesicht, stellte sich vor ihn und sprach mit klagender Stimme: «Ach, Freund, wie bist du so untreu! Wie hast du mich vergessen!» Der Bruder antwortete: «Ich gedenke deiner doch alle Tage in der Messe.» Der Gefährte erwiderte: «Damit ist es nicht getan, erfülle mir unser Gelöbnis wegen der Messen, damit mir das unschuldige Blut hier herab zuteil werde, mir das unerbittliche Feuer zu löschen: So werde ich bald des Fegefeuers entledigt sein.» Und das tat der Diener dann mit herzlicher Aufrichtigkeit und mit großer Reue über seine Vergeßlichkeit, und so ward dem Freund bald geholfen.

43 *Wie Christus ihm in eines Seraphs Gestalt erschien und ihn leiden lehrte*

Als sich der Diener einstmals mit großem Ernst zu Gott gekehrt und ihn gebeten hatte, ihn leiden zu lehren, erschien in einem geistlichen Gesicht vor ihm das Abbild des gekreuzigten Christus in Gestalt eines Seraphs; der hatte sechs Flügel: Mit zweien bedeckte er das Haupt, mit zweien die Füße, mit zweien flog er. Auf den beiden untersten stand: Nimm Leiden bereitwillig an, auf den mittleren: Trage Leiden mit Geduld, auf den obersten: Lerne leiden, wie Christus gelitten.[48]

Diese liebliche Erscheinung teilte er einer frommen Freundin mit, einer gar frommen Frau. Diese erwiderte: «Wisset fürwahr, daß Euch wieder neue Leiden von Gott zugedacht sind, die Ihr erdulden sollt.» Er fragte, welcher Art die wären. Sie antwortete: «Ihr werdet jetzt zum Klostervorsteher erhoben werden, damit jene Euch desto besser treffen können, die Euch mißgünstig gesonnen sind, und Euch um so tiefer hinabstoßen. Darum wappnet Euch mit Geduld, wie Euch der Seraph gezeigt hat.» Er seufzte und wartete auf ein neues künftiges Ungewitter. Und es kam so, wie die fromme Frau gesagt hatte.

Es fügte sich in derselben Zeit, daß teure Jahre kamen und man in seinem Konvent, wo er damals war, weder Brot noch Wein hatte und der Konvent in große Schulden geraten war. Die Brüder faßten gemeinsam den Beschluß, den Diener in dieser großen Teuerung zum Vorsteher zu nehmen, wie leid und widerwärtig es ihm war: denn er begriff wohl, daß ihm damit neues Leiden bevorstand.

Am ersten Tag seines neuen Amtes ließ er zur Versammlung rufen und mahnte sie, den hl. Dominikus anzurufen; der habe seinen Brüdern gelobt, wenn sie ihn in der Not anriefen, wolle er ihnen zu Hilfe kommen.[49] Da saßen zwei Brüder in der Versammlung zusammen, und der eine raunte dem anderen gar spöttisch zu: «Welch ein Dummkopf ist doch dieser Prior, daß er uns heißt, uns in unserer Not an Gott zu wenden! Bildet er sich ein, Gott tue den Himmel

48 Die hier angegebene Form der Erscheinung entspricht der, die dem hl. Franz von Assisi zuteil wurde. Bezüglich der sechs Flügel vgl. Jes 6,2.

49 In den Akten des Heiligsprechungsprozesses ist zu lesen, daß der heilige Dominikus auf dem Totenbett den Brüdern gesagt habe: «Nach meinem Tode werde ich euch mehr nützen können als während meines Lebens.» Im Dominikanerbrevier findet sich für den Tag des Heiligen (4. August) als Antwortvers zur 9. Lesung das Gebet: «O spem miram quam dedisti / mortis hora te flentibus / dum post mortem promisisti / profuturum te fratibus / ... O wunderbare Hoffnung, die du denen gegeben, die bei deinem Tode weinten, da du versprachst, nach deinem Tode deinen Brüdern beizustehen ...»

auf und sende uns Essen und Trinken herab?» – Der andere erwiderte: «Nicht er allein ist ein Dummkopf, wir sind es alle, da wir ihn zum Vorsteher wählten, obwohl wir zuvor wohl wußten, daß er sich auf weltliche Dinge nicht versteht und nur zum Himmel gafft.» Und so wurde noch manche spöttische Meinung über ihn laut. Als der Morgen kam, hieß er eine Messe von St. Dominikus singen, daß er ihnen mit Rat beistehe. Wie er so im Chor stand voller Gedanken, kam der Pförtner und rief ihn heraus zu einem reichen Chorherrn, der sein besonderer Freund war, und der sprach so zu ihm: «Lieber Herr, weltliche Dinge sind nicht Eure Sache; heute nacht hat Gott mich innerlich ermahnt, daß ich Euch an seiner Statt helfen solle; und so bringe ich Euch hier zwanzig Pfund Silberpfennige[50] zum Anfang; vertraut auf Gott, der wird Euch nicht verlassen.» Der Bruder war froh, nahm das Geld und ließ Wein und Korn kaufen. Und Gott half ihnen und der hl. Dominikus, solange er Prior war, daß stets Rat da war und daß er alles bezahlte und sie nichts schuldig blieben.

Als derselbe Chorherr, von dem erzählt worden ist, auf dem Totenbett lag, machte er eine gar große Stiftung[51] hierhin und dorthin, wie er Vertrauen hatte. Dann ließ er den Diener holen, der da Prior war, und übergab ihm ich weiß nicht wieviel Gulden, die er anderswo unter arme Gottesfreunde verteilen sollte, deren Kraft in strenger Bußübung verbraucht worden war. Das wollte der Diener nicht gern tun, denn er fürchtete nachfolgende Beschwernisse, wie denn auch geschah. Schließlich ward er überredet, daß er das Geld nahm; er begab sich aufs Land hinaus und verteilte, wie er ihm versprochen hatte, hierhin und dorthin, wo er darauf vertraute, daß es der Seele des Stifters am nützlichsten sei; und das tat er mit genauer Abrechnung und Rechenschaft vor seinen Oberen. Dadurch entstand ihm viel Leid.[52]

Der Verstorbene hatte einen ungeratenen unehelichen Sohn; der

50 1 Pfund Silberpfennige = 20 Schilling (solidi) = 240 Pfennige (Silberdenare).

51 In der Sprache der damaligen Zeit: «Seelgerät», d. h. eine letztwillige Verfügung oder Almosen zum Heil der eigenen Seele. Die «Gegenleistung» des so Bedachten bestand in Gebeten für den Verstorbenen.

52 Das heißt: Durch die Übernahme der Testamentsvollstreckung ward er neidischem oder verleumderischem Gerede ausgesetzt.

hatte durchgebracht, was der Herr ihm gegeben; in seiner Verruchtheit unternahm er Dinge, die ihm schädlich waren. Der hätte das (dem Diener übergebene) Geld gern selber gehabt, und da er es nicht erhalten konnte, ward er dem Diener feind und ließ ihn bei seinem Eide wissen, er wolle ihn töten, wo immer er an ihn kommen könne. Der arme Bruder war lange Zeit in Angst und Nöten und wagte nicht, hierhin oder dorthin zu reisen, aus Furcht, von dem verruchten Menschen ermordet zu werden. Oft hob er seine Augen auf zu Gott und sprach innerlich seufzend: «Ach Gott, welch jammervollen Todes willst du mich sterben lassen!» Seine Drangsal war um so größer, als kurz zuvor in einer anderen Stadt ein ehrbarer Bruder aus ebensolcher Ursache jammervoll ermordet worden war. Der arme Bruder hatte niemanden, der ihn vor Leid durch des wüsten Menschen Übermut hätte schützen wollen oder es zu tun gewagt hätte. Da wandte er sich an den obersten Herrn, der befreite ihn von ihm, verkürzte ihm sein junges starkes Leben, und er starb.

Zu diesem Leid kam damals auch noch ein anderes bitteres hinzu. Es war eine ganze Gemeinde, die der (verstorbene) Chorherr reichlich bedacht hatte. Aber das war ihnen nicht genug. Mit großer Mißgunst fielen sie über den Bruder her, weil er ihnen dieses Geld nicht ganz gegeben hatte. Und er wurde jammervoll von ihnen verfolgt und vor Weltliche und Geistliche gebracht; und (sein Name) ward in unziemlicher Weise herumgetragen, weit ins Land wegen seiner Schuld; und an Dingen, an denen er vor Gottes Augen unschuldig war, mußte er vor den Leuten schuldig erscheinen. Schwieg man dann eine Weile von dieser leidvollen Sache, so ward sie wieder und wieder hervorgeholt, und das trieben sie viele Jahre, bis der arme Mann dadurch wohl geläutert war.[53]

[In derselben Zeit erschien ihm derselbe verstorbene Chorherr in einem Gesichte, trug ein schönes Gewand, grün von Farbe und ringsum mit roten Rosen besetzt. Und er teilte ihm mit, es stehe wohl um ihn in jener Welt, und bat den Diener, das große Unrecht geduldig zu leiden, dessen man ihn zeihe, denn Gott wolle ihn für all

53 Das heißt: Durch das geduldige Ertragen der üblen Nachrede. Das mhd. Wort «siben» im Sinne von «läutern» findet sich bei Am 9,9 und Lk 22,31.

das wohl entschädigen. Er fragte den Herrn, was seine schönsten Kleider bedeuteten. Er antwortete: «Die roten Rosen in dem grünen Felde, das ist Euer geduldiges Leiden; damit habt Ihr mich gekleidet und Gott wird Euch darum mit sich selbst in Ewigkeit kleiden.»]

44 *Wie standhaft der streiten muß, dem der geistliche Preis werden soll*[54]

In der frischen Kraft seines Anfangs hatte der Diener die Absicht, von Herzen gern dem liebenswerten Gott zu gefallen mit vorzüglicher Besonderheit, doch ohne Leiden und ohne Mühsal. Da fügte es sich, daß er einstmal zum Predigen über Land fuhr. Und er kam auf ein für alle Leute bestimmtes Schiff auf dem Bodensee. Unter den anderen saß darin ein stattlicher Knappe, der höfische Kleidung trug. Er setzte sich zu ihm und fragte ihn, was sein Beruf sei. Der antwortete: «Ich gehe auf ritterliche Wagnisse aus; ich vermittle die Zusammenkunft ritterlicher Herren, daß sie sich bei festlicher Geselligkeit erfreuen; da turniert man und dient schönen Frauen. Und wer das am allerbesten kann, dem gibt man die Ehre, und er erhält den Lohn.» – Der Bruder fragte: «Worin besteht dieser Lohn?» Der Knappe antwortete: «Die schönste Frau, die sich da findet, die steckt ihm ein golden Ringlein an.» Der Diener fragte weiter: «Sag mir, mein Lieber, was muß einer tun, daß ihm Ehre und Ringlein zuteil werde?» – Der Knappe erwiderte: «Wer am meisten Streiche und Drangsal erduldet und dabei nicht verzagt, wer sich dennoch mutig und männlich benimmt, wer sicher zu Pferde sitzt und auf sich losschlagen läßt, der erhält den Preis.» Der Bruder fragte wieder: «Ach, sage mir: Ist es genug, daß einer beim ersten Anreiten

54 Man wird Seuses Wesensart nicht gerecht, wenn man ihn (mit Vertretern der älteren Literaturgeschichte) nur oder doch vorwiegend als den geistlichen «Minne-*sänger*» sieht. Er selbst sieht sich weit eher als den geistlichen «Minne*ritter*», als einen, den der «unverzaget mannes muot», den die Kardinaltugend der fortitudo, der Tapferkeit, also das mutige Ausharren bis ans Ende kennzeichnet. Den Ring, den *er* erhält oder doch ersehnt, ist der Ring der Leidensüberwindung, der Ring für schwer erkämpfte Gelassenheit. Vgl. *J. Schwietering*, Mystik und höfische Dichtung im Hochmittelalter, Darmstadt 1960, darin: Zur Autorschaft von Seuses «Vita», S. 107–122.

sich mutig erweist?» – Der andere: «Nein, er muß durch das ganze Turnier hindurch aushalten; und empfinge er Schläge, daß ihm das Feuer aus den Augen sprühte und das Blut aus Mund und Nase dränge, das muß er alles erdulden, soll ihm der Preis werden.» – Der Diener wollte noch mehr wissen: «Darf er nicht weinen oder traurig sein, wenn er so böse geschlagen wird?» Und jener: «Nein, und wenn er die größte Angst verspürte, wie das bei manchem der Fall ist, dergleichen darf er nicht tun, als ob ihm irgend etwas daran läge, er muß sich fröhlich und keck benehmen, sonst verspottet man ihn, und er verlöre dadurch Ehre und Ringlein.» Nach dieser Unterredung ward der Diener sehr nachdenklich, seufzte herzlich und innerlich und sprach: «Ach, teurer Herr, wenn die Ritter dieser Welt solche Leiden ertragen müssen um so geringen Lohn, der an sich nichts ist, wie ist es dann, o Gott, so billig, daß man um des ewigen Preises willen noch viel mehr Drangsal erleide! Ach, lieber Herr, wäre ich doch würdig, dein geistlicher Ritter zu sein! Du schöne, liebenswerte Ewige Weisheit, deren Gnadenreichtum in allen Landen nichts gleichkommt, wenn meiner Seele ein Ringlein zuteil werden könnte, ach, dafür wollte ich leiden, was immer du wolltest!»; und großer Ernst überwältigte ihn, und er begann zu weinen.

Dann kam er dahin, wohin er wollte; da sandte Gott ihm so viele große und allen sichtbare Leiden, daß der arme Mann beinahe an Gott verzagt wäre und manches Auge sich mit Tränen füllte voll des Mitgefühls für ihn. Da vergaß er all der entschlossenen Ritterschaft und der Versprechen, die er aus seinem Vorhaben um geistliche Ritterschaft heraus Gott gemacht hatte, und ward traurig und unmutig gegen Gott (und fragte), wessen er ihn zeihe und (warum) er ihm solche Leiden sende. Als es des Morgens auf den Tag zuging, kam eine Stille in seine Seele, und in einer Versunkenheit der Sinne sprach irgendeine Stimme in ihm: «Wie ist's nun mit der ausgezeichneten Ritterschaft, was soll ein Ritter aus Stroh und ein Mann aus Tuch? Große Entschlossenheit in der Freude und dann Verzagen im Leid – damit gewinnt man nicht das ewige Ringlein, wonach es dich verlangt.» Er antwortete und sprach: «Ach Herr, die Turniere, in denen man sich dir überlassen muß, dauern gar zu lange.» Darauf ward ihm erwidert: «Dafür ist auch Lob und Ehre und das Ringlein meiner Ritter, die von mir geehret werden, dauernd und ewig.» Da kehrte sich der Diener in sich selbst und sprach demütig: «Herr, ich habe Unrecht, erlaube mir (doch) nur, in meinem Leid zu weinen, denn mein Herz ist übervoll.» – Jener sagte: «Weh dir! Willst du weinen wie ein Weib! Du bringst dich am himmlischen Hofe selbst in Schande! Wasch deine Augen und zeige dich fröhlich, daß weder Gott noch Menschen merken, du habest vor Leid geweint!» Der Diener begann zu lachen, und doch fielen ihm dabei die Tränen über die Wangen, und er gelobte Gott, er wolle nie mehr weinen, damit ihm von Gott das geistliche Ringlein zuteil werde.

[Als der Diener einstmals zu Köln mit großer Festigkeit predigte, saß eine anfangende Frau unter den Hörern, die sich vor kurzem zu Gott gekehrt hatte. Als sie, die leidende Frau, ihn aufmerksam betrachtete, sah sie mit ihrem inneren Auge, daß sein Antlitz nach und nach einen wunderbaren Glanz annahm und dreimal wie die liebe Sonne in ihrem hellsten Scheine erstrahlte, und sein Gesicht zeigte sich darin so rein, daß sie sich selber darin spiegelte. Und diese Erscheinung tröstete sie gar sehr und festigte sie sehr in ihrem frommen Leben.]

45 Von dem liebenswerten Namen Jesu

[Der Diener der ewigen Weisheit unternahm einst eine Wallfahrt vom Oberland[55] nach Aachen, zu Unserer Lieben Frau. Und als er zurückgekommen war, erschien die Gottesmutter einer gar frommen Person und sprach zu ihr: «Schau, der Diener meines Kindes ist gekommen und hat seinen süßen Namen Jesus weit und breit mit Verlangen umhergetragen, wie auch zuvor seine Jünger taten. Und so wie sie den Drang in sich verspürten, daß sie seinen Namen allen Menschen durch den Glauben zu erkennen gaben, so setzt er all seinen Eifer daran, denselben Namen Jesus in allen kalten Herzen mit neuer Liebe wieder zu entzünden. Darum wird er mit ihnen nach seinem Tode ewigen Lohn empfangen.» Danach betrachtete dieselbe fromme Frau die Gottesmutter und sah, daß sie eine schöne

55 Der südliche Teil des späteren Großherzogtums Baden. – Die Wallfahrt nach Aachen war damals sehr verbreitet. Vgl. *Beissel,* Die Aachenfahrt, 1903.

Kerze in der Hand hatte, die brannte so hell, daß sie durch die ganze Welt leuchtete, und an der Kerze war ringsum geschrieben der Name JESUS. Da sprach Unser Liebe Frau zu ihr: «Sieh, diese brennende Kerze bedeutet den Namen Jesus, denn er erleuchtet alle Herzen, die seinen Namen andächtig empfangen und ehren und voll Verlangen in sich tragen. Und mein Kind hat seinen Diener sich selbst dazu erwählt, daß sein Name voll des Verlangens in manchen Herzen entzündet (wird) und sie gefördert werden zu ihrer ewigen Seligkeit.»

Da die vorgenannte geistliche Tochter[56] auf vielfältige Weise gemerkt hatte, daß ihr geistlicher Vater so große Andacht und so guten Glauben zu dem liebenswerten Namen Jesu habe, den er auf seinem Herzen trug, keimte in ihr eine besondere Liebe dazu auf, und in guter Andacht nähte sie denselben Namen Jesus mit roter Seide auf ein kleines Tüchlein in der folgenden Gestalt IHS, das sie selbst insgeheim tragen wollte; und nähte denselben Namen gleicherweise auf unzählbare viele Tüchlein und bewirkte, daß der Diener alle auf sein bloßes Herz legte und sie mit einem göttlichen Segen seinen geistlichen Kindern hierhin und dorthin sandte. Und der geistlichen Tochter ward von Gott verkündet: Wer diesen Namen so bei sich trage und ihm zu Ehren täglich ein Vaterunser spreche, dem wolle sich Gott hienieden hilfreich erzeigen und in seiner Todesstunde ihm seine Gnade zuteil werden lassen.
Mit solch strengen Übungen und nach dem göttlichen Vorbilde Jesu Christi und seiner lieben Freunde war der Anfang von des Dieners frommer Tochter gestaltet.]

46 *Klare Unterscheidung zwischen wahrer und falscher Urteilskraft in manchen Menschen*

«Dem Adler gleich, der seine Jungen zum Fluge lockt ...»[57] Als des Dieners fromme Tochter nach der guten Lehre ihres geistlichen Vaters in jeder Art Frömmigkeit, die an Bilder und Formen gebunden

56 Wohl Elsbeth Stagel. Vgl. Bi, S. 133*, Anm. 2.
57 Dtn 32,11 (nach der Übersetzung der Vulgata).

ist, ihrem äußeren Menschen nach, wie weiches Wachs durch die Erhitzung für den Eindruck des Siegels, geformt worden war[58] und auch lange Zeit ein Leben geführt hatte, das des Heilands Leben widerspiegelte – es ist dies der sicherste Weg –, schrieb ihr ihr geistlicher Vater Folgendes:

Es wäre, liebe Tochter, nun wohl an der Zeit, dich aus dem Neste bildlichen Trostes des anfangenden Menschen zu erheben und fortan eine höhere Stufe zu ersteigen. Mach es wie der junge erwachsene Adler, indem du dich mit den ausgewachsenen Fittichen, ich meine deiner Seele obersten Kräften, in die Höhe des beschaulichen Adels eines seligen vollkommenen Lebens aufschwingst. Weißt du nicht, daß Christus seinen Jüngern, die sich zu sehr an seine sichtbare Gegenwart hielten, sagte: «Es ist gut für euch, daß ich gehe, sonst kommt der Geist nicht zu euch!»[59] Die vorigen Übungen sind eine gute Vorbereitung gewesen, voranzukommen durch die Wüste eines triebhaften unverständigen Lebens in das verheißene Land eines lauteren, ruhigen Herzens, in dem die Seligkeit hier beginnt und in jener Weise ewig währt. Und damit dir der hohe, durch die Urteilskraft bezeichnete Weg umso bekannter sei, will ich dir mit dem hellen Schein guter Unterscheidung voranleuchten, damit du, wenn du die Unterscheidung gut begreifst, dich nicht verirrest, wie hoch du dich mit deinen Gedanken auch immer erhebest. Merke also: Man findet zweierlei Verhaltensweisen unter augenscheinlich guten Menschen: Einige zeigen eine vernünftige, einige eine unvernünftige Art. Die ersten, das sind die Menschen, die ihre Vernunft danach ausrichten, daß all ihr Verstehen, ihr Tun und ihr Lassen in rechter Einsicht bestimmt werde nach dem Willen der heiligen Kirche, dem Lob Gottes und aller anderer Menschen

58 Bedenkt man, daß im Mittelalter die Echtheit der sogenannten «offenen Briefe», z. B. bei Schenkungsurkunden, von der Unversehrtheit des Wachssiegels abhing, so gewinnt der oben gegebene Vergleich an Bedeutung. Des öfteren wird zur Verdeutlichung und Bekräftigung auf die Siegelung verwiesen, so z. B. in «De adhaerendo Deo», Kap. 3 (Ausg. von M. Abest): «Forma animae Deus est, cui debet imprimi sicut cera sigillo et signatum signo signatur.» Oder: von demselben im Prologus summae theologiae, Opera, Ausgabe von Borgnet XXXI. 2, und *David von Augsburg* «De exterioris et interioris hominis compositione» III, 63 Nr. 8, Ausg. Quaracchi 1899,346. (Nach Bi, S. 155, Anm.).

59 Joh 16,7. Dazu Seuses Predigt: «Iterum relinquo mundum.» Bi, S. 529.

ruhigem Frieden, die darauf bedacht sind, in ihren Worten und in ihrem Benehmen niemandem ihretwegen Anstoß zu geben, es sei denn, er komme aus dem eigenen gebrechlichen Grunde, wie es häufig geschieht. Solchen behutsamen Wandel zu führen und solch gottesfürchtiges Leben: das zeigt Natur und Name der Vernunft an. Und das ist eine gottförmige, lobenswerte Kraft, denn sie strahlt in verborgener Wahrheit in sich selbst zurück, so wie der Himmel mit seinen glänzenden Sternen es tut. Die scheinbar guten Menschen, die ein unvernünftig Leben führen, nehmen ihre eigene Art in ihrer ungebrochenen Natur[60] zum Ziel; sie betrachten und prüfen die Dinge allein mit ihrer Vernunft und können dann voll des Stolzes vor unwissenden Menschen davon reden; sie kümmern sich nicht darum, daß Mißfälliges in Wort oder Tat die Folge sein könnte. Bei diesen Menschen dringt das Licht ihrer Vernunft nicht nach innen, sondern nach außen wie bei fauligem Holz, das des Nachts leuchtet und doch nichts ist.[61] So zeigt sich dieser Menschen inneres Licht und äußerer Wandel überall dem ungleich, dem es gleichen sollte.

Diese Menschen erkennt man irgendwie an ihren freien und sorglosen Reden, die sie führen; von ihnen sei eine Redensart angeführt, nach der man alle anderen nach ihrem Wort erkennen kann. Einer jener Leute schreibt da: «Der Gerechte braucht kein Hindernis (für sein Einssein mit Gott) zu scheuen.» Dieser Satz und andere seinesgleichen bedeuten jenen Menschen etwas, die nicht recht hinsehen; die (aber), welche scharf hinblicken und wohl verstehen, was solche Sätze wirklich aussagen, könnten sie nicht billigen. Und das sieht man so recht an der obengenannten Redensart, die besagt, daß es für den Gerechten kein Hindernis für sein Einssein mit Gott geben könne.[62] Was besagt nun «der Gerechte», oder was bedeutet

60 Die Worte «Natur» und «natürlich» haben im Mhd. mehrere Bedeutungen; das, woran man heute denkt, wenn man sagt, es liege etwas in der «Natur» des Menschen, entspricht in etwa dem, was im Mittelalter mit «Wesenheit eines Dinges» (essentia, quidditas, forma) bezeichnet wurde. Hier ist dagegen an den Bereich des von der Vernunft geleiteten Begehrens (appetitus rationalis) im Gegensatz zum Bereich des von den Sinnen geleiteten Begehrens (appetitus sensitivus) zu denken.

61 Das ist aus den naturwissenschaftlichen Kenntnissen der Zeit Seuses gesprochen. In Wirklichkeit wird dieses Leuchten verursacht durch Leuchtpilze, deren Fäden bei Zutritt von Sauerstoff an ihren jungen Spitzen phosphoreszieren. Dieses Leuchten ist also durchaus «etwas».

«Hindernis»? Der «Gerechte» ist nach allgemeiner Auffassung des Wortes der gerechte Mensch, und zwar nach seiner Beschaffenheit. Denn «Gerechtsein» ist kein Träger dieser Eigenschaft, es bedarf irgendeines Subjektes, und das ist hier der (gerechte) Mensch. Was bedeutet sodann «Hindernis»? Das ist die Sünde, die den Menschen von Gott scheidet. Braucht nun ein gerechter Mensch irgendein Hindernis, d.h. irgendeine Sünde, weder zu meiden noch zu scheuen? Das ist offensichtlich falsch und gegen alle Vernunft. Wahr dagegen ist, daß man für den gerechten Menschen, insofern er und alle Dinge in ewiger Ungewordenheit in der überwesentlichen Vernunft Gottes dasselbe und in keiner förmlichen Andersheit sind, jenen Satz irgendwie einräumen möchte.[63] Aber in dem einfachen, überwesentlichen Grunde ist der gerechte Mensch nicht der leibliche Mensch, denn in der Gottheit gibt es keine Körperlichkeit; da ist denn auch kein Hindernis. Aber jeder Mensch empfindet, daß es der oder der Mensch ist außerhalb desselben Gottesgrundes; denn hier ist er sterblich, dort aber nicht. Und da steckt er jetzt in seiner Mangelhaftigkeit und hat durchaus nötig, alle schädlichen Hindernisse (die sich seiner Vereinigung mit Gott entgegenstellen) zu meiden. Wollte ich nun in meiner Vernünftigkeit zunichte werden und um mich selbst (meiner Leiblichkeit nach) nichts wissen und ohne alle Unterscheidung von Gott und mir selbst alle leiblichen Handlungen vornehmen, so als ob das ungeschaffene Wesen sie wirkte, so wäre das ein Fehler über alle Fehler. Und darum soll man sich einprägen, daß solche Redensarten in Wahrheit keine rechte Vernünf-

62 Diese Lehre wurde u. a. von den durch alle namhaften Theologen des 13.–15. Jahrhunderts bekämpften «Brüdern und Schwestern des freien Geistes» mündlich und schriftlich vertreten. Sie lehnten die kirchlichen Lehren über die Schöpfung, Erlösung, Strafen im Jenseits ab, verwarfen die Begriffe «gut» und «böse» für *die*, welche durch mystisches Einswerden mit Gott Vollkommenheit und Friede erreicht hätten. In solche Zusammenhänge fügt sich der von Seuse angeführte Satz zwanglos ein. Die oft verwickelten Zusammenhänge dieser Bewegung mit ähnlichen bilden Gegenstand eines ausgebreiteten Schrifttums, von dem hier die Untersuchungen von *H. Grundmann*, «Religiöse Bewegungen im Mittelalter» (Berlin 1935) und «Neue Beiträge zur Geschichte der religiösen Bewegungen im Mittelalter», in: Archiv für Kirchengeschichte 37 (1955) 129–182, genannt seien.

63 Die hier angeschnittene scholastische Ideenlehre wird in Kap. 51 des «Lebens» (S. 194ff.) und in Kap. 3 und 6 des «Büchleins der Wahrheit» (S. 337ff. u. 356ff.) weiter ausgeführt.

tigkeit besitzen. Nicht ist darunter zu verstehen die Leugnung vernünftiger Lehre oder wohlbedachte Äußerungen, gesprochen oder geschrieben, die den Menschen der Sinnlichkeit entziehen und ihn in geordneter Weise zu vernünftiger Wahrheit führen, wenn sie auch nicht jeder versteht; denn es ist genügend bekannt, daß grober Blindheit und dummer Sinnlichkeit gegenüber niemand genau genug sprechen kann.

Des Dieners geistliche Tochter antwortete: «Gott sei gelobt dieser klaren Unterscheidung wegen! Gern hörte ich (noch) das unterscheidende Merkmal zwischen rechter Vernunft und hochmütiger Vernünftigkeit und zwischen wahrer und falscher Gelassenheit.»

Der Diener erwiderte:

47 *Unterscheidung zwischen richtigem und hochmütigem Vernunftgebrauch*

Nach den ersten Kämpfen, die mit der Unterwerfung von Fleisch und Blut einhergehen, gerät der Mensch in einen trügerischen Strudel, in dem gar mancher versinkt, und das ist der hochmütige Vernunftgebrauch. Was bedeutet das nun? Ich verstehe unter hochmütigem Vernunftgebrauch Folgendes: Ein Mensch wird (einmal) frei von sündhafter Unebenheit; er wird gelöst von Bildern, an denen er haftete; frei schwingt er sich über Zeit und Raum, an die er zuvor gebunden war, so daß er sich seines natürlichen Adels nicht bedienen konnte; dann öffnet sich das Auge der Vernunft, und der Mensch begehrt nach einer anderen besseren Freude, die im Erkennen der Wahrheit liegt, im Genießen göttlicher Seligkeit, im Einblick in die stets währende Gegenwart der Ewigkeit und dergleichen; die geschaffene Vernunft beginnt die ewige, ungewordene zum Teil in sich selbst und in allen Dingen zu erfassen; da wird dem Menschen irgendwie wunderlich zumute, wenn er sich zuvörderst selbst betrachtet nach dem, was er zuvor war und nun ist; er findet, daß er zuvor ein armer, gottloser Bettler war, ganz blind, und daß Gott ihm fern war. Nun aber dünkt ihm, daß er Gottes voll sei und daß nichts sei, was nicht Gott sei, mehr noch, daß Gott und alle Dinge ein einziges Eine seien, und er greift die Dinge voll des Ungestüms in unreifer Weise an und wird in seinem Inneren schäumend wie gärender Most, der noch nicht zu sich selbst gekommen ist; und so verfällt er auf das, was er versteht oder was ihm ohne Unterscheidung vorgelegt wird von jemandem, der ebenso ist; auf diesen hat er dann allein zu hören und auf keinen anderen;[64] und dann will er nach seinem Gutdünken alle die Dinge deuten; so entgleiten sie ihm, wie sie ihrer eigenen Natur nach sind, es sei nun Himmel oder Hölle, Engel oder Teufel. Diese Leute schätzen auch Christi leidende Menschheit gering:[65] Sie haben im Heiland nur Gott erfaßt; die Dinge haben sie noch nicht bis in den Grund erfaßt gemäß ihrem Unterschied nach Beharren und Vergehen. Diesen Menschen geht es wie den Bienen, die den Honig hervorbringen; wenn sie erwachsen sind und zum erstenmal aus den Körben schwirren, so fliegen sie in verstörter Weise hierhin und dorthin und wissen nicht, wohinaus; einige verfliegen sich und gehen zugrunde, andere finden wieder guter Ordnung nach Hause zurück. So geschieht es auch mit diesen Menschen. Wenn sie mit unruhiger Vernunft Gott schauen als Alles in Allem nach ihrer unvollkommenen Erkenntnis, so wollen sie dies und das abstreifen, sie wissen aber nicht wie. Das ist schon richtig, es muß alles weg, wenn jemand das ewige Ziel erreichen soll. Sie verstehen aber noch nicht, wie die Loslösung vom Irdischen geschehen soll, wollen in unangemessener Weise dies und das von sich lassen und jegliches Ding Gott nennen und wollen ohne Unterscheidung demgemäß wirken. Und dies Gebrechen kommt entweder aus unwissender Einfalt oder einer noch nicht erstorbenen Verschlagenheit. Hier glaubt mancher Mensch, er habe alles erreicht, wenn er auf seinen eigenen Willen verzichten und sich (Gottes Willen) zu überlassen vermag; aber dem ist nicht so, denn er ist erst über die Vorgräben der noch nicht erstürmten Burg geschlichen, hinter das Schutzdach, hinter dem er sich verstohlen birgt, und er kann noch nicht entsinken nach wirklicher Entäußerung seines geistigen Wesens in wahre

64 Seuse denkt hier an die Unterordnung unter einen Seelenführer, sei er nun Geistlicher oder Laie, wie sie sich bei den der Kirche ergebenen Gottesfreunden und auch bei ihr ablehnend gegenüberstehenden Begharden fand.

65 Die Geringschätzung des Leidens des Herrn fand sich besonders im Kreise irrgläubiger Begharden und bei den Brüdern und Schwestern des freien Geistes. Das Konzil von Vienne 1311/12 hat diese Anschauung verurteilt.

Armut, eine Armut, der da in gewisser Weise jeder fremde Gegenstand entschwindet, und auf die die stets ewige einfache Gottheit einwirkt durch des Menschen ungehinderte Muße, wie später noch in klarer Unterscheidung dargetan werden wird.[66]

Schau, das ist der Punkt, an dem etliche Menschen heimlich haften gar manche Jahre, so daß sie weder aus noch ein wissen. Dir aber will ich von mir den Unterschied darlegen, daß du dich nicht verirren kannst.

48 Deutliche Unterscheidung zwischen wahrer und falscher Gelassenheit[67]

Man muß wissen, daß es eine dreifache Art des Vergehens[68] gibt. Die eine ist ein gänzliches Verschwinden, so, wie wenn ein Ding an sich selbst vergeht, daß nichts mehr da ist, wie der Schatten verschwindet und zunichte wird. So verhält es sich nicht bei des Menschen Hingang mit seinem Geiste, den wir «vernünftige Seele» nennen; diese bleibt ewig dank des vernünftigen Adels ihrer gottförmigen Kräfte, denn Gott ist eine über alles Sein erhabene Vernunft, nach der sie in Vernunft gebildet ist. Und darum ist es unmöglich, daß sie so zunichte werde wie der sterbliche Leib, wenn er vernichtet wird.

66 Siehe Kap. 52, S. 201 ff.

67 Dieses bei Seuse häufig und keineswegs eindeutig gebrauchte Wort läßt sich am einfachsten mit «Gottergebenheit» übertragen, obwohl sich in diesem Begriff die Vorstellung von Geduld, Selbstverleugnung, Gehorsam, Verträglichkeit, Nachgiebigkeit, Selbstbeherrschung, Beherrschung der Begierden mit jenem ersten Begriff treffen und kreuzen. Der Gegensatz ist vor allem das Haften an Vorstellungen des eigenen Willens gegenüber Gottes Einsprachen und Zulassungen (*Nicklas,* S. 74). Nicht jedoch bedeutet «Gelassenheit» etwa untätige Ruheseligkeit.

68 Seuse gebraucht für die folgenden einander sehr ungleichen Zustände der menschlichen Seele das *eine* Wort «vergangenheit»; das heute einen anderen Sinn angenommen hat. Er unterscheidet: 1. die «ganzú vergangenheit» = die Zurückführung ins Nichts; 2. die «halber vergangenheit», d. h. das Sich-Selbstverlieren, wie es in der Entrückung stattfindet; 3. die «entlehentiu vergangenheit» = der Zustand, in dem sich der Mensch in Gelassenheit und unter Drangabe seines freien Willens Gott überläßt, «als ob er um sich selbst nicht wisse», also etwa = Versunkenheit.

Ein zweites Vergehen ist (nur) ein halbes, das seine eigene Zeit und Stunde haben will, wie es den Menschen widerfährt, die in beschauender Weise in die lautere Gottheit entrückt werden, wie es bei Paulus geschah; oder auch ohne das, wie wenn ein Mensch in bildloser Weise oft vom Irdischen gelöst und seinem Selbst entzogen wird. Das ist aber nicht von Dauer. Als Paulus wieder zu sich kam, fand er sich wieder als denselben Paulus, als einen Menschen wie zuvor.

So spricht man auch von einem entlehnten Vergehen, wenn der Mensch sich unter Drangabe seines freien Willens Gott überläßt in einem jeglichen Augenblick, in dem er sich befindet, als ob er um sich selbst nicht wisse und Gott allein der Herr sei. Und (auch) dies Vergehen kann nicht von Dauer sein, solange Leib und Seele zusammen sind; je mehr (aber) Vergehen hineingenommen wird, um so mehr steht der Mensch in rechter Wahrheit.

Ferner muß man wissen, daß es zwei Arten von Gelassenheit[69] gibt, deren eine die vorausgehende, die andere die nachfolgende heißt. Und dies laß dir an einem Beispiel klarmachen. Ein Dieb hat ein Verlangen in sich, zu stehlen; das kommt von dem Bösen seiner Natur. Dem widerspricht seine Einsicht: Das darfst du nicht tun, es ist etwas Böses. Gäbe der Dieb nun seine böse Absicht auf und folgte seiner Einsicht, so wäre das die vorangehende und die edelste Gelassenheit, denn er behielte seine Unschuld. Wenn er aber in dieser Sache nicht verzichten und seinem bösen Drang folgen will, so kommt über ihn, wenn er nach der Tat gefangen wird und sieht, daß man ihn hängen werde, die nachfolgende Gelassenheit, so daß er sich geduldig zum Tode führen läßt, wenn es nicht anders sein kann. Auch diese Gelassenheit ist gut und läßt ihn zur Seligkeit gelangen, die vorausgehende aber ist ungleich edler und besser.

Und darum darf man es nicht wagen, seinen Schwächen nachzugeben, wie etliche törichte Menschen sagen, daß man durch alle Gebrechen hindurchwaten müsse, wolle man zu vollkommener Gelas-

69 Das bereits inhaltlich bestimmte Wort «Gelassenheit» (siehe Anm. 67) wird hier begrifflich erweitert und näher bestimmt: Überwindet der Mensch seine aus der gefallenen Natur herrührende böse Neigung, so nennt Seuse das die «vorausgehende Gelassenheit»; nimmt er in Geduld eine verdiente Strafe auf sich, so haben wir es mit der «nachfolgenden Gelassenheit» zu tun.

senheit gelangen.[70] Das ist falsch, denn ein Tor ist, wer sich voll Übermut in eine schmutzige Pfütze wirft, damit er danach desto schöner sei. Darum halten die allerfrömmsten Gottesfreunde daran fest, daß sie gern ganz und gar auf ihren Willen verzichten und, ohne auf den eigenen Willen zurückzukommen, in der vorangehenden Gelassenheit verharren, soweit menschliche Schwäche es vermag; und gelingt dies nicht, so schafft es ihnen Leid. Wohl haben sie vor anderen Menschen voraus, daß sie sich des Hindernisses gewandter entledigen können; denn aus demselben Leid entspringt nachfolgende Gelassenheit, die den Menschen wieder schnell auf den früheren Weg zurückbringt, d. h., da der Mensch sich noch als Mensch findet, er Gott zu Lobe sich darein fügt. Und diese «nachfolgende Gelassenheit» trägt auch irgendwann Nutzen für die Erkenntnis des eigenen Selbst. Und hier verschwindet das Leid als Leid, der Mensch kommt wieder in den früheren Zustand zurück und wird wieder das, was er gewesen.

Wie wenn ein solch unvollkommener Mensch sich auch hier verstohlen helfen wollte und spräche: «Wenn der Mensch ‹zufällig›[71] wieder in den früheren Zustand zurückkehrt und nach außen hin einige Sünden begeht, was kann ihm das schon schaden, wo doch die Wesenheit des Menschen sich gleich bleibt auch bei allem Zurückfallen auf den eigenen Willen.» Da antwortete ich, daß er sich selbst nicht versteht und nicht weiß, was er sagt. Und alle wohlgelehrten Meister wissen das, falls sie verstehen, was «Zufall» bedeutet. Denn das versteht man unter «Zufall», was zu der Wesenheit hinzukommt oder von ihr wegfällt ohne Zerstörung der Wesenheit, so wie es sich mit der Farbe an einem Brett verhält. So liegen die Dinge hier aber nicht; denn Leib und Seele, das jene Leute infolge ihrer Unwissenheit als etwas zum Wesen des Menschen Hinzukommendes be-

70 Auch hier wieder eine Anspielung auf die entsprechenden Lehren irrgläubiger Begharden und der Brüder und Schwestern des freien Geistes.

71 Dieses Wort hat eine ganz andere Bedeutung als die uns heute geläufige. «Zufällig» bedeutet in der scholastischen Philosophie das, was zur *Wesenheit* hinzu«fällt», also hinzukommt. Sein *Weg*fall berührt die Wesenheit nicht. Es sind in der obigen Stelle nur die «unteren Kräfte», die die Sünde begehen; ein solcher «Sündenfall» berührt die Wesenheit des Menschen nicht. Diese Begriffsbestimmung stammt (nach Denifle) von dem Neuplatoniker Porphyrius († nach 304 n. Chr.), von dem aus sie in die scholastische Philosophie gelangte.

zeichnen, sind zwei wesentliche Stücke, die das Wesen des Menschen ausmachen und ihm nicht in hinzukommender Weise angehören. Darum besitzt jeder Mensch, wie gut er es auch immer verstehe, seinen Willen Gott zu überlassen und wieder an sich zu nehmen, die Fähigkeit in sich, Tugend zu üben und Sünde zu begehen; denn die «Vernichtung des Geistes», sein Eingehen in die einfache Gottheit, und aller Adel und alle Vollkommenheit ist nicht zu verstehen als Verwandlung seines geschaffenen Wesens derart, daß dasselbe, was es ist, Gott (geworden) sei, der Mensch es aber infolge der Unzulänglichkeit seiner Erkenntniskraft nicht fassen könne, ohne daß er Gott werde und in seiner eigenen Wesenheit vernichtet, sondern es liegt an der Entrückung und der vollkommenen Vergessenheit seiner selbst in der Beschauung. Und so versinkt der Geist in der Entrückung in rechter Ordnung, und erst hier ist es recht mit ihm bestellt, denn Gott ist ihm alles geworden und alle Dinge irgendwie Gott; denn alle Dinge werden ihm in der Weise zunichte, wie sie in Gott sind, und doch bleibt ein jeglich Ding das, was es ist nach seiner natürlichen Wesenheit. Diesen wahren Unterschied aber kann oder will verständnislose Blindheit oder ungeübte Erkenntnis in ihrer verwirrten Urteilskraft nicht zugeben.

Von dieser Unterscheidung her magst du nun dir weiter die folgenden vernünftigen Sprüche und Lehren einprägen, die den Menschen von sinnenhafter Betrachtungsweise zu höchster Seligkeit führen.

49 *Vernünftige Einführung des äußeren Menschen in die Innerlichkeit*

Habe eine zurückgezogene Lebensweise und tritt nicht hervor, weder mit Wort noch mit Tat.

Genüge der Wahrheit in Schlichtheit und in dem, was auch immer dazukommt, versuche nicht, dir selbst zu helfen; denn wer sich zuviel hilft, dem hilft die Wahrheit nicht.

Wenn du unter Menschen bist, laß alles abgleiten, was du siehst oder hörst, und sei mit deinen Gedanken nur bei dem, was sich dir im Inneren gezeigt hat.

Bemühe dich, deiner Vernunft in deinen Werken den ersten Platz einzuräumen, denn von dem zu schnellen Vordringen der Sinne kommt alles Übel.

Man soll Freude nicht nach dem Maßstab der Sinne, sondern nach dem der Wahrheit suchen.

Gott will uns nicht der Freude berauben, er will in uns Verlangen nach seiner Fülle erwecken.

In der tiefsten Unterwerfung ist die höchste Erhebung enthalten.

Wer der tiefsten Innerlichkeit angehören will, muß sich aller zerstreuenden Vielheit (der Geschöpfe) entschlagen. Er muß auf all das verzichten, was das Eine *nicht* ist.

Wo die Natur aus ihrer eigenen Wesensart heraus wirkt, stellen sich Mühsahl, Leiden und Verdunkelung der Vernunft ein. Wenn ich mich als das Eine, das ich sein soll, und als das All, das ich sein soll, finde, welche Lust kann dann noch größer sein? Ein Mensch soll in der Freiheit von Erinnerungsbildern und der Loslösung von allem Geschöpflichen verharren: Darin liegt das größte Glück.

Worin besteht die Übung eines ganz gelassenen Menschen? In der Entäußerung seines Selbst.

Wo man ein Bild oder eine Person liebt, liebt Unwesenhaftes[72] das Unwesenhafte; und das ist unrecht. Doch ich wollte mich in Geduld darein schicken, bis ich von solch «Zufälligem» befreit bin. Im Innern des Menschen gibt es irgend etwas Einfaches[73]; da liebt der Mensch nicht die Gegenwärtigkeit des Bildes, sondern das ist dort, wo der Mensch und er selbst und alle Dinge eins sind, und das ist Gott.

72 Vgl. Kap. 48, Anm. 71. «Unwesenhaftes» = «Zufälliges» im dort angegebenen Sinne.

73 Seuse versteht unter dem «Einfachen» offenbar dasselbe, was Tauler so oft mit «Seelengrund», M. Eckhart mit «der Seele Innigstes, der Seele Geist, das Höchste der Seele, das Seelenfünklein» bezeichnet und was sich auch in Kap. 53 der «Lebensbeschreibung» Seuses als «Seelengrund» findet. Diese auf Dionysius und die Neuplatoniker zurückgehende Prägung findet sich als Gemeingut mittelalterlicher Philosophie und Mystik auch bei Thomas von Aquin, der dafür das griechische Wort «Synderesis» wählt. Es ist dasselbe, was Seuse weiter unten (S. 188) als «Seelenburg» bezeichnet, d. h. als das «innerste, gottähnliche, ewige Wesen» der Seele; dieses vereinigt sich mit dem innersten Wesen der Gottheit (*A. Nicklas*, S. 42).

Wenn jemand verzichtete auf begehrliches Hervortreten der Sinne, wäre das eine Verleugnung des eigenen Selbst; andernfalls ist solches Hervortreten eine Ausflucht der Sinne.

Sei gelassen in Freud und Leid; denn ein gelassener Mensch kommt in einem Jahr weiter als ein ungehemmter in dreien.

Willst du allen Geschöpfen nützen, so kehre dich von allen ab. Ein Mensch kann die Dinge nicht verstehen; verhält er sich abwartend, so verstehen die Dinge *ihn*.

Strebe danach, kein Ausbrechen zuzulassen, das deinem Vorbild nicht entspricht.

Der Mensch soll auf das Gelüst achten, das sich ihm zu allen Dingen hin darbietet; darin steckt eine Stütze, die sich gegen die einfache Wahrheit wendet.

Willst du dich nicht in Geduld schicken in Einfachheit, so wirst du dich in Mannigfaltigkeit in Geduld fügen müssen.

Lebe, als ob kein Geschöpf mehr auf Erden sei als du. Sprich (zu den Geschöpfen): «Was du mir bist, kann ich dir nicht sein. Natur liebt Natur und hat dabei nur sich selbst im Sinn.»

Etlicher Menschen Natur ist nicht genug gebrochen, und der äußere Mensch zu äußerlich geblieben.

Das Vermögen, sich über die Dinge zu erheben, gibt mehr Kraft, als die Dinge zu besitzen.

Eine Unordnung zieht die andere nach sich.

Sieh zu, daß die Natur frei von Anhänglichkeit ist und der äußere Mensch mit dem inneren übereinstimmt.

Nimm des inneren Menschen wahr, daran liegt das äußere und das innere Leben.

Zur höchsten Gelassenheit gehört, daß man allezeit die Natur in der Gewalt habe.

Ein Mensch soll sich allzeit vor Augen halten, daß die Natur sich nicht verlaufe.

Du klagst, du seiest noch zu sehr im äußeren Wirken befangen, zu ungelassen und zu ungeduldig; verzweifle nicht; je weiter voran, desto besser.

Vergängliche Liebe ist eine Wurzel aller Untugend und Verdunkelung aller Wahrheit.

Untergang der Sinne ist Anfang der Wahrheit.

Wenn die Kräfte vom Irdischen gelöst und die Elemente geläutert werden, weisen die Kräfte irgendwie in die Richtung ihres ewigen Sinnes, nur dorthin sind sie mit ihrem Vermögen gerichtet. Alle Kräfte haben einen Sinn und ein Werk: das ist, der ewigen Wahrheit genugzutun.

Nichts ist erfreulich, außer was mit dem innersten Grunde der göttlichen Natur übereinstimmt.

Man findet manche Menschen, die haben einen inneren Antrieb gehabt und sind dem nicht gefolgt. Ihr Innerstes und ihr Äußeres sind fern voneinander, und hierin liegt bei vielen Menschen der Mangel.

Die Natur verfügt jetzt über viele Fähigkeiten: Je mehr sie sich nach außen wendet, um so ferner, je mehr nach innen, um so näher ist sie (ihrem Ziele).

Wer in den vollen Besitz (seiner inneren Kräfte) gekommen ist, führt alle sinnenhaften Dinge um so besser aus.

Wer die Natur, während sie in Lauterkeit dasteht, in den Bereich der Wahrheit hineinzieht, sieht sie gerüstet, den äußeren Dingen desto besser den Weg zu weisen; andernfalls verliert sie sich in der Zeit und kann keinem Ding die rechte Richtung geben.

Lauterkeit, geistige Fassungskraft und Tugend verleihen im natürlichen Bereiche Reichtum; doch bei deren Unterdrückung geschieht zuweilen, daß solche Menschen zunichte werden vor allen Geschöpfen; gerät dies gut, so gelangen diese tiefer in die Innerlichkeit.

Was treibt den Menschen dazu an, auf Schlimmes zu sinnen? Das Verlangen nach Befriedigung. Die aber findet man allein im Verzicht, nicht in bösen Taten.

Daß manche Menschen so oft in schuldhafte Trübsal fallen, kommt davon, daß sie ihres eigenen Selbst nicht stets aus der Nähe achthaben, um sich in jedem Pünktlein vor sträflichem Verhalten zu hüten.

Besiegt werden bedeutet für Gottesfreunde Gewinn.

Bleib bei dir selbst; Antrieb zu anderen Dingen stellt sich als Notdurft dar; das ist aber nur ein Vorwand.

Böse ist, viele Dinge zu beginnen und keines zu beenden; man soll beharren, bis man weiß, ob Gott oder die Natur die Triebfeder ist.

Strebe, daß die Natur ihre Werke aus ihrem eigenen Grunde wirke ohne (äußeren) Antrieb.

Ein wirklich gelassener Mensch soll sich um vier Dinge bemühen: 1. um eine sittsame Lebensführung, daß die Dinge, ohne ihn selbst mitzuziehen, aus ihm herausfließen. 2. Er soll bescheidenen und ruhigen Geistes und nicht «umtriebig»[74] sein – denn das zieht die Bilder in sein Inneres –, woraus sich für den inneren Sinn ein ruheloses Umherschweifen ergibt. 3. Er soll an nichts sein Herz hängen und darauf achten, daß sich Unzusammengehöriges nicht an ihm zusammenfinde. 4. Nicht zänkisch, sondern freundlich soll er sich denen gegenüber verhalten, durch die ihn Gott dem Irdischen entziehen will.

Bleib fest in dir selbst, bis du ohne dein eigenes Zutun dir selbst entzogen werdest.

Beachte, ob die Vertraulichkeit guter Menschen aus Wohlwollen komme oder aus Schlichtheit: Das erste kommt zu oft vor. Biete dich niemandem zuviel an; wo zuviel Anerbieten ist, findet sich oft am allerwenigsten Gefallen; dir ziemt eine zurückhaltende, bescheidene Lebensweise. Wann auch immer jemand gegen seine Art handelt, ist ihm das nie angemessen.

Selig der Mensch, der nicht zu sehr seinen Eigenwillen in Wort oder Tat kundtut; je mehr solchen Handelns und Redens, um so mehr haftet Unwesentliches[75] sich ihm an.

Halte dich innerlich und erzeige dich dem (göttlichen) Nichts gleich: andernfalls wirst du zu leiden haben.

Etliche Menschen wirken aus Empfehlung in Wohl und Wehe; aber auf sich selbst sollte man dabei keine Rücksicht nehmen.

In der Verleugnung des eigenen Willens werden alle Dinge vollendet: Als Christus gesprochen hatte: «In deine Hände ...», folgte sogleich: «Es ist vollbracht.»

Gott und Teufel sind im Menschen; wer sich selbst führen will oder auf den eigenen Willen verzichtet, findet den Unterschied. Wer allzeit Ruhe haben wollte, der würde sich davon ebenso gefangennehmen lassen wie von allen anderen Dingen.

74 Die Sachlage gut bezeichnender süddeutscher Ausdruck.

75 = «Zufälliges» in dem in Kap. 48, Anm. 71, erklärten Sinne.

Wem Innerlichkeit auch im Äußeren zuteil wird, dem wird Innerliches im stärkeren Maße zuteil als dem, welchem Innerlichkeit nur im Innerlichen gegeben wird.

Es ist gut, daß sich der Mensch in keiner Sache (selbst) führe, und der ist auf dem rechten Weg, dem die bildhaften Dinge zuteil werden in einer seiner oberen Stufe entsprechenden Weise.

Es gibt viel mehr vernünftige Menschen als schlicht-einfache. Jene heißen «vernünftig», welche die Vernunft leitet. Der Schlichtheit entfällt, dank ihres ruhevollen Wesens, die Mannigfaltigkeit der Dinge, nach ihrer Seinsheit betrachtet, und dieser Mensch sieht (die Dinge) nicht so an (wie der vernünftige Mensch); denn Schlichtheit ist irgendwie sein Wesen, und er selbst ein Werkzeug und Kind (Gottes) geworden.

Wer will, daß ihm alle Dinge (zuteil) werden, der soll sich selbst und allen Dingen zunichte werden.

Ach, selig der Mensch, der gegenüber der Vielfalt der Dinge fest bleibt! Welch eine geheime Versenkung (in Gott) erlebt der!

Gute Meinung (von sich selbst) verhindert oft wahre Einung (mit Gott).

Das Auge soll nicht nach außen blicken, es treibe denn (zugleich) die Bilder mit aus.

Den Teil, der von Adam stammt, soll man ebenso bereitwillig ertragen wie den, der uns zur Seligkeit führt.

In einem gelassenen Menschen hinterläßt kein (äußeres) Unglück einen bleibenden Eindruck.

Daß der Mensch noch klagt und betrübt ist, kommt nur von den Sünden: Man muß es austreiben.

Alle, die in unrechter Freiheit leben, richten sich nach sich selbst als ihrem Leitbild.

Von einer gerechten Beschäftigung sich befreien wollen, ist die gefährlichste Freiheit, die man gewinnen kann.

Ein gelassener Mensch muß dem Geschöpflichen entbildet, in Christus gebildet, in der Gottheit überbildet werden.

Wer sich selber in Christus hineinnimmt, läßt allen Dingen ihre Ordnung.

Gut steht es mit einem Menschen, wenn er ein Mensch in Christus und sich selbst zunichte geworden ist.

Will ein Mensch in Wahrheit einkehren, so erleuchtet die Entrükkung seines Selbst sein Inneres, und er merkt, daß noch Geschöpfliches in ihm sei, dessen er sich bereits entledigt hatte. Das trägt er mit Geduld und merkt, daß er vom Irdischen noch nicht gelöst ist. Sich so selbst ertragen heißt ganz einfach werden. Die Entrückung erzeugt Müdigkeit, die in der Trennung vom Irdischen abfällt.

Was ist eines wahrhaft gelassenen Menschen Ziel in allen Dingen? Ein Entwerden seiner selbst und mit ihm die Loslösung von allen Dingen.

Was ist das geringste Hindernis? Ein Gedanke. Welches das größte? Daß die Seele unter der Herrschaft ihres eigenen Willens bleibt.

Einem gelassenen Menschen soll kein Stündlein ohne Aufmerken (auf sich selbst) vergehen.

Ein gelassener Mensch soll nicht allzeit danach ausschauen, wessen er bedürfe, sondern wessen er entbehren könne.

Will sich ein gelassener Mensch der Wahrheit anpassen, so soll er sich 1. um Einziehung der Sinne bemühen, denn Gott ist ein Geist;[76] 2. beachten, ob er sich selbst ein Hindernis bereitet habe; 3. ob er sich selbst nicht durch Vorgreifen des eigenen Selbst habe leiten lassen; 4. und er wird dann in diesem Lichte die Gegenwart des ganzen göttlichen Seins in sich wahrnehmen und daß er nur dessen Werkzeug ist.

Soviel der Mensch sich von selbst und allen geschaffenen Dingen abkehrt, so viel steht er in der Einheit und in der Seligkeit.

Willst du ein gelassener Mensch sein, so trachte danach, wie Gott dir auch begegnet durch sich selbst oder seine Geschöpfe in Lieb und Leid, stets gleicher Weise auf deinen eigenen Willen zu verzichten.

Verschließe deine Sinne vor allen gegenwärtigen Formen.

Entledige dich all dessen, was die ausschauende Einsicht auswählt, den Willen verstrickt und der Erinnerung Freude bereitet.

Verharre auf nichts, das nicht Gott ist.

Bist du gegenwärtig, wenn jemand Sünde oder Ungehöriges tut, so halte dich heraus und billige es auch nicht.

76 Joh 4,24.

Wer alle Zeit in sich selbst verharrt, der gewinnt ein gar großes Vermögen.

Eines gelassenen Menschen Freude im Natürlichen soll ein eingeschränkter Gebrauch des Notwendigen sein in Werken, die nicht zur Sünde führen, (sondern) ihm ein unbehindertes Abkehren von den Dingen ermöglichen.

Wieviel mehr oder weniger ein Mensch vom Irdischen gelöst ist, umso viel mehr oder weniger wird er betrübt von den vergänglichen Dingen. So nun geschah einem halb gelassenen Menschen. Da diesem seine Empfindungen zu sehr behagten, vernahm er eine Stimme: «Du solltest auf mich viel Fleiß verwenden und auf dich sehr wenig, daß, wenn du weißt, daß ich glücklich bin, es dich wenig kümmert, wie es dir geht.»

Wenn sich ein gelassener Mensch mit nach innen gekehrten Sinnen in seine Seelenburg zurückzieht, erfährt er innerlich umso Schlimmeres, je weniger er von innen Stütze findet; je geschwinder er (sich selbst) stirbt, umso schneller kommt er hindurch.

Weites Umherschweifen der Sinne beraubt den Menschen seiner Innerlichkeit. Sieh zu, daß du dich keiner Sache annimmst, die dich zerstreut; suchen dich die Dinge, so laß dich nicht finden. Kehre schnell in dich selbst zurück.

Natürliches Leben ist durch Beweglichkeit und Übung der Sinne gekennzeichnet; wer auf den eigenen Willen verzichtet und zunichte wird, beginnt in der Stille übernatürliches Leben.

Manche Menschen steigen ohne Hindernisse auf zur Höhe; aber ihres Bleibens ist dort nicht lange.

Verzichte gänzlich auf deinen Willen; denn wenn des unmäßigen Begehrens zuviel ist, könnte hieraus ein verborgenes Hindernis werden.

Ein gelassener Mensch sollte alle seine Seelenkräfte so zähmen, daß, blickte er in sich, sich ihm dort die (göttliche) Alleinheit zeigte.[77]

Ein gelassener Mensch beschäftigt sich so wenig mit sich selbst,

77 M. Eckhart sagt ähnlich: «Die Seligen schauen in Gott ein Bild, und in dem Bild erkennen sie alle Dinge.» *F. Pfeiffer*, S. 14,5, nach *A. Nicklas*, a. a. O., S. 31. Ancelet-Hustache erläutert diesen Satz (S. 243, Anm. 3) folgendermaßen: «Wenn

als ob er von sich selbst nichts wüßte, denn in dem Umstand, daß Gott (in ihm) ist, sind in ihm alle Dinge herrlich ausgerichtet.

Kümmere dich auch um deinen äußeren Menschen, damit der mit dem inneren übereinstimme unter Einziehung alles sinnlichen Begehrens.

Eine Sinnesänderung unter Verzicht auf den eigenen Willen ist Gott oft lieber als eine selbstgefällige Stetigkeit (auch im Guten).[78]

Ziehe deine Seele in Sammlung von den äußeren Sinnen ab, wenn sie sich über die Mannigfaltigkeit der äußeren Dinge hin zerstreut haben.

Kehre in dich zurück, wende dich wieder und wieder in deine innere Einmütigkeit und erfreue dich an Gott.

Bleibe fest und sei niemals zufrieden, bis du in dieser Zeitlichkeit das gegenwärtige Jetzt der Ewigkeit erlangst, soweit das menschlicher Schwachheit möglich ist.

50 *Von den hohen Fragen, welche die im geistlichen Leben vorangeschrittene Tochter ihrem geistlichen Vater stellte*

Nach der geistigen Einführung des äußeren Menschen in die Innerlichkeit kamen der Tochter des Dieners in ihrem Geiste hohe Gedanken; sie meinte, ob sie noch wagen dürfe, ihm über diese hohen Gedanken Fragen zu stellen. Er antwortete: «Ja, da du der Ordnung gemäß durch die eigentlichen Hindernisse hindurchgegangen bist, ist es deiner geistigen Vernunft wohl erlaubt, nach hohen Dingen zu fragen. Frag, wonach du willst!» Des Dieners geistliche Tochter erwiderte: «Sagt mir, was ist Gott? Wo ist Gott? Wie ist Gott? Ich meine, wie er einfach und doch dreifaltig sei.»

Er antwortete: «Das sind, weiß Gott, hohe Fragen. Zur ersten Frage, was Gott ist, sollst du wissen, daß alle Lehrmeister, die je leb-

der Mensch seine(n) Seele(ngrund) (von allem Gottwidrigen) entleert hat, wenn er sich der Bilder seines Selbst entledigt hat, erblickt er dort nur (noch) Gott.»

78 A. Nicklas verweist auf des Surius Übersetzung; sibi placens perseverantia; es kommt auf die Betonung der eigenen Wertschätzung an, die hier dem Verzicht auf den eigenen Willen als geringwertig gegenübergestellt wird vor Gott, selbst da, wo Gutes erstrebt oder getan wird.

ten, sie nicht beantworten konnten, denn Gott steht jenseits aller Sinne und aller Vernunfterkenntnis. Und dennoch gewinnt ein eifriger Mensch durch unentwegtes Suchen ein wenig Kunde von Gott, freilich in sehr entfernter Weise. Darin liegt des Menschen höchste Seligkeit. Auf solche Weise suchten ihn früher einige tugendhafte heidnische Lehrmeister, vor allem der verständige Aristoteles: Der grübelte über den Lauf der Natur, (fragend), wer der sei, der ihr Herr ist. Er suchte ihn eifrig und fand ihn. Er beweist aus dem wohlgeordneten Naturlauf, daß notwendigerweise ein einziger Herrscher und Herr aller Geschöpfe sein muß, und den heißen wir Gott.

Von diesem Gott und Herrn wissen wir mit Gewißheit so viel, daß er ein selbständiges Wesen ist, ewig, ohne Zuvor und Nachher, einfach, unwandelbar, ein körperloser, wesenhafter Geist. Sein Wesen ist Leben und Wirken, seine in sich selbst seiende Erkenntnis erkennt alle Dinge in sich selbst durch sich selbst. Sein Wesen ist unergründliche Lust und Freude an sich selbst. Er ist im Hinblick auf sich selbst und alle die, die dasselbe in beschauender Weise genießen, eine übernatürliche, unaussprechliche lustvolle Seligkeit.»

Die Tochter blickte auf und sprach: «Ja, das ist gut anzuhören, denn es rührt das Herz, erhebt den Geist hinauf, hoch über sich selbst. Davon, lieber Vater, sagt mir noch mehr.»

Er fuhr fort: «Schau, das göttliche Wesen, von dem ich sprach, ist ein so geartetes geistiges, für sich bestehendes Sein, daß das sterbliche Auge es an sich nicht schauen kann; es erblickt es aber in seinem Werk, so wie man einen guten Meister an seiner Arbeit wahrnehmen kann; denn Paulus sagt: ‹Die Geschöpfe sind wie ein Spiegel, in dem Gott widerstrahlt.› Und dies erkennen, nennt man ‹spekulieren›.[79]

Nun laß uns hierbei ein wenig verweilen und versuchen, den hohen, würdigen Meister aus seinem Werke zu erkennen. Schau über

79 Das heißt: Gott wie aus einem Spiegelbild durch seine Werke erkennen. Das lateinische Wort «*speculum*» = Spiegel, im Sinne von Abbild, liegt dem mittellateinischen Worte «speculari», im Sinne von «die Ursache aus der Wirkung erkennen» zugrunde. Die der obigen Übertragung zugrunde liegende Begriffsbestimmung geht auf *Th. von Aquin,* Summa Theol. 2,2 q.180 a.3 ad 2, und auf In Psalmis 32,3 zurück und ist bei zahlreichen mittelalterlichen Schriftstellern belegt.

dich und um dich in die vier Weltrichtungen, wie weit und hoch der schöne Himmel in seinem schnellen Lauf ist und wie herrlich ihn sein Meister mit den sieben Planeten[80] geziert hat. Von ihnen ist jeder, der Mond allein ausgenommen,[81] größer als die Erde. Wie herrlich geschmückt ist der Himmel mit der gewaltigen Menge heller Gestirne! Ach, wenn die schöne Sonne hell am wolkenlosen Himmel aufgeht in der Sommerzeit, wie gleichmäßig gibt sie dem Erdreich Früchte und alles Gute! Wie schön grünt die Wiese, wie sprießen Laub und Gras, wie lachen die schönen Blumen, wie hallen Wald, Heide und Auen von dem Gesange der Nachtigall und der kleinen Vöglein süßem Gesange wider! Wie kommen alle Tierlein, die sich vor dem bösen Winter verkrochen hatten, hervor, freuen sich und paaren sich! Und wie fröhlich zeigen sich in wonnevoller Freude junge und alte Menschen! Ach, lieber Gott, bist du (schon) in deinen Geschöpfen so liebenswert, wie mußt du dann in dir selbst erst so schön und liebenswert sein!

Schau dir weiter, bitte, die vier Elemente an, Erde, Wasser, Luft und Feuer, und all das Wunderbare, das in ihren Bereichen ist an vielerlei unterschiedlichen Menschen, an Tieren, Vögeln, Fischen und seltsamen Meertieren; alles, was darinnen ist, ruft insgeheim aus: Lob und Ehre der unergründlichen, wunderbaren Unermeßlichkeit, die in dir ist! Herr, wer erhält dies alles, wer ernährt dies alles? Du sorgst für all das, für ein jegliches nach seiner Art, groß und klein, reich und arm. Du, Gott, tust das, du bist wahrlich Gott!

Jetzt, meine Tochter, hast du deinen Gott gefunden, den dein Herz lange gesucht hat. Nun blicke aufwärts mit leuchtenden Augen, freundlichem Antlitz, mit aufwallendem Herzen, schau ihn an und umfaß ihn mit den ins Unendliche reichenden Armen deiner Seele und deines Gemütes und sag ihm, dem edlen Fürsten aller Geschöpfe, Dank und Lob! Sieh, von diesem Betrachten quillt in einem empfänglichen Menschen bald ein herzlicher Jubel; denn ‹Jubel› heißt eine Freude, die die Zunge nicht aussprechen kann und die doch Herz und Seele kraftvoll durchströmt.

80 Nach Vorstellung des Mittelalters sind das: Sonne, Mond, Mars, Merkur, Jupiter, Venus, Saturn.

81 Auch Merkur und Venus sind kleiner als die Erde.

Ach, sieh, jetzt merke ich an mir selbst – es sei mir lieb oder leid –, daß sich der verschlossene Mund meiner Seele dir gegenüber geöffnet hat und ich dir weiter, Gott zu Lobe, nicht weiß ich was, meines verborgenen Geheimnisses, wovon ich nie je zu einem Menschen gesprochen habe, entdecken muß. Schau, ich kannte einen Predigerbruder[82], der nach seinem Anfang wohl an die zehn Jahre solch einströmender Gnade teilhaft ward, zweimal gewöhnlich des Tages, morgens und abends, und das währte zweimal so lange wie unser tägliches Gebet für die Verstorbenen.[83] Er versank für diese Zeit so gänzlich in Gott, die Ewige Weisheit, daß er davon nichts aussagen konnte. Währenddessen richtete er stammelnde Worte an Gott, seufzte dann tief, brach in ein sehnliches Weinen aus oder lächelte in wortlosem Schweigen. Ihm war oft, er schwebe in der Luft und schwämme zwischen Zeit und Ewigkeit in der tiefen Woge von Gottes unergründlichen Wundern. Davon ward ihm das Herz so voll, daß er indessen seine Hand auf das stürmisch klopfende Herz legte und sprach: ‹Ach, mein Herz, wie wird es dir heute ergehen!›

Eines Tages war ihm, wie wenn das Herz des (himmlischen) Vaters in geistlicher Weise irgendwie – er konnte es nicht in Worte fassen – ohne eine Scheidewand sich zärtlich an sein Herz neige und dies ebenso gegenüber dem väterlichen voll Begier sich aufgetan habe. Ihn dünkte, das väterliche Herz, die Ewige Weisheit, rede voll der Liebe und ohne (jegliches) Bild zu seinem Herzen. Er hub an und sprach voll des geistlichen Jubels: ‹Nun denn, du Liebe voll der Freude, so öffne ich dir mein Herz und in der schlichten Unverhülltheit alles Geschaffenen umfasse ich deine Gottheit ohne Bild und Form. Ach, du jegliche Liebe übertreffendes Lieb! Auch die größte Liebe eines in der Zeitlichkeit Liebenden zu seinem Lieb liegt in deren getrennter Unterscheidung. Du aber, alles Liebens unergründliche Fülle, du verfließest in das Herz des Liebenden, gießest dich aus in der Seele Wesen, du unverhülltes All im All, derart,

82 Seuse spricht von sich selbst.

83 Das bis in die Mitte des 16. Jahrhunderts im Orden täglich gebetete Totenoffizium, aus einer «Nachtstunde» (Nocturn) mit drei Psalmen und drei Lesungen und den Laudes (Lobgebet am Morgen) bestehend (nach *H. S. Denifle,* Die deutschen Schriften des sel. Heinrich Seuse..., München 1880).

daß auch kein einziger Teil des Geliebten draußen bleibt und nicht liebevoll mit dem Lieb vereinigt würde.›»

Des Dieners geistliche Tochter sprach: «Ach Gott, wie groß ist diese Gnade, durch die der Mensch in gottseligem Freudenausbruch so in Gott entrückt wird. Nun wüßte ich gern, ob dies das Höchste ist oder nicht?» Er antwortete: «Nein, es ist nur ein lokkendes Vorspiel, um in eine wesenhafte Vereinigung mit Gott zu kommen.» Sie fragte: «Was nennt ihr ‹wesenhaft› und was ‹nicht wesenhaft›?» Er erwiderte: «Ich heiße den einen wesenhaften Menschen, der durch gute beharrliche Übung sich die Tugenden erkämpft hat, so daß sie ihm in ihrer höchsten Vollkommenheit erfreulich und in ihm beharrlich weilend geworden sind, so wie der Schein der Sonne nicht von ihr weicht. Unwesenhaft heiße ich den, dem das Licht der Tugend in entlehnter, unsteter, unvollkommener Weise leuchtet, so wie es das Licht des Mondes tut. Die einmal gekostete gnadenreiche Lust läßt eines unwesentlichen Menschen Geist danach verlangen, solche Lust allzeit zu besitzen; und wie ihm die gewährte Gnade zur Freude gereicht, so läßt ihn die Entziehung derselben in unangemessene Traurigkeit versinken; es ist ihm zuwider, sich anderen Dingen zu widmen, wie ich dir zeigen will.

Es geschah einmal, daß der Diener sich im Kapitelhaus befand: Sein Herz war voll des gottseligen, freudigen Jubels. Da kam der Pförtner, ihn an die Pforte zu einer Frau zu holen, die beichten wollte. Er entzog sich ungern der Lust seines Inneren, fuhr den Pförtner grob an und hieß ihn die Frau zu einem anderen Beichtiger senden: *er* wolle sie jetzt nicht anhören. Die Frau aber hatte ein von Sünde beschwertes Herz, antwortete, sie besitze ein besonderes Vertrauen zu ihm, daß er sie tröste, und wollte bei niemand anderem beichten. Und da er nicht kommen wollte, begann sie betrübten Herzens zu weinen, ging voll des Jammers weg, setzte sich in eine Ecke und weinte sich da aus. Unterdessen entzog ihm Gott die Gnade (seliger) Freude, und sein Herz ward so gefühllos wie ein Kieselstein. Und da er gern gewußt hätte, was das bedeute, sprach Gottes Stimme in ihm: ‹Schau, ebenso wie du die arme Frau mit einem beschwerten Herzen ungetröstet von dir wiesest, habe ich meinen göttlichen Trost von dir genommen.› Er seufzte aus seinem Innern, schlug sich an die Brust und lief rasch zur Pforte. Da er die

Frau dort nicht fand, ward er sehr traurig. Der Pförtner suchte überall nach der Frau: Als er sie weinend in der Ecke sitzend fand und sie wieder zur Pforte kam, empfing der Diener sie gar freundlich und tröstete die Reuevolle gütig. Dann ging er ins Kapitelhaus zurück, und geschwind in einem Augenblick kam der barmherzige Herr wieder mit seinem göttlichen Trost in ihn wie zuvor.»

Des Dieners Tochter sprach: «*Der* Mensch, dem Gott solch jubelnde Freude gäbe, könnte Leiden wohl erdulden.» Er antwortete: «Ach, es mußte danach alles wohl mit großem Leid verdient werden. Aber schließlich, ich weiß nicht wann, als alles vorüber war und es Gott an der Zeit deuchte, kam derselbe gnadenvolle Jubel wieder und ward ihm dauernd zuteil, ob es nun zu Hause oder unterwegs war, bei Leuten oder allein, ob im Bad oder bei Tisch: aber das geschah innerlich, ohne daß jemand etwas davon wahrnahm.»

51 Erklärung, wo Gott ist und wie er ist[84]

Die Tochter fuhr fort: «Herr, ich habe nun wohl gehört, *daß* Gott ist. Gern aber wüßte ich, *wo* er ist.» Er erwiderte: «Das sollst du (nun) hören.

Die Lehrmeister sagen, Gott habe kein Wo: er sei in allem und jedem.[85] Hör zu mit deiner Seele Innerem und achte sorgfältig auf meine Worte. Dieselben Meister sagen auch in der Wissenschaft der Logik, man komme zuweilen zur Kenntnis eines Dinges auf dem Weg über seinen Namen. So sagt ein Lehrmeister, daß die Bezeichnung ‹Sein› der erste Name Gottes sei. Auf das Sein in seiner lauteren Einfachheit richte deine Augen und sieh ab von dem Sein, das nur durch Teilhabe besteht. Nimm ‹Sein› allein an sich selbst, unvermischt mit Nicht-Sein. Denn wie Nicht-Sein alles Sein leugnet, so

84 Seuse folgte in diesem Kapitel weitgehend der mystischen Schrift des hl. Bonaventura (1221–1274) «Itinerarium mentis in Deum» (1251).

85 Entsprechend der Fassung bei Thomas v. Aquin übersetzt: «Gott ist in allem und jedem Wesen.» Vgl. *Th. v. Aquin,* Summe der Theologie, zusammengefaßt, eingeleitet und erläutert von Joseph Bernhart, Bd. 1, 8: Untersuchung, Leipzig 1933, oder M. Eckhart: «sic deus totus in qualibet creatura in una sicut in omnibus» (nach *A. Nicklas,* Die Terminologie des Mystikers H. Seuse, Diss. Königsberg 1914, S. 31 f.).

Sein an sich selbst: Es leugnet alles Nicht-Sein. Ein Ding, das noch werden soll oder gewesen ist, ist jetzt nicht in seinshafter Gegenwart. Nun kann man gemischtes Sein oder Nicht-Sein nur erkennen im Hinblick auf das allgemeine Sein. Das ist nicht ein getrenntes Sein dieses oder jenes Geschöpfes; denn getrenntes Sein ist gänzlich vermischt mit etwas Anderheit, mit einer Möglichkeit, etwas zu empfangen. Darum muß das namenlose göttliche Wesen in sich selbst ein allgemeines Wesen sein, das jedes getrennte Sein mit seiner Gegenwart stützt. Es ist eine wunderliche Blindheit menschlicher Vernunft, daß sie das nicht prüfen kann, ohne das sie weder erkennen noch sehen kann. Es geht ihr wie dem Auge; wenn es ihm darum zu tun ist, die Mannigfaltigkeit der Farben zu sehen, so nimmt es das Licht nicht wahr, mit dessen Hilfe es doch das andere alles sieht; sieht es aber das Licht, so nimmt es seiner nicht wahr. So geht es auch mit dem Auge unseres Gemüts: Sieht dies dieses oder jenes Sein, so schätzt es *das* Sein gering, das da über allem ein lauteres einfachen Sein ist; *das,* durch dessen Kraft es die anderen Dinge aufnimmt, das nimmt es nicht wahr. Darum sagt ein weiser Meister, daß sich das Auge unserer Erkenntnis seiner Schwäche wegen zu dem Sein verhalte, das an sich am erkennbarsten ist, wie die Augen der Fledermaus zum hellen Sonnenlicht; denn das getrennte Sein zerstreut und blendet das Gemüt, daß es die göttliche Finsternis nicht zu sehen vermag, die an sich die allerhellste Klarheit ist.

Nun richte deinen inneren Blick, falls du kannst, auf das Sein, in seiner einfachen Lauterkeit genommen; da siehst du schnell, daß es von niemandem abstammt, kein Vorher und Nachher hat und weder von innen noch von außen wandelbar ist, sondern ein einfaches Sein: Dann merkst du, daß es das allerwirklichste, das allerwürdigste, das allervollkommenste ist, in dem weder Mangel noch Anderheit ist, sondern daß es ein einziges Eins ist in einfacher Unverhülltheit. Und diese Wahrheit ist erhellter Vernunft so bekannt, daß sie sich keine andere ausdenken kann, denn eines beweist und zieht das andere nach sich. Darum, weil es einfachen Seins ist, muß es unbedingt das erste sei, von niemandem herkommen und ewig sein; und weil es das erste ist und ewig und einfach, muß es das gegenwärtigste sein. Es steht in allerhöchster Vollkommenheit und Einfachheit, von der nichts abgenommen noch hinzugetan werden kann.

Kannst du das verstehen, was ich dir von der lauteren Gottheit gesagt habe, so wirst du irgendwie sehr weit hineingeführt in das unbegreifliche Licht der göttlichen, verborgenen Wahrheit. Dieses einfache, lautere Wesen ist die erste Ursache aller verursachten Wesen, und dank seiner ständigen Gegenwart umschließt es alle zeitliche Gewordenheit als Anfang und Ende aller Dinge. Darum sagt ein Lehrmeister: ‹Gott ist ein Kreis, dessen Mittelpunkt überall und dessen Kreislinie nirgends ist.›»[86]

Die Tochter sprach: «Gott sei gelobt! Nun bin ich belehrt, soweit das möglich ist, daß Gott ist und wo er ist. Nun wüßte ich gern, wie er dreifaltig sein kann, da er doch ganz einfach ist.»

Er hub an und sprach: «Ein jegliches Wesen ist umso mannigfaltiger in seinem wirkenden Vermögen, je einfacher es an sich selbst ist; was nichts besitzt, vermag nichts zu geben, was viel besitzt, viel. Nun ist bereits gesprochen worden von dem einströmenden und überströmenden Gute, das Gott in sich selbst ist, dessen unergründliche übernatürliche Güte sich selbst drängt, es nicht allein zu behalten, sondern es auch freiwillig in und außer sich zu verteilen. Nun muß das notwendigerweise sein, daß das oberste Gut die höchste und vollkommenste Ausgießung seines Selbst habe; und das kann nur sein in einer Gegenwärtigkeit und daß sie innerlich, wesentlich, persönlich, natürlich, notwendig ohne Zwang, endlos und vollkommen sei. Alle anderen Ausgießungen, die in der Zeit oder dem Geschöpf geschehen, kommen als Abglanz der ewigen Ausgießung der unergründlichen göttlichen Güte. Und die Lehrmeister sagen, im Ausfluß der Geschöpfe aus dem ersten Ursprung sei ein kreisförmiges Zurückbeugen des Endes auf den Beginn hin; denn wie das Ausströmen der (göttlichen) Personen ein Vorbild des Ursprungs der Geschöpfe (aus Gott) sei, so auch ein Vorspiel des Wiedereinfließens der Geschöpfe in Gott.

Nun merke den Unterschied zwischen dem Ausströmen der Geschöpfe und dem Gottes. Da die Geschöpfe gesonderte Wesen sind, ist auch ihr Gehen und ihr Ausströmen teilhabend und ge-

86 Dies damals geläufige Bild, das sich auch bei Bonaventura (Itinerarium 5,8), bei Thomas von Aquin (De veritate 2 a ad 11), bei M. Eckhart u. a. findet, geht auf den Scholastiker Alanus ab Insulis zurück (12. Jahrhundert).

messen. Der menschliche Vater gibt dem Sohn in der Geburt einen Teil seines Seins; aber er gibt nicht ganz, was er ist, denn er selbst ist ja (auch) ein geteiltes Gut. Da nun bekannt ist, daß die göttliche Ausströmung um so vieles inniger und edler ist gemäß der Größe des Gutes, das Gott selbst ist, und er in unergründlicher Weise jegliches andere Gut übertrifft, so muß notwendigerweise auch die Ausgießung dem Sein gleich sein, und das kann es nur unter Ausströmung seines eigenen Wesens gemäß seiner persönlichen Eigenheit.

Wenn du nun mit reinem Auge hinblicken und des obersten Gutes lauterste Güte schauen kannst, die ihrem Wesen nach ein gegenwärtiger, wirkender Beginn, sich selbst mit natürlicher und willentlicher Liebe zu lieben, ist, so siehst du die überschwengliche, übernatürliche Ausgießung des Wortes aus dem Vater, mit dessen Zeugung und Aussprechen alle Dinge dahingesprochen und gegeben werden; und du siehst auch, daß in dem obersten Gut und der höchsten Ausströmung die göttliche Dreifaltigkeit notwendigerweise entspringen muß: Vater, Sohn und Heiliger Geist. Und da die höchste Ausgießung aus der obersten, wesentlichen Güte entspringt, so muß in der ausströmenden Dreifaltigkeit die alleroberste und höchste Mitwesenheit, die höchste Gleichheit und Selbstheit des Wesens sein, das die Personen in innebleibendem Ausströmen besitzen nach ungeteiltem Selbstand, ungeteilter Allmacht der drei Personen in der Gottheit.»

Die Tochter sprach: «Wahrlich, ich schwebe in der Gottheit wie ein Adler in der Luft.»

Der Diener fuhr fort: «Wie der göttlichen Personen Dreifaltigkeit in eines Wesens Einheit besteht, das kann niemand in Worte fassen. Doch soviel man darüber etwas aussagen kann, lehrt St. Augustinus[87], daß der Vater Ursprung aller Gottheit des Sohnes und des Geistes sei, ihrer Person und ihrem Sein nach. Dionysius[88] schreibt, daß in dem Vater ein Ausfluß oder Quell der Gottheit

87 Und zwar in seinem Werk «De Trinitate», Kap. 20.

88 Ein unter dem Namen Dionysius Areopagita in die Geschichte der Philosophie und Theologie eingegangener mystischer Schriftsteller (Wende des 5. und 6. nachchristlichen Jahrhunderts, vielleicht ein syrischer Mönch), dessen Einfluß auf Denken und Glauben des Abendlandes gewaltig war, zumal man ihn bis ins hohe

sei[89], und dieser Quell ergieße sich von Natur in dem hervorsprießenden Wort, dem Sohne (des göttlichen Vaters) der Natur nach. Er ergieße sich auch gemäß liebevoller Freigebigkeit des Willens: Das ist der Heilige Geist.

Diesen verborgenen Sinn erschließt und lehrt uns das klare Licht, der liebe hl. Thomas, der so spricht: ‹Bei der Ausgießung des Wortes aus des Vaters Herzen und seiner Vernunft, muß Gott mit seiner lichtvollen Erkenntnis auf sich selber blicken in einer Zurückbeugung auf sein göttliches Sein; denn wäre in der Vernunft des Vaters das göttliche Wesen nicht der Gegenstand, so könnte das empfangene Wort nicht Gott sein, sondern wäre Geschöpf.›[90] Das wäre falsch; aber in der angegebenen Weise ist es göttliches Sein aus göttlichem Sein. Und der Rückblick des göttlichen Seins in der Vernunft des Vaters muß geschehen in Nachbildung natürlicher Gleichheit, sonst wäre das Wort nicht Sohn. Hier hat man Einheit des Seins mit Unterscheidung der Personen. Und um diesen selben Unterschied gut zu kennzeichnen, schrieb Johannes, einem hochfliegenden Adler gleich: ‹Das Wort war im Anfang bei Gott.›

Die Ausgießung des Geistes ist so zu verstehen, daß das Insichselbstsein der göttlichen Vernunft eine Erkenntnis ist, und die muß nach der Form, die in der Vernunft empfangen ist, Neigung besitzen, auf ihr Ziel hinzustreben. Diese Neigung ist der Wille, dessen Verlangen auf das höchste Gute geht. Merk auch, daß der Gegenstand des Geliebten in dem Liebenden nicht nach der Gleichheit der natürlichen Form statthat wie der Gegenstand der Vernunft im

Mittelalter für das in der Apg 17,33–34 genannte Mitglied des athenischen Staatsgerichtshofes, des Areopags, und den Schüler des hl. Paulus hielt.

89 Diesen (neuplatonischen) Gedanken findet man ausgesprochen u. a. in des Dionysius Schrift: «Von den Namen Gottes», II,7. Vgl. *Dionysius Areopagita,* Von den Namen zum Unnennbaren. Auswahl und Einleitung von Endre von Ivanka, Einsiedeln, o. J., («Sigillum», Heft 7).

90 Hier wird in freier Anlehnung an Thomas v. Aquin, den «Fürsten der Scholastik», dem in der Lehre zu folgen den Mitgliedern des Dominikanerordens immer wieder eingeschärft wurde, nach dessen Werk: «Summa contra gentiles», IV,11, die Entstehung des Sohnes aus dem Erkenntnisprozeß abgeleitet. Gott bildet durch die Selbstbespiegelung seines Wesens (mhd. widerbogunge) sich selber als Vernunft ab; im Objekt seines Wissens erkennt er das Wort oder den Sohn (nach *Nicklas,* a. a. O., S. 41).

Licht der Erkenntnis. Und da dieses Wort aus dem Blick des Vaters nach der natürlichen Form mit persönlichem Unterschied fließt,[91] heißt seine Ausgießung aus dem Vater eine Geburt; da aber die Art des Hervorganges des Willens und der Liebe, wodurch die dritte Person als Erguß der Liebe ausgeströmt wurde, nicht eine solche ist, kann die dritte Person weder ‹Sohn› heißen noch ‹geboren› genannt werden. Diese nämlich geht sowohl aus dem Liebesstrom des Vaters als auch aus dem aus des Vaters innerstem Grunde gestalteten Bild des Sohnes hervor. Und da die Liebe vernünftig oder geistig als Neigung in dem Willen ist oder als ein inneres Liebesband zu dem, was sie liebt, darum gehört der dritten Person *der* Ursprung zu, der der Liebesweise des Willens nahesteht, so daß sie ‹Geist› heißt. Hier wird der Mensch von dem göttlichen Licht in geheimnisvoller Weise überbildet, die niemand wahrnehmen kann als der, welcher sie empfunden hat.»

Des Dieners Tochter sprach: «Ach Herr, welch überschwengliche christliche Lehre! Man findet indes manche vernünftige Menschen, die leugnen dies alles, was hier von Gott gesagt ist, und meinen, wer zum höchsten Gipfel aufsteigen wolle, dem sei Gott ein schadenbringendes Hindernis: er müsse entgottet und entgeistet werden, alle Gesichte abweisen und sich nur an die hereinleuchtende Wahrheit halten, die er selber ist.»

Der Bruder antwortete: «Diese Lehre ist nach allgemeiner Übereinstimmung falsch; darum halte dich frei davon und vernimm, was christliche Überlieferung hiervon hält. Nach allgemeiner Redeweise versteht man unter ‹Gott› einen Herrn aller Welt, der nichts Böses ungestraft hingehen, nichts Gutes unbelohnt läßt. Wer nun sündigt, dem ist Gott ein furchtbarer Gott, wie der gute Job sprach: ‹Ich habe Gott allezeit ebenso sehr gefürchtet, wie die Schiffsleute die hohen Wellen fürchten.› Wer Gott im Hinblick auf großen Lohn dient, besitzt in ihm einen großen Gott, der ihn reichlich belohnen kann. Aber ein in Übung der Frömmigkeit wohlerfahrener, verständiger Mensch, der sich durch mannigfache Selbstentäußerung von den Sünden, die Gott haßt, befreit hat und Gott mit heißem Verlangen und voll Liebe dient, faßt Gott in seinem Herzen nicht in der

91 M. Eckhart, Hrsg. F. Pfeiffer, Göttingen 1924, S. 175,34ff.

vorerwähnten Weise auf:[92] von *diesem* Gott hat er sich befreit: Er faßt ihn auf als ein herzliches, liebenswertes Lieb, von dem die knechtische Furcht abgefallen ist, wie Paulus sagt. So bleibt dem gotterfüllten Menschen Gott wahrlich Gott und Herr und ist doch frei für ihn im Sinne solch grober Auffassung, denn solch ein Mensch begreift ihn auf höhere Weise.

Nun vernimm etwas von der Art, wie der Mensch ‹entgeistet› werden soll. Beginnt ein anfangender Mensch zu begreifen, daß er ein Geschöpf von Leib und Seele, der Leib sterblich, die Seele aber ein unsterblicher Geist ist, so trennt er sich von dem Leib und all seinen sinnlichen Begierden, hält sich zum Geist und unterwirft ihm seinen Leib. All sein Tun ist innerlich in Betrachtung gerichtet auf den jenseits allen Seins befindlichen Geist. (Sein Streben geht dahin), wie er *den* finde, ihn erfasse und seinen Geist mit ihm vereine. Und solche Menschen heißen geistliche, heilige Menschen. Wer nun hierin recht vorankommt, da er sich hierin lange geübt und ihm der überschwengliche Geist allezeit vorschwebt und doch nicht von ihm erfaßt werden kann, dessen geschöpflicher Geist beginnt seine Schwäche einzusehen; in einem Entsinken seines Selbst überläßt er sich der ewigen göttlichen Kraft ganz und gar; von seinem Selbst kehrt er sich, dieses sein eigenes Sein gering schätzend, zur Ungemessenheit des obersten Seins; und hineingenommen (in das oberste Sein) vergißt der Geist, ich weiß nicht wie, seiner selbst und verliert sich, wie Paulus sagt: ‹Nicht mehr ich lebe›, und wie der Heiland spricht: ‹Selig die Armen im Geiste.›[93] So verbleibt der Geist (beim Menschen) nach seiner Seinsheit; er entsinkt ihm jedoch als ihm eigentümlicher Besitz.[94]

Auch den Unterschied zwischen lauterer Wahrheit und zweifelhaften Visionen auf dem Gebiet der Erkenntnis will ich dir sagen. Ein unmittelbares Schauen der lauteren Gottheit ist ohne allen Zweifel rechte, lautere Wahrheit; und je vernünftiger und bildloser und ähnlicher solch unmittelbarer Schauung ein Gesicht ist, umso

92 Das heißt nicht als «furchtbaren» Gott.

93 Gal 2,20; Mt 5,3.

94 In der höchsten Vereinigung mit Gott verliert der menschliche Geist das Bewußtsein seiner selbst: Er versinkt gänzlich in Gott. Der Mensch, der dies erlebt, ist «entgeistet».

edler ist es. Einige Propheten hatten bildreiche Gesichte wie Jeremia und andere. Solche werden noch oft Gottes vertrauten Freunden zuteil, sei es wachend oder schlafend, in stiller Ruhe und losgelöst von den äußeren Sinnen. Und ein Lehrmeister sagt, Erscheinungen von Engeln zeigten sich manchen Menschen im Schlaf häufiger als im wachen Zustand, darum weil der Mensch im Schlaf von der äußeren, vielfältigen Wirklichkeit weniger beunruhigt ist als während des Wachseins.

Wenn aber eine Erscheinung, die dem Menschen im Schlaf zuteil wird, eine die Wahrheit verkündigende genannt werden darf oder soll – wie im Alten Bund dem Pharao von sieben feisten Rindern träumte und von sieben mageren und dergleichen Träume viel, von denen die Heilige Schrift berichtet –, wie kann man hier die Wahrheit (vom Trug) unterscheiden? Träume trügen gewöhnlich und sagen doch ohne Zweifel zuweilen die Wahrheit aus. Da sollst du wissen, daß St. Augustinus von seiner heiligen Mutter berichtete, sie habe ihm mitgeteilt, ihr sei die Gabe von Gott zuteil geworden, daß, wenn ihr im ganzen oder halben Schlaf etwas von Gott gezeigt wurde, sie von innen die Unterscheidung mitbekommen habe, wohl zu erkennen, ob es sich um einen gewöhnlichen Traum handle, der keine Aufmerksamkeit verdiene, oder um eine bildhafte Erscheinung, an die man sich zu kehren habe.[95] Und wem Gott diese Gabe schenkt, der kann sich hierin umso besser helfen. Es kann es niemand dem anderen mit Worten sagen; (nur) *der* versteht es, der es empfunden hat.»

52 *Vom höchsten Flug einer im geistlichen Leben erfahrenen vernünftigen Seele*

Die kluge Tochter des Dieners sprach: «Ich wüßte nichts so gern aus den Schriften (der Lehrmeister) als die übermächtige Bedeutung davon, wo und wie eines in geistlicher Übung wohlerfahrenen Menschen Erkenntnis im tiefsten (göttlichen) Abgrund als seinem höchsten Ziel enden solle, derart, daß lebendige Empfindung mit der

95 *Augustinus,* Bekenntnisse VI,13.

Ansicht der Schriften übereinstimme.» Da entnahm er aus dem Schrifttum eine verständige Antwort, und die lautete ihrem verborgenen Sinne nach so:

Ein solch edler Mensch nimmt in schlichter Geruhsamkeit das sinnreiche Wort auf, das Gottes ewiger Sohn in der Frohbotschaft sprach: «Wo ich bin, soll auch mein Diener sein.» Wer nun dies ‹Wo›, das der Sohn seiner Menschheit nach am Kreuz sterbend auf sich nahm, wer das harte ‹Wo› in Christi Nachfolge nicht gescheut hat, dem kann nach des Heilands Verheißung wohl zuteil werden, das gnadenvolle ‹Wo› zu erfahren der lauteren Gottessohnschaft, in erkenntnisreicher, freudevoller Weise in Zeit und Ewigkeit, so weit möglich, mehr oder weniger.

Ja, wo ist nun das ‹Wo› der lauteren, göttlichen Sohnschaft?[96] Das ist in dem überwesentlichen Licht göttlicher Einheit und ist, seinem namenlosen Namen nach, ein Nichts, von der Entrückung aus gesehen, eine wesenhafte Stille, von dem entrückt gewesenen, seiner wieder bewußt gewordenen Geiste aus betrachtet, die dreieinige Natur; seiner Eigenheit nach ist es ein Licht seiner Selbstheit, der ungeschaffenen Ursächlichkeit nach ein allen Dingen das Sein gebendes Sein. Und in der dunklen Weiselosigkeit vergeht alle zerstreuende Vielheit, und dem Geist entschwindet sein eigenes Sein; er versinkt im Hinblick auf eigene Wirksamkeit. Und dies ist das höchst Ziel und ‹Wo› ohne Ende; in ihm endet aller Geister Geistigkeit: Sich darin für immer verloren zu haben ist ewige Seligkeit.

Und damit du dies besser verstehst, mußt du wissen, daß in dem überwesentlichen Licht der göttlichen Einheit der darin verharrende Ursprung der Ausgießung der göttlichen Personen aus der allvermögenden ewigen Gottheit ist; denn die Dreiheit der Personen liegt in der Einheit der Natur und die Dreiheit ihr Wirkvermögen in der Einheit, wie St. Augustinus in seinem Buch über die Dreifaltigkeit[97] sagt. Die Dreiheit der Personen hat in sich die Einheit als ihr natürliches Wesen beschlossen; darum ist jede Person Gott und gemäß der Einfachheit ihrer Natur Gottheit. Nun spricht

96 Das Folgende ist im Anschluß an M. Eckharts Traktat: «Diz ist diu glôse über den überschal» (*Pfeiffer,* Meister Eckhart, Göttingen 1924, S. 516–520) entstanden.

97 Buch I und VII.

sich die Einheit in der Dreiheit in unterschiedlicher Weise aus, aber die Dreiheit leuchtet, sobald der Geist aus der Beschauung in die Betrachtung zurückgekehrt ist, in unvermischter Einheit, wie sie es in Einfachheit in sich beschlossen hat. Der Vater ist der Ursprung des Sohnes, der Sohn sein Ausströmen, aus dem Vater seit aller Ewigkeit ausgeflossen seiner Person nach, in ihm bleibend seinem Wesen nach. Vater und Sohn strömen ihren Geist aus. Und die Einheit, die das Wesen des ersten Ursprungs ist, ist dasselbe Wesen aller drei Personen. Inwiefern aber die Dreiheit eins und die Dreiheit in der Einheit der Natur eins und doch die Dreiheit außerhalb der Einheit sei, das kann niemand in Worte fassen, der Einfachheit des tiefen (göttlichen) Grundes wegen.

In diesen jenseits der Vernunft liegenden Bereich erschwingt sich das geistatmende (menschliche) Wesen, und irgendwann fliegt es wegen der unendlichen Höhe, dann schwebt es wegen der unergründlichen Tiefe dank der hohen Wunder der Gottheit. Und doch hält der Geist nach Geistesart bei dem Genuß der gleich ewigen, gleich gewaltigen, innebleibenden und doch ausströmenden Personen, abgeschieden von allem Dunst und Treiben der niederen Dinge, den Blick unverrückbar auf die göttlichen Wunder gerichtet. Denn welches Wunder kann größer sein als die lautere Einheit, in die sich die Dreiheit der Personen zur Einfachheit hineinsenkt und wo jede zerstreuende Vielfalt ihres Seins verlustig gegangen ist. Und das ist so zu verstehen, daß der ausgeflossenen Personen Ausgegossenheit jederzeit wieder in desselben (göttlichen) Wesens Einheit zurückkehrt. Und alle Geschöpfe, nachdem sie (im göttlichen Bereich) innebleibend ausgeströmt sind, verbleiben ewiglich in dem Einen, nach Gott lebend, Gott wissend, nach Gottes Dasein seiend. So sagt das Evanglium: «Alles, was geworden ist, war in ihm ewiges Leben.»

Diese lautere Einheit ist eine dunkle Stille, eine ruhevolle Geruhsamkeit, die niemand verstehen kann als der, in den die Einheit mit ihrem eigenen Sein leuchtet. Aus der stillen Ruhe leuchtet rechte Freiheit ohne jegliches böse Denken und Handeln, denn solche Ruhe gebiert sich selbst aus der Entäußerung (des eigenen Selbst); da strahlt verborgene Wahrheit aus ohne alle Falschheit, und diese erzeugt sich in der Aufdeckung der verhüllten Lauterkeit. Denn hier wird der Geist des düsteren Lichts entkleidet, das ihm nach menschlicher Weise gefolgt war, nach Offenbarung der Dinge; das wird von ihm hinweggenommen, denn er findet sich in einer anderen ihm eigenen Weise wieder, anders, als er zuvor war, wie Paulus sprach: «Ich lebe, aber nicht mehr ich»; und so wird der menschliche Geist (seines menschlichen Seins) entkleidet und entleert in der Weiselosigkeit des göttlichen, einfachen Wesens. Das erleuchtet sich alle Dinge in einfacher Stille; des bleibenden Unterschiedes der Personen, nach ihrer Besonderheit genommen, wird da in einfacher weiseloser Art nicht geachtet. Wie denn die Schrift sagt: Die Person des Vaters allein genommen gibt keine Seligkeit, noch die Person des Sohnes allein, noch die des Heiligen Geistes für sich; sondern die drei Personen, einwohnend in Einheit des Wesens: *das* ist Seligkeit. Und dies ist das Wesen der Personen der Natur nach: allen Geschöpfen Sein gebend aus Gnade; und diese Dreiheit hat in einfacher und seinshafter Weise aller Dinge Bild in sich beschlossen. Da nun das überwesentliche Licht sein Wesen bewahrt, so sind die Dinge in ihm nach seiner eigenen Seinsheit und nicht mit hinzukommenden Phantasiebildern vermischt; und da es für sich alle Dinge erleuchtet, darum hat es auch die Eigenschaft des Lichts. Und so leuchten alle Dinge in dem (göttlichen) Sein in darin seiender Stille nach der Einfachheit dieses Seins.

Dieses selbst über allem Sein stehende Wo, von dem gesprochen wurde und in dem ein erprobter Diener mit dem ewigen Sohne die Wohnstätte teilen soll, kann man das seinshafte namenlose Nichts nennen. Und da gelangt der (menschliche) Geist zum Nichts der Einheit. Diese Einheit heißt darum ein Nichts, weil der Menschengeist keinen der Endlichkeit angehörigen Ausdruck finden kann, um zu sagen, was es sei. Der Geist empfindet nur, daß er erhalten wird von einem, der anders ist als er selbst. Darum ist das, was ihn da erhält, in bestimmterer Weise ein Etwas als ein Nichts; es ist aber dem Menschengeist ein Nichts nach der Art seines Seins.

Wenn der Geist in dieser verklärten, glanzvollen Dunkelheit, seiner selbst nicht bewußt, in eigentlicher Weise seinen Aufenthalt nimmt, verliert er jegliches (ihn von Gott) trennende Hindernis und jede besondere Eigenschaft, wie St. Bernhard sagt. Und das geschieht mehr oder minder, je nachdem der Geist in dem Leib oder von dem Leib aus sich selbst in Gott entschwunden ist. Und der Verlust seiner Selbstheit ist von göttlicher Art, die ihm irgendwie alles geworden ist, wie die Schrift sagt.[98]

In dieser Entsunkenheit vergeht der Geist, doch nicht ganz; er empfängt wohl die eine oder andere Eigenschaft der Gottheit, aber er wird nicht Gott von Natur. Was ihm zuteil wird, erhält er durch Gnade, denn er ist ein Etwas, geschaffen aus dem Nichts: und das bleibt er ewiglich; soviel sei gesagt, daß im Versinken in die Beschauung nach der Versenkung in Gott ihm die unsichere Verwunderung in der mystischen Versenkung entgeht; die Seele wird nämlich ihrer Selbstheit entzogen im göttlichen Sein, ihres eigenen Seins unbewußt. Denn nach allgemeiner Meinung wird der Geist durch des göttlichen überschwenglichen Wesens Kraft über sein natürliches Vermögen hinausgezogen in die Unverhülltheit des Nichts; denn es ist durchaus frei von Geschöpfen; aber in sich selbst hat es seine eigentümliche Art entsprechend seiner Seinsheit. Diese weiselose Art ist das Wesen der (göttlichen) Personen; diese haben es in einfacher Weise beschlossen nach rechter Einsicht (in ihr Sein), ihrer Natur entsprechend. Diese Erkenntnis beraubt, wie gesagt, den Geist seines Selbst; und das geschieht in dem Nicht der Einfachheit gemäß des Nichtes unergründlichem Bewußtsein, seiner eigenen Erkenntnisweise ermangelnd; denn da verliert er sich in ein Nicht-Wahrnehmen seiner selbst und in ein Vergessen aller Dinge. Und dies geschieht ihm dann, wenn der Geist an sich selbst sich von seinem Selbst und von aller Dinge Gewohnheit abgekehrt hat und hinkehrt in die unverhüllte Ungewordenheit des Nichts.

In diesem wilden Gebirge des übergöttlichen Wo findet im (göttlichen) Abgrund ein für alle lauteren Geister empfindbares Spiel statt, und da kommt der Geist in die geheimnisvolle Unnennbarkeit (Gottes) und in unheimliche Entfremdung. Und das ist allen Geschöpfen ein unergründlich tiefer Abgrund, (nur) sich selbst ergründbar; dieser Grund ist auch allen verborgen außer ihm selbst und denen, welchen er sich mitteilen will. Und diese müssen ihn voll Gelassenheit suchen und in gewisser Weise mit seiner Hilfe erkennen, wie die Schrift sagt: «Wir werden erkennen, wie wir er-

98 Gemeint ist hier die Schrift des hl. Bernhard «De diligendo Deo»: PL 182, col. 991.

kannt sind.»[99] Diese Erkenntnis hat der Geist nicht aus seinem Selbst, sondern die Einheit zieht ihn in die Dreiheit an sich, das ist an seine rechte übernatürliche Wohnstätte, wo er über sich selbst in *dem* wohnt, was ihn dahingezogen hat. Da stirbt der Geist voller Leben in den Wundern der Gottheit. Das Sterben des Geistes liegt daran, daß er in seiner Versenkung den Unterschied an seiner eigentlichen Seinsheit nicht wahrnimmt; nach der Rückkehr aus der Beschauung hält er sich an die Unterscheidung nach den drei Personen und läßt ein jeglich Ding hinsichtlich der Unterscheidung *das* sein, was es ist. Das hat der Diener nach den Merkmalen der Unterscheidung im «Büchlein der Wahrheit» dargelegt. Und merke noch einen Punkt: In der zuvor (geschilderten) Versenkung strahlt aus der Einheit ein einfaches Licht, und dieses weiselose Licht wird von den drei Personen ausgestrahlt in die Unverhülltheit des Geistes. Von dieser Einstrahlung entsinkt der Geist sich selbst und all seiner Selbstheit, er entsinkt auch der Wirksamkeit der Kräfte und wird vernichtet und des Geistes beraubt. Und das liegt an der Entrükkung, durch die er aus seiner Selbstheit in die fremde Seinsheit gegangen ist und sich darin verloren hat gemäß der Stille der verklärten, glanzvollen Finsternis in dem lauteren, einfachen Einen. Und in diesem weiselosen Wo liegt die höchste Seligkeit.

Des Dieners geistliche Tochter sprach: «Wie wunderbar! Wie soll man dahin gelangen?» Er antwortete: Darauf mag der lichtvolle Dionysius[100] die Antwort geben! Der sagt zu seinem Jünger: Begehrest du in die geheimnisvolle Verborgenheit zu kommen, steig kühnlich aufwärts – laß deine äußeren und inneren Sinne, das Eigenwerk deiner Vernunft, alles, was sichtbar ist oder nicht und was ein Sein oder ein Nichtsein ist, hinter dir – zu der einfachen Einheit; in *die* sollst du, deiner nicht bewußt, eintreten, in das Schweigen, das über allem Sein ist und über aller Lehrmeister Wissen, mit einer lauteren Entrückung des unergründlichen, einfachen lauteren Geistes, hinein in den überwesenhaften Abglanz der göttlichen Finsternis. Hier muß jede Fessel gelöst, jedes Ding verlassen sein, denn in der überschwenglichen Dreifaltigkeit der übergöttlichen Gottheit,

99 1 Kor 13,12.
100 Vgl. Kap. 51, Anm. 88.

in dem verborgenen, gänzlich unbekannten, glänzend strahlenden Giebel vernimmt man mit wortlosem, stummem Erstaunen Wunder über Wunder; man erfährt das neue, vom Irdischen abgeschiedene, unabänderliche Wunder in der überstrahlenden dunklen Finsternis, die da ein lichtreicher Schein ist, alle Offenbarung übertreffend, in dem da alles widerleuchtet und der die unsichtbare Vernunft in eine Fülle unbekannter, unsichtbarer, hellstrahlender Lichter taucht.

53 *In welchem dieses Buch mit kurzen schlichten Worten zum Abschluß gebracht wird*

Die Tochter sprach: «Ach Herr, Ihr redet aus eigenem und aus der Heiligen Schrift so genau und christlich von der Verborgenheit der unverhüllten Gottheit, von des Geistes Ausfluß und Rückfluß; wollet mir den verborgenen Sinn nach Eurer Einsicht irgendwie in bildhafter Art erklären, damit ich es umso besser verstehe! Und gern hätte ich auch, daß Ihr mir all die hohen Gedanken, die da weitläufig berührt worden sind, in kurzer anschaulicher Weise zusammenfaßtet, daß ich sie mit meinem schwachen Verstand mir umso eher einpräge.»

Er antwortete: Wie kann man Bildloses auf bildhafte Weise ausdrücken und Weiseloses aufweisen, das jenseits aller Sinne und aller menschlichen Vernunft liegt? Denn welchen Vergleich man auch auswählt, er ist noch tausendmal ungleicher als gleich. Aber doch, um Bilder durch Bilder auszutreiben, will ich dir hier mit gleichnishaften Worten bildlich zeigen, soweit es denn möglich ist, wie das von denselben unbildlichen Gedanken in Wahrheit zu verstehen ist, und die lange Rede mit kurzen Worten beschließen.

Nun höre: Ein weiser Lehrmeister sagt, Gott sei seiner Gottheit nach wie ein gar weiter Ring, dessen Mittelpunkt überall und dessen Umfang nirgends sei.[101] Nimm in deiner bildlichen Betrachtung einen Menschen, der einen schweren Stein mit Gewalt in ein stillste-

101 Siehe oben Kap. 51, Anm. 86. Vgl. das Bild, das Dante von der heiligen Dreifaltigkeit gibt: Paradies, Gesang XXXIII.

hendes Wasser würfe. Davon entstünde ein Ring in dem Wasser, und dieser durch des Menschen Kraft geschaffene Ring erzeugte einen anderen und *der* wieder; und je nach der Kraft des ersten Wurfes werden auch die Kreise weit und breit; und die Kraft des Wurfes könnte so stark sein, daß die Kreise sich über das ganze Wasser ausbreiteten. Hier sieh bildlich in dem ersten Ring die vermögende Kraft göttlicher Natur in dem Vater; sie ist unergründlich und gebiert einen ihr nach der Person gleichen Ring, das ist der Sohn, und diese beiden den dritten, das ist ihrer beider Geist, gleich ewig, gleich allmächtig. Das versinnbilden die drei Kreise: Vater, Sohn, Heiliger Geist. In diesem tiefen Abgrund spricht und gebiert die göttliche Natur in dem Vater das Wort, das die natürliche Menschheit annahm, der *Person* nach; nach der Seinsheit bleibt es (jedoch) im Vater.

Wer sich davon ein Bild machen will, nehme die Gestalt eines Menschen, aus dessen Herzens innerstem Grund eine gleiche Gestalt entspränge, die jene erste allezeit anschaute. Diese geistliche, überwesenhafte Geburt ist eine vollkommene Ursache aller Dinge und Geister ihrem natürlichen Wesen nach. Der oberste, überschwengliche Geist hat den Menschen geadelt, dadurch daß er von seiner ewigen Gottheit in ihn leuchten ließ; und das ist Gottes Bild in dem vernünftigen Geist,[102] das auch ewig ist. Darum fließen aus dem großen Ring, der die ewige Gottheit bedeutet, bildlich betrachtet, kleine Ringlein aus, die auch den hohen Adel (ihrer) Vernunft bezeichnen können.

Nun gibt es aber Menschen, die wenden sich in schadenbringender Weise von diesem hohen Adel ab, sie verdecken das leuchtende Bild und wenden sich den leiblichen Freuden dieser Welt zu; und wenn sie diese Freuden zu besitzen glauben, kommt der grimme Tod und macht ein Ende damit. Aber ein einsichtiger Mensch wendet sich dank des lichten Seelenfünkleins wieder hinan zu dem, was ewig ist und aus dem er ausgeflossen ist; er weist alle Geschöpfe von sich und hält sich allein zu der ewigen Wahrheit.

102 Genauer könnte man sagen: in der Verborgenheit der Seele, im Seelengrunde, also dem, was Augustinus «abditum mentis» nennt, und was bei Seuse (Kap. 49) gelegentlich durch «Seelenburg» wiedergegeben wird.

Nimm auch gleichermaßen wahr, wie der Rückfluß des (menschlichen) Geistes, in bildlicher Weise betrachtet, nach rechter Ordnung gestaltet ist. Das erste Bild stellt dar eine freie Wegkehr von den Freuden dieser Welt und von sündhaften Mängeln, um sich kräftig auf zu Gott zu wenden in eifrigem Gebet, in Loslösung (von dem Geschöpflichen) und mit tugendhaften, verständigen Übungen, um den Leib dem Geist zu unterwerfen. Das zweite Bild zeigt (einen Menschen, bereit) sich freiwillig und geduldig darzubieten, die unzähligen Widerwärtigkeiten zu leiden, die ihm von Gott oder den Geschöpfen her zufallen. Das dritte Bild zeigt, wie der Mensch das Leiden des gekreuzigten Christus in sich einprägen, seiner gütigen Lehre, seinem wohlgefälligen Wandel, seinem lauteren Leben, das er uns vorlebte, nachfolgen und so dank seiner vorankommen soll. Danach unter Verzicht auf Teilnahme am äußeren Treiben soll er seinen Geist mit kräftiger Gelassenheit zur Stille bringen, als ob der Mensch sich selbst gestorben sei; (es gilt) sich selbst in keiner Weise zu führen, nichts zu bezwecken, als allein Christi und seines himmlischen Vaters Lob und Ehre, gegenüber allen Menschen, Freunden wie Feinden, sich demütig und freundlich zu verhalten.

Danach gelangt ein geübter Mensch in eine Loslösung von den äußeren Sinnen, die zuvor gar zu tätig hervorbrechen, und der Geist kommt in ein Entsinken seiner obersten Kräfte nach ihrer unsteten Natur, in eine übernatürliche Empfindungsweise. Hier dringt der Geist unter Verlust der ihm anhaftenden Geschöpflichkeit voran in den Ring hinein, der die ewige Gottheit versinnbildet, und gelangt da zur geistlichen Vollkommenheit. Der höchste Reichtum des Geistes in seiner eigenen Form liegt darin, daß er ohne fehlerhafte Schwere sich aufschwingt mit göttlicher Kraft in glanzvolle Erkenntnis, wo er das beharrliche Einfließen himmlischen Trostes wahrnimmt. Er vermag die Dinge in ihrer Verborgenheit zu schauen, sie nach ihrer guten Unterscheidung gemäß der Vernunft zu erklären, er steht als ein der Ordnung gemäß durch den Sohn Befreiter in dem Sohne. Ihm ist aber noch wie einem, der aus dem Zustand der Beschauung zurückkehrt und die Dinge anschauend nach ihrer eigenen Natur wahrnimmt. Man mag diesen Zustand einen Übergang nennen, denn der (menschliche) Geist befindet sich jenseits von Zeit und Ort und ist in liebevoller Schau in Gott eingegangen.

Wer sich selbst nun noch weiter Raum zum Voranschreiten schaffen kann und wem Gott sehr in besonderem Maße helfen will, indem er ihm die Entrückung verleiht – wie er es mit Paulus tat und es noch jetzt geschehen kann, wie St. Bernhard sagt –, dessen geschaffener Geist wird von dem überwesenhaften Geist dahin gezogen, wohin er aus eigener Kraft nicht kommen konnte. Die Entrükkung nimmt ihm Bild, Form und alle zerstreuende Vielheit ab; er gelangt in eine Unwissenheit seines Selbst und aller Dinge und wird da mit den drei Personen schwebend in den Abgrund der darin weilenden Einheit getragen, wo er Seligkeit gemäß der höchsten Wahrheit erfährt. Darüber hinaus gibt es kein Streben noch Mühen, denn Anfang und Ende sind eins geworden, und der (menschliche) Geist ist, seines eigenen Selbst entblößt, eins mit dem göttlichen geworden. Wie aber das Versinken in die Beschauung, wo sie nach bleibender oder vorübergehender Weise einem Menschen der Gegenwart zuteil wurde, beschaffen sei, oder wie ein Mensch, der mehr oder weniger in der Zeit über die Zeit hinaus erfaßt wird, seiner selbst entrissen und in das Reich des Unbildlichen hinübergebracht wird, das ist bereits oben mit guter Unterscheidung dargestellt worden.

Meine Tochter,[103] nun merke ebenso, daß alle diese Bilder und Erklärungen der bildlosen Wahrheit ebenso fern und ungleich sind wie ein schwarzer Mohr der schönen Sonne; und das kommt von der formlosen, unerkennbaren Einfachheit ebendieser Wahrheit.

Des Bruders geistliche Tochter erhob voll Andacht die Augen und sprach: «Gelobt sei die ewige Wahrheit, daß ich von Euren weisen und frischen Worten so schön unterwiesen worden bin über den ersten Beginn eines anfangenden Menschen und der regelhaften Mittel des Meidens, des Leidens, des Übens eines zunehmenden Menschen und über die guten Unterscheidungsmerkmale für die geheimnisvolle Art der allerhöchsten, unverhüllten Wahrheit. Darum sei Gott ewiges Lob!»

[Als diese fromme Tochter des Dieners von ihrem geistlichen Vater in solch edler Weise nach ganzer christlicher Weise mit guter Unterscheidung auf alle Wege, die in hoher Seligkeit enden, geführt

103 Im Text: Frau Tochter.

und sie das alles so weit begriffen hatte, wie man das in dieser Zeitlichkeit erreichen kann, schrieb er ihr in seinem letzten Briefe unter anderem Folgendes: «Nun denn, Tochter, löse dich vom Geschöpflichen und laß ferner dein Fragen sein, schau selbst, was Gott in dir spreche! Du darfst dich wohl freuen, daß dir zuteil geworden, was manchem Menschen vorenthalten wird; wie sauer es dir auch geworden ist, das geht mit der Zeit alles dahin. Du kannst nun weiter nichts mehr tun, als göttlichen Frieden in Stille zu besitzen und freudig der Stunde deines irdischen Vergehens und Eingehens in die vollkommene ewige Seligkeit zu harren.»

Bald darauf starb die fromme Tochter und nahm ein seliges Ende, wie auch ihr ganzes Leben selig gewesen war. Sie erschien nach ihrem Tode ihrem geistlichen Vater in einer vom Irdischen losgelösten Erscheinung, in schneeweißem Gewand verherrlicht in strahlender Klarheit, voll himmlischer Freude. Sie trat auf ihn zu und zeigte ihm, in welch herrlicher Weise sie in die unverhüllte Gottheit eingegangen sei. Das sah und hörte er mit Lust und Freude; seine Seele war infolge dieses Gesichtes voll göttlichen Trostes. Als er wieder zu sich selber kam, seufzte er innerlich und dachte: «Ach, Gott, wie selig ist der Mensch, der allein nach dir strebt! *Der* kann wohl leiden, den du sein Leiden in solcher Weise vergessen machen willst.» – Möge Gott uns helfen, daß wir dank dieser heiligen Tochter und all seiner lieben Freunde der Freude teilhaftig werden, sein göttliches Antlitz in alle Ewigkeit zu schauen.

Amen.]

Zweites Buch

Büchlein der ewigen Weisheit

Einst stand ein Predigerbruder nach der Mette vor dem Kreuzbild des Heilandes.[1] Er klagte Gott von Herzen, daß er Christi Qual und Leiden nicht (so) betrachten könne (wie sie es verdienten) und daß ihm das gar bitter sei; denn darin hatte es ihm bis zu dieser Stunde sehr, sehr gefehlt. Und als er so klagte, ward er seinen inneren Sinnen in ungewohnter Weise entrückt, und in einem raschen und hellen Leuchten ward ihm Antwort: «Wirf dich hundertmal zu Boden und verbinde jedes Hinstrecken mit einer besonderen Betrachtung meines Leidens und die Betrachtungen mit je einer Bitte; und jegliches Leiden wird dir in geistlicher Weise so eingeprägt werden, daß du dasselbe um meinetwillen leidest, soweit es dir möglich ist.» Und als er so, von (himmlischem) Lichte umgeben, dastand und die Betrachtungen zählen wollte, kam er auf nicht mehr denn neunzig. Da wandte er sich bittend an Gott: «Lieber Herr, du sprachest von hundert, und ich zähle nicht mehr denn neunzig.» Da ward er auf noch zehn weitere verwiesen, die er zuvor im Kapitelhause vorgenommen, ehe er, wie es seine Gewohnheit war, nach des Herrn Vorbilde dessen jammervollen Weg zum Tode nachgegangen und unter ebendieses Kreuzbild (vor dem er jetzt stand) gekommen war. Und da fand er, daß die hundert Betrachtungen den bitteren Tod des Herrn von Beginn zu Ende ganz ausdrücklich in sich einschlossen. Und als er nun begann, sich in dem, was ihm gelehrt worden, zu üben, ward seine frühere Trockenheit in liebevolle Zuneigung verwandelt.[2]

1 Seuse spricht von sich selbst.

2 Diese Betrachtungen bilden den Kern des Büchleins der ewigen Weisheit, um den hauptsächlich im Jahre 1328 Seuses Darlegungen über praktische Mystik «herumgeschrieben» wurden. Der lehrhafte Zweck des Werkes ist auch hier unverkennbar. Vor allem Ordensfrauen, die gleich dem Verfasser unter dem Eindruck ihres Ungenügens und Unvermögens stehen (s. o.), sollen auf einen gangbaren Weg gewiesen, die Gottesliebe in ihnen wieder angefacht werden.

Nun hätte er gern gewußt, ob vielleicht sonst noch jemand unter dem gleichen Mangel litte, unter Trockenheit und Bitternis bei Betrachtung des liebenswerten Leidens (des Herrn), an dem alle Seligkeit liegt, damit auch *dem* geholfen werde und er sich hierin übe und nicht ablasse, bis auch er gesunde. Und darum schrieb er die Betrachtungen nieder und tat das auf Deutsch; denn so waren sie ihm auch von Gott zuteil geworden.

Hierauf erfuhr er gar manche Bereicherung leuchtender göttlicher Wahrheit, deren Ursache jene Betrachtungen waren; und es begann in ihm ein vertrauensvolles Zwiegespräch mit der ewigen Weisheit; doch war das kein wirkliches Gespräch, und es gab keine sinnlich wahrnehmbaren Antworten; es geschah allein durch Betrachtung im Lichte der Heiligen Schrift, deren Antwort nicht trügen kann: Entweder sind also die Antworten genommen aus der ewigen Weisheit Munde, wie sie selber im Evangelium sprach, oder von der höchsten Lehrmeisterin; und die geben entweder dieselben Worte oder den gleichen Sinn, oder aber solche Wahrheiten wieder, die dem Sinn der Heiligen Schrift entsprechen, durch die der Mund der ewigen Weisheit gesprochen hat.

Die Gesichte, von denen im Folgenden berichtet wird, sind auch nicht sinnlich wahrnehmbarer Art gewesen: sie haben nur als ausgeführte Beispiele zu gelten.[3]

Die Klage der Gottesmutter ist dem Sinne nach den Worten St. Bernhards entnommen.[4]

Die Lehre gibt der Verfasser in Frage und Antwort, daß sie umso anziehender sei, damit (man nicht glaube), sie sei sein Eigentum oder er sage das aus sich selbst; damit glaubt er eine allgemein bekannte Lehre zu geben, wo er und jeder andere Mensch finden könne, was ihn betrifft.

3 In Seuses lateinischem Werk «Horologium Sapientiae» spricht sich der Verfasser zurückhaltender aus: «Die Gesichte» (heißt es da), «von denen im Folgenden berichtet wird, sind nicht *alle* wörtlich aufzufassen, ungeachtet viele dem Buchstaben nach vorgekommen sind, sondern es handelt sich um ausgeführte Gleichnisse» (Hor. 10).

4 Seuse benutzte für die Marienklage – eine im Mittelalter verbreitete Gattung religiösen Schrifttums – in Kap. 17 wie auch 19 und 20 die dem hl. Bernhard zugeschriebene Schrift «Liber de Passione Christi, de doloribus et planctibus matris eius», s. *Migne,* Patres Latini, 182, 1133ff.

Er nimmt, wie ein Lehrer tun soll, (in seinen Worten) jegliches Menschen Gestalt an, bald redet er wie ein sündiger, bald wie ein vollkommener Mensch, das eine Mal unter dem Bilde der liebenden Seele, dann, wenn es der Gegenstand erfordert, unter dem eines Dieners, mit dem die ewige Weisheit spricht.

Fast alles ist (hier) (aus dem Bereich des Glaubens) sinnbildlich ausgelegt; vielem ist die Form der Belehrung gegeben, aus dem ein eifriger Mensch zu andächtigem Gebet eine Auswahl treffen soll.

Die hier ausgesprochenen Gedanken sind leicht faßlich, ihr Ausdruck ist es noch mehr, denn sie kommen aus einer schlichten Seele und sind für einfache Menschen bestimmt, die ihre Mängel noch abzulegen haben.

Als ebendieser Bruder über die drei Gegenstände, das Leiden des Herrn, seine Nachfolge und alles andere, was da (noch) steht, zu schreiben begonnen hatte und bis zur Reue gekommen war, wo es heißt: «Wohlan denn, meine Seele...», fühlte er dabei ein Widerstreben. Als er sich des Mittags in seinen Stuhl zurückgelehnt hatte, sah er in einer Erscheinung deutlich zwei schuldig gewordene Frauen in geistlichem Gewande vor sich sitzen; er tadelte sie gar heftig, daß sie müßig dasaßen und nichts täten. So ward ihm zu verstehen gegeben, er solle ihnen eine Nadel einfädeln, die ihm in die Hand gegeben ward. Nun war der Faden aus dreien zusammengedreht: zwei waren recht kurz, der dritte ein wenig größer. Als er sie (an ihren Enden) zusammendrehen wollte, gelang es ihm nicht recht. Da sieht er zu seiner Rechten unseren lieben Herrn stehen, so, wie wenn man ihn (gerade) von der Geißelsäule losgebunden hätte. Der stand bei ihm so recht gütig und väterlich, daß er glaubte, es sei sein Vater. Er nahm wahr, daß seine Haut eine ganz natürliche Farbe hatte, nicht eigentlich weiß, sondern weizenfarbig, Weiß und Rot gut miteinander vermischt, und das ist die natürlichste Farbe. Er sah auch, daß sein ganzer Leib voller Wunden war, frische und blutige, einige rund, andere eckig, etliche lang, so wie die Geißeln sie aufgerissen hatten. Und als er so liebevoll vor ihm stand und ihn so gütig anblickte, hob der Prediger seine Hände und strich über seines Herrn blutige Wunden, hin und her; dann nahm er die drei Teile des Fadens und drehte sie geschwind zusammen. Und da ward ihm Kraft gegeben, und das verstand er so, daß er sein Werk vollenden solle und daß Gott mit rosenfarbenem Kleide, das auf köstliche Weise aus seinen Wunden gewirkt, *die* in ewiger Schönheit kleiden wolle, die ihre Zeit auf dieses Werk (betrachtend) verwendeten.

Eines aber soll man wissen: Sowenig man den selbstgehörten angenehmen Klang eines lieblichen Saitenspiels *dem* vergleichen kann, was man davon nur erzählen hört, so wenig gleichen die Worte, die, in lauterer Gnade aufgenommen, aus einem Erlebnis des Herzens durch einen lebendigen Mund fließen, *denen*, die auf totem Pergament geschrieben sind; und das besonders in deutscher Sprache[5]: denn dann erkalten sie irgendwie und verbleichen wie gebrochene Rosen; die anmutige Weise, die menschliche Herzen über alles andere hinaus rührt, die erlischt; und sie werden von der Dürre trokkener Herzen aufgenommen. Eine Saite mag so lieblich klingen, wie sie will; wer sie über ein dürres Holz spannt, dem bleibt sie stumm. Ein liebeleeres Herz kann einen voll Liebe sprechenden Menschen so wenig verstehen wie ein Deutscher einen Welschen. Und darum soll ein eifriger Mensch zu den hervorgeflossenen Quellen dieser lieblichen Lehre eilen, daß er sie nahe ihrem Ursprunge erblicke, in ihrer frischen, anmutigen Schönheit: und in diesem Einwirken gegenwärtiger Gnade könnten sie abgestorbene Herzen erquicken. Und wer jene Quellen so betrachtet, der kann dies kaum je durchlesen, ohne daß sein Herz innerlich bewegt werde, sei es zu heiß verlangender Liebe oder neuem Lichte, zu schmerzlichem Sehnen nach Gott, zu Mißbilligung seiner Sünden oder zu irgendeinem geistlichen Begehren, in welchem die Seele dann in Gnade erneuert wird.

Hier endet die Vorrede dieses kleinen Buches.

5 Hat Seuse hier vergessen, daß Gott ihm (wie er zuvor berichtet) die Betrachtungen in deutscher Sprache gegeben hat? Auch das Urteil des Kartäusers Surius, daß Seuses Handhabung seiner Muttersprache solche Anmut zeige (Sermo eius Germanicus habet gratiam adeo, ut Latino sermone eam assequi non potuerim), daß es schwer sei, sie in entsprechender Weise in Latein zu kleiden, bestätigt nicht die Unterschätzung der eigenen Handhabung von Seuses Muttersprache.

Erster Teil

1 Wie manche Menschen ohne ihr Wissen gezogen werden

«Ich liebte die Weisheit und suchte sie von meiner Jugend an, und mein Bestreben war, sie als Braut heimzuführen.»

Diese Worte stehen im Buche der Weisheit[1] und beziehen sich auf die schöne, liebevolle ewige Weisheit.

Ein Mensch unsteten Geistes war bei seiner ersten Berührung mit der Welt der äußeren Dinge auf von Gott abgewandte Wege geraten.[2] Da begegnete ihm die ewige Weisheit in unaussprechlicher geistiger Gestalt und zog ihn mit sich durch Freud und Leid, bis sie ihn auf den rechten Pfad göttlicher Wahrheit brachte. Und als er sich in seinen Gedanken in die wundersamen Wege (die er gegangen) vertiefte, sprach er zu Gott: «Lieber, teurer Herr, von meinen Kindestagen an hat mein Sinn, ich weiß nicht was, mit eifrigem Verlangen gesucht; aber was es sei, das hab' ich noch nicht ganz erfaßt. Ich bin ihm, Herr, gar manches Jahr voll Verlangen nachgejagt und konnte es noch nie wirklich erlangen, denn ich weiß nicht recht, was es ist, und doch ist es etwas, was Herz und Seele an sich zieht und ohne das ich nimmer wahre Ruhe finden kann. In den ersten Tagen meiner Kindheit wollte ich es suchen, wie ich die anderen Menschen es tun sah, nämlich in den Geschöpfen; aber je mehr ich suchte, und je näher ich ging, umso mehr entfernte ich mich von ihm; denn vor jeder Gestalt, auf die ich traf, hatte ich, ehe ich es mit ihr gänzlich versuchte oder mich ihr mit Ruhe anvertraute, eine Eingebung, die mir

1 Weish 8,1.2.

2 Der hier im Text verwandte Ausdruck «ungelicheit», dem augustinischen »dissimilitudo» entsprechend, etwa mit «Gottesferne» wiederzugeben, findet sich auch bei anderen Theologen jener Zeit; so baut z. B. Tauler seine Predigt 28 auf diesem im Deutschen nicht stets auf dieselbe Weise wiederzugebenden Wort auf. Zu Augustinus in diesem Zusammenhang vgl. «Bekenntnisse», VII, n. 16.

sagte: «Das ist nicht das, was du suchst.» Und so ging es mir mit allen Dingen, Herr, nun verzehrt sich mein Herz danach, denn es besäße es gern und hat wohl mehr als einmal empfunden, was es *nicht* ist; aber was es ist, das weiß es noch nicht. Ach, lieber Herr im Himmel, was ist es oder wie ist es beschaffen, was mich so heimlich in mir bewegt?

Die ewige Weisheit: Erkennst du es nicht? Es hat dich doch liebevoll umfangen, dir den Weg oft versperrt, bis es dich nun ganz für sich selber allein gewonnen hat.

Der Diener: Ich sah es, Herr, noch nie und hörte nichts von ihm: Ich weiß nicht, was es ist.

Die ewige Weisheit: Das ist nicht verwunderlich, denn deine Vertrautheit mit den Geschöpfen und deine Unkenntnis dessen, was du suchtest, sind davon die Ursache. Aber nun öffne die Augen deines Inneren und schau, wer ich bin. Ich bin es, die ewige Weisheit, die ich dich in Ewigkeit für mich selbst in der Umarmung meiner ewigen Vorsehung auserwählt habe. Ich habe dir den Weg jedesmal verlegt, wenn du dich von mir, dir selbst überlassen, getrennt hattest. Du fandest in allen Dingen stets etwas Widerstand: Und das ist das sicherste Zeichen für meine Auserwählten, daß ich sie für mich selber besitzen will.

Der Diener: Teure, liebenswerte Weisheit, bist du es, was ich so lange gesucht: Bist du es, nach dem mein Geist sich immer wieder abmühte? Ach Gott, warum zeigtest du dich mir nicht schon viel länger? Du hast es wahrlich lange hinausgeschoben! Was mußte ich so manchen beschwerlichen Weg gehen!

Die ewige Weisheit: Hätte ich das vormals getan, so wäre der Wert meines Besitzes von dir nicht so deutlich empfunden worden, wie es jetzt geschieht.

Der Diener: Ach, unergründlich Gut, wie hast du dich mir jetzt so liebevoll erzeigt! Als ich (noch) nicht war, gabst du mir das Dasein; als ich mich von dir getrennt hatte, wolltest du mich nicht lassen; als ich dir entrinnen wollte, nahmst du mich so liebreich gefangen; ach, ewige Weisheit, könnte doch mein Herz in tausend Stücke brechen, in seiner Freude dich umfangen, ich in steter Liebe und vollkommenem Lob all meine Tage mit dir verbringen, das wäre mein Verlangen! Ja, wahrlich selig ist der Mensch, den du so sorgsam voll Liebe behütest, daß du ihn nirgends recht zur Ruhe kommen läßt, bis er seine Ruhe allein in dir sucht.

Ach, auserwählte liebevolle Weisheit, da ich nun in dir den gefunden habe, den meine Seele liebt, so verschmähe nicht dein armes Geschöpf; betrachte, wie mein Herz so ganz still geworden ist gegenüber der ganzen Welt in Lieb und Leid. Herr, wird mein Herz dir gegenüber immer stumm sein? Laß, o lieber Herr, meine hilflose Seele ein Wort zu dir sprechen, denn mein volles Herz kann es nicht mehr allein tragen; hat es doch in der weiten Welt niemanden, dem gegenüber es sich erleichtern kann, als dich, treuer, auserwählter, lieber Herr und Bruder! Herr, du siehst und kennst allein die Natur eines liebevollen Herzens und weißt, daß niemand das lieben kann, was er in keiner Weise zu erkennen vermag. Da ich dich nun allein lieben soll, so gib dich mir noch besser zu erkennen, daß ich dich ganz lieben könne.

Die ewige Weisheit: Nach der Ordnung der Natur strömt der höchste Ausfluß aller Wesen aus ihrem ersten Ursprung über die herrlichsten Wesen zu den niedersten herab; den Rückfluß zum Ursprung hin nimmt man von den untersten zu den höchsten. Willst du mich darum schauen in meiner ungeschaffenen Gottheit, so sollst du mich hier kennenlernen und lieben in meiner Menschheit, die gelitten hat: Dieser Weg führt am schnellsten zur ewigen Seligkeit.

Der Diener: Herr, so erinnere ich dich denn heute an die unergründliche Liebe, dank deren du dich herniederwandtest von dem hohen Thron, dem königlichen Stuhl des väterlichen Herzens in Verbannung und Verachtung für dreiunddreißig Jahre, und an deine Liebe, die du zu mir und allen Menschen hattest und am allermeisten in dem allerbittersten Leiden deines schmerzlichen Todes. Sei an (all) dies erinnert, daß du dich meiner Seele geistig zeigest in der liebenswertesten Gestalt, die deine unermeßliche Liebe je annahm.

Die ewige Weisheit: Je erschöpfter, je todesähnlicher ich mich aus Liebe zeige, um so liebenswerter bin ich einem recht empfindenden Gemüte. Meine unergründliche Liebe erzeigt sich in der großen Bitterkeit meines Leidens wie die Sonne an ihrem Glanze, die schöne Rose an ihrem Dufte, starkes Feuer an glühender Hitze. Darum höre andächtig zu (wenn ich dir erzähle), wie liebevoll ich um deinetwillen gelitten habe.

2 *Wie es vor der Kreuzigung zuging*

Als ich mich nach dem letzten Abendmahl auf dem Ölberge dem Leiden des furchtbaren Todes ergab, als ich empfand, daß er mir unmittelbar bevorstand, da ward ich in der Angst meines liebevollen Herzens und der Drangsal meiner menschlichen Art von blutigem Schweiß überströmt. Ich wurde feindselig gefangen, hart gebunden, hilflos weggeführt; in der Nacht mit Schlägen, Anspeien, Zubinden meiner Augen schmählich mißhandelt, in der Frühe vor Kaiphas verleumdet und zu Tode verurteilt. Unsägliches Leid war im Antlitz meiner reinen Mutter zu lesen, von dem ersten Blick, mit dem sie mich in Drangsal sah, bis zu dem Augenblick, als ich ans Kreuz geschlagen ward. Voller Schande wurde ich vor Pilatus gestellt, treulos verklagt, zum Tode verurteilt. Mit furchtbaren Augen schauten sie auf mich, gewaltig wie Riesen, und ich stand vor ihnen milde gesinnt wie ein Lamm. Vor Herodes verspottete man mich, die ewige Weisheit, in weißem Gewande, wie man mit Toren tut, mein Leib in seiner Schönheit ward unter Schmerzen von zuchtlosen Geißelschlägen zerrissen und zerschlagen, mein liebevolles Haupt von Dornen zerfleischt, mein freundliches Antlitz war von Blut und Speichel überronnen. Und so ward ich verurteilt hilflos, und schimpflich mit meinem Kreuze hinausgeführt in den Tod; furchtbar drang ihr feindseliges Schreien in die Luft: «Ans Kreuz mit dem Bösewicht. Ans Kreuz mit ihm!»

Der Diener: Ach Herr, der Anfang ist gar so bitter, wie wird das Ende sein? Sähe ich ein wildes Tier so vor meinen Augen behandelt, ich könnte es kaum ertragen; wie sollte mir da gerechtermaßen dein Leiden nicht durch Herz und Seele gehen!

Doch, Herr, ich wundere mich gar sehr: Lieber Herr, ich suche deine ganze Gottheit, du aber bietest mir deine Menschheit dar; ich suche deine Lieblichkeit, und du betonst deine Bitternis; ich wollte (wie ein Kind) voll Behagen trinken, du lehrest mich kämpfen. Ach Herr, was ist deine Absicht dabei?

Die ewige Weisheit: Es kann niemand zu göttlicher Erhabenheit gelangen noch zu ungewöhnlichem Troste,[3] wenn er nicht durch

3 Das im Mhd. vieldeutige Wort «süeze» dürfte hier (wie *Wilms*, Büchlein der

das Beispiel meiner menschlichen Bitternis gezogen wird. Je höher man, ohne durch meine Menschheit hindurchzudringen, aufsteigt, umso tiefer stürzt man. Meine Menschheit ist der Weg, den man gehen, mein Leiden das Tor, das man durchschreiten muß, willst du zu dem kommen, was du suchst. Darum tu ab deines Herzens Zartheit und tritt zu mir in den Ring ritterlicher Standhaftigkeit; dem Knechte nämlich ziemt Weichheit nicht, wenn der Herr in streitbarer Kühnheit steht. Ich will dir meine Rüstung anlegen, denn all mein Leiden muß auch von dir nach Kräften erlitten werden.

Faß zuvor einen festen Entschluß, denn dein Mut wird dich oft verlassen, ehe du deine Natur überwindest; von manchem schmerzvollen Leiden, durch das ich dich für mich bereiten will, wirst du aus Angst blutigen Schweiß vergießen; denn den duftenden Garten (deiner weichen Seele) werde ich mit roten Blüten des Leidens durchsetzen. Indem du alte Gewohnheiten überwindest, wirst du gleichsam gefangen und gebunden werden;[4] meine Widersacher werden dich oft heimlich entehren und öffentlich beschämen; die Leute werden manch falsches Urteil über dich fällen. Meine Qual sollst du eifrig in deinem Herzen tragen, so liebevoll, wie eine Mutter (das Kind) trägt. Gar mancher wird als nichtswürdiger Beurteiler deines gottesfürchtigen Lebens aufstehen. Du wirst deine nach Gott strebende Art aus menschlicher Gesinnung her oft als Torheit verspottet finden. Durch Härte und Strenge wird dein (im geistlichen Leben) ungeübter Leib gegeißelt; voll Spott wirst du gekrönt werden durch Unterdrückung deines frommen Lebens. Darauf wirst du mit mir den jammervollen Kreuzweg hinausgeführt werden, sofern du auf deinen eigenen Willen verzichtest und dich von allen Geschöpfen gelöst hast in *den* Dingen, die dich von deinem ewigen Heile wegführen können, ebenso wie ein sterbender Mensch, der dahingeht und mit dieser Welt nichts mehr zu schaffen hat.

Der Diener: O Herr, das ist ein mühseliger Weg! Mein ganzes Wesen erschrickt ob dieser Worte, wie soll ich das je alles aushalten?

Ewigen Weisheit, Köln-Brück 1939, angibt) als mystischer Trost zu fassen sein.

4 Einer der häufigen Vergleiche, die Seuse, «der Ritter der göttlichen Liebe», aus dem Ritterleben seiner Zeit zur Verdeutlichung heranzieht.

Lieber Herr, eines muß ich aussprechen: Konntest du in deiner ewigen Weisheit keinen anderen Weg finden, mich zu erretten und deine Liebe an mir zu erzeigen, der dich des schweren Leidens und mich des bitteren Mitleidens überhoben hätte? Wie wunderbar sind doch deine Gerichte![5]

Die ewige Weisheit: Dem unsagbar tiefen Abgrund meines Geheimnisses, in dem ich alle Dinge ausrichte nach meiner ewigen Vorsehung, soll niemand nachforschen, denn sie ist (dem menschlichen Verstand) unzugänglich. In ihr war dies und manches andere, was doch nie geschieht, möglich.

Doch wisse, daß in dem Stande der von Gott ausgegangenen Wesen keine angemessene Weise sein konnte. Der Herr der Natur sieht nicht auf das, was er darin vermag, sondern auf das, was jedem Geschöpf am meisten ziemt, und danach handelt er.

Wie könnte der Mensch Gottes Geheimnis besser erkennen als in seiner angenommenen Menschheit?

Wer durch unordentlich Wohlleben die Freude (an göttlichen Dingen) verloren hat, wie könnte dem (der Sinn) für die ewige Freude aufgehen?

Wie könnte das unerprobte Voranschreiten auf einem harten, verachteten Wege mehr geebnet werden als dadurch, daß Gott selbst diesen Weg beschritten?

Wärest du zu Tode verurteilt, wie könnte der, welcher für dich den Streich empfinge, dir mehr Treue und Liebe bezeigen und dich wiederum mehr antreiben, ihn zu lieben?

Wen denn meine unergründliche Liebe, meine unsagbare Barmherzigkeit, meine deutlich erscheinende Gottheit, meine liebenswerte Menschheit, brüderliche Treue, meine bräutliche Freundschaft nicht zur Liebe bewegt, was sollte dann solch steinernes Herz erweichen?

Frag ein jegliches Geschöpf in seiner schönen Ordnung, ob ich in irgendeiner herrlicheren Weise meine Gerechtigkeit erhärten konnte, meine unergründliche Barmherzigkeit erzeigen, die menschliche Natur adeln, meine Güte ausströmen lassen, Himmel und Erde versöhnen konnte als mit meinem bitteren Tode?

5 Röm 11,33.

Der Diener: Wahrlich Herr, ich beginne deutlich wahrzunehmen, daß es so ist, und wen Unverständlichkeit nicht geblendet hat und wer sich recht da hineinvertieft, der muß dir beistimmen und die schöne liebenswerte Weise vor allen Weisen rühmen. Aber einen trägen Menschen schmerzt die Nachfolge.

Die ewige Weisheit: Erschrick nicht über meine Nachfolge im Leiden; wem Gott so tief im Innern wohnt, daß ihm Leiden leicht wird, hat nicht zu klagen.

Mich besitzt niemand so innerlich im Hinblick auf ungewöhnliche Liebenswürdigkeit als die, welche bei mir stehen in härtester Bitternis.

Niemand klagt so sehr über die bittere Schale wie der, dem der süße Kern unbekannt ist.

Besitzt jemand einen guten Gehilfen, so hat er den Sieg bereits halb gewonnen.

Der Diener: Herr, deine tröstlichen Worte haben mich so beherzt werden lassen, daß mich dünkt, ich könne in dir alle Dinge tun oder erleiden.[6] Darum, so bitte ich dich, eröffne mir deines Leidens Fülle gänzlich und sage mir noch mehr davon.

3 *Wie es um den Heiland am Kreuze seinem äußeren Menschen nach stand*

Die ewige Weisheit: Als ich an dem hohen Kreuze aus unsagbarer Liebe um deinet- und anderer Menschen willen hing, ward meine ganze Gestalt in gar jammervoller Weise verändert. Meine klaren Augen erloschen und verdrehten sich, meine Ohren vernahmen Spott und Schimpf, üblen Geruch empfand ich, mein freundlicher Mund verzog sich unter bitterem Trank, mein zartes Empfinden litt unter harten Schlägen. Selbst ein wenig Platz fand ich auf der ganzen Erde nicht für mein göttliches Haupt zu kurzer Ruh, denn es war vor Schmerz und Leid geneigt. Zuchtlose Hände hatten meinen zarten Hals gefaßt, mein reines Antlitz war ganz mit Speichel besudelt, meine helle Farbe verblichen. Sieh, schließlich erstarb ich so

6 Phil 4,13.

ganz und gar wie ein Aussätziger und als ob ich nie die schöne Weisheit gewesen wäre.

Der Diener: O du anmutiger Spiegel aller Gnaden, in dem die himmlischen Geister ihre Augen erfreuen und noch größeres Glück erhoffen, hätte ich doch dein liebes Antlitz in seiner dahinsterbenden Weise vor mir, es mit meines Herzens Tränen zu netzen, deine schönen Augen, lichten Wangen, deinen zarten Mund, so erbleicht und sterbend, zu betrachten, daß sich mein Herz mit inniglicher Klage erleichtern könnte.

Ach, lieber Herr, manchen Leuten geht dein Leiden so sehr zu Herzen; die können dich so gar sehr von Grund ihres Herzens beklagen und dich so herzlich beweinen; ach Gott, könnte und vermöchte ich doch für alle liebenden Herzen klagen, könnte ich doch aller Augen helle Tränen vergießen, aller Zungen Jammer aussprechen, so wollte ich dir heute bezeigen, wie nahe mir dein jammervolles Leiden geht.

Die ewige Weisheit: Niemand zeigt besser, wie nahe ihm mein Leiden geht, als der, welcher es mit mir trägt bei Ausführung seiner Werke. Mir ist lieber ein freies, von aller vergänglichen Liebe nicht gebundenes Herz, stets darauf bedacht, den Nächsten zu erreichen in Auswirkung des Vorbildes meines Lebens, als wenn du mich immer beklagtest und ebenso viele Tränen über meine Qual vergössest, wie es je Tropfen Wassers vom Himmel geregnet hat. Denn meine Nachfolge war eine Ursache meines bitteren Todes, wenn mir die Tränen auch gar lieb und wohlgefällig sind.[7]

Der Diener: Ach, lieber Herr, da dir die Nachfolge deines mildgesinnten Lebens und deines liebevollen Leidens in liebender Weise so gar erfreulich ist, will ich nun ferner meinen Sinn mehr auf freudiges Nachfolgen denn auf tränenreiches Klagen richten, so wie ich beides nach deinen Worten tun soll. Und darum sag mir, wie ich mich deinem Leiden angleichen soll.

Die ewige Weisheit: Beseitige deine Freude am Sehen ausgelassenen Geschehens und am Hören leichtfertiger Erzählungen; verlange nach dem und laß dir aus Liebe zu mir schmecken, was dir zu-

7 Die Nachfolge Christi durch die Tat wird hier deutlich der gefühlsmäßigen Mitleidsbezeugung vorgezogen.

vor zuwider war; überwinde um meinetwillen die Weichlichkeit deines Leibes. Alle Ruhe sollst du in mir suchen, leibliche Unbequemlichkeiten lieben, von anderen kommendes Unheil willig leiden, Verachtung begehren, deine Begierden und all deine Gelüste ertöten. Das ist der Anfang der Schule der Weisheit, wie man es in dem geöffneten, zerdehnten Buch meines gekreuzigten Leibes liest. Und schau: Wenn ein Mensch alles nach seiner Kraft täte, ob er mir dennoch in aller dieser Welt soviel sein könne, wie ich ihm bin?

4 *Wie sein Leiden so voll Treue war*

Der Diener: Herr, wenn ich deiner Würde vergäße, deines Geschenkes, des Nutzens und aller Dinge, so geht mir doch *eins* recht nahe, daß ich nämlich mich recht vertiefe nicht allein in die Art und Weise, wie du uns unser Heil gebracht, sondern auch in die unsagbare Treue (deines Opfers für uns Menschen). Herr, es gibt manch einer dem anderen etwas, daß man seine Zuneigung und seine Ergebenheit mehr an der Art sieht, *wie* er gibt, als an dem, *was* er gibt. Ein kleines Geschenk, wohlmeinend gegeben, tut oft mehr (Wirkung) als ein großes ohne die (freundliche) Art. Nun ist, Herr, deine Gabe nicht nur groß, auch die Art (wie du sie gegeben), kommt mir ganz unsagbar wohlmeinend vor. Du hast nicht allein den Tod für mich gelitten, du hast auch das Alleräußerste, das Verborgenste aller Liebe gesucht, wodurch man Leiden wahrnehmen kann oder vermag. Du hast ganz so gehandelt, als ob du sprächest: «Seht, ihr alle Herzen, ob je *ein* Herz so viel Liebe in sich trug? Seht, wären all meine Glieder mein edelstes Glied, das ich besitze, nämlich das Herz, ich wollt' es durchbohren und töten, auseinanderreißen und in kleine Stücke zermalmen lassen. An mir und in mir wollte ich nichts behalten, damit ihr meine Liebe erkenntet.» Du erlaubst mir doch, dir noch näher zu kommen?

Die ewige Weisheit: Nie begehrte ein Durstiger so begierig eines kühlen Trunkes oder ein Sterbender des heiteren Lebens, als ich begehrte, allen Sündern zu helfen und von ihnen geliebt zu werden. Eher könnte man vergangene Tage wieder zurückbringen, eher alle verdorrten Blumen wieder beleben, alle Regentropfen wieder zusammenbringen, als daß man meine Liebe zu dir und allen Menschen richtig einschätzen könnte. Darum bin ich so ganz von Liebeszeichen übersät, daß man nicht einmal mit einer Nadelspitze meinen zermarterten Leib berühren könnte, ohne auf ein besonderes Liebeszeichen zu treffen.

Schau, meine rechte Hand war durchnagelt, meine linke durchbohrt, mein rechter Arm zerdehnt, mein linker auseinandergerissen, mein rechter Fuß durchstochen, mein linker furchtbar durchschlagen. Ich hing kraftlos und in Erschöpfung meines göttlichen Leibes. All meine zarten Glieder wurden, ohne sich bewegen zu können, an den engen Raum meines Kreuzes gepreßt; mein warmes Blut quoll wild strömend hervor; davon war mein sterbender Leib ganz überronnen und blutbesudelt, jammervoll anzuschauen. Sieh dir solch ein kläglich Ding an! Mein junger, schöner, blühender Leib begann sich zu entfärben, auszutrocknen, Mangel zu leiden. Der müde zarte Rücken fand an dem rauhen Kreuz eine harte Stütze, das Gewicht meines Leibes zog mich nach unten; er war voller Wunden und ganz von Schmerz durchzogen – und das alles trug mein liebevolles Herz in Güte.[8]

5 *Wie die Seele unter dem Kreuze zu herzlicher Reue und gütigem Vergeben gelangt*

Der Diener:

Wohlauf denn, meine Seele,
lös gänzlich dich von allem Äußeren
und sammle dich in einem stillen Schweigen
rechten Inneseins.
Brich auf mit ganzer Kraft – lauf weg,
verbirg dich in der Einsamkeit, in trockener Verlassenheit
abgründ'gen Herzeleides!

8 Dieses die Vorstellungen Seuses beherrschende Bild des «irdischen, leidenden Mariensohnes Jesus» entspricht der plastischen Darstellung des mit Blut besudelten Dulders in der spätmittelalterlichen Kunst (Lex. f. Theol. u. Kirche: «Christusbilder»).

Steig auf zu hohen Felsen tiefempfundnen Jammers
und abgehärmten Herzens,
schrei, daß über Berg und Tal
hoch durch die Lüfte über alle Himmel
hinaus es dringe vor allem Volk der ewigen Höhn,
und sprich mit klagevoller Stimme:
«Ach, lebensvolle Steine,
ungebaute Raine,
helle Auen!
Wer gibt mir, daß die Feuerlohe
meines vollen Herzens,
das heiße Wasser meiner Klagetränen euch erwecke,
mir klagen helf mein unergründlich Leid,
mein Leid, mein Herzeleid,
das mein arm Herz trägt in Verborgenheit.»

Ach, mich hatte der himmlische Vater über alle Geschöpfe hinaus geschmückt und sich selbst zur zarten lieblichen Braut auserwählt; nun bin ich ihm entlaufen! Ach, ich hab ihn mir verloren, ihn, mein einzig auserwähltes Lieb.

Ach und weh, meinem hilflosen Herzen immerdar weh! Was hab' ich getan, was hab' ich verloren! Mich selbst und alles himmlische Heer hab' ich verloren! Alles, was Wonne und Freude zu geben vermag, ist mir entgangen! Nun sitze ich entblößt da, denn meine falschen Liebhaber, meine wahren Betrüger – o der Missetat! – haben mich treulos verlassen und all das Gut mir abgerissen, womit mein einziges Lieb mich bekleidet hatte. Ach, Ehre, Freude, aller Trost, wie bin ich euer so ganz beraubt! Ach und Weh wird immerdar mein Trost sein. Wohin soll ich mich wenden? Mich hat doch diese ganze Welt verlassen, da ich mein einziges Lieb verlassen habe. Ach, daß ich das je tat! Welch eine jammervolle Stunde war das! Schaut mich an, alle roten Rosen und weißen Lilien, mich verspätete Narzisse,[9] mich einsamen Schlehdorn, und nehmt wahr, wie schnell erblichen, verdorrt, bedürftig die Blume ist, die diese Welt bricht. Denn ich

9 Mhd. «Zitlose», im Mittelalter eine Frühlingsblume, bezeichnend: Krokus oder Narzisse. Seuse stellt sich als verspätete und darum kümmerlich aufblühend den Frühlingsblumen gegenüber.

werde nun immer mehr so lebend sterben, blühend verdorren, in jungen Jahren altern, als ein Gesunder dahinsiechen.

Ach, lieber Herr, alles, was ich leide, wiegt leicht allein dem gegenüber, daß ich dein väterlich Antlitz erzürnt habe; denn das bedeutet mir die Hölle und ein Leiden über alles Leiden. Oh, daß du mir so liebevoll sorgend zuvorgekommen bist, mich so liebreich ermahnt hattest, so gütig (zu dir) zogest, und ich das alles so ganz vergaß. Ach sterben! Was kannst du, menschliches Herz, doch alles ertragen! Was bist du doch so stählern, mein Herz, daß du vor Leid nicht ganz und gar zerspringst! Hieß ich doch zuvor seine liebe Braut, ach und immerdar wehe, ich bin nicht würdig, seine arme Wäscherin zu heißen! Wage ich doch nicht, vor bitterer Scham meine Augen je wieder aufzuheben. Mein Mund muß doch nun stets ihm gegenüber verstummen in Lieb und Leid. Ach, wie ist mir in dieser weiten Welt so enge! Ach Gott, wäre ich doch in wildem Walde, wo mich niemand sähe noch hörte, daß ich nach all meines Herzens Sehnen alles aus mir herausschreien könnte, daß ihm doch so viel leichter würde, denn einen anderen Trost habe ich nicht! O Sünde, wohin hast du mich geführt! Weh, falsche Welt, weh dem, der dir dient! Wie hast du mich belohnt, daß ich mir selbst und der ganzen Welt zur Last bin[10] und immer sein muß! Ach, blickte Gott doch auf die edlen Königinnen, die beglückten Seelen, die durch frommen Schaden klug geworden sind und in ihrer ersten Unschuld und Lauterkeit an Leib und Geist verblieben sind! Was sind die doch, ihrer selbst unwissend, so selig! Ach, reines Gewissen, lediges, freies Herz, wie gar wenig weißt du, wie es um ein sündiges, beladenes, bedrücktes Herz steht. Ach, du meine Seele, armes Weib, wie war mir so wohl bei meinem Gatten und wie wenig erkannte ich das! Wer gibt mir des Himmels Breite zum Pergament, des Meeres Tiefe zur Tinte, Laub und Gras zu Federn, daß ich bis zu Ende schreiben könne mein Herzeleid und das unwiederbringliche Ungemach, das mir das leidvolle Scheiden von meinem Liebsten zugefügt hat![11] Weh mir, daß ich je geboren ward! Was kann ich nun noch anderes tun als mich in den Abgrund leidvoller Verzweiflung stürzen?

10 Ijob 7,20.

11 Seuse bedient sich hier formelhafter Wendungen, die im Mittelalter häufig nachzuweisen sind: so z. B. bei Müllenhoff und Scherer, Denkmäler II³, 152ff.

Die ewige Weisheit: Du sollst nicht verzweifeln; bin ich doch um deinet- und aller Sünder willen in die Welt gekommen, damit ich dich meinem himmlischen Vater wiederbringe in so großer Schönheit, Klarheit und Lauterkeit, als du sie je erlangtest.

Der Diener: Ach, was erklingt da so lieblich in einer erstorbenen, wertlosen, preisgegebenen Seele?

Die ewige Weisheit: Erkennst du mich nicht? Bist du so tief gesunken? Oder sind dir vor maßlosem Schmerz die Sinne geschwunden? Mein liebes Kind, ich bin es doch, die geliebte, barmherzige Weisheit, die den Abgrund der unergründlichen Barmherzigkeit, dessen Tiefe allen Heiligen verborgen ist, weit geöffnet hat, dich und alle reuigen Herzen liebevoll zu empfangen. Ich bin es, die gütige Weisheit, die arm und hilflos ward, um dir wieder zu deinem Werte zu verhelfen; ich habe den bitteren Tod erlitten, um dich wieder zum Leben zu erwecken. Hier stehe ich bleich, blutgerötet und liebevoll, wie ich an dem hohen Kreuze hing, zwischen dem strengen Gesicht meines Vaters und dir. Ich bin dein Bruder, schau her, dein Gemahl! Alles hab' ich vergessen, was du je wider mich getan, als ob es nie geschehen wäre, falls du dich allein und gänzlich jetzt zu mir kehrst und dich nicht mehr von mir trennst. Reinige dich in meinem liebreichen, rosenroten Blute, richte auf dein Haupt, öffne deine Augen und faß guten Mut! Nimm zur Bekräftigung meiner vollkommenen Versöhnung mein Brautringlein[12] an deine Hand, dein früheres Gewand, Schuhe an deine Füße und den liebevollen Namen, ewiglich meine Angetraute zu sein und zu heißen.

Sieh, ich habe dich gar mühsam errettet; darum, wäre das ganze Erdreich *ein* loderndes Feuer und läge mittendrin eine Handvoll Werg, das nähme nach seiner natürlichen Art die feurigen Flammen nicht so geschwind an wie die unergründliche Tiefe meiner Barmherzigkeit einen umkehrenden Menschen.

Der Diener: Ach, mein Vater, mein Bruder, mein alles, was mein Herz erfreuen kann, so willst du mich wertlose Seele auch noch begnadigen! Ach, welche Gnade, welch abgründige Barmherzigkeit. Darum falle ich dir, himmlischer Vater, zu Füßen und danke dir aus der Tiefe meines Herzens; sieh, ich bitte dich, auf deinen gütigen

12 Lk 15,22.

eingeborenen Sohn, den du aus Liebe in den bitteren Tod sandtest, zu sehen, daß du meiner großen Missetat vergessest. Denke, himmlischer Vater, daran, was du einst Noah gelobtest, als du sprachst: «Ich will meinen Bogen in die Lüfte stellen, auf ihn will ich blicken: er sei das Sühnezeichen zwischen der Erde und mir.»[13] Ja, lieber Vater, sieh deinen Sohn an, wie sein Leib zerdehnt und zerrissen ist, daß man all sein Gebein und seine Rippen zählen kann. Schau, wie blutüberströmt und bleich ihn seine Liebe gemacht hat! Blicke, himmlischer Vater, auf deines zarten, eingeborenen Sohnes Hände, Arme und Füße, die so furchtbar zerrissen sind, auf seinen blutüberronnenen, durchmarterten Leib, und vergiß deinen Zorn gegen mich! Bedenke, warum heißest du Herr der Barmherzigkeit, Vater der Barmherzigkeit? Damit du vergebest! Das ist dein Name! Wem hast du dein allerliebstes Gut überantwortet? Den Sündern! Herr, dieses Gut ist mein, es gehört so recht uns! Ich lasse mich heute von seinen geöffneten bloßen Armen umfangen in einer innigen Umarmung meines Herzens- und meines Seelengrundes und will von ihm weder lebend noch tot geschieden sein. Darum ehre ihn heute an mir und vergiß gnädig das, womit ich dich je erzürnte. Denn eher dünkte es mir möglich, den Tod zu leiden, als dich, meinen getreuen himmlischen Vater, jemals mehr schwer zu erzürnen. Denn alles Leid, alle Schmach, nicht den Gedanken an Hölle noch Fegefeuer beklage ich so sehr, nichts von alldem tut meinem Herzen so weh, wie daß ich dich, meinen Schöpfer, Herrn und Gott, meinen Erlöser und all meine Freude und mein Glück je erzürnte und dich je verunehrte.

Und du, mein einziger Trost, teure auserwählte ewige Weisheit, wie kann ich dir je genug danken des Überfließens an allem Guten; du hast durch deine Wunden, durch deinen Schmerz gutgemacht und geheilt den Bruch, den alle Geschöpfe nicht ungeschehen machen konnten. Darum, meine einzige Freude, zeige mir, wie ich die Zeichen deiner Liebe an meinem ganzen Leibe tragen kann,[14] allzeit in meinem Gedächtnis sie behalte, daß diese ganze Welt und alles himmlische Heer sehe, daß ich für das unergründliche Gute dank-

13 Gen 9,13.
14 Vgl. Gal 6,17.

bar bin, das du mir armer verlorener Seele erwiesen hast, rein aus unfaßbarer, unermeßlicher Güte.

Die ewige Weisheit: Du sollst mir dich und das Deine aus freiem Willen geben und nie mehr zurücknehmen; alles, was nicht zum Leben notwendig ist, sollst du unberührt lassen: dann sind deine Hände wahrlich ans Kreuz genagelt; du sollst gute Werke mit Freude tun und darin standhaft bleiben: so ist dein linker Fuß angeheftet; dein unstetes Gemüt, deine umherschweifenden Gedanken sollst du in mir in Beständigkeit befestigen: so haftet dein rechter Fuß an meinem Kreuze; deine geistigen und leiblichen Kräfte sollen nicht erlahmen, sie seien nach meinem Vorbilde in meinem Dienste zerdehnt und ausgespannt; dein schwacher Leib soll dem meinen zu Lobe oft in geistlicher Übung ermüden und nicht fähig sein, eigenes Verlangen zu erfüllen. Manches unerkannte Leiden drängt sich zu mir in den geringen Raum meines Kreuzes: davon wirst du gleich mir liebenswert und blutfarben werden.

Die Entbehrungen deiner Natur werden mich wieder Farbe gewinnen lassen, dein freiwillig übernommenes Ungemach meinem müden Rücken eine Erleichterung sein, deine kräftige Abwehr der Sünden mir den Geist erleichtern, dein andächtiger Sinn meine Qual mindern, dein aufflammendes Herz mein liebevolles entzünden.

Der Diener: Ewige Weisheit, führe du meinen guten Willen zu deinem höchsten Lobe und deinem liebsten Wollen ans Ziel, denn, wahrlich, dein Joch ist sanft und deine Bürde leicht:[15] Das wissen alle, die sie fühlten und durch schwere Sündenlast je bedrückt wurden.

6 *Wie trügerisch die Liebe zur Welt, wie liebenswert aber Gott ist*

Du liebevolles Gut, wende ich mich nur ein wenig von dir ab, so geht es mir wie einem jungen Reh, das seine Mutter verfehlt hat, in eine böse Jagd gerät und unsicher umherirrend so lange läuft und flieht, bis es wieder zu seinem Lager entrinnen kann. Herr, ich

15 Mt 11,30.

fliehe, ich jage zu dir hin, ernsten Sinnes, heiß verlangenden Herzens wie der Hirsch zum quellfrischen Wasser.[16] Herr, eine kleine Stunde ohne dich ist (mir) wie ein ganzes Jahr; ein Tag fern von dir sind für ein liebendes Herz tausend Jahre. Darum, du Glücksreis, du Maienzweig, du blühender Rosenstrauch, öffne deine Arme, breite und dehne auseinander die blumengeschmückten Äste deiner göttlichen und menschlichen Natur. Wie ist doch, o Herr, dein Antlitz so gnadenvoll, dein Mund voll des lebendigen Wortes, dein ganzer Wandel ein so lauterer Spiegel aller Zucht und Milde! O du aller Heiligen wohlgefälliger Anblick, wie so gar selig der, welcher der liebevollen Vereinigung mit dir würdig ist.

Die ewige Weisheit: Viele Menschen sind dazu berufen, wenige aber auserwählt.[17]

Der Diener: Sind sie denn von dir verurteilt worden, oder haben sie sich von dir abgewandt?

Die ewige Weisheit: Öffne die Augen deines Inneren und schau, was du siehst.

Der Diener sah auf, erschrak mit innerlichem Seufzen: O weh, lieber Herr, daß ich je geboren ward! Sehe ich recht, oder träume ich? Ich erblickte dich zuvor in so herrlicher Schönheit und so liebevoller Feinheit; nun nehme ich nur einen armen, vertriebenen, hilflosen Pilger wahr; dort steht er erbarmenswert auf seinen Stab gestützt vor einer alten verfallenen Stadt. Die Gräben sind eingesunken, das Gemäuer zerfallen, nur daß hier und dort die hohen Spitzen alten Baues hoch aufragen. In der Stadt aber lebt eine große Menge; gar viele sind darunter, die scheinen wilde Tiere in Menschengestalt. Und da geht der heimatlose Pilger unter sie und schaut, ob ihm jemand die Hand bieten wolle. Ach, und ich sehe, daß ihn viele unwillig wegweisen und vor lauter Geschäftigkeit, die sie beherrscht, kaum ansehen. Aber einige, doch wenige, bieten ihm die Hand; da kommen die anderen wilden Tiere und reißen sie von ihm weg. Da höre ich, wie der unglückliche Pilger von Grund seiner Seele seufzt und spricht: «Himmel und Erde, erbarmt euch dessen, daß ich diese Stadt durch so bitteres Leid errettet habe und mir hier

16 Ps 42,2.
17 Mt 22,14.

ein solcher Empfang bereitet wird und daß die, welche nie einen Finger um das Wohl dieser Stadt gekrümmt, so liebevoll empfangen werden.» – Herr, dies Bild sehe ich vor mir. Ach, lieber Gott, was bedeutet das? Sehe ich recht, oder täusche ich mich?

Die ewige Weisheit: Was du siehst, ist lautere Wahrheit. Vernimm die klägliche Kunde und laß es dein mildes Herz rühren. Schau, *ich* bin der heimatlose vertriebene Pilger, den du sahst; einst ward mir in der Stadt große Ehre zuteil, nun bin ich armseligerweise verbannt und vertrieben.

Der Diener: O Herr, lieber, welch eine Stadt ist das, welch ein Volk darin?

Die ewige Weisheit: Die verfallene Stadt, das bedeutet ernsthaftes, geistliches Leben, in dem man zuvor so einträchtig (Gott) diente und so fromm und wahrhaft lebte; das beginnt nun mancherorts gar sehr zu zerfallen. Die Gräben beginnen einzusinken, die Mauern zu zerbröckeln, d.h.: Andächtiger Gehorsam, freiwillige Armut, vom Irdischen gelöste Lauterkeit in heilige Einfachheit beginnt zu schwinden, soviel auch die hohen Bauten scheinbar nach außen noch Haltung zeigen. Das viele Volk aber, die wilden Tiere in Menschengestalt, das sind weltlich gesinnte Geistliche, die mich in leichtfertiger Geschäftigkeit um eitlen wertlosen Kram aus ihren Herzen vertreiben. Daß aber etliche, die mir Freundlichkeit erwiesen, daran gehindert wurden, bedeutet, daß manches Menschen guter Wille und Anfang von der anderen Rat und bösem Beispiel ins Gegenteil verkehrt werden. Der Stab, auf den geneigt ich vor ihnen stand, ist das Kreuz meines bitteren Leidens, durch das ich sie zu allen Zeiten mahne, daran zu denken und mir ihres Herzens Liebe allein zuzuwenden. Aber das jammervolle Rufen, das du hörtest, zeigt an, daß mein Tod hier seine Stimme erhebt und immer mehr klagt über die, in deren Herzen weder meine unergründliche Liebe noch mein qualvoller Tod so viel vermögen, daß sie mich nicht doch verstoßen und vertreiben.

Der Diener: Ach, lieber Herr, das schneidet mir durch Herz und Seele: Du bist so liebevoll und bleibst in gar manchem Herzen trotz deines Anerbietens unbeachtet! Ach, teurer Herr, wie wirst du denen danken, die dir in deiner Hilflosigkeit, welche die Menge zurückweist, ihre Hand in wahrer Treue und Liebe bieten?

Die ewige Weisheit: Denen, welche um meinetwillen von der Liebe zu vergänglichen Dingen lassen, mich mit rechter Treu und Liebe allein aufnehmen und darin verharren, will ich, solange sie leben, aufs innigste meine göttliche Liebe und Güte nahebringen; bei ihrem Tode werde ich ihnen die Hände reichen und sie auf dem Throne meiner ewigen Würde vor allen Bewohnern des Himmels erhöhen.

Der Diener: Herr, es sind (aber) viele, die dich lieben wollen und doch von vergänglicher Liebe nicht lassen. Sie glauben dir teurer zu sein und doch darum nicht weniger an zeitlicher Zuneigung besitzen (zu können).

Die ewige Weisheit: Das ist ebenso unmöglich, wie den Himmel zusammenzudrücken und in eine kleine Nußschale einzuschließen. Sie rechtfertigen sich mit schönen Worten, bauen auf den Wind und den Regenbogen. Wie soll Ewiges sich mit Zeitlichem vereinen, wo doch *ein* zeitliches Ding sich mit dem anderen nicht verträgt. *Der* betrügt sich offenbar selbst, der den König der Könige in einem öffentlichen Gasthaus glaubt unterbringen oder in das abgesondert liegende Haus für Knechte einweisen zu können. Wer den werten Gast recht empfangen will, muß sich gänzlich frei von allen Geschöpfen halten.

Der Diener: Ach, teure Weisheit, wie sind sie doch ganz und gar verblendet, daß sie dies nicht begreifen!

Die ewige Weisheit: Sie sind völlig erblindet, sie streben voll Unruhe nach Freuden, die ihnen doch jemals weder angenehm noch erfreulich sein werden. Ehe ihnen *eine* Freude wird, erfahren sie zehnfaches Leid; und je mehr sie ihrer Begierde nachgeben, umso mehr werden sie zur Ungenügsamkeit verführt. Sieh, gottlose Menschen müssen doch stets in Furcht und Schrecken leben. Die kurze Freude, die ihnen zuteil wird, die kommt sie gar sauer an, denn nur mit Mühe haben sie sie erlangt; sie behalten sie unter großer Angst und büßen sie mit großer Bitterkeit ein. Die Welt ist voll Untreue, Falschheit und Wankelmut; wirft die Freundschaft keinen Nutzen mehr ab, ist es aus mit ihr. Und kurz gesagt: Weder Liebes noch Freude, noch beständigen Frieden des Herzens gewann ein Mensch durch die Geschöpfe.

Der Diener: Ach, lieber Herr, das ist wahrlich ein kläglich Ding.

Daß sich doch so manch edle Seele, so manches liebende Herz, so manch herrliche, nach Gott gebildete Gestalt, die in inniger Vereinigung mit dir als Königin und Kaiserin über Himmel und Erde gebieten könnten, so töricht in Verwirrung und Erniedrigung bringt! Weh über sie, barmherziger Gott, daß sie sich selbst mit freiem Willen zugrunde richten, denn nach deinen wahren Worten wäre ihnen die bittere Trennung der Seele vom Leibe besser, als daß du dich, ewiges Leben, von ihrer Seele trennen mußt, da du dort keine Wohnstätte findest. O ihr Toren, wie wächst euer großer Schaden, wie erhöht sich euer großer Verlust, wie laßt ihr die schöne, edle, freudvolle Zeit enteilen, die ihr kaum oder gar nicht wieder einbringen könnt! Und wie seid ihr dabei noch so fröhlich, als ob euch das nichts bedeute! Ach, gütige Weisheit, wenn sie doch ihren Zustand kennten und empfänden!

Die ewige Weisheit: Staune und klage! Sie wissen es, empfinden es alle Zeit und lassen doch von ihrem Tun nicht ab. Sie wollen trotz allem nichts davon wissen. Sie beschönigen den unvollkommenen Zustand ihres Seelengrundes, verleihen ihm hellen Glanz. Aber das entspricht nicht der lauteren Wahrheit, wie viele von ihnen dann zuletzt erfahren, wenn es zu spät ist.

Der Diener: Ach, teure Weisheit, wie können sie so töricht sein, oder was bedeutet das sonst?

Die ewige Weisheit: Sie glauben dem Ungemach und dem von mir gesandten Leiden zu entrinnen und fallen mitten hinein; und da sie mich, das ewige Gut, und mein mildes Joch nicht tragen wollen, werden sie durch Zulassung meiner strengen Gerechtigkeit und manch schwerer Bürde belastet. Sie fürchten den Reif und fallen in den Schnee.[18]

Der Diener: Ach, liebe, barmherzige Weisheit, denke daran, daß niemand ohne deine Kraft etwas ausrichten kann. Ich sehe keine andere Hilfe, als daß sie ihre hilflosen Blicke zu dir emporheben, mit bitteren, von Herzen kommenden Tränen dir, der du voll Erbarmen bist, zu Füßen fallen, damit du sie erleuchtest und sie aus den schweren Fesseln, darin sie gelegt sind, befreist.

Die ewige Weisheit: Gern will ich allzeit ihnen helfen, wären nur

18 Ijob 6,16.

sie bereit, sich helfen zu lassen. Nicht *ich* lasse sie im Stich, sie versagen sich mir.

Der Diener: Herr, es schmerzt, wenn Lieb von Lieb sich scheidet.

Die ewige Weisheit: Dem wäre so, könnte und wollte ich nicht eines liebenden Herzens Fühlen durch Liebe entschädigen.

Der Diener: Ach, Herr, es ist beschwerlich, von alter Gewohnheit zu lassen.

Die ewige Weisheit: Noch viel beschwerlicher wird es sein, die künftigen Martern zu erdulden.

Der Diener: Vielleicht steht ihr inneres Leben in guter Ordnung, so daß ihnen ihr Betragen nichts schadet.

Die ewige Weisheit: Mein Leben war am besten geordnet und dennoch frei von der Liebe zu irdischen Dingen. Wie kann *das* geordnet sein, was seiner Natur nach das Herz vom rechten Weg abbringt, den Sinn verwirrt, von Innerlichkeit abzieht, den Herzensfrieden zerstört? Es zertrümmert die Tore der fünf Sinne, hinter denen göttliches Leben verborgen ist. Es macht Schüchterne verwegen, gnadlos und gottentfremdet, den inneren Menschen lau, den äußeren träge.

Der Diener: Sie merken nicht, daß sie aufgehalten werden. Wenn nur das, was sie lieben, geistliches Aussehen hat.

Die ewige Weisheit: Zuweilen wird ein klares Auge von weißem Staube ebenso rasch geblendet wie von heller Asche. Schau, war je eines Menschen Umgang so unschädlich wie der meine mit meinen lieben Jüngern? Da hörte man kein unnütz Wort, sah keine ungehörigen Gebärden; es ward da nicht hoch im Geiste angefangen und in der Tiefe endlosen Geredes aufgehört; da gab es nichts anderes als rechten Ernst und ganze Wahrheit ohne jeglichen Hintergedanken. Und doch mußte ich ihnen meine liebliche Gegenwart entziehen, bevor sie den Geist empfangen konnten.[19] Wie wird der Umgang mit (anderen) Menschen erst ein Hindernis (für geistigen Fortschritt) sein! Ehe sie von einem Menschen zur Innerlichkeit geführt werden, ziehen tausend sie mit sich nach außen fort; ehe sie durch gute Belehrung geleitet werden, bringt schlechtes Beispiel sie gar oft vom Wege ab. Kurz gesagt: Wie der kalte Reif im Mai die liebliche Blüte

19 Vgl. Joh 16,7.

zerstört und vernichtet, so zerstört Liebe zu Vergänglichem allen göttlichen Ernst und alle geistliche Zucht. Und bezweifelst du das noch, so blicke um dich in die schönen blühenden Weinberge, die zuvor in ihrer ersten lieblichen Blüte standen, wie sehr sie erbleicht und entblättert sind, daß man verlangenden Ernst und große Andacht wenig mehr merkt.[20] Der unwiederbringliche Schaden kommt daher, daß geistliches Leben zu einer Gewohnheit wurde, die Nachlässigkeit für ehrenvolles Betragen gilt, und das zerstört insgeheim alle geistliche Vollkommenheit. Je unschädlicher es scheint, um so schädlicher ist es. Wie ist so mancher edle Kräutergarten, der mit köstlichen Gaben geziert war und ein himmlisches Paradies, in dem Gott mit Freuden sich aufhielt, durch Liebe zu Vergänglichem verunkrautet! Wo zuvor Rosen und Lilien wuchsen, da sieht man jetzt nur Dornen, Nesseln und Disteln; und wo zuvor heilige Engel zu wohnen pflegten, wühlen nun Schweine. Weh, weh der Stunde, da man über jedes unnütze Wort, jede vergeudete Zeit, jedes vernachlässigte Gut wird Rechenschaft ablegen müssen, wo man jedes unnütze Wort, gesprochen, gedacht oder geschrieben, heimlich oder öffentlich vor Gott und aller Welt wird lesen hören und seine Bedeutung ohne jegliches Verbergen verstehen wird!

Der Diener: Ach, Herr, das sind harte Worte; nur ein steinernes Herz bliebe davon ungerührt, nun gibt es aber Menschen, die in der Feinheit ihres Wesens eher von Liebe als von Furcht bewegt werden. Und da du, der Herr der (menschlichen) Natur nicht deren Zerstörer bist – du bist vielmehr deren Vollender –, so laß diese traurige Rede enden und sag mir, wie du die «Mutter der schönen Liebe» bist und wie mild deine Liebe!

20 Seuse denkt an den damaligen Niedergang klösterlichen Lebens. Seine eigenen Erfahrungen als Prior (vgl. Lebensbeschreibung, Kap. 43) und seine Beobachtungen in den von ihm betreuten Frauenklöstern (ebd., Kap. 41) hatten ihm die Augen geöffnet. Schon in der Überschrift zu Buch I, Kap. 5 des Horologiums spricht Seuse von der erloschenen Frömmigkeit bei Männern wie Frauen; in den Ausführungen gibt er dort Schilderungen des Verfalls der Klosterzucht; den für den Dominikanerorden unheilvollen Kampf zwischen Ludwig von Bayern und dem Papst gibt er in Form einer allegorischen Vision (Streit des Widders gegen die Söhne Gottes). Aber schon ein Jahrhundert zuvor klagt Walther von der Vogelweide über den sittlichen Verfall: «triuwe, zuht und êre ist in der werlte tôt» (Pfeiffer 6/880, 306); und so noch manch anderer mit ihm.

7 *Wie liebevoll Gott ist*

Der Diener: Herr, mein Geist vertieft sich in deine Liebe, von der du von dir selbst im Buche der Weisheit sprichst und mit der du uns zu dir hinziehst, dich zu lieben: «Kommt alle zu mir, die ihr mein begehrt, und sättigt euch an meinen Früchten. Ich bin die Mutter der schönen Liebe, mein Geist ist süßer als Honig, mein Erbe lieblicher noch als dieser und als Honigsaft. Edler Wein und angenehmer Gesang erfreuen das Herz; mehr als diese beiden aber die Liebe der Weisheit.»[21]

Lieber Herr, du kannst dich selber als so liebevoll und freundlich erweisen, daß alle Herzen sich nach dir sehnen und schmerzlich nach dir verlangen. Worte der Liebe kommen so freundlich aus deinem heiligen Munde, daß sie auf manchen Menschen in seinen jungen Jahren so nachhaltig wirkten, daß in ihm alle Liebe zu vergänglichen Dingen gänzlich erlosch. Ach, teurer Herr, danach sehnt sich mein Herz, dies Verlangen quält meinen Sinn, davon hörte ich dich gern sprechen. Sag, mein einziger auserwählter Trost, ein einziges Wörtlein zu meiner Seele, deiner armen Dienerin, denn in deinem Schatten bin ich milde eingeschlafen, mein Herz aber wacht.[22]

Die ewige Weisheit: Hör, meine Tochter, schau, leihe mir dein Ohr,[23] kehr dich entschlossen zu dir selbst, vergiß dich und alle Dinge. Ich bin in mir selbst das unfaßbare Gut, das stets war und immer ist, das nie ausgesprochen worden ist und es nie sein wird. Ein Herz vermag mich wohl innerlich zu empfinden, aber keine Zunge kann mich in Worte fassen oder (mein Wesen) aussprechen. Und doch, wenn ich mich, das übernatürliche, unwandelbare Gut, einem jeglichen Geschöpfe in *der* Weise hingebe,[24] wie es seiner Kraft, mich zu empfinden, entspricht, so umhülle ich den Sonnenglanz in ein Tuch und gebe von mir und meiner innigen Liebe in leiblichen Worten solchermaßen geistigen Sinn: Ich stelle mich sanft vor den Blick deines Inneren. Schmücke und kleide du mich nun geistigerweise, ziere mich nach deinem Wunsche, gib mir alles zu

21 Sir 24,24.
22 Sir 24,26; 40,20.
23 Hld 5,2; 2,3.
24 Ps 45,11.

eigen, was zu besonderer Zuneigung und Liebe und voller Lust des Herzens dich bewegen kann, sieh, das ist alles, was du und irgendein Mensch erdenken können an Gestalt, Zier und Gnade; in mir ist es aber noch köstlicher, als jemand aussprechen kann.[25] Und in solcherlei Worten kann ich mich dir zu erkennen geben.

Nun vernimm: Ich bin von hoher Geburt, aus edlem Geschlecht; ich bin das liebevolle Wort des väterlichen Herzens, an dem gemäß der liebreichen Unergründlichkeit meiner natürlichen Sohnschaft in seiner lauteren Vaterschaft seine Augen ein köstliches Wohlgefallen in der milden aufflammenden Liebe des Heiligen Geistes haben.

Ich bin köstlicher Freude Thron,
göttlichen Heiles Kron,
meine Augen sind so hell,
mein Mund so zart,
meine Wangen so glänzend und rosenrot,
meine Gestalt von so schöner, so herrlicher Art;

selbst wenn ein Mensch bis an den Jüngsten Tag in einem glühenden Ofen bliebe, damit ihm nur einmal ein Blick von mir würde, so wäre der dennoch unverdient. Sieh, ich bin so köstlich mit leuchtendem Gewande geziert, so herrlich umgeben mit blumiger Buntheit blühender Blumen, roten Rosen, weißen Lilien, schönen Veilchen und manch anderen Blumen, daß alle schöne Maienblüte, alle grünen Sträucher heller Auen, aller Heiden zarte Blumen gegenüber meiner Pracht nur rauhe Disteln sind.

In der Gottheit spiel' ich der Freuden Spiel,
den Engeln wird davon der Freude so viel,
daß tausend Jahr (nach der Menschen Uhr)
ihnen sind wie ein kleines Stündlein nur.
Voll steten Wunderns die himmlische Schar
blicket nach mir, nimmt meiner wahr.
Ihre Augen sind in die meinen gesenkt,
ihr Herz stets auf mich hingelenkt.

25 Vgl. *Dionysius,* De nom. Dei I,1; De eccl. hier. II,3 (Bi).

Ihre Seel, ihr Sinn ohn Unterlaß
in Seel mir und Sinn gebeugt.
Wohl dem, dem solcher Liebe Spiel,
klingt süßer als aller Engel Gesang,
der Freude Tanz[26] in himmlischem Heil
an meiner Seite und schöner Hand
in sorgloser Freude wird ewig zuteil.
Ein einzig Wörtlein aus meinem Munde
klingt süßer als aller Engel Gesang,
als jeglichen Saitenspiels Lieblichkeit,
als aller Harfen süßer Klang.

Ja, schau her, meine Liebe ist so traut, meine Umarmung so liebevoll, mein Kuß der lauteren liebenden Seele so anmutig, daß alle Herzen sich verlangend nach mir sehnen sollten. Zart bin ich, schmiege mich an und bin einer lauteren Seele allzeit gegenwärtig. In Verborgenheit wohne ich ihr bei Tisch und beim Gebet, auf Wegen und Stegen bei. Ich wende mich hin und her. Nichts mißfällt an mir; in mir ist all das, was nach Herzenswunsch wohlgefällt, nach dem Verlangen der Seele. Sieh, ich bin also ein gar köstliches Gut; wem dennoch in dieser Zeit ein einziges Tröpflein von mir zuteil wird, dem wird jede Freude, jedes Vergnügen dieser Welt bitter, alles Gut, alle Ehre zum Abscheu und zur Geringschätzung.[27] Meine Geliebten sind von meiner Zuneigung umgeben und hineingezogen in das einzig Eine[28] ohne die Gestalten der Liebe,[29] ohne gesprochene Worte und werden erlöst und verschmolzen in das Gut, aus dem sie ausgeflossen sind. Meine Liebe kann auch anfangende Menschen von der schweren Sündenlast befreien und ein freies, wohlgemutes, lauteres Herz geben und ein reines straffreies Gewissen. Sag mir, was ist in aller Welt, was solche Gabe aufwiegen könnte? Diese ganze Welt könnte ein solches Herz nicht aufwiegen, denn der Mensch, der nur mir al-

26 Ausdruck der Seligkeit in Vorstellungen vom überirdischen Leben (Lex. f. Theol. u. Kirche 9, 1291).

27 Phil 3,8.

28 = Gott (Bi).

29 Im Horologium 60: «ohne die Bilder und Gleichnisse», die uns in diesem Leben zum Verständnis unentbehrlich sind (Bi).

lein sein Herz zuwendet, lebt köstlich, stirbt zuversichtlich, hat hier bereits das Reich der Himmel und besitzt es dort ewiglich.

Sieh, nun habe ich viel Worte zu dir gesprochen, aber in meiner liebevollen Schönheit blieb ich davon ebenso unberührt wie die Himmelsfeste von deinem kleinen Finger, denn kein Auge hat sie gesehen, kein Ohr davon gehört, in keines Menschen Herz ist je ein Bild von ihr gedrungen.[30] Doch dies sei dir gesagt, um meine gütige Liebe von falscher, vergänglicher zu unterscheiden.

Der Diener: Ach, du feine, du köstliche Blume des Feldes,[31] du liebes Herzetraut in den Umarmungen der reinen liebenden Seele, wie ist dies (alles) so bekannt *dem,* der dich je recht empfand, und wie ist das so fremdartig *dem,* der dich nicht kennt, des Herz und Sinn noch im Leiblichen befangen sind. Ach, du herzliebes, unbegriffenes Gut, das ist eine schöne Stunde, ein lieblicher Augenblick, und da muß ich dir von einer verborgenen Herzenswunde sprechen, die ich von deiner gütigen Liebe trage. Herr, Gemeinsamkeit in der Liebe ist wie Wasser im Feuer; du weißt, lieber Herr, daß wirkliche sehnende Liebe keine Zweifel dulden kann. Ach, schöner, einziger Herr meines Herzens und meiner Seele, danach verlangt mein Herz aus meinem Innersten heraus, daß du zu mir ein besonderes Wohlgefallen, eine eigene Liebe habest und deine göttlichen Augen mich mit ausgezeichneter erfreuter Zufriedenheit anblickten. Ach Herr, du besitzest so viele Herzen, die dich herzlich lieben und viel bei dir vermögen, wie steht es da mit mir?

Die ewige Weisheit: Meine Liebe wird durch Einheit nicht verkleinert noch in der Mehrheit vermischt. Ich bin mit dir allzeit beschäftigt und beflissen, suche von dir allein geliebt zu sein und vollende alles, was zu dir gehört, als ob ich von allem anderen frei wäre.[32]

Der Diener: «Mein Innerstes wallte auf in mir, meine Seele war weg bei seinem Reden.»[33] Ach Herr, wohin führst du mich? Wie bin ich so ganz verwirrt, wie ist meine Seele so ganz bei des Geliebten freundlichen milden Worten vergangen. Ach, wende deine klaren Blicke ab von mir; denn nun bin ich ganz außer mir.[32] Wo ist je ein

30 1 Kor 2,9.
31 Hld 2,1.
32 Vgl. *Augustinus,* Conf. III,11.
33 Hld 4 u. 6c (Worte des Geliebten).

Herz so hart, eine Seele so kalt, so unempfindlich gewesen, daß deine gütigen, lebendigen Worte der Liebe, die so voll unbegreiflicher Glut sind, es nicht erreicht und erwärmt hätten in deiner freundlichen Liebe? Wunder über Wunder, wenn dessen Herz, der dich so mit seinem inneren Auge schaut, vor Liebe nicht ganz vergeht! Wie selig ist doch der Liebende, der dein Angetrauter heißt und ist! Was kann er an süßem Trost und auch verborgener Liebe von dir empfangen! Ach, liebe, zarte heilige Agnes, die du die ewige Weisheit stets liebtest, wie durftest du dich doch deines liebenden Bräutigams freuen, wenn du sprachst: «Sein Blut hat meine Wangen rosenrot gefärbt!»[34] O teurer Herr, dürfte doch meine Seele deine Geliebte heißen! Sieh, wäre es möglich, daß alles Vergnügen, alle Freude und Liebe, die diese Welt geben kann, in einem Menschen läge, ich wollte ihn freien Willens preisgeben. Ja, glücklich, der in diese Welt geboren, dein Geliebter heißt und ist! Besäße ein Mensch das Leben tausendfach, er sollte es daransetzen, um dich zu gewinnen. Ihr lieben Gottesfreunde alle, du ganzes himmlisches Heer, du liebe Jungfrau Agnes, helft mir ihn bitten! Wußte ich doch nie recht, was seine Liebe sei! Mein Herz, lege ab, tu weg von dir alle Trägheit und schau, ob du vor deinem Tode dahin kommen könntest, seine milde Liebe zu empfinden! Wie hast du doch seither so träge, so lau dahingelebt!

Du teure, schöne, auserwählte Weisheit, wie vermagst du doch ein trautes Lieb zu sein über jeglichem Lieb dieser Welt. Wie gleichen doch deine Liebe und die der Geschöpfe so wenig einander. Wie betrogen ist doch alles, was in dieser Welt liebenswert erscheint und etwas zu sein glaubt, wenn man es aus der Nähe kennenlernt! Wohin, o Herr, ich je meine Blicke lenkte, stets fand ich ein «wenn nicht» und ein «wäre das nicht»; war da eine schöne Gestalt, so fehlte die Gnade, war sie fein und lieblich, so mangelte der vornehme Umgang, und hatte sie auch das, so entdeckte ich stets etwas, sei es außen oder innen, dem der Zug meines Herzens widerstrebte. Insgeheim oder beim Bekanntwerden fand ich, daß solch ein Wesen mit sich selbst nicht zufrieden war. Du aber, der du die Schönheit mit unergründlicher Liebenswürdigkeit, Gnade und Form, Wort mit Klang, edles Geschlecht mit Tugend, Reichtum mit Kraft, in-

34 Worte aus dem Tagesgebet der hl. Agnes.

nere Freiheit und äußere Klarheit miteinander vereinst, du besitzest noch etwas, was ich in diesem Leben nie fand: einen gerechten zufriedenstellenden Ausgleich dem Können, dem Vermögen und dem sehnenden Verlangen eines recht liebenden Herzens! Je besser man dich kennt, desto lieber gewinnt man dich, je vertrauter man mit dir ist, desto liebevoller erweist du dich; ach, was bist du doch ein unergründliches, vollkommenes lauteres Gut. Schaut alle, wie *die* betrogen sind, die ihre Liebe etwas anderem zuwenden; ihr falschen Liebhaber, weichet fern von mir, kommt mir niemals mehr nahe; ich habe in meinem Herzen das einzige Lieb erkoren, durch das Herz, Seele, Verlangen und all meine Kräfte gesättigt werden mit unvergänglicher inniger Liebe. O Herr, könnte ich dich auf mein Herz zeichnen, dich in das Innerste meines Herzens und meiner Seele mit goldenen Buchstaben einschmelzen, daß du nimmer ausgetilgt würdest! Ach, Jammer und Weh, daß ich mich in meinem Herzen nicht immer und immer wieder damit beschäftigte! Was habe ich von all denen, die ich liebte, mitgenommen? Verlorene Zeit, verlorene Worte, leere Hände, wenig gute Werke und ein mit Fehlern beladenes Gewissen! Lieber Herr, eher töte mich in deiner Liebe, denn von deinen liebenden Füßen will ich nie mehr weichen!

Die ewige Weisheit: Ich komme denen zuvor, die mich suchen und empfangen, die, welche nach meiner Liebe verlangen mit liebevoller Freude. Alles, was du von meiner gütigen Liebe in dieser Zeit empfinden kannst, ist nur wie ein Tropfen im Meer gegenüber der Liebe in der Ewigkeit.

8 *Erklärung dreier Züge, die einem Liebenden an Gott am unbegreiflichsten sein könnten*

Zum Ersten: Wie er so ergrimmt erscheinen und doch so liebevoll sein kann

Der Diener: Dreierlei, lieber Herr, wundert mich gar sehr in meinem Innern. Das eine ist, daß du so überaus liebenswert in dir selbst und doch ein so strenger Richter der Missetaten bist. Wenn ich über deine zornige Gerechtigkeit nachdenke, ruft mein Herz voll

Schmerz aus: «Weh, weh allen, die je sündigten, denn kennten sie deine strenge Gerechtigkeit, mit der du schweigend, ohne jede Widerrede, jede Sünde bestrafst, sogar bei deinen liebsten Freunden, sie würden sich lieber die Zähne ausbrechen und die Haare ausraufen als dich jemals erzürnen. Ach, dein zorniges Antlitz ist so grimmig, deine verächtliche Abkehr so unerträglich, deine feindseligen Worte brennen so sehr, daß sie durch Herz und Seele dringen. Behüte mich, o Herr, vor deinem zornigen Angesichte und hebe die Vergeltung (für meine Fehler) nicht bis in jene Welt auf. Wenn ich nur den Verdacht habe, daß du dich wegen meiner schuldhaften Mängel geringschätzig von mir abgewandt habest, so ist mir das so schmerzlich, daß es in der weiten Welt nichts ebenso Bitteres gibt. O Herr und getreuer Vater, wie sollte ich in meinem Herzen dein schreckliches Antlitz je ertragen? Ach, wenn ich an deine durch Zorn entstellten grimmigen Züge denke, so grämt sich meine Seele gar sehr, all meine Kräfte erbeben so sehr, daß ich ein Gleiches nur dann finde, wenn der Himmel dunkel wird, sich verfinstert, das Feuer in den Wolken wütet, starker Donner in den Wolken rollt, die Erde bebt und du feurige Strahlen auf einen Menschen schießest. Herr, niemand möge sich auf dein Schweigen verlassen, denn wahrlich, dein ruhiges Schweigen schlägt zuletzt in grimmen Donner um. Dein erzürntes Angesicht, Ausdruck deines väterlichen Zornes, ist noch außerdem für einen Menschen, der dich zu erzürnen, dich zu verlieren fürchtet, eine Hölle, schlimmer als jede Hölle – nicht zu reden von deinem grimmen Antlitz, das die Bösen am Jüngsten Tage mit Herzeleid sehen müssen. Weh und abermals weh denen, die solch ein Jammer erwartet!

Herr, das ist meinem Herzen unbegreiflich, daß du dann noch sagest, du seiest so liebevoll!

Die ewige Weisheit: Ich bin das unwandelbare Gut, ich bleibe und bin mir stets gleich. Daß ich veränderlich erscheine, kommt von der Verschiedenheit derer, die mich in verschiedener Weise als Menschen mit oder ohne Sünde sehen. Meiner Natur nach bin ich liebevoll, aber dennoch ein furchtbarer Richter der Missetaten. Ich verlange von meinen Kindern kindliche Furcht und freundliche Liebe, damit die Furcht sie allezeit am Sündigen hindere und ihre Seele sich mir verbinde in ganzer Treue.

9. Kapitel

Zum Zweiten: Warum er sich seinen Freunden oft nach Gutdünken entzieht, und woran man seine wahre Gegenwart erkennt

Der Diener: Das leuchtet mir alles ein, mit einer Ausnahme. Wenn eine Seele sich ganz nach dir und dem trauten Gespräch deiner Gegenwart verzehrt, so schweigst du und sprichst kein einziges hörbares Wort. Soll das, lieber Herr, nicht schmerzen, wo du doch des Menschenherzens einzige auserwählte Liebe bist, dann aber so fremd tust und so stille schweigst?

Die ewige Weisheit: Und doch rufen mir alle Geschöpfe zu, daß ich es sei.[35]

Der Diener: Ach, das ist einer verlangenden Seele nicht genug.

Die ewige Weisheit: Es ist doch ein jedes Wort, das ich spreche, eine Botschaft meiner Liebe für sie, und jedes Wort der Heiligen Schrift, das von mir geschrieben ist, ein Brief meiner Liebe, ganz als ob ich ihn für das sehnende Herz selbst geschrieben hätte. Ist das nicht genug?

Der Diener: Ach, teures auserwähltes Lieb, du weißt doch, daß einem liebenden Herzen nichts genügt, was nicht sein einziges Lieb, seine einzige freudige Zuversicht selber ist. Herr, du, ein so trautes, auserwähltes, unergründliches Lieb! Sprachen auch aller Engel Zungen mir von dir, so drängt und ringt abgrundtiefe Liebe ganz nach dem einen, den sie begehrt. Ein liebendes Herz nähme dich doch für ihr Himmelreich, denn du bist es. Ach Herr, du solltest, wenn ich das so aussprechen darf, ein wenig treuer sein, deinen armen, dich liebenden Herzen, ihnen, die deiner entbehren, die nach dir dürsten, die so oft aus der grundlosen Tiefe ihres Innern nach dir, ihrem einigen Lieb' seufzen, so hilflos zu dir aufblicken und mit herzlicher Stimme sprechen: «Kehr zurück, kehr zurück!»[36], und mit sich selbst sprechend sagen: «Glaubst du, du habest ihn erzürnt und er wollte nichts mehr mit dir zu tun haben? Denkst du, er

35 Vgl. Röm 1,20; 11,36.
36 Hld 6,12.

werde dir jemals mehr seine liebevolle Gegenwart wieder schenken, daß du ihn mit den Armen deines Herzens liebend umfangen und an dich drücken könntest und alles Leid vorbei sei?»

Herr, du hörst dies, weißt es und schweigst?

Die ewige Weisheit: Ich weiß es und sehe es mit begehrendem, herzlichem Wohlgefallen.

Die ewige Weisheit *fragt:* Nun beantworte mir auch eine Frage, der du so ins Verborgene gräbst: Was sagt unter allen Dingen dem höchsten der geschaffenen Geister am meisten zu?

Der Diener: O Herr, *das* möchte ich von dir wissen; diese Frage ist mir zu schwer.

Die ewige Weisheit: So will ich es dir sagen. Dem obersten Engel gefällt nichts so sehr, als meinen Willen in allem zu tun; und wüßte er, daß er sich mit dem Ausreißen von Nesseln und anderem Unkraut mein Lob verdienen könnte, so wäre ihm keine Arbeit lieber als diese.

Der Diener: Ach, Herr, wie verwirrt mich diese Frage. Denn du willst doch damit sagen, daß ich mich (innerlich) frei und gelassen halten soll, auch ohne Freude, und nur nach deinem Lob verlange in betrübten wie in angenehmen Stunden.

Die ewige Weisheit: Die höchste Stufe der Gelassenheit ist Gottergebenheit in Verlassenheit.[37]

Der Diener: *Das,* Herr, tut aber gar weh.

Die ewige Weisheit: Wie wird Tugend besser bewährt als in Widerwärtigkeit? Aber wisse: Oft komme ich, Einlaß begehrend, in meine Wohnstätte, und sie wird mir versagt; oft werde ich empfangen wie ein (heimatloser) Pilger, werde unwürdig behandelt und bald wieder gehen geheißen. Zu der von mir geliebten Seele komme ich ja selbst und finde bei ihr eine trauliche Wohnstatt; doch geschieht das so heimlich, daß es allen Menschen verborgen bleibt, außer denen, die sich von den äußeren Dingen befreit haben, auf meine Wege achten, die nicht *eine* Gelegenheit vorübergehen lassen, meine Gnade zu gewinnen. Denn meiner Gottheit nach bin ich ein

37 Im Mhd. ein Wortspiel, auf dessen genaue Wiedergabe hier verzichtet wird und das sich auch sonst findet, z. B. im Traktat von den 3 Fragen und in Rulman Merswins Buch von den 3 Durchbrüchen (vgl. auch: *Jundt,* Histoire du panthéisme populaire au moyen âge, P. 1875, S. 217 (Bi).

lauterer, aus sich selbst seiender Geist und werde in Menschen lauteren Geistes auf geistige Weise aufgenommen.

Der Diener: Teurer Herr, du bist, so kommt mir vor, ein gar geheimnisvoller Liebender, darum gib mir, ich bitte dich, einige Zeichen deiner wahrhaftigen Gegenwart.

Die ewige Weisheit: Meine wahre Gegenwart erkennst du am besten hieran: Verberge ich mich und ziehe das Meine aus der (menschlichen) Seele ab, so wirst du erst inne, wer ich bin; wer aber du. Ich bin das ewige Gut, ohne das niemand etwas Gutes besitzt; und weil ich mich, das ewige Gut, so voll Güte und Liebe verschenke, so wird alles gut da, wohin ich komme. Daran kannst du meine Gegenwart erkennen, wie man die Sonne an ihrem Schein erkennt, deren Wesenskern man nicht zu sehen vermag. Fandest du mich je, so geh in dich selber und lerne Rosen von Dornen scheiden und Blumen aus dem Grase herauspflücken.

Der Diener: Wahrlich, Herr, ich suche und finde in mir einen gar großen Unterschied. Fühle ich mich verlassen, so gleicht meine Seele einem Kranken, dem nichts schmeckt, dem alles zuwider ist; der Leib ist schlaff, der Sinn schwer; in mir herrscht Herzenshärte, außen Traurigkeit. Was ich auch sehe, höre und weiß, verdrießt mich, wie gut es auch sei, denn ich weiß nicht, wie ich mich verhalten soll; leicht falle ich in Fehler, unschlüssig verhalte ich mich Feinden gegenüber, lau und kalt bin ich zu allen guten Dingen. Wer zu mir kommt, findet das Haus leer; der Hausherr ist nicht daheim, er, der guten Rat geben könnte und durch den die Hausgenossenschaft freudig gestimmt wird.

Geht aber der helle Morgenstern auf mitten in meiner Seele, so ist alles Leid verschwunden, alle Finsternis gelichtet, der Himmel wird hell und heiter, und mein Herz lacht; es freuen sich Sinn und Seele in mir; mir ist so recht festlich zumute, und alles, was an und in mir ist, wird zu einem Lobe für dich. Was schwer, mühsam, unmöglich war, wird leicht und angenehm: Fasten, Wachen, Beten, Leiden, Meiden und alles Strenge in der Lebenshaltung wird zu nichts bei deiner Gegenwart. Gar manche Kühnheit kommt mich an, die mir in der Verlassenheit gefehlt hat. Die Seele wird so mit Klarheit, Wahrheit, Freundlichkeit durchtränkt, daß sie alle Mühsal vergißt. Ich kann frommen Herzens ohne Mühe betrachten, die Zunge voll

Selbstbewußtsein sprechen, der Leib alles behende anpacken, und wer nur sucht, findet für all das, was er begehrt, klugen Rat. Mir ist dann, als wäre ich über Raum und Zeit hinausgewachsen und stünde in dem Vorhof ewiger Seligkeit. Ach, Herr, wer verleiht mir (dieses Zustandes) Dauer? Denn geschwind in einem Augenblick ist es vorbei, und ich stehe da, bloß und verlassen, zuweilen beinahe so, als ob ich jenes Glück nie erlebt hätte, bis es dann nach schwerer Herzensnot sich wieder einstellt. Ach, Herr, bist *du* das, oder bin *ich* es, oder was ist es sonst?

Die ewige Weisheit: Von dir aus bist du es und hast nichts als Fehler; ich bin es, und das ist das Spiel meiner Liebe.

Der Diener: Herr, was bedeutet dies?

Die ewige Weisheit: Solange der Liebende bei dem Geliebten weilt, ermißt er dessen Liebe nicht; sind aber beide getrennt, so wird sich der Liebende erst des anderen Liebe bewußt.

Der Diener: Das ist ein mühselig Spiel. Ach, Herr, vermag kein Mensch auf Erden jene Wandelbarkeit zu überwinden?

Die ewige Weisheit: Das zeigt sich nur an sehr wenig Menschen, denn Unwandelbarkeit gehört der Ewigkeit an.

Der Diener: Welche Menschen sind das?

Die ewige Weisheit: Die allerlautersten und die, welche der Ewigkeit am meisten gleichen.

Der Diener: Wer sind sie?

Die ewige Weisheit: *Die,* welche in der Überwindung aller Hindernisse am eifrigsten gewesen sind.

Der Diener: Lieber Herr, lehre mich, wie ich mich bei meiner Unvollkommenheit hierin verhalten soll.

Die ewige Weisheit: Du sollst in guten Tagen daran denken, daß böse kommen könnten, und in bösen Tagen dich der guten erinnern;[38] dann kann dir weder ungestüme Freude,[39] wenn ich dir gegenwärtig bin, noch Schwermut, wenn du verlassen bist, schaden. Und kannst du aus Schwäche noch nicht auf meine Gegenwart verzichten, ohne traurig zu werden, so sollst du geduldig auf mein Kommen warten und mich in Liebe suchen.

38 Sir 11,27.

39 wörtlich: übermuot = stolzer, hochfahrender Sinn.

Der Diener: Ach, Herr, langes Warten schmerzt.[40]

Die ewige Weisheit: Wer in dieser Welt ein Lieb haben will, muß Freude und Leid ertragen. Es genügt nicht, daß man mir eine Tageszeit einräumt. Wer Gott innerlich empfinden, seine vertrauten Worte hören, seine himmlischen Gedanken wahrnehmen will, muß in steter Sammlung verharren. – Ja, wie läßt du Auge und Herz ohne Bedenken umherschweifen und hast doch das köstliche, ewige Bild vor dir stehen, das keinen Augenblick von dir sich abwendet. Wie läßt du deine Ohren herumgehen, wo ich doch zu dir so manch liebevolles Wort spreche. Wie vergißt du dich so offensichtlich und bist mit des ewigen Gutes Gegenwart so ganz umgeben! Was sucht die Seele in irgendeiner Äußerlichkeit, die das Himmelreich so geheimnisvoll in sich trägt?[41]

Der Diener: Was ist das, Herr, das Himmelreich in der Seele?

Die ewige Weisheit: Das ist Gerechtigkeit und Friede und Freude im Heiligen Geist.[42]

Der Diener: Herr, ich erkenne an diesen Worten, daß du auf mannigfach geheimnisvolle Art in der Seele zugegen bist, ihr selbst unerkannt, und daß du die Seele auf verborgene Weise an dich ziehst und nach deinem freien Willen[42] sie einführst in die Liebe und die Erkenntnisse deiner hohen Gottheit, sie, die zuvor nur mit deiner liebevollen Menschheit beschäftigt war.

10. Kapitel

Zum Dritten: Warum es Gott seinen Freunden in diesem Leben (zuweilen) recht schlecht gehen läßt

Der Diener: Herr, ich habe noch etwas auf dem Herzen, darf ich davon zu dir sprechen? Ach, lieber Herr, dürfte ich doch mit deiner Erlaubnis jetzt mit dir darüber so sprechen, wie es der heilige Jeremia[43] tat! Zürne nicht, teurer Herr, und hör mich geduldig an.

40 Vgl. Spr 13,12.
41 Lk 17,21.
42 Röm 14,17.
43 Jer 12,1.

Die Leute sagen: Wie innig und traut auch deine Liebe, deine Freundschaft ist, so läßt du (dies Leben) doch deinen Freunden zuweilen sauer werden mit manch bitterem Leiden, das du ihnen sendest, Verachtung durch alle Welt, manche Widerwärtigkeit, außen und innen. Tritt erst ein Mensch in den Kreis deiner Freunde, so ist der erste Schritt nach diesem, daß er sich vorbereite und sich fest entschließe zu leiden.[44] Herr, um deiner Güte willen, was können sie hierin Angenehmes finden, oder wie kannst du das an deinen Freunden alles geschehen lassen! Oder darf ich es etwa nicht wissen?

Die ewige Weisheit: Wie mich mein Vater liebt, liebe ich meine Freunde.[45] Ich tue meinen Freunden jetzt, wie ich ihnen von Anfang der Welt bis heute getan habe.

Der Diener: Darüber klagt man ja gerade, und darum, sagt man, habest du so wenig Freunde, weil du es ihnen in dieser Welt so schwer machst. Darum, Herr, sind ihrer auch so viele, die, wenn sie deine Freunde geworden sind und durch Leiden sich bewähren sollen, dich verlassen und die, ach, ich muß es mit schwerem Schmerz und unter bitteren Tränen sagen, wieder zurückkehren zu dem, was sie um deinetwillen verlassen hatten. Herr, was sagst du dazu?

Die ewige Weisheit: So klagen Menschen, die schwachen Glaubens sind, geringer Werke, lauer Lebensführung, ungeübten Geistes. Du aber, geliebte Seele, mutig heraus aus dem Schmutz und der tiefen Lache sinnlicher Freuden! Öffne deine inneren Sinne, öffne deine geistigen Augen und schau und nimm deutlich wahr, was du bist, wo du bist, wohin du gehörst: Dann kannst du begreifen, daß ich meinen Freunden nur das Allerbeste tue.

Nach deinem natürlichen Wesen bist du ein Spiegel der Gottheit, ein Abbild der Dreifaltigkeit, ein Musterbild der Ewigkeit.[46] Und so wie ich in ewiger Ungewordenheit das endlose Gut bin, bist du nach deinem Verlangen unermeßlich; und sowenig ein kleines Tröpflein bedeutet gegenüber der großen Tiefe des Meeres, so wenig bedeutet für die Erfüllung deines Verlangens alles, was die Welt bieten kann.

44 Sir 2,1.
45 Joh 15,9.
46 Vgl. *Augustinus,* De Trinitate, IX, 3 f.; XI, 7.

So lebst du im Tal der Verbannung, in dem Lieb mit Leid, Lachen mit Weinen, Freude mit Traurigkeit gemischt ist, in dem kein Mensch je seine Freude gewann. Denn diese Welt betrügt und belügt dich, wie ich dir (noch) sagen werde, sie verheißt viel und hält wenig; dies Leben ist kurz, unbeständig und dem Wandel unterworfen: Heute bietet es viel des Lieben, morgen ein Herze voll des Leides, sieh, das ist des Lebens Schauspiel.

11 *Vom immerwährenden Weh der Hölle*

Nun, auserwählte Seele, schau vom Grunde deines Herzens den kläglichen Jammer. Wo sind jetzt alle jene, die sich bislang mit Ruhe und Freude in dieser Zeitlichkeit niederließen, in Weichlichkeit und ihres Leibes Behagen? Was, ach, hilft ihnen all die Freude dieser Zeit, die so bald mit deren Kürze verschwunden ist, als ob sie nie gewesen wäre! Wie ist die Freude so rasch vorbei (bei dem), dessen Leid ewig währen wird! O ihr unbesonnenen Toren! Wie nun, wo ihr so fröhlich spracht: «Wohlan, ihr jungen frohen Gesellen, wir wollen mit der Trauer Schluß machen und uns recht in Freuden vergnügen!» Was hilft euch nun all die Freude, die ihr je hattet? Ihr könnt wohl mit klagender Stimme rufen: «Weh und wieder weh, daß wir je in diese Welt geboren wurden! Wie hat die kurze Lebenszeit betrogen, wie hat uns der Tod von hinten überfallen! Ach, gibt es auf Erden jemanden, der mehr betrogen wurde als wir armen, hilflosen Wesen? Oder jemand, der durch fremden Schaden klug werden will? Hätte selbst ein Mensch aller Menschen Leiden tausend Jahre zu tragen, das wäre gegen unser Leid wie ein Augenblick. Ach, wie ist *der* so glücklich, der Freude nie gegen Gottes Willen suchte, der um seinetwillen nie einen guten Tag auf Erden hatte! Wir Toren wähnten, sie wären von Gott verlassen und vergessen,[47] und wie hat er sie (seine Freunde) nun in seiner Ewigkeit so traulich umfangen und zu großen Ehren gebracht vor allem himmlischen Heere. Was konnte ihnen all das Leid und die Verschmähung schaden, die ihnen nun solch große Freude eingetragen hat. Wie ist aber

47 Vgl. Weish 5,4.

unsere Freude so ganz verschwunden! Ach, Jammer und Not, und das wird ewig währen! Ach, Ende ohne Ende, Sterben schlimmer denn alles Sterben, jede Stunde sterben und doch nie sterben können! Ach, Vater und Mutter und all ihr Lieben miteinander, gebe Gott euch seine Gnade für ewig, denn wir sehen euch zu keiner Freude mehr, müssen wir doch immer von euch geschieden sein. Ach, Scheiden, immerwährendes, was tust du so weh! Ach, Händeringen, Zähneknirschen, Seufzen und Weinen, ach, immer schreien und rufen und niemals erhört werden! Unsere hilflosen Augen werden niemals mehr anderes sehen als Not und Angst, unsere Ohren nichts anderes hören als Ach und Weh. Ach, alle Herzen, laßt euch dieses beklagenswerte «Immer und ewig!» erbarmen, laßt euch dieses «Immer und ewig!» zu Herzen gehen. Oh, ihr Berge und Täler, worauf wartet ihr, was zögert ihr so lange, warum verschont ihr uns? Warum stürzt ihr nicht über uns und nehmt uns diesen jammervollen Anblick hinweg?[48] Ach, Leiden in jener Welt und in dieser, was seid ihr so ungleich! Ach, Zeitlichkeit, wie blendest, wie trügst du! Daß wir damit in unserer blühenden Jugend, in den schönen köstlichen Tagen nicht rechneten, den Tagen, die wir so leichtfertig hinbrachten und die niemals mehr zurückkehren werden! Ach, hätten wir doch nur ein einziges Stündlein all der langen vergeudeten Jahre, das uns von Gottes Gerechtigkeit versagt ist und immer, ohne jede Hoffnung, versagt bleiben wird. Ach, Leid und Not und Jammer immerdar in diesem Lande der Vergessenheit, wo wir von aller Liebe, trostlos und ohne Zuversicht, für ewig geschieden sein müssen! Oh, wir Armen wünschten nichts, als daß von einem Mühlstein, groß wie das ganze Erdreich und ragend überall bis zum Himmel, ein kleines Vöglein alle hunderttausend Jahre den zehnten Teil eines Hirsekörnchens abbisse, und so immer wieder, daß es in zehnmal dieser Zeit ein ganzes Hirsekorn von diesem Mühlstein abgepickt hätte und daß dann mit dem Verschwinden des Steines auch unsere ewige Qual zu Ende wäre – und *das* eben kann nicht sein![49]

48 Hos 10,8; Lk 23,30.
49 Dies Gleichnis, das sich auch als Märchenmotiv findet, begegnet hier (nach Bihlmeyer) zum erstenmal.

Sieh, das ist der Jammergesang, der den Freuden dieser Zeitlichkeit nachfolgt.

Der Diener: Ach, strenger Richter, was ist mein Herz von Grund aus erschrocken! Wie sinkt meine Seele kraftlos nieder, voll des Jammers und des Erbarmens über die armen Seelen. Wer ist doch in aller Welt so sorglos, daß – hörte er dies – er nicht vor dieser schrecklichen Drangsal erzitterte! O du mein einziges Lieb, verlaß mich nicht! Geh nicht so fort von mir, du, mein einziger Trost! Sollte ich so für ewig von dir, meinem einzigen Lieb, getrennt sein – von anderem will ich schweigen –, so wollte ich doch lieber, o Jammer und Not, alle Tage tausendmal gemartert werden. Denke ich nur an die Trennung, so möchte ich vor Angst vergehen. Ach, lieber Herr, teurer Vater, verfahr *hier* mit mir, wie du willst – das magst du gern tun –, aber erspare mir die jammervolle Trennung, denn *die* könnte ich gewiß nicht ertragen.

Die ewige Weisheit: Erschrick nicht! Was in dieser Zeitlichkeit vereint war, bleibt für ewig ungeschieden.

Der Diener: Ach, Herr, hörten das doch alle Menschen, die ihre schönen Tage so töricht vergeuden, damit sie gewitzigt würden und ihr Leben besserten, ehe ihnen wie jenen Unglücklichen geschähe!

12 *Von der unermeßlichen Freude des Himmelreiches*

Die ewige Weisheit: Nun richte deine Augen in die Höhe und schau, wohin du gehörst;[50] du gehörst in das Vaterland des himmlischen Paradieses; du bist auf Erden ein fremder Gast, ein heimatloser Pilger. Und darum, so wie ein Pilger in seine Heimat zurückstrebt, wo die geliebten guten Freunde nach ihm ausschauen und mit großem schmerzlichem Verlangen auf ihn warten, so sollst auch du in das Vaterland eilen, wo man dich so gern sähe, wo man so innig sich nach deiner freudigen Gegenwart sehnt, wo sie dich liebevoll begrüßen, zärtlich empfangen und dich für ewig in ihren freudenreichen Kreis aufnehmen. Sieh, wüßtest du, wie sie nach dir

50 Inhaltlich gibt dieses Kapitel die Auslegung der bereits im 10. Kapitel enthaltenen Andeutung, der Diener solle wahrnehmen, wohin er gehöre, vgl. Bi 237, 4f.

verlangen, wie sie wünschen, daß du im Leiden dich wacker haltest und dich ritterlich zeigest in aller Widerwärtigkeit, die sie selbst überwunden haben – sie denken mit großer Freude an die schweren Jahre, die sie erlebt –, dir wäre alles Leiden um so erträglicher; denn je schwerer du gelitten hast, um so trefflicher wird man dich empfangen. Ja, wie tut die Ehrung so gut, wie durchdringt Freude Herz und Sinne, wenn die Seele von mir vor meinem Vater und vor allen Himmelsbewohnern so ehrenvoll gerühmt, gelobt und gepriesen wird, dafür, daß sie in der Kampfzeit auf Erden so viel erlitten, so viel gestritten und überwunden habe, was manchem, der nichts erlitten hat, so fremd erscheint. Wie wird die Krone so herrlich strahlen, die auf Erden so sauer verdient wurde, wie werden Wunden und Zeichen so hell glänzen, die dort unten aus Liebe zu mir empfangen wurden. Schau, du bist in *diesem* Vaterlande so sehr als Freund geschätzt, daß der fremdeste der unzählbaren Bewohner des Himmels dich gütiger und treuer liebt, als je ein Vater oder eine Mutter ihr einziges herziges Kind im Erdenleben geliebt hat.

Der Diener: Ach, Herr, dürfte ich doch um deiner Güte willen von dir begehren, daß du mir noch mehr von diesem Vaterlande sagtest, damit ich noch schmerzlicher danach verlangte und alles Leiden umso besser erduldete! Wie, lieber Herr, ist dies Land beschaffen, oder was tut man da? Sind ihrer viel dort, oder wissen sie etwa so gut, wie es hier um uns steht, wie deine Worte mir doch wohl andeuten.

Die ewige Weisheit: Nun mache dich auf mit mir, ich will dich in einer Betrachtung dahin führen und will dich von ferne einen Blick tun lassen nach einem ungefähren Gleichnis.

Sieh, über dem neunten Himmel,[51] mehr denn hunderttausendmal größer als die ganze Erde, ist noch ein anderer Himmel, der feurige genannt, nicht vom Feuer so genannt, sondern von dem unübertreffbaren durchstrahlenden Glanz, den er von Natur hat, unbeweglich, unzerstörbar. Und in diesem herrlichen Hofe wohnt das himmlische Heer, dort loben mich die Morgensterne zusammen mit allen jubelnden Gotteskindern.[52] Dort stehen in unfaßbarem

51 Es versteht sich, daß Seuses Darlegung das Weltbild des Mittelalters zugrunde liegt.

52 Vgl. Ijob 38,7.

Glanze die ewigen Throne, von denen die bösen Geister verstoßen wurden und die für die Auserwählten bestimmt sind. Sieh, die herrliche Stadt glänzt von Gold, mit Edelsteinen besetzt, sie leuchtet von edlen Perlen, ist mit edlem Gestein geschmückt, ganz durchsichtig wie ein Kristall,[53] widerscheinend von roten Rosen, weißen Lilien und allerlei lebenden Blumen. Nun blicke selber auf die Himmelsheide: Ja, hier herrscht die ganze Wonne des Sommers, hier ist des hellen Maien Wiese, hier das Tal rechter Freude! Hier blicken fröhliche Augen von Lieb zu Lieb, hier klingen Harfen, tönen Geigen, hier hört man Gesang, schaut Springen und Tanzen, Reigen und ganze Freude;[54] hier findet jeder Wunsch Erfüllung, hier herrscht in immerwährender Sicherheit Freude ohne Schmerz. Schau um dich, nimm die unzählbare Menge wahr, wie sie aus dem lebendigen, rauschenden Brunnen trinkt nach Herzenslust. Sieh, wie sie unverwandt in den lauteren klaren Spiegel der höchsten Gottheit schauen, in dem alle Dinge kund und offenbar sind.

Geh unbemerkt näher und betrachte, wie die liebliche Königin des Himmels, die du so herzlich liebst, in Herrlichkeit und Freude über allem himmlischen Heere schwebt, freundlich geneigt zu dem, welchen sie liebt,[55] umgeben von Rosen und Lilien des Tales. Sieh, wie ihre wonnevolle Schönheit Lust und Freude und Verwunderung allen Himmlischen verleiht. Ja, und nun schau – es wird dir Herz und Sinne erhöhen – und sieh, wie die Mutter der Barmherzigkeit ihre mitfühlenden Augen so mild auf dich gerichtet hat und auf alle Sünder, und wie sie sie mächtig schützt und versöhnt mit ihrem geliebten Kinde.

Nun blick hin mit den Augen der lauteren Erkenntnis und sieh, wie die hohen Seraphim und die liebevollen Seelen desselben Engelchores ohne Unterlaß gleich lodernden Flammen heiß verlangend in mein Inneres hineinzüngeln, wie die strahlenden Cherubim und ihr Kreis ein helles Einfließen und Ausströmen meines ewigen unbegreiflichen Lichtes genießen, wie der Chor der Throne und ihre

53 Vgl. Offb 21,10f.

54 Das Bild vom himmlischen Tanze, der ursprünglich geschritten wurde, und dem Reigen, den man sprang, findet sich oft in der mystischen Literatur.

55 Hld 8,5. Auch der Hinweis auf die Lilien des Tales weist auf das Hohelied zurück: 2,1.

Schar ein mildes Ruhen in mir und ich in ihnen habe. So schaue denn, wie die Dreiheit der anderen Chöre, die Herrscher, Kräfte und Gewalten in Ordnung durchführen die köstliche ewige Einrichtung in der Allheit der Natur; sieh auch, wie die dritte Schar Engelsgeister meine hohe Botschaft trägt und mein Gesetz verkündet in den einzelnen Teilen der Welt. Ach, und nun betrachte, wie herrlich, köstlich und unterschiedlich die große Menge geordnet ist: Welch schöner Anblick ist das![56]

Wende dein Auge und sieh, wie meine auserwählten Jünger und meine allerliebsten Freunde in so großer Ruh und Ehrenhaftigkeit auf den ehrenvollen Richterstühlen sitzen; die Blutzeugen in ihren rosenroten Gewändern erstrahlen, die Bekenner in grünender Schönheit leuchten,[57] die zarten Jungfrauen in engelhafter Lauterkeit glänzen, wie all die Himmlischen vor göttlicher Güte schier vergehen. Ja, welch eine Gemeinschaft, welch frohes Land! Glücklich, der geboren ward, um immer hier zu wohnen!

Siehe, in dieses Vaterland führe ich meine liebe Angetraute heim in meinen Armen aus der Verbannung mit dem großen Reichtum ihrer kostbaren Morgengabe.[58] Inwendig schmücke ich sie mit dem Gewand des Glorienlichtes, das sie über alle ihre natürlichen Kräfte emporhebt. Außen kleidet sie der verklärte Leib, siebenmal heller als der Sonnenschein, schnell, zart, leidensfrei. Ich setze ihr eine köstliche goldene Krone auf, und darauf ein goldenes Kränzlein.[59]

Der Diener: Lieber Herr, was ist das, die Morgengabe, die Krone und das goldene Kränzlein darauf?

Die ewige Weisheit: Die Morgengabe ist ein deutliches Schauen

56 Die Lehre von der Ordnung der Engel geht zurück auf des Dionysius' Buch: «De coelesti hierarchia» (Kap. 7).

57 Im Hor. Sap. steht an der entsprechenden Stelle: «... confessores radiant igneo colore.» Vielleicht ist statt «grunender»: «gluehender» zu lesen, wie Prof. Colledge, Liverpool, in seinem Aufsatz «The Büchlein der Ewigen Weisheit and the Horologium Sapientiae» (Dominican Studies VI [1953]) vermutet.

58 Das ist die Gabe des Mannes am Morgen nach der Hochzeit an die Frau, in besitzenden Kreisen meist ein Geschenk von hohem Wert, wie Landbesitz u. dgl. Hier ist die übernatürlich verliehene Fähigkeit zur Anschauung Gottes gemeint, wobei, was bei Seuse nicht selten ist, dem ritterlichen Lebenskreise geläufige Begriffe ins Übernatürliche und Mystische gewendet werden.

59 Vgl. Ex 25,25.

dessen, was du hier (auf Erden) nur glaubst, ein gegenwärtiges Erfassen dessen, was du hier hoffst, ein liebliches lustvolles Kosten dessen, was du hier liebst. Die Krone ist also wesentlicher, das schöne Kränzlein zufallender Lohn.[60]

Der Diener: Herr, was soll ich darunter verstehen?

Die ewige Weisheit: Zufallender Lohn bedeutet die sonderliche Freude, welche die Seele durch besondere, ehrenwerte Werke gewinnt, mit deren Hilfe sie hier gesiegt hat, wie die hohen Lehrmeister, die starken Blutzeugen, die vollkommenen Jungfrauen; wesentlicher Lohn aber bedeutet schauende Vereinigung der Seele mit der lauteren Gottheit, denn die Seele findet nicht eher Ruhe, bevor sie nicht über all ihre Kräfte und Möglichkeiten hinausgeführt wird und in die natürliche Wesenheit der (drei göttlichen) Personen und die einfache Lauterkeit (göttlichen) Wesens eingeht. Und dadurch findet sie Befriedigung und ewige Seligkeit. Und je losgelöster, je freier der Ausgang (der Seele aus dem Leibe) ist, umso kürzer ist ihr Weg in die wilde Wüste und den tiefen Abgrund der weiselosen Gottheit, in die die Seelen versenkt, mit der sie verschmolzen und vereint werden; sie wollen dann nichts anderes als das, was Gott will, und das ist dasselbe Wesen wie das, was Gott ist: Sie sind selig durch Gottes Gnade, wie er selig ist kraft seiner Natur.

So, nun hebe deinen Blick voll Freude zur Höhe, vergiß eine Weile all dein Leid, laß dein Herz sich laben in der unbegreiflichen Stille, an der lieben Gemeinschaft, die du so heimlich schaust, und sieh, wie rosenrot, wie durch und durch köstlich die Angesichter scheinen, die hier (auf Erden) um meinetwillen so oft schamrot wurden. Laß dein Herz sich freuen und sprich: «Wo ist nun die bittere Scham, die eure reinen Herzen so ganz durchdrang, wo sind nun die geneigten Häupter, die niedergeschlagenen Augen, das verborgene Herzeleid, inniges Seufzen, bittere Tränen? Wo ist nun das bleiche Angesicht, die große Armut, der Mangel; wo die erbarmenswerte Stimme: «Ach, Herr und Gott, mir ist so von Herzen

60 In bildlicher Form werden hier die thomistischen Begriffe des «wesentlichen» und des «dazukommenden» Lohnes verdeutlicht: Jener bedeutet die vollkommene Vereinigung der Seele mit Gott, dieser die Freude über die hienieden gewirkten Werke, sei es nun die Hingabe der Blutzeugen, die Meisterschaft der Lehrenden, die Selbstüberwindung der Jungfrauen.

weh!» Wo sind nun alle, die euch niedrig behandelten und bedrückten? Man hört nicht mehr: «Auf, zum Kampf, zum Streit, ins Gefecht!», Tag und Nacht wie bei denen, die gegen die Heiden zu Felde liegen. Wo ist nun die Zeit, als ihr in der Gegenwart von Gottes Gnade innerlich wohl tausendmal sprachet: «Bist du bereit, fest zu bleiben in der Verlassenheit?» Hört man doch nicht mehr euren kläglichen Ruf der Hilflosigkeit: «O Gott, warum hast du mich verlassen!»[61] Ich höre in euren Ohren lieblich die Worte erklingen: «Kommt her zu mir, ihr meine Lieben, und besitzet für ewig das Reich, das euch von Beginn der Welt bereitet ist.»[62] Wohin ist nun alles Leiden, aller Schmerz, alles Ungemach, das ihr auf Erden je erlittet? Ach, Gott, wie ist das alles, schnell wie ein Traum, hinweggeschwunden, als hättet ihr nie Leid erfahren! Wahrlich, teurer Gott, wie sind deine Gerichte der Welt so verborgen![63] Ja, ihr Auserwählten, nun braucht ihr euch nicht mehr in die Ecken zu verkriechen und euch vor den anderen stumpfen Menschen zu verbergen. Ach, wären doch alle Herzen nur eines, sie könnten die große Ehre nicht fassen, die überschwengliche Würde, das Lob, die Herrlichkeit, die ihr immerdar haben werdet. Ja, ihr Himmelsfürsten, ihr edlen Könige und Kaiser, ihr ewigen Gotteskinder; wie ist euer Antlitz so herrlich, wie sind eure Herzen so fröhlich, wie seid ihr so frohgemut, wie erklingt aus eurem Munde so fröhlich der Gesang: «Dank und Lob, Heil und Seligkeit, Gnade und Wonne und immerwährende Ehre sei ihm dargeboten, von Ewigkeit zu Ewigkeit,[64] aus dem tiefsten Grunde unseres Herzens ihm, durch dessen Gnade wir dies alles für alle Ewigkeit erhalten haben!» – Sieh, hier ist Vaterland, hier vollkommene Ruhe, herzlicher Jubel, unergründliches, ewiges Lob!

Der Diener: O größtes aller Wunder! Ach, unergründliches Gut, was bist du? Wahrlich, lieber, auserwählter, gütiger Herr, wie ist hier so gut sein! Ach, du mein einziges Lieb, laß uns hier bleiben![65]

Die ewige Weisheit: Deines Bleibens ist hier noch nicht, du mußt

61 Mt 27,46.
62 Mt 25,34.
63 Röm 11,33.
64 Offb 7,12.
65 Mt 17,4.

noch durch manchen Streit tapfer hindurch. Dieser Anblick ward dir nur gegeben, daß du in all deinem Leiden eine rasche Umkehr vollziehen könnest – sieh, nun kannst du nie mehr verzagen – und vergißt all deine Leiden und eine Antwort habest auf die Klage der unverständigen Menschen, die da sagen, ich mache es meinen Freunden schwer. Sieh, welch ein Unterschied zwischen meiner und irdischer Freundschaft ist und wie unvergleichlich (viel) besser ich in Wahrheit das Geschick meiner Freunde gestalte: Ich will nicht von der großen Not sprechen, der Mühsal und manch schweren Leiden, in dem sie Tag und Nacht stecken, durch das sie Tag und Nacht sich hindurchkämpfen müssen, daß sie davon so benommen sind, daß sie dessen Sinn nicht verstehen. Es liegt in meiner ewigen Ordnung, daß ein aus den Fugen geratener Menschengeist[66] sich selbst eine Qual und schwere Strafe ist. Meine Freunde leiden körperliches Ungemach, besitzen aber den Frieden des Herzens; die Freunde dieser Welt aber suchen leibliches Behagen und tauschen dafür Unglück des Herzens, der Seele, des Geistes ein.

Der Diener: Die, welche deine wahre Freundschaft und die der falschen Welt miteinander vergleichen, weil du so wenig Freunde besitzt, sind töricht und stumpf. Sie klagen immer über irgendein Leiden. Daran ist doch nur ihre große Blindheit schuld. Oh, wie liebenswert ist deine väterliche Rute.[67] Glücklich der, an dem du sie nicht gespart hast. Nun sehe ich wohl, Herr, daß Leiden nicht von deiner Härte, sondern von gütiger Liebe kommt. Niemand sage, du habest deine Freunde vergessen. Du hast *die* vergessen – denn du hast sie ihrem Schicksal überlassen –, denen du hier Leiden ersparst. Herr, denen, die du dort vor ewiger Not beschirmen, denen du dort ewige Freude schenken willst, soll von Rechts wegen hier nie ein guter Tag, nie Freude und Behagen zuteil werden. O Herr, gib mir, daß die Erinnerung an diese beiden Anblicke nie aus meinem Herzen weiche, daß ich deine Freundschaft nie verliere.

66 *Augustinus,* Bekenntnisse, I, 12.
67 Spr 3,12.

13 Von dem unermeßlichen Vorzug irdischen Leidens

Lieber Herr, sag mir nun, welches Leiden meinst du, das so inniglich nützlich und gut ist. Gar herzlich bitte ich dich, daß du mir davon mehr sagst, damit ich es liebevoll und freudig als aus deiner väterlichen Hand kommend annehme, wenn du es sendest.

Die ewige Weisheit: Ich meine damit jegliches Leiden, sei es freiwillig übernommen oder ohne Zutun zugefallen, wenn ein Mensch aus der Not eine Tugend macht, daß er das Leid ohne meinen Willen nicht loswerden wolle und es zu meinem ewigen Lobe nutze in liebevoller demütiger Geduld; und je williger das geschieht, um so edler und mir wohlgefälliger ist es. Von derlei Leiden sollst du noch mehr hören und es dir tief ins Herz schreiben und es wie ein Vorzeichen vor dem geistigen Blick deiner Seele stehen lassen.

Meine Wohnstatt ist in der reinen Seele wie in einem Paradies aller Freuden; darum kann ich nicht dulden, daß sie mit Zuneigung oder Freude sich einem Ding zuwende; von Natur ist sie zu schädlichem Vergnügen geneigt: Darum sperre ich ihr den Weg mit Dornen,[68] bringe Widerwärtigkeiten in alle Lücken, damit sie, es sei ihr lieb oder leid, nicht entkomme; alle Wege bestreue ich mit Leiden, damit sie ihre Herzenslust nur in der Hoheit meiner göttlichen Natur finden könne. Siehe, wären alle Herzen *ein* Herz, es könnte auf Erden nicht den geringsten Lohn davontragen, mit dem verglichen, den ich in Ewigkeit für das geringste Leiden geben werde, das ein Mensch um meinetwillen leidet. Dies ist meine ewige Ordnung in der ganzen Natur, von der ich nicht abgehe; was edel und gut ist, muß sauer verdient werden; wer zurückbleibt, bleibe zurück; viele sind berufen, wenige auserwählt.[69]

Der Diener: Herr, es mag wohl sein, daß Leiden ein unübertreffliches Gut ist, wenn es nicht maßlos, nicht so furchtbar und unerhört ist. Herr, du allein siehst alle verborgenen Dinge und hast alles nach Zahl und Maß geschaffen;[70] du weißt, daß mein Leiden jegliches Maß übersteigt, daß es über meine ganze Kraft geht. Herr, ist jemand in aller Welt, der schmerzlichere Leiden ohne Unterlaß zu

68 Vgl. Hos 2,6.
69 Mt 20,16.
70 Weish 11,21.

ertragen habe als ich? Ich kann es mir nicht denken. Wie soll ich sie aushalten? Herr, gäbest du mir gewöhnliche Leiden, die wollte ich wohl ertragen; ich weiß nicht, wie ich die ungewöhnlichen, die auf so verborgene Weise mir Seele und Geist einengen und die nur du allein durch und durch kennst, weiter erdulden soll.

Die ewige Weisheit: Jeder Kranke hält sich für den kränksten, jeder Arme für den ärmsten. Hätte ich dir andere Leiden gegeben, es wäre (auch bei dir) das Gleiche. Füge dich freien Willens in meinen Willen in allen Leiden, die ich dir auferlegen will, ohne dies oder jenes Leiden auszunehmen. Weißt du nicht, daß ich nur dein Bestes will, so gut, wie du es selbst willst. Bin ich doch die ewige Weisheit und weiß besser, was das Beste für dich ist. So wirst du wohl empfunden haben, daß die von mir dir gesandten Leiden dir viel näher gehen, viel tiefer greifen und eher zu mir treiben als alle selbstgewählten Leiden, wenn man jene, wie es sich gehört, erträgt. Worüber klagst du dann? Sprich so zu mir: «Tu, mein getreuester Vater, mit mir überall, wie du willst!»[71]

Der Diener: Ach, Herr, das ist so leicht auszusprechen, sind die Leiden aber erst einmal da, so sind sie mühsam auszuhalten, denn sie schmerzen oft gar sehr.

Die ewige Weisheit: Schmerzte Leiden nicht, so hieße man es nicht Leiden. Es ist nichts Schmerzvolleres als leiden, und nichts Erfreulicheres, als Leiden überstanden zu haben. Leiden ist ein kurzer Schmerz und eine lange Freude. Leiden bewirkt, daß dem, welchem Leiden auferlegt ist, leiden nicht mehr leiden bedeutet.[72] Hättest du so viel geistiger Freundlichkeit, göttlichen Trostes, göttlicher Freude (in dir), daß du allezeit von himmlischem Tau überflössest, das wäre dir, an sich betrachtet, nicht so lohnbringend (wie Leiden); denn für all dies hätte ich dir nicht so viel zu danken, es machte mich nicht in gleicher Weise zu deinem Schuldner wie ein liebevoll (ertragenes) Leiden oder Verlassenheit in schlimmer Lage, in der du aus Liebe für mich aushieltest. Es haben sich eher zehn zu armem Leben in großer (geistiger) Lust und milder Freude entschlossen als

71 Mt 26,42.

72 Ähnlich spricht sich auch Meister Eckhart aus. Er dürfte ebenso wie Seuse bei St. Bernhard, «De consideratione» (Patrologiae Latinae tomus 182, Sp. 730), Anregung gefunden haben.

einer zu einem Leben in beharrlichem Leid und in Widerwärtigkeit. Besäßest du aller Sternseher Kenntnisse, könntest du so gut über Gott sprechen wie aller Menschen engelhafte Zungen und verfügtest über aller Lehrmeister gelehrten Reichtum, das könnte dich nicht ebensoviel auf dem Wege zu einem guten Leben voranbringen, wie wenn du dich in all deinem Leid Gott übergeben und überlassen kannst; denn jenes ist Guten und Bösen gemeint, dieses ist allein meinen Auserwählten eigen. Wer Zeit und Ewigkeit richtig zu wägen vermöchte, sollte (es vorziehen) lieber hundert Jahre in einem feurigen Ofen (zu) liegen, als auf den geringsten Lohn um des kleinsten Leidens willen in der Ewigkeit zu verzichten; denn jenes hat ein Ende, dies kennt keines.

Der Diener: Ach, lieber, teurer Herr, das klingt im Ohr eines leidenden Menschen wie süßer Harfenton. Wolltest du mit solchem Psalmgesang mein Leiden begleiten, so wollte ich gern leiden, ja, ein Leben «mit Leiden» wäre besser für mich denn ohne Leiden.

Die ewige Weisheit: Höre nun das süße Spiel der gespannten Saiten eines Gott zuliebe leidenden Menschen, wie voll es tönet und wie lieblich es klingt.

Leiden ist der Welt ein Abscheu, bedeutet aber in meinen Augen unübertreffliche Ehre. Es läßt meinen Zorn erlöschen, läßt mich (Gottes) Wohlwollen gewinnen. Leiden macht mir einen Menschen liebenswert, denn der Leidende ähnelt mir. Leiden ist ein verborgenes Gut, das niemand entgelten kann; und kniete ein Mensch hundert Jahre vor mir und bäte darum, gut zu leiden, es wäre (auch dann) unverdient. Leiden wandelt einen irdischen Menschen in einen himmlischen. Leiden entfremdet (den Leidenden) der Welt, gibt ihm aber meine beständige Vertraulichkeit. Es vermindert die Zahl der Freunde (in der Welt), vermehrt (aber) die Gnade. Wessen ich mich freundlich annehmen soll, muß von aller Welt gänzlich verleugnet und verlassen sein. Leiden ist der sicherste, der kürzeste, der rascheste Weg (zur Seligkeit).[73] Sieh, wer immer recht wüßte, wie nützlich Leiden ist, sollte es als werte Gabe Gottes annehmen. Ach, wie ist so mancher Mensch, der ein Kind des ewigen Todes war

73 Meister Eckhart: «daz snelleste tier, daz iuch treit ze vollekomenheit, daz ist liden» (*Fr. Pfeiffer,* Meister Eckhart, Göttingen 1924, S. 492,23.)

und tief entschlafen, durch Leiden geweckt und ermuntert worden zu gutem Leben. Wie ist so manches wilde Getier, manches ungezähmte Vögelein durch beständiges Leiden gleichsam in einen Käfig eingeschlossen worden, die, hätten sie Zeit und Raum gehabt, der ewigen Seligkeit entronnen wären. Leiden bewahrt vor schwerem Sturz, es läßt den Menschen sich selber erkennen, auf sich selbst stehen, seinem Nächsten glauben. Es bewahrt die Demut der Seele und lehrt Geduld; es ist eine Hüterin der Reinheit und bringt die Krone ewiger Seligkeit. Es wird kaum einen Menschen geben, dem Leiden nicht etwas Gutes eintrüge, wenn auch jetzt noch in seinen Fehlern – er sei nun ein anfangender, ein fortschreitender oder ein vollkommener Mensch –, denn es glüht das Eisen, läutert das Gold, schmückt edles Gestein.[74] Leiden läßt die Sünde ablegen, mindert das Fegfeuer, vertreibt Anfechtung, läßt Mängel verschwinden, erneuert den Geist; es bringt mehr Zuversicht, ein lauteres Gewissen und steten hohen Sinn. Wisse, es ist ein gesunder Trank, ein heilsames Kraut, wertvoller als alle Kräuter des Paradieses. Es züchtigt den Leib, der ja doch der Fäulnis verfällt, speist aber die edle Seele, die ewig leben soll. Diese wächst durch Leiden, so wie die schöne Rose durch den Tau der Maien. Leiden bringt Weisheit und Erprobung. Was weiß ein Mensch, der nicht gelitten hat?[75] Leiden ist eine Zuchtrute (der göttlichen Liebe), ein Schlag (meiner väterlichen Hand) für meine Auserwählten. Leiden zieht und nötigt den Menschen zu Gott, es sei ihm lieb oder leid. Wer sich im Leiden frohgemut verhält, dem dient Leid und Freude, Freund und Feind. Wie oft hast du den zähneknirschenden Feinden das eiserne Gebiß zerschlagen und sie mit deinem frohen Lob und deinem mildgesinnten Leiden kraftlos gemacht! Eher schüfe ich Leiden aus nichts, ehe daß ich meine Freunde ohne Leiden ließe; denn darin werden alle Tugenden bewährt, der Mensch geschmückt, der Nächste gebessert, Gott gelobt. Geduld im Leiden ist ein lebendiges Opfer, ein süßer Duft edlen Balsams vor meinem göttlichen Angesicht, ein vor allem himmlischen Heer in die Höhe dringender Gegenstand des Stau-

74 Hier kann man mit Bihlmyer bei «Eisen» an die sündige Seele, bei «Gold» an die anfangende und fortschreitende, bei «edlem Gestein» an die vollkommene denken (Bi, S. 251, Anm. zu Z. 20).

75 Sir 34,9.

nens. Nie schaute (die Menge) je so sehr auf einen turnierenden Ritter als der ganze Himmel auf einen geduldig leidenden Menschen. Alle Heiligen sind eines leidenden Menschen Mundschenken, denn sie haben Leiden zuvor selbst gekostet und rufen, wie aus einem Munde, es sei ohne jegliches Gift, ein heilsamer Trank. Geduld im Leiden bedeutet mehr als Tote aufwecken oder andere Wunder tun. Es ist der enge Weg, der da herrlich zur Himmelspforte hinaufführt. Leiden macht (einen Menschen) zum Genossen der Glaubenszeugen, es führt mit sich das Lob und den Sieg über alle Feinde; es kleidet die Seele in ein rosenfarbenes Gewand, in Purpur; sie trägt den Kopfschmuck aus roten Rosen, das Zepter aus grünen Palmzweigen, einen glänzenden Rubin in jungfräulicher Gewandspange.[76] Mit süßer Stimme frohen Mutes singt sie ein neues Reigenlied[77] vor in der Ewigkeit, wie es alle Engel nicht singen konnten, denn sie haben nie gelitten. Und, um es kurz zu sagen: Die Leidenden werden von der Welt als arm bedauert, mir heißen sie heilig, denn sie sind meine Auserwählten.

Der Diener: Ach, wie erscheint so klar, daß du die ewige Weisheit bist; kannst du doch die Wahrheit so aus dem Innersten kommend darstellen, daß niemand daran zweifeln kann noch mag. Kein Wunder, daß *der* Leiden willig erträgt, dem du es so lieb zu machen weißt. Mit deinen gütigen Worten hast du erwirkt, daß mir von nun an alles Leiden nicht nur um so erträglicher und erfreuender sein wird, sondern ich knie heute vor dir, mein Herr und getreuer Vater, und lobe dich aus Herzensgrund um des gegenwärtigen Leidens willen und auch um die vergangenen, unmäßigen Leiden, die mich damals so groß dünkten, weil sie mich so feindlich anblickten.

Die ewige Weisheit: Wie denkst du aber jetzt darüber?

Der Diener: Genau gesagt, so: Wenn ich dich, meines Herzens köstliche Erquickung, mit freundlichen Augen ansehe, finde ich, daß die großen, starken Leiden, mit denen du mich wie ein Vater auf die Probe gestellt hast und vor deren Anblick damals noch deine an-

76 vurspan: die das Gewand der Frauen über der Brust zusammenhaltende Spange, wie die römischen Fibeln aus einer runden oder viereckigen geschmückten Platte und einer beweglichen Nadel bestehend; die Platte hatte die Größe etwa einer Hand, war öfter auch durchbrochen.

77 Vgl. Kap. 12, Anm. 54, S. 257.

gesehenen Freunde bei mir erschraken, mir wie ein lieblicher Maientau gewesen sind.

Als derselbe Predigerbruder die Niederschrift vom Leiden begonnen hatte, sah er in derselben Art, wie oben beschrieben, dieselben zwei Frauen, die in Leid und Betrübnis verstrickt waren, vor sich sitzen; und eine von ihnen bat, man möge ihr auf der Harfe spielen.[78] Das nahm er unfreundlich auf und meinte, das zieme sich nicht für geistliche Leute. Da hörte er eine Stimme sprechen, daß ihr Verlangen nicht unangemessen sei. Und sogleich war ein junger Mann da, der machte eine Harfe zurecht, und als er damit zu Ende war, spannte er zwei Fäden kreuzweise darüber, gab die Harfe dem Bruder in die Hand, und da begann er über das Leiden zu sprechen.

14 Wie unsagbar gut es ist, das Leiden Gottes zu betrachten

Der Diener: Wahrlich, Herr, vor allen Herzen ist es verborgen, das unergründliche Gut, das man bei der Betrachtung deines Leidens findet, wenn man ihr Zeit und Raum gibt. Ja, Herr, wie ist doch der Weg deines Leidens ein gar zuverlässiger Weg durch die Wahrheit hindurch bis zum höchsten Gipfel aller Vollkommenheit. Wohl dir, Paulus,[79] du edles Licht am ganzen gestirnten Himmel, daß du so hoch emporgehoben und so tief hineingeführt wurdest in das verborgene Geheimnis der lauteren Gottheit, so daß du die tiefen Worte vernahmst, die niemand aussprechen kann, und dir doch das liebevolle Leiden über alles so sehr ins Herz drang, daß du sprachest: «Ich kenne nur Christus und diesen als den Gekreuzigten.»[80] Gesegnet seist du auch unter allen Lehrmeistern, teurer Sankt Bernhard, dessen Seele von des ewigen Wortes Lauterkeit so durchdrungen war, daß deine freundlichen Worte wie ein milder Tau aus ganzem Herzen uns das Leiden seiner Menschheit kündeten, da wo deine liebende Seele sprach: Das gezierte Myrrhensäckchen des bitteren Leidens meines lieben Herrn habe ich zwischen meine Brüste

78 Mhd. psalterjen: Psalmen singen, auf dem Psalterium, eine Art Harfe, spielen (Bi).
79 2 Kor 12,4.
80 1 Kor 2,2.

gelegt und dies Leiden zärtlich in mein Herz geschlossen.[81] Ich suche nicht wie die Braut, wo er des Mittags ruhen könne, ihn, den mein Herz umfangen hat. Ich frage nicht, wo er des Mittags gespeist werde, ihn, den meine Seele so voll Liebe am Kreuz betrachtet. Jenes ist wohl höher, dieses liebenswerter und (mir) angemessener. Aus dem liebevollen Leiden entnehme ich vollen Ersatz meines kleinen Verdienstes; hierin liegt meine vollkommene Gerechtigkeit: dies Betrachten nenne ich ewige Weisheit, aller Kunst Vollendung, allen Heiles Reichtum, allen Lohnes ganze Fülle. Es beugt mich ein Glück darnieder, es stützt mich in Mühsal; es hält mich zwischen dem Lieb und Leid dieser Welt in rechter Gleichheit und behütet mich in ganzer Sicherheit vor jedem Übel. Ich habe daraus zuweilen einen Schluck seiner Bitternis empfangen, daraus zuweilen auch einen Schluck göttlichen Trostes und geistiger Lieblichkeit.

Ach, darum, teurer heiliger Bernhard, geht von Rechts wegen dein Mund über an lieblichen Worten, da dein Herz mit dem liebenswerten Leiden so gar lieblich durchdrungen war.

Ewige Weisheit, ich merke dies hieran: Wer großen Lohn und ewiges Heil begehrt, wer hohes Wissen und tiefe Weisheit sucht, wer in Lieb *und* Leid feststehen und ganz sicher vor allem Übel sein will, wer einen Trunk deines bitteren Leidens und ungewöhnlicher Milde empfangen möchte, der soll dich, den gekreuzigten Jesus, allezeit vor seinem inneren Blicke haben.

Die ewige Weisheit: Du kennst das große Gut nicht recht, das hierin liegt. Siehe, beständiges Betrachten meines liebevollen Leidens macht aus einem schlichten Menschen einen hohen, kundigen Lehrmeister.

Es ist ein lebendiges Buch, in dem man alle Dinge findet; wie ist der Mensch glücklich, der es zu allen Zeiten vor Augen hat und eifrig darin forscht. Wie vermag der Weisheit und Gnaden, Trost und Güte, Überwindung aller Fehler, Gefühl meiner ständigen Gegenwart gewinnen! Und hierüber höre noch eines:

81 St. Bernhard von Clairvaux (1090–1153), Mönch und Prediger, Theologe, Politiker seines Jahrhunderts; seine stark gefühlsbetonte Schreibweise hat ihn Seuse wohl besonders lieb gemacht. Zahlreich sind die Stellen, in denen der Konstanzer die Schriften des Burgunders benutzt, so auch hier, wo die Predigt 43 zum Texte des Hohenliedes (1,12) frei gestaltet wird.

Es war vor vielen Jahren, als ein Predigerbruder, ein anfangender Mensch, unter einer solch bitteren ungewöhnlichen Schwermut litt, und dies zuzeiten in solch drückender Weise, daß niemand, der es nie selbst erlebt, es begreifen konnte. So saß er einmal nach dem Imbiß in seiner Zelle; da packte ihn das Leiden derart, daß er weder studieren noch beten, noch etwas Gutes tun konnte: Er saß traurig in seiner Zelle, hatte die Hände in den Schoß gelegt, als ob er die Zelle Gott zu Lobe hüten wolle, da er zu aller anderen geistlichen Tätigkeit unnütz sei; und wie er so dasaß, da war ihm, als würden zu ihm diese verständigen Worte geistigerweise gesprochen: «Warum sitzest du hier? Steh auf und versenke dich in mein Leiden, so überwindest du das deinige!» Da erhob er sich geschwind, denn diese Mahnung schien ihm recht vom Himmel gekommen, nahm sich das Leiden des Herrn (zur Betrachtung) vor, und darüber schwand das seinige, so daß er nie mehr in solcher Weise davon heimgesucht ward.

Der Diener: Ach, gütige Weisheit, du kennst doch alle Herzen, du weißt, daß mir vor allen Dingen daran liegt, mir dein qualvolles Leiden mehr als alle Menschen zu Herzen gehen zu lassen; du weißt, daß ich gern unaufhörlich Tag und Nacht bittere Tränen vergossen hätte. Nun klage ich von Herzen, daß mir dein Leiden nicht jederzeit so tief in die Seele dringt und daß ich es nicht mit solcher Liebe betrachten kann, wie du, liebe auserwählte Weisheit, dessen würdig wärest. Darum lehre mich, wie ich mich darin verhalten soll.

Die ewige Weisheit: Die Betrachtung meines Leidens soll nicht in einem eiligen Darübergleiten geschehen, so wie man gerade Zeit und Raum hat, sondern mit herzlicher Liebe und klagendem Weiterschreiten (von einem Geschehen meines Leidens zum anderen), denn sonst dringt die Andacht nicht bis ins Herz, so wie unzerkautes Süßholz im Munde keinen Geschmack hervorruft. Kannst du mein Leiden nicht von der bitteren Not, die ich litt, weinenden Auges überdenken, so sollst du es mit frohem Blick auf das freudige Gut, das du darin findest, tun. Kannst du aber weder heiter noch traurig sein, so sollst du es mir zum Lobe in der Trockenheit deines Herzens durchdenken; und dann wirst du nicht weniger getan haben, als wenn du von Tränen und christlicher Gesinnung zerflössest, denn so handelst du aus Liebe zur Tugend ohne Ansehen deines Selbst. Und damit es dir immer mehr und tiefer zu Herzen gehe, so höre:

Meine strenge Gerechtigkeit läßt kein Unrecht zu in der ganzen Natur, klein oder groß, es muß gebüßt und gebessert werden. Wie sollte nun ein großer Sünder, der vielleicht mehr als hundert Todsünden begangen hat und nach der Schrift für jede sieben Jahre büßen müßte oder die ungeleistete Buße in dem heißen Feuerofen des furchtbaren Fegfeuers abzuleisten hätte, ja, wann sollte die arme Seele ihre Buße zu Ende gebracht haben, wann ihr langes Ach und Weh verstummen? Wie würde es ihr doch gar zu lange! Sieh, diese Zeit der Buße und Besserung hat ihr mein unschuldiges ehrwürdiges Leiden verkürzt. Sie kann sehr wohl in den edlen Schatz meines verdienten Lohnes greifen und daraus für sich entnehmen. Und sollte sie tausend Jahre im Fegfeuer brennen, so hat sie in kurzer Zeit Schuld und Buße abgelegt, so daß sie ohne Fegfeuer zur ewigen Freude gelangt.

Der Diener: Ach, liebe ewige Weisheit, lehre mich das um deiner Güte willen. Wie möchte ich so gern einen solchen Griff tun!

Die ewige Weisheit: Dieser Griff wird so getan: 1. Ein Mensch soll mit Reue im Herzen oft und bekümmert seine großen und häufigen Fehltritte erwägen, mit denen er so offensichtlich seinen himmlischen Vater erzürnt hat. 2. Und danach soll er für nichts achten die Werke seiner eigenen Besserung, denn *die* sind gegen einen Sünder wie ein Tröpflein Wasser gegen das tiefe Meer. 3. Sodann soll er freudig die unermeßliche Größe meiner Buße bedenken, denn das kleinste Tröpflein meines kostbaren Blutes, das da verschwenderisch überall aus meinem liebevollen Leibe floß, könnte für die Sünder von tausend Welten genugtun; und doch zieht jeder Mensch nur so viel dieser Gutmachung an sich, wie er sich durch Mitleiden mir angleicht. 4. Und schließlich soll ein Mensch gar demütig und flehentlich die Kleinheit seines Eigenseins in die Größe meiner Sühne versenken und (darin) festigen.

Und um es kurz zu sagen, so wisse, daß alle Lehrmeister weder der Zahl noch der Raumlehre das unmeßbare Gut, das in beharrlicher Betrachtung meines Leidens verborgen ist, je berechnen könnten.

Der Diener: Ach, lieber Herr, laß es genug sein mit deinen Worten – ich bin ganz vom Gegenstand abgekommen –, und sprich mir noch mehr von dem geheimen Schatz deines liebenswerten Leidens.

15 Von dem liebevollen Gespräch, das die Seele mit Gott unter dem Kreuze hatte, wendet sie sich wieder seinem Leiden zu

Der Diener: Du hast mir die unermeßliche Not aufgezeigt, die dein äußerer Mensch am hohen Kreuze erlitt, wie durchmartert er war und gefesselt mit den Banden eines jammervollen Todes. Ach, Herr, wie stand es unter dem Kreuze, oder war jemand da, dem dein jämmerlicher Tod zu Herzen gegangen wäre, oder wie verhieltest du dich in deiner Not zu deiner traurigen Mutter?

Die ewige Weisheit: Höre da ein kläglich Ding und laß es dir zu Herzen gehen. Als ich, wie du gehört hast, in all der Angst und Todesnot vor meinen Gegnern voll des Jammers am Kreuze hing, da wandten sie sich feindlich gegen mich und riefen mich mit höhnender Stimme an; sie schüttelten ihre Häupter voll Verachtung gegen mich,[82] achteten mich bei sich für nichts mehr, ganz, als ob ich ein ekler Wurm sei. Hierin aber blieb ich standhaft und bat meinen lieben Vater voll der Güte für sie. Sieh, das unschuldige Lämmlein, das ich war, ward den Übeltätern gleichgestellt, deren einer mich verspottete, deren anderer meine Hilfe anrief;[83] ich nahm ihn geschwind auf, vergab ihm all seine Missetat und tat ihm auf das Paradies des Himmels.

Ach, hör ein kläglich Ding: Ich schaute um mich und fand mich hilflos von allen Menschen verlassen;[84] und eben die Freunde, die mir nachgefolgt waren, standen fern von mir,[85] meine lieben Jünger waren entflohen. Ich hing da nackt und all meiner Kleider beraubt; ich war der Machtlose, der Besiegte; sie behandelten mich unbarmherzig; ich (aber), ein schweigendes Lämmlein, blieb sanft.[86]

Mich umgab Herzeleid und bittere Not, wohin ich mich kehrte.

82 Mt 23,39.
83 Lk 23,39–42.
84 Jes 63,5.
85 Lk 23,49.
86 Jer 11,19.

Unter mir stand meine traurige Mutter, und ihr mütterliches Herz empfand bis in den Grund ihrer Seele all das, was ich an meinem Leibe litt. Mein mildes Herz ward davon innerlich ergriffen, da ich allein ihr großes Herzeleid von Grund auf kannte, ihre schmerzlichen Gebärden sah, ihre klagenden Worte hörte. Ich sprach ihr in Güte Trost zu bei diesem tödlichen Abschied und befahl sie meinem geliebten Jünger an als treue Mutter und ihn ihr als treuen Sohn.[87]

Der Diener: Ach, gütiger Herr, wer sollte hier nicht von Herzensgrund aus seufzen und bitterlich weinen! Ach, herrliche Weisheit, wie konnten sie gegen dich, mildes Lämmlein, so hart sein, daß sie, diese wütenden Löwen, die blutgierigen Wölfe, dich so behandelten? Ach, lieber Gott, wäre doch ich, dein armer Diener, dagewesen, an Stelle aller Menschen dort, und hätte vor dir gestanden; oder wäre ich doch mit meinem einzigen Geliebten in den bitteren Tod gegangen; oder hätte ich doch, falls sie mich nicht mit ihm hätten töten wollen, den harten Stein (in den das Kreuz eingerammt war) aus ganzem Herzen mit meinen Armen in Jammer und Klage umfassen können, daß er von Mitleid geborsten wäre und mit ihm auch mein hilfloses Herz aus Schmerz um den Geliebten.[88]

Die ewige Weisheit: Es war mein ewiger Beschluß, daß ich damals den Kelch meiner bitteren Leiden für alle Menschen allein leeren solle. Aber du und alle, die mir folgen wollen, sollen ihr Selbst verleugnen, auf sich nehmen ihr eigenes Kreuz und mir folgen![89] Denn das Sterben (ihres Selbst) ist mir ein solches Zeichen ihrer Liebe, als ob sie mit mir in den bitteren Tod gegangen wären.

Der Diener: Teurer Herr, lehre mich nun, wie ich mit dir sterben soll und welches mein eigenes Kreuz sei, denn wahrlich, Herr, ich will nicht mehr *mir* leben, seit du für mich gestorben bist.

Die ewige Weisheit: Strenge dich an, das Allerbeste zu tun, so wie du es verstehst; wirst du dann von den Menschen verspottet und niedrig behandelt und verachten sie dich bei sich ganz und gar und sind überzeugt, daß du dich weder könnest noch wagtest zu rächen und du nicht nur fest und standhaft hierin bleibst, sondern darüber hinaus den himmlischen Vater voll Güte auch für sie bittest und sie

87 Joh 19,26f.
88 Mt 27,51.
89 Mt 16,24.

voll der Zuneigung ihm gegenüber entschuldigst: Sieh, sooft du aus Liebe auf dein eigenes Selbst verzichtest, so oft auch grünt und blüht (die Sühne durch meinen Tod) in dir. Wenn du dich lauter und unschuldig hältst und deine guten Werke so unterdrückt werden, daß man dich, unter freudiger Zustimmung deines Herzens, zu den Übeltätern zählt; wenn du ferner schnell bereit bist, denen, welche dich peinigen oder von dir eine Sühne verlangen, von Grund aus alles Ungemach zu vergeben, das sie dir je zugefügt, als ob es nie geschehen wäre; wenn du ihnen (auch noch) behilflich bist und dienstbereit mit Worten oder Werken, gleich mir, der ich meinen Kreuzigern vergeben habe: so bist du wahrlich bei deinem Geliebten gekreuzigt. Wenn du dann auf aller Menschen Liebes, auf Nutzen und Trost verzichtest, soweit es nicht die bare Not verlangt, so tritt dein Verzicht auf Liebe der Menschen (sühnend) für die ein, die mich in meiner Todesstunde verließen. Wenn du dich um meinetwillen von allen Freunden losmachst, als ob sie dir nicht zugehörten, in allen Dingen, wo ein Hindernis sich zwischen dich und mich schieben könnte, so habe ich einen lieben Jünger und Bruder unter dem Kreuze stehen, der mir mein Leiden tragen hilft. Die unbehinderte Freiheit deines Herzens kleidet und schmückt meine Nacktheit. Wenn du dann in jeder Widerwärtigkeit, die von dem Nächsten an dich herankommt, aus Liebe zu mir unterliegst, wenn du aller Menschen ungestümen Zorn, von wo und wie rasch er kommt – du habest Recht oder Unrecht –, so sanft über dich ergehen läßt wie ein schweigendes Lamm, derart, daß du mit deinem freundlichen Herzen, mit milden Worten, mit gütigem Gesicht der anderen Schlechtigkeit überwindest, sieh, so wird das wahre Bild meines Todes in dir gestaltet. Wahrlich, wo ich solche Gleichheit finde, was bereitet das Lust und Wohlgefallen, mir selbst und meinem himmlischen Vater!

Trage meinen bitteren Tod in deinem Herzensgrunde, in deinem Gebete, in der Erzeigung deiner Werke: so vollendest[90] du (dadurch) Leid und Treue meiner reinen Mutter und meines lieben Jüngers.

Der Diener: Ach, lieber Herr, ich begehre, daß du das Bild deines jammervollen Todes mir in Leib und Seele einprägst, es sei mir lieb

90 Röm 11,33.

oder leid, zu deinem höchsten Lobe und in Erfüllung deines allerliebsten Willens.

Ich bitte dich im Besonderen, daß du noch ein wenig vom großen Herzeleid deiner trauernden Mutter sprechest und mir sagest, wie sie sich in jener Stunde unter dem Kreuze verhielt.

Die ewige Weisheit: Das frage sie selber.

16 Vom würdigen Lobe der reinen Himmelskönigin

Der Diener: O hoher Reichtum der göttlichen Wissenschaft und Weisheit, wie sind deine Gerichte so unbegreiflich und deine Wege so unerkennbar. Wie hast du so manchen wunderbaren Weg, arme Seelen zu erretten. Was dachtest du oder wie warst du so hochgemut in deiner ewigen Unwandelbarkeit, als du so herrlich das reine, das liebliche, das edle Geschöpf, über allen reinen Geschöpfen[91] erhaben, schufest! Herr, du konntest da wohl sprechen: «Ich denke Gedanken des Friedens.»[92] Herr, du hast aus dem Abgrunde deines wesenhaften Gutes in ihr dir selber ein Abbild geschaffen, in dem du alle vergangenen Wesen wieder in ihren Ursprung geleitet hast. Fürwahr, himmlischer Vater, wie könnte ein sündiger Mensch es wagen, zu dir zu kommen, wenn du uns nicht dein einziges auserwähltes Kind gegeben hättest, die ewige Weisheit, uns zu führen? Gewiß, ewige Weisheit, wie könnte ein armer sündiger Mensch die Kühnheit aufbringen, vor solcher Lauterkeit in seiner Unreinheit zu erscheinen, wenn er nicht die Mutter aller Barmherzigkeit zur Beschützerin nähme? Ewige Weisheit, bist du mein Bruder, so bist du auch mein Herr; bist du wahrer Mensch, so bist du, ach, auch wahrer Gott und ein gar strenger Richter der Übeltaten.

Da nun, ach, unsere armen Seelen in den engen Schranken ungründlichen Herzeleides leben und wir uns weder hin noch her bewegen können, so bleibt uns nur, daß wir unsere hilflosen Blicke auf die auserwählte Königin des Himmels richten. Darum sei du, widerglänzender Spiegel des ewigen Sonnenglanzes, du verborgener

91 Gemeint sind die Engel.
92 Jer 29,11–12.

Hort unfaßbar tiefer göttlicher Barmherzigkeit, heute gegrüßt von mir und allen sündigen, reuigen Herzen! Ja, ihr hohen Geister, ihr reinen Seelen, tretet hin, rühmt und preist, lobt und verherrlicht den köstlichen Garten aller Freude, die hohe Königin, denn dessen bin ich nicht würdig, sie erlaube es mir denn aus Güte!

O du auserwähltes Herzlieb Gottes, schöner goldener Thron der ewigen Weisheit, erlaube mir armem Sünder, doch ein klein wenig mit dir von meinen Fehlern zu sprechen. Schüchternheit im Blick, Scham im Angesicht, wirft sich meine Seele gesenkten Blickes vor dir nieder. Ach, Mutter aller Gnaden, mir ist – nicht weiß ich wie – , als ob weder meine Seele noch die eines anderen sündigen Menschen irgendeiner Erlaubnis oder eines Mittlers dir gegenüber bedürfe; du bist doch die Mittlerin aller Sünder, die (selbst) keiner Vermittlung bedarf. Je sündiger eine Seele ist, umso eher denkt sie, zu dir einen Zugang zu besitzen; je größer ihre Missetat, umso eher dringt sie zu dir hin. Darum, meine Seele, schreite unbekümmert voran! Vertreibt dich deine große Übeltat, ach, so lädt dich die unergründliche Milde ein.

Darum also, du einziger Trost aller sündigen Herzen, du einzige Zuflucht verschuldeter Menschen, zu der manches feuchte Auge, manches verwundete, hilflose Herz erhoben wird, sei eine gnädige Mittlerin und Sühnerin zwischen mir und der ewigen Wahrheit! Gedenke, gedenke, liebreiche auserwählte Königin, daß du all dein hohes Ansehen von uns sündigen Menschen hast! Was hat dich zur Mutter Gottes gemacht, zu einem Schrein, in dem die ewige Weisheit so lieblich geruht hat? Das, Frau, hat unser armen Menschen Sünde getan! Wie wolltest du Mutter der Gnaden, Mutter der Barmherzigkeit heißen als durch unsere ständige Not, die deiner Gnade und deiner Barmherzigkeit bedarf. Unsere Armut hat dich reich gemacht, unsere Fehler haben dich über alle Geschöpfe hinaufgehoben.

Darum wende deine barmherzigen Augen, du, die dein gütiges Herz nie von einem Sünder, nie von einem trostbedürftigen Menschen abkehrte, auf mich armen Menschen, nimm mich unter deinen Schutz, denn mein Trost und meine Zuversicht liegen an dir. Wie ist so manche sündige Seele, die sich von Gott und allem himmlischen Heer getrennt hat, die an Gott verzweifelte und von ihm voll des Jammers geschieden ist und die sich an dich anschloß, von dir ach so gütig unterstützt worden, bis sie durch deine Gnade wieder zu Gnaden kam! Wer ist der Sünder, der vielfaches Verbrechen, vielfache Missetat begangen und der, denkt er an dich, nicht wieder Mut gewänne? Auserwählter, einziger Trost von uns armen Sündern, Gottes unergründliche Güte hat dich allen Sündern so lieblich gemacht, daß uns danach durch deine überströmende Güte verlangen muß. Sieh, wenn sich meine Gedanken ganz in dich versenken, so erhöht sich mein Sinn, und es dünkte mir recht und billig, daß, wenn es möglich wäre, meine Augen sich mit Tränen füllten und mein Mund von Worten herzlieber Liebe überginge. Wie Honig fließt dein Name in meiner Seele. Du heißest doch «Mutter» und «Königin der Barmherzigkeit»; ach, teure Mutter, ach, gütige Königin unergründlicher Barmherzigkeit! O welch ein Name! Wie ist doch das Wesen so unendlich tief, dessen Name so voll der Gnaden ist. Klang je ein Saitenspiel so lieblich in einem unsteten Geiste wie der reine Name der Gottesmutter in unseren reuigen Herzen? Diesem hohen Namen soll sich mit Fug und Recht jedes Haupt neigen und jedes Knie beugen. Wie oft hast du die bösen Geister von uns weg in die Flucht geschlagen! Wie oft des strengen Richters zornige Gerechtigkeit von uns abgewehrt! Wie oft uns Gnade und Trost von ihm erlangt! Ach, wir armen sündigen Menschen, was wollen wir hierzu sagen, wie sollen wir ihr für so viel Gutes jemals danken! Wenn alle Engel, alle reinen Geister und Seelen, Himmel und Erde und alles, was sie umgreifen, ihre Würde, ihre Wonne, ihre Gnade und ihre unermeßliche Ehre nicht genügend loben können, ach, was sollen wir sündigen Menschen dann tun? Handeln wir nach unserem Vermögen, sagen ihr Gnade und Dank, denn ihre große Demut sieht nicht auf die Dürftigkeit der Gabe, sondern auf die Fülle des Willens.

Ach, milde Königin, wie kann sich das weibliche Geschlecht deiner mit Fug und Recht freuen! Wie nun? Kann man noch sagen, verflucht sei Eva, daß sie von der Frucht (des verbotenen Baumes) aß? Gesegnet sei sie vielmehr, daß sie uns je (Maria) die süße Himmelsfrucht brachte. Niemand beklage mehr (den Verlust) des Paradieses – wir haben *ein* Paradies verloren und zwei gewonnen. Oder ist sie nicht ein Paradies, sie, in der da wuchs die Frucht des lebenden Baumes, in der jede Freude und jeder Frohsinn miteinander beschlossen waren? Oder ist nicht auch er, Jesus Christus, ein Paradies über allen Paradiesen, in dem die Toten wieder Leben gewinnen, wenn sie von seiner Frucht versuchen, von dessen Händen und Füßen und Seiten lebendige Brunnen fließen, die alles Erdreich benetzen, Brunnen unerschöpflicher Barmherzigkeit, unergründlicher Weisheit, überfließender Milde, sehnender Liebe und der Brunnen des ewigen Lebens? Gewißlich, Herr, wer von dieser Frucht versucht, von diesem Brunnen getrunken hat, weiß, daß diese beiden Paradiese bei weitem das irdische übertreffen.

Auserwählte Königin, du bist auch der Gnade Tor, die Pforte des Erbarmens, die nie verschlossen ward. Himmel und Erde mögen vergehen, ehe daß du jemanden, dem es Ernst damit ist, ohne Hilfe von dir gehen läßt.

Sieh, darum gehört dir mein erster Blick, wenn ich aufstehe, mein letzter, wenn ich schlafen gehe. Was deine reinen Hände Gott darbieten, auch wenn es an sich unbedeutend ist, wie könnte das angesichts deiner, der Überbringerin, Würde verworfen werden, wenn du, die Reine, vor deinem lieben Kinde dafür eintrittst. Darum, teure Auserwählte, nimm meine kleinen Werke und bring sie vor (Gott), daß sie durch (die Kraft) deiner Hände etwas gelten vor den Augen des allmächtigen Gottes. Du bist ja das reine rotgoldene Gefäß, mit Gnaden durchschmolzen, mit edlen Smaragden und Saphiren und allerlei Tugenden durchwirkt, dessen bloßer Anblick in den Augen des himmlischen Königs den Anblick jedes lauteren Geschöpfes übertrifft. Ach, auserwählte, liebliche Angetraute Gottes! Wenn den König Aswerus in seinem Herzen die Schönheit der lieblichen Hester ganz gefangennahm,[93] sie vor allen Frauen seinen Augen wohlgefiel, wenn sie Gnade vor allen Frauen bei ihm fand, so daß er tat, was sie begehrte: ach, du, die rote Rose und alle Lilien übertrifft, wie mag da erst der himmlische König von deiner lauteren Reinheit, deiner mildgesinnten Demut, dem lieblichen Duft all deiner Tugenden und Gnaden so gar gefangengenommen werden! Oder wer hat das wilde Einhorn gefangen, wenn nicht du?[94] Welch unermeßliches Wohlgefallen hat in seinen Augen vor allen Men-

93 Est 2,9.

94 Nach Isidor von Sevilla (560–636) stellt das pferdeähnliche Fabeltier Einhorn Christus dar; es läßt sich nur von einer Jungfrau (Maria) fangen: ein Beispiel für die Versinnbildlichung der Naturerscheinungen im Mittelalter.

schen deine liebliche Schönheit gefunden, gegen die alle Schönheit nur wie Glühwürmlein ist, verglichen mit dem glänzenden Schein der Sonne! Welch überfließende Gnade hast du vor ihm gefunden für dich und uns andere gnadelose Menschen! Wie wird oder kann dir denn der himmlische König etwas versagen? Du darfst wohl sprechen: «Mein Geliebter ist mein, und ich bin sein.»[95] Ach, du bist Gott zugehörig und Gott dir, und ihr beide ein ewiges unergründliches Liebesspiel, das keine Zweiheit je scheiden kann! Gedenket, vergesset nicht uns arme Bedürftige, die noch so voll des Jammers in sorgenvoller Verbannung wandern!

Ach, Gebieterin Himmels und der Erde, erhebe dich und sei eine Mittlerin, erwirb uns Gnade bei deinem lieben Kinde, der ewigen Weisheit. Ach, ewige Weisheit, wie willst du mir nun noch irgend etwas abschlagen? Wie ich mich deiner dem ewigen Vater gegenüber (als Vermittler) bediene, so stelle ich deine reine, teure auserwählte Mutter vor deine gütigen Augen; wohlan, schöne Weisheit, betrachte die freundlichen Augen, die dich oft so liebreich angeblickt haben, sieh die feinen Wangen, die sie so oft voll Liebe an dein Kindergesicht gedrückt hat. Ach, schau den milden Mund, der dich oft so zärtlich geküßt hat, und die reinen Hände, die dir so oft gedient haben. Ach, du freigebige Güte, wie kannst du *der* etwas versagen, die dich so voll Zuneigung nährte und in ihren Armen trug, dich legte und aufnahm und so liebevoll großzog.

Herr, ich erinnere dich an all die Liebe, die du je in deinen Kindestagen von ihr erfuhrest, als du sie, auf ihrem Schoße sitzend, so innig und zärtlich mit deinen blinkenden Augen anlachtest und sie in unergründlicher Zuneigung und Liebe, die du zu ihr mehr als zu allen anderen Geschöpfen hattest, mit deinen Kinderarmen umschlossest. Gedenke auch des großen Leides, das ihr mütterliches Herz mit dir teilte unter dem Kreuze des Jammers, da sie dich in Todesnot sah und ihr in tiefer Betrübnis und Drangsal Herz und Seele gar oft erstarben, auf daß du mir durch ihre Gnade gebest, alle Hindernisse zu überwinden, um deine Gnade zu erwerben und sie nie mehr zu verlieren.

95 Hld 2,16. Ein Beispiel dafür, wie Ausdrücke weltlicher Liebesdichtung in die Durchführung mystischer Gedankengänge hineinklingen. Vgl. Ph. Strauch, Ad. Langmann, S. 103 f.

17 Vom unsagbaren Herzeleid der Gottesmutter[96]

Wer gibt meinen Augen so viel Tränen anstatt Buchstaben, daß ich, helle Tränen weinend, die jammervollen der unergründlich tiefen Betrübnis Unserer Lieben Frau schildern könne? Reine Frau, edle Königin Himmels und der Erde, rühre mein steinernes Herz mit einer heißen Träne, wie du sie unter dem jammervollen Kreuze vergossest angesichts der bitteren Drangsal deines zarten Kindes, daß dies Herz erweiche und dich verstehen kann; denn Herzeleid ist solcherart, daß niemand es recht erkennt als der, den es befällt. Ach, auserwählte Frau, rühre jetzt mein Herz mit deinen traurigen Worten und sage mir kurz und verständig, allein zu meiner Ermahnung, wie dir zumute war und wie du dich unter dem Kreuze verhieltest, als du dein liebes Kind, die schöne ewige Weisheit, so jämmerlich dahinsterben sahst.

Antwort: Das sollst du mit Jammer und tiefer Betrübnis vernehmen; denn wenn ich auch jetzt allen Leides ledig bin, so war dem zu jener Zeit nicht so.

Ehe ich unter dem Kreuze stand, hatte ich gar manches große, unsagbare Leid verspürt, besonders von der Stelle an, wo ich zuerst sah, wie man mein Kind schlug und stieß und mißhandelte; da verließen die Kräfte mich, und so wurde ich dem lieben Sohn bis unter das Kreuz nachgeführt. Wenn du aber fragst, wie mir da zumute war und ich mich da verhielt, so höre (soweit mir möglich ist, das zu sagen); denn kein je geborenes Herz könnte das völlig ergründen. Sieh, alles Herzeleid, das je jemanden überkam, war wie ein Tropfen gegen das Meer angesichts des unermeßlichen Leides, das mein mütterliches Herz befiel. Und dies merke: Je lieber wir den Geliebten haben, je göttlicher und je zärtlicher er ist, umso unerträglicher ist uns sein Tod. Ach, wo wurde auf dieser Welt etwas

96 Ein eigentümlicher Ausdruck mittelalterlicher Frömmigkeit sind die sogenannten Marienklagen, «leidenschaftliche Klagen Marias unter dem Kreuze über den Tod ihre Sohnes». Sie finden sich in der religiösen Dichtung Syriens und Byzanz' ebenso wie in der des Abendlandes. Eine gewisse Bedeutung gewann unter ähnlichen Erzeugnissen der fälschlich Bernhard von Clairvaux zugeschriebene Traktat «Liber de passione Christi et doloribus et planctibus matris eius» (P. 182, Sp. 1134,42), der im Folgenden und ferner in Kap. 19 und 20 von Seuse benutzt wurde.

Teureres geboren, etwas Liebenswürdigeres gesehen als mein einziges, liebes Kind, an dem und in dem ich gänzlich alles besessen hatte, was diese Erde bieten kann. Ich war mir selber gleichsam tot und lebte in ihm; und als mir mein liebes Kind getötet ward, da starb ich (selbst) erst gänzlich. Wie mein einziges Kind einzigartig und über allem Lieb stehend war, so war mein einziger Schmerz einzigartig und leidvoller als ein Leid, von dem je berichtet wurde. Seine schöne wohlgefällige Menschheit war mir ein freudiger Anblick, seine ehrwürdige Gottheit hielt meine Augen voll des Staunens gefangen; eine Herzensfreude war für mich, an ihn zu denken; von ihm zu sprechen bot mir Vergnügen, seine freundlichen Worte zu hören war meiner Seele wie der Klang der Saiten. Er war das Vorbild meines Herzens, die Wonne meiner Seele; Himmel und Erde und alles, was sie umfassen, besaß ich in seiner Gegenwart. Welch ein Anblick, als ich mein Lieb vor mir am Kreuze sah in Todesnot! Welch ein Bild für meine Augen! Wie erstarb in mir das Herz, wie mein Sinn! Wie schwanden mir die Kräfte und all meine Sinne. Ich schaute auf; da konnte ich meinem lieben Kinde nicht zu Hilfe kommen; ich blickte um mich, da sah ich *die,* welche mir mein Kind so furchtbar mißhandelten. Wie eng ward mir da auf dem ganzen Erdenrund! Ich fühlte nichts mehr, konnte kein Wort mehr sprechen, meine Kraft hatte mich völlig verlassen. Doch als ich wieder zu mir selber kam, begann ich mit erstickter Stimme zu meinem Kinde unter anderen diese Klageworte zu sprechen: «Ach Kind, mein Kind, freudenreicher Spiegel meines Herzens, in dem ich mich so oft voll Frohsinn betrachtet habe, wie sehe ich dich nun so leidvoll vor meinen Blicken! Ach, Hort, kostbarer als diese ganze Welt, meine Mutter, mein Vater, alles, was mein Herz erdenken kann, nimm mich mit dir! Oder wem willst du deine hilflose Mutter nach deinem Tode anvertrauen? O Kind, wer gibt mir, daß ich für dich sterbe, diesen bitteren Tod für dich erleide. Ach, Jammer einer Mutter, der man ihr Liebstes genommen, wie bin ich aller Freude, aller Liebe, allen Trostes beraubt! Ersehnter Tod, warum verschonst du mich? Nimm hin, nimm hin mitsamt dem Sohne die arme Mutter, deren Leben bitterer ist als irgendein Sterben. Sehe ich doch *den* sterben, den meine Seele liebt. Ach, Kind, liebes Kind!»

Sieh, und als ich mich meinem Jammer so überließ, tröstete mich mein Kind voll Güte und sprach unter anderem: die Menschen könnten auf andere Weise nicht erlöst werden; er wolle am dritten Tage wieder auferstehen und mir und seinen Jüngern erscheinen; «Frau», sagte er, «laß dein Weinen, weine nicht, liebe Mutter. Ich werde dich in Ewigkeit nicht verlassen.» Und da mein Kind mich so gütig tröstete und mich dem Jünger, den er liebte und der auch voll des Leides dabeistand, empfahl – diese Worte drangen mir so voll Weh und Trauer ins Herz, daß sie es wie ein spitziges Schwert durchbohrten –, da ergriff auch die harten Menschen (um mich herum) großes Erbarmen mit mir. Ich erhob Hände und Arme und hätte gern im Leide meines Herzens mein liebes Kind umfangen, und *das* konnte ich doch nicht. Da überkam mich das Leid mit Macht, ich sank (wie oft, weiß ich nicht) unter dem Kreuze nieder und verstummte. Und wenn ich wieder zu mir kam und ich nichts anderes erlangen konnte, küßte ich das Blut, das von meines Sohnes Wunden niederfloß, so daß die Farbe seines Blutes meine bleichen Wangen und meinen Mund röteten.

Der Diener: O unergründliche Güte, wie unermeßlich ist doch deine Qual und deine Not. Wohin soll ich mich wenden oder wohin meine Blicke richten? Betrachte ich die schöne Weisheit, so erblicke ich Not, die mir den Mut entsinken läßt; von außen schreit meinen Herrn man an, Todesangst bedrängt ihn innerlich, all seine Sehnen sind gespannt, sein Blut entströmt. Da zeigt sich nur Jammer und Weh und ein von aller Liebe verlassenes Sterben ohne jegliche Rettung. Wende ich dann meine Augen zur reinen Mutter, so sehe ich ihr Herz wie von tausend Schwertern durchbohrt, ihre lautere Seele durch Qual erschöpft. Solch kummervoller Blick ward nie geschaut, solch mütterliche Klage nie vernommen. Ihr schwacher Leib ist von Leid zusammengesunken, ihr schönes Antlitz von dem Blute des Sterbenden gerötet. O unübertreffbares Leid, unüberbietbare Not! Seine Qual liegt an der traurigen Mutter Leid, die der traurigen Mutter an ihres lieben Kindes unverschuldetem Tode, der sie mehr schmerzt, als es ihr eigener könnte. Er blickt sie an und tröstet sie gütig; sie streckt ihre Hände voll Leid nach ihm aus und möchte gern in ihrer Qual für ihn sterben. Ach, wem von beiden ist hier weher? Wer trägt das größere Leid? Beiderseits ist es so unergründlich, daß es seinesgleichen nie gegeben hat. Ach des Mutterherzens, des zarten Frauensinnes! Wie könnte dein mütterliches Herz dies unüberbietbare Leiden je ertragen? Gesegnet sei dies treue Herz, gegen dessen Leid alles, was je von Leid gesprochen und geschrieben wurde, wie ein Traum gegen die Wahrheit ist.

Gesegnet seist du, aufsteigendes Morgenrot, über alle Geschöpfe, gesegnet sei der mit Blumen bestandene Rosenanger deines schönen Antlitzes, geziert mit dem rubinroten Blute der ewigen Weisheit!

Ach anmutiges Angesicht der schönen Weisheit, wie stirbst du dahin! Schöner Leib, wie hängst du da! Ach und weh! reines Blut, wie rinnst du so heiß hernieder auf die Mutter, die dich gebar. All ihr Mütter, laßt euch dies Leid geklagt sein. Alle reinen Seelen, laßt euch dies rosenrote, reine Blut zu Herzen gehen, das die lautere Mutter so benetzt. Schaut, ihr alle, die je schweres Leid trugen, sehet, daß diesem Schmerz keiner je gleich ward. Kein Wunder, daß unsere Herzen hier vor Jammer und Erbarmen zerfließen, war doch die Not so groß, daß sie die harten Steine spaltete, das Erdreich erbeben ließ, daß die Sonne erlosch, auf daß sie *mit* dem Schöpfer litten.

18 Von dem innerlichen Leiden des Heilandes, als er am Kreuze hing

Der Diener: Je mehr man sich, ewige Weisheit, in dein unermeßliches Leiden versenkt, um so abgründiger ist es. Deine Not war schon sehr groß *unter* dem Kreuze, sie war noch größer *am* Kreuze, was deine äußeren Kräfte betraf, die zu jener Stunde die bitteren Todesschmerzen fühlten. Ach, lieber Herr, wie stand es aber um deinen inneren Menschen, um deine edle Seele? Hat nicht irgendein Trost und ein Güte, wie bei anderen Märtyrern, das dir zugefügte furchtbare Leiden umso mehr gelindert, oder wann nahm (dies innere Leiden) ein Ende?

Die ewige Weisheit: Vernimm du von einer Not ob aller Not, von der du je gehört hast. Wenn auch meine Seele nach ihren obersten Kräften im Schauen und Kosten der lauteren Gottheit so herrlich dastand, wie sie nun ist, so waren doch die niederen Kräfte des innreren und des äußeren Menschen ganz sich selbst überlassen bis ins

Tiefste unergründlicher Bitterkeit in ganzem trostlosem Leid, wie es sonst nie erlebt ward. Ach, höre: Als ich ganz und gar hilflos und verlassen am Kreuze hing mit niederfließendem Blute meiner Wunden, weinenden Augen, auseinandergedehnten Armen, zerzerrten Sehnen all meiner Glieder in der Not des Sterbens, da rief ich mit jammervoller Stimme in meiner Hilflosigkeit zu meinem Vater: «Mein Gott, mein Gott, warum hast du mich verlassen!»[97] Und doch war mein Wille mit dem seinigen nach ewiger Ordnung in einem verbunden. Sieh, und da mein Blut und alle meine Kräfte so ganz vergossen und verschwunden waren, da quälte mich in der Todesnot schwerer Durst – mehr noch dürstete mich freilich nach aller Menschen Heil. Da bot man meinem trockenen Munde Galle und Essig. Und als ich das menschliche Heil gewirkt hatte, sprach ich: «Es ist vollbracht!»[98] Ich leistete meinem Vater vollkommenen Gehorsam bis in den Tod,[99] befahl meinen Geist in seine Hände, sagte: «In deine Hände empfehle ich meinen Geist,»[100] und damit schied meine edle Seele von meinem göttlichen Leibe, die beide ungetrennt von der Gottheit blieben. Danach wurde ein scharfer Speer durch meine rechte Seite gestoßen. Da strömte ein Quell kostbaren Blutes heraus, zugleich ein Brunnen lebendigen Wassers.

Sieh, liebes Kind, mit solch jammervoller Drangsal habe ich dich und die Auserwählten gerettet und durch das lebende Opfer meines unschuldigen Blutes von dem ewigen Tode erlöst.

Der Diener: Ach, lieber, teurer Herr und Bruder, wie hast du mich doch so mühsam durch dein herbes Leid errettet! Wie hast du mich doch so herzlich geliebt und so freundschaftlich erlöst. Ach, schöne Weisheit, wie soll ich dir für deine Zuneigung und für dein großes Leiden danken? Sieh, Herr, hätte ich Samsons Stärke und Absaloms Schönheit, Salomos Weisheit und aller Könige Reichtum und Ruhm, ich wollte sie dir zuliebe für deinen Dienst aufwenden. Aber nun bin ich nichts, und darum vermag und kann ich nichts! O Herr, wie soll ich dir danken?

Die ewige Weisheit: Hättest du aller Engel Zungen, aller Men-

97 Mt 27,46.
98 Joh 19,30.
99 Vgl. Phil 2,8.
100 Lk 23,46.

schen gute Werke, aller Geschöpfe Vermögen, du könntest mir auch nicht für das geringste Leiden danken, das ich aus Liebe um deinetwillen je erlitt.

Der Diener: Teurer Herr, so gib mir und lehre mich, daß ich deine Zuneigung als Geschenk deiner Gnade erhalte, da dir deine Liebeswunden niemand entgelten kann.

Die ewige Weisheit: Du sollst dir mein trostloses Kreuz vor Augen halten, dir meine bitteren Schmerzen zu Herzen gehen lassen und all dein Leiden danach gestalten. Wenn ich dich in trostlosem Leide dir selbst überlasse, im Kampf dich darben und dörren lasse ohne jeden Trost, so wie es mein himmlischer Vater tat, sollst du kein Verlangen nach äußerem Zuspruch haben. Dein hilfloses Rufen soll zum himmlischen Vater gerichtet sein unter Verzicht deines Selbstseins, verlangend, seinem himmlischen Willen zu genügen. Je bitterer dein Leiden nach außen ist und je gelassener du nach innen bist, umso gleicher bist du mir und umso lieber dem himmlischen Vater; denn hierin werden die Frömmsten am empfindlichsten auf die Probe gestellt. Wenn auch dein Verlangen drängend fordert, Befriedigung und Lust in etwas zu suchen, was dir Freude bereitet, sollst du aus Liebe verzichten: Dann wird dein durstiger Mund mit dem meinen in Bitterkeit getränkt. Dich soll nach aller Menschen Heil verlangen; du sollst deine guten Werke im Hinblick auf ein vollkommenes Leben tun und (so) bis ans Ende vollbringen. Du sollst deinen Willen in schnellem Gehorsam deinen Vorgesetzten unterordnen, deine Seele in jeder Eigentümlichkeit in des himmlischen Vaters Hände geben, und dein Geist soll jetzt schon aus der Zeit in die Ewigkeit schreiten, so wie wenn du einmal vor deinem letzten Hingange stehst. Siehe, auf solche Weise wird dein Kreuz meinem qualvollen Kreuze nachgebildet und so in herrlicher Weise vollendet.

Du sollst dich in meiner geöffneten Seite an dem liebeswunden Herzen voll der Zuneigung verbergen und da eine bleibende Stätte suchen: Dann will ich dich mit lebendigem Wasser reinigen und mit meinem Blute rosenrot schmücken; ich will mich mit dir verbinden und dich mit mir auf ewig vereinen.

Der Diener: Nie zog ein Magnet hartes Eisen so kräftig an sich, als dein vorbildliches liebenswertes Leiden alle Herzen zur Vereinigung an sich zieht. Ziehe mich, lieber Herr, durch Lieb und Leid von dieser Welt zu dir an dein Kreuz, mache mein Kreuz dem deinigen in höchster Weise gleich, daß meine Seele dich verkoste in deiner allerhöchsten Klarheit.

19 Von der Kreuzabnahme

Der Diener: Ach, reine Mutter, teure Frau, wann nahm dein großer und bitterer Schmerz ein Ende, den du durch dein liebes Kind hattest?

Antwort: Das vernimm mit klagendem Erbarmen. Als mein liebes Kind verschieden war und tot vor meinen Augen am Kreuze hing, als meinem Herzen und meinen Sinnen alle Kraft genommen war und ich nicht anders konnte, blickte ich doch gar manches Mal voll Hilflosigkeit zu meinem toten Kinde empor. Und als sie kamen und ihn abnehmen wollten, da war mir, als wenn ich vom Tode erweckt würde. Wie mütterlich ergriff ich da seine leblosen Arme, mit welcher Treue drückte ich sie an meine blutgeröteten Wangen, und als er herabgenommen war, wie gar liebevoll nahm ich ihn, den Toten, in meine Arme, drückte mein auserwähltes liebes Kind an mein Mutterherz, küßte seine blutigen frischen Wunden und sein totes Angesicht, das doch wie sein ganzer Leib sich zu köstlicher Schönheit gewandelt hatte – das kann sich niemand ausdenken. Ich nahm mein liebes Kind auf meinen Schoß und blickte es an – es war tot; ich schaute wieder und wieder – da war weder Bewußtsein noch Stimme. Da erstarrte mein Herz zum zweitenmal und hätte von den Todeswunden, die es empfing, in tausend Stücke zerspringen mögen. Ich seufzte gar oft ganz tief und innerlich; die Augen füllten sich mir mit vielen kläglichen, bitteren Tränen; ich bot einen gar traurigen Anblick. Wollte ich meine Klage aussprechen, so unterdrückte der Schmerz meine Stimme, und ich brachte kein Wort ganz heraus. Ich sagte: «Ach, wo ward je ein Mensch auf Erden so übel behandelt wie dieses unschuldige, liebe Kind? Weh, mein Kind, mein Trost, meine einzige Freude, wie hast du mich verlassen! Wie sehr bist du mir zur Bitterkeit geworden! Wo ist nun die Freude, die ich von deiner Geburt hatte; wo die Lust an deiner schönen Kindheit? Wo die Ehre und das Ansehen, das mir deine

Gegenwart eintrug? Wohin ist alles gekommen, was je ein Herz erfreuen konnte? Ach, Angst, Bitterkeit und Leid! Es hat sich doch nun alles in unergründliche tiefe Betrübnis, in tödlichen Schmerz verwandelt, ach, mein Kind, mein Kind, wie bin ich nun der Liebe beraubt! Wie ist mein Herz jetzt so ohne Trost!» – Solche und viel andere Klageworte sprach ich beim Anblick meines toten Kindes.

Der Diener: Ach, reine, schöne Mutter, gewähre es mir, noch einmal mein Herz mit dem Anblick deines lieben Kindes und meines Herrn, der liebevollen Weisheit, zu sättigen, ehe es geschieden sein muß, ehe er ins Grab gesenkt wird.

Lautere Mutter, wie unergründlich auch dein Leid sei und wie so ganz im Inneren es jedes Herz bewegen mag, so ist mir doch, als ob du, ich weiß nicht was, an Lust fändest am liebevollen Umarmen deines toten Kindes. Ach, reine, teure Frau, nun bitte ich dich, daß du dein liebes Kind mir geistigerweise auf meine Knie legst, damit ich beim Anblick des Toten nach meinem Vermögen geistlich und betrachtend *das* erlange, was dir leiblich gegeben ward.

Herr, ich wende meine Augen dir zu in der bewegtesten Freude und herzlichsten Liebe, so wie nie auch nur ein einziges Lieb von seinem Geliebten angeschaut wurde. Mein Herz, Herr, öffnet sich, dich zu empfangen, wie die zarte Rose sich der hellen Sonne öffnet. Meine Seele dehnt sich in ihrem unergründlichen Verlangen weit dir entgegen, fürwahr, teurer Herr, und in heißem Sehnen umfasse ich dich heute, dankend und lobend, drücke dich ins Innerste meines Herzens und meiner Seele und erinnere dich an diese liebevolle Stunde, damit du sie mir nimmer lassest verlorengehen, und bitte, daß weder Leben noch Tod, weder Lieb noch Leid dich je von mir scheide. Herr, meine Augen durchdringen dein totes Angesicht, meine Seele küßt alle deine frischen blutigen Wunden, all meine Sinne werden genährt von dieser süßen Frucht unter dem lebendigen Baume des Kreuzes. Und das ist gut so: Der eine setzt seine Zuversicht auf sein unschuldiges Leben, der andere auf viel Frömmigkeitsübung, der eine auf dies, der andere auf das, aber mein Trost und meine Zuversicht liegen ganz und gar in deinem Leiden, deiner Genugtuung, deinem verdienten Lohne. Und darum will ich dies stets im tiefsten Herzen freudig tragen und dies Bild mit Wort und Tat nach außen meinem Vermögen gemäß zeigen.

O wonniger Glanz des ewigen Lichtes, wie bist du nun durch meine Schuld so ganz erloschen. Ersticke in mir die brennende Begierde aller Untugenden. Ach, lauterer, klarer Spiegel der göttlichen Hoheit, wie bist du nun beschmutzt. Reinige mich von den großen Flecken meiner Missetaten. O schönes Bild väterlicher Güte, wie bist du so verunreinigt, so ganz entstellt! Stelle das verunstaltete, das getrübte Bild meiner Seele wieder her! O du unschuldiges Lamm, wie bist du so mißhandelt worden! Büße und sühne für mein schuldiges sündhaftes Leben. O König aller Könige und Herr aller Herren, wie sieht dich meine Seele hier so jammervoll, ein Bild des Todes, liegen. Gib mir, daß, sowie meine Seele dich unter Klage und Jammer hier in deiner Entstellung umfaßt, sie von dir mit Freuden umfangen werde in deiner ewigen Klarheit.

20 *Von dem leidvollen Abschied vom Grabe*

Diener: Nun, liebe Frau, laß dein Leid und diese Rede ein Ende finden und sag mir (noch), wie du von deinem geliebten Kinde schiedest.

Antwort: Es war jammervoll, zu hören und zu sehen. Es war ja alles noch erträglich, solange ich mein Kind bei mir hatte; als sie aber mein totes Kind von meinem erstorbenen Herzen, aus meinen es umfangenden Armen, von meinem Gesicht, daran es lehnte, wegnahmen und es begruben – wie kläglich mir da zumute war, das ist kaum zu glauben. Und als es ans Scheiden ging, welchen Jammer, welche Not bot ich den Blicken dar! Als sie mich von meinem begrabenen, lieben Kinde trennten, war das meinem Herzen wie der bittere Tod. Ich tat an ihren Händen, die mich wegführten, die hilflosen Schritte, denn jeder Trost hatte mich verlassen. Mein Herz sehnte sich, voll des Leides, wieder hin zu meinem lieben Kinde. Meine Zuversicht war unerschüttert: Unter allen Menschen bewies ich ihm ganze Treue und rechte Feundschaft bis zum Grabe.

Der Diener: Liebe, teure Frau, darum grüßen dich alle Herzen und loben dich alle Zungen, denn all das Gut, das uns der gütige Vater hat geben wollen, ist durch deine Hand gegangen. Du bist Anfang und Mitte, du sollst auch das Ende sein. Ach, schöne, lautere

Mutter, erinnere dich heute der jammervollen Trennung, gedenke des bitteren Abschiedes, den du von deinem lieben Kinde nahmst, und hilf mir, daß ich weder von dir noch von seinem frohen Anblick je getrennt werde. Und wie nun, lautere Mutter, meine Seele in erbarmendem Mitleid bei dir steht und dich mit innigem Verlangen empfängt und in der Betrachtung mit herzlichem Sehnen, mit Dank und Lob von dem Grabe durch das Tor zu Jerusalem wieder in dein Haus führt, so begehre ich, daß meine Seele bei ihrem Hinscheiden von dir, vollkommene gute Mutter und Ziel all meines Trostes, sicher in ihre Heimat geführt und der ewigen Seligkeit versichert werde.

Zweiter Teil

21 *Wie man sollte sterben lernen und wie ein unvorbereiteter Tod beschaffen sei*

Wenn mir, ewige Weisheit, jemand alles Erdreich zu Eigen gäbe, so schätzte ich das nicht so sehr wie die Wahrheit und den Ertrag, den mir deine liebliche Lehre eingebracht hat. Darum bitte ich dich von Grund meines Herzens, daß du, ewige Weisheit, mich noch mehr lehrest.

Herr, was gehört einem Diener der ewigen Weisheit, der dir allein angehören möchte, am eigentlichsten zu? Ich hörte gern von der Vereinigung der reinen Vernunft mit der Heiligen Dreifaltigkeit, wie sie in dem wahren Abglanz der Zeugung des Sohnes aus dem Vater und der Wiedergeburt ihres eigenen Geistes sich selbst entzogen und von jedem Hindernis befreit wird.

Ewige Weisheit: *Der* soll nicht nach dem höchsten Gehalt einer Lehre fragen, der in seinem Leben noch am Anfang steht. Ich werde dich lehren, was dir nütze ist.

Diener: Was, Herr, willst du mich lehren?

Ewige Weisheit: Ich will dich sterben lehren und dich leben lehren; ich will dich lehren, mich voll Liebe zu empfangen und mich von Herzen zu loben.[1] Sieh, das gehört dir am eigentlichsten zu.

Diener: Ewige Weisheit, hätte ich Wunschesgewalt, so wüßte ich nichts, was ich in diesem Leben an Belehrung mir sonst wünschen sollte, als mir und allen Dingen zu sterben und dir allein zu leben, dich von Herzen zu lieben, dich voll Zuneigung zu empfangen und würdig zu loben. Ja, Gott, wie ist der Mensch so selig, der dies gut kann und sein ganzes Leben darauf verwendet. Meinst du nun,

1 Diese vier Punkte bilden den Inhalt des 2. Teiles des Büchleins von der ewigen Weisheit (bis Kap. 24 einschließlich).

Herr, ein geistliches Sterben, was mich dein jammervolles Sterben so liebevoll gelehrt hat, oder den leiblichen Tod?

Ewige Weisheit: Ich meine beides.

Diener: Herr, was brauche ich Belehrung über den leiblichen Tod? Man lernt ihn von selbst, wenn er kommt.

Ewige Weisheit: Wer die Belehrung bis dahin aufschiebt, hat sich selbst in Nachteil gebracht.

Diener: Ach, Herr, es ist mir nun doch noch bitter, vom Tode zu hören.

Ewige Weisheit: Darum mehren sich jetzt die Fälle unvorbereiteten, schrecklichen Todes, die sich in Städten und Klöstern so reichlich finden.[2] Sieh, und eben der Tod stand im Geheimen auch hinter dir und wollte dich mit sich führen, wie er es mit der unzählbaren Menge tut; davon will ich dir jetzt ein Beispiel geben. Öffne nun deine inneren Sinne, blick hin, höre; schau die Gestalt des grimmen Todes bei deinem Nächsten, vernimm die klagende Stimme, die du hörst.

Dem Diener zeigte sich das Bild des unvorbereiteten Sterbens eines Menschen; er hörte ihn schreien und mit kläglichen Worten also sprechen: «Mich umgeben die Schmerzen des Todes.»[3] «Ach, Gott vom Himmel, daß ich je in diese Welt geboren ward! Als ich ins Leben trat, schrie und weinte ich, und nun verlasse ich das Leben, wiederum bitterlich weinend und schreiend. Ach, die Seufzer des Todes, die Schmerzen der Hölle umgeben mich. Ach, Tod, grausamer Tod, wie bist du meinem jungen frohen Herzen ein widerwärtiger Gast! Wie wenig dachte ich an dein Kommen! Von hinten hast du mich angefallen und mich erreicht. Ach, du führst mich in deinen Fesseln, wie man einen Verurteilten zum Richtplatze führt. Jetzt schlage ich die Hände über dem Kopf zusammen, ich ringe sie vor Schmerz, denn ich entränne dir gern. Ich schau mich um in allen Teilen dieser Erde, ob mir jemand raten oder helfen könne, und ich finde keinen. Spricht doch der Tod die todbringenden Worte in mir: «Weder Freunde noch Gut, nicht Kenntnis noch Klugheit kann dagegen an, es muß geschehen.» O weh, muß es wirklich sein? Ach,

2 Hier denkt Seuse wohl an die durch die Pest der Jahre 1328–29 herbeigeführten «unvorbereiteten» Todesfälle.

3 Ps 18,5. Die Zeit (statt Vergangenheit die Gegenwart) ist geändert.

Gott, muß ich doch von hinnen? Heißt es jetzt Abschied nehmen? Daß ich je geboren ward! Ach, Tod, was willst du mit mir beginnen?»

Diener: Lieber, warum so heftig? Der Tod ist ein allen gemeinsames Gericht, Reichen und Armen, Jungen und Alten. Viel mehr sterben vor ihrer Zeit als zu der ihnen von der Natur gesetzten. Oder glaubtest du allein dem Tod zu entrinnen? Das war ein großer Unverstand!

Antwort des auf den Tod nicht vorbereiteten Sterbenden: O weh, Gott, fürwahr ein bitterer Trost! Nicht *ich* bin unverständig, *die* sind es, die nicht an den Tod gedacht haben und nicht vor ihm erschrecken. Sie sind blind, sterben wie das Vieh, wissen nicht, was ihnen bevorsteht. Ich klage nicht darüber, daß ich sterben muß, nein, ach, daß ich auf den Tod nicht vorbereitet bin. Ich sterbe und bin darauf nicht vorbereitet. Ich beweine nicht nur das Ende meines Lebens, ich jammere und klage über die köstlichen Tage, die so ganz verloren und ohne allen Nutz dahin sind. Ich bin wie zur Unzeit geboren, verstoßen, wie eine im Mai abgerissene Blüte. Meine Tage sind rascher dahingeflogen als der Pfeil vom Bogen. Vergessenheit bedeckt mich, als ob ich nie gewesen wäre, so wie die Bahn, die der Vogel in der Luft durcheilt, die sich hinter ihm wieder schließt und niemandem mehr bekannt ist.[4] Darum sind meine Worte bitter, ist meine Rede schmerzvoll. Ach, wer gibt mir armem Menschen, daß ich wieder wäre, wie ich zuvor gewesen bin, daß ich die köstliche Zeit (noch einmal) *vor* mir hätte und wüßte, was ich jetzt weiß. Ach, als ich jene Zeit noch mein nannte, schätzte ich sie nicht richtig ein; ich ließ sie unnütz und töricht dahinfließen; nun ist sie mir entrückt, ich kann sie nicht mehr zurückbringen, ich kann sie nicht mehr einholen. Keine Zeit war so kurz, ich hätte sie für kostbarer halten und dankbarer verwenden sollen, als ein armer Mensch, der ein Königreich erhielte. Sieh, darum netzen helle Tränen meine Augen, denn sie können (die verlorene Zeit) nicht wiederbringen. Ach, Gott im Himmel, daß ich so manchen Tag leichtfertig versäumt habe und mir das nun so wenig hilft! Ach, warum lernte ich nicht die ganze Zeit über sterben! Ach, ihr blühenden

4 Weish 5,11.

jungen Menschen,[5] die ihr eure Tage noch vor euch habt, schaut auf mich und nehmt Vernunft an, wendet euch in eurer Jugend zu Gott und bringt eure Zeit mit ihm allein zu, daß euch nicht wie mir geschehe. Ach, Jugend, wie habe ich dich vergeudet. Das laß dir, Gott im Himmel, stets geklagt sein: Ich wollte niemandem glauben, mein wilder Sinn mochte keinen anhören; ach, Gott, jetzt bin ich in die Falle des bitteren Todes geraten. Die Zeit ist dahin, die Jugend vorüber; besser wäre mir der Mutterleib zum Grabe geworden, statt daß ich die schöne Zeit so erbärmlich vertan habe.

Diener: Kehre dich zu Gott, bereue deine Sünden; ist das Ende gut, so ist alles gut.

Antwort des unvorbereitet Sterbenden: O weh, was sprichst du da? Soll ich jetzt bereuen, soll ich umkehren? Siehst du nicht, wie sehr ich erschrocken bin, wie groß meine Not ist? Mir ist wie einem von einem Raubvogel gepackten Vöglein geschehen, dem vor Todesangst unter dessen Krallen die Sinne vergangen sind. Ich möchte nur entrinnen und weiß, daß ich es nicht kann; mich drückt der Gedanke an den Tod und das bittere Scheiden! Ach, Reue und freiwillige Umkehr des noch bei Kräften befindlichen Menschen, was seid ihr doch so zuverlässig! Wer das versäumt, mag wohl (seinerseits) vernachlässigt werden. Ach, langes Aufschieben meiner Besserung, wie bist du mir zu lange geworden! Der gute Wille ohne Taten, die guten Versprechungen ohne Erfüllung haben mich ins Verderben gestürzt. Ich habe die Tage im Hinblick auf Gott ungenützt hingebracht, bis ich in die Nacht des Todes gefallen bin. Ach, allmächtiger Gott, ist das nicht ein Jammer, größer als jeder andere? Soll mir das nicht weh tun, daß ich mein ganzes Leben, meine dreißig Jahre, so verloren habe? Weiß ich doch keinen Tag, den ich je ganz nach Gottes Willen verbracht hätte, wie ich mit Fug und Recht hätte tun sollen; ja, nicht (einmal), ob ich Gott je einen ihm genehmen Dienst erwiesen habe. Ach, das schneidet mir durchs Herz; ach, wie werde ich so schmählich vor dir und dem ganzen himmlischen Heere dastehen!

Nun geh' ich von dieser Welt, und jetzt freute mich ein einziges Ave-Maria, mit Andacht gesprochen, mehr, als wenn mir einer tau-

5 Wörtlich: «ihr blühenden Rosen ...»

send Goldmark in die Hand gäbe. Ach, Gott, was habe ich doch versäumt, wie habe ich mich selbst geschädigt! Daß ich *das* nicht bedachte, solange ich noch konnte! Was ging mir an Stunden verloren, wie ließ ich mich durch wichtige Dinge von solchem Glück abbringen! Mir wäre jetzt lieber, und es brächte mir mehr des ewigen Lohnes ein, wenn ich auf meine Lust beim Anblick meines Freundes, der gegen Gottes Willen geschah, aus Liebe (zu Gott) verzichtet hätte, als daß er dreißig Jahre kniefällig bei Gott für mich einen Lohn gefordert hätte. Hört, hört, alle Menschen, mein Leid! Überall bin ich herumgegangen, nun, da die Zeit mir knapp geworden ist, und habe um das kleine Almosen des verdienten Lohnes guter Leute für mich zur Sühne gebettelt; das ist mir abgeschlagen worden, denn sie fürchteten, das Öl in *ihren* Lampen werde nicht reichen.[6] Ach, Gott im Himmel, erbarme dich dessen, daß ich so großen Lohn und Reichtum an so manchem müßigen Tage mit meinem gesunden Leibe hätte verdienen können und daß mir nun niemand das kleine Almosen gibt, das mir nur zur Sühne, nicht als Lohn, zu Dank wäre; ach, laßt euch das, Junge und Alte, zu Herzen gehen; und solange ihr könnt, sammelt in der guten Zeit, damit ihr in der (letzten) Stunde nicht zu Bettlern werdet und man euch wegweist.

Diener: Ach, lieber Freund, deine Not geht mir zu Herzen. Gib mir, ich beschwöre dich bei dem lebendigen Gotte, daß du mir ratest, damit ich nicht in ebendiese Drangsal komme.

Antwort des unvorbereitet Sterbenden: Der beste Rat, die größte Weisheit und Voraussicht, die es auf Erden gibt, ist, sich durch vollkommene Beichte und durch Verzicht auf alle Dinge, denen du verhaftet bist, vorzubereiten und dich so zu verhalten, als ob du dieses Tages oder längstens innerhalb einer Woche von hinnen scheiden solltest. Stelle dir jetzt vor, deine Seele sei im Fegfeuer und solle dort um ihrer Fehler willen zehn Jahre bleiben, und es sei dir nur noch dies Jahr verliehen, ihr zu helfen. Betrachte sie gar oft, wie hilflos sie dich anriefe und spräche: «Ach, liebster Freund, reich mir die Hand, erbarme dich meiner, hilf mir, daß ich bald diesem grimmen Feuer entkomme, denn ich bin so hilflos, daß mir niemand in Treue hilft

6 Mt 25,9.

als du allein. Die ganze Welt hat mich vergessen, denn jeder Mensch denkt nur an sich!»

Diener: Das wäre eine ausgezeichnete Lehre (für den), der sie so als gegenwärtig empfände und sich ins Herz schriebe wie du. Aber wie durchdringend deine Worte auch sind, so sitzen die Menschen da und achten ihrer wenig: sie haben Ohren und hören nicht, Augen und sehen nicht. Es will niemand sterben, ehe ihn die Seele verläßt.

Antwort des unvorbereitet Sterbenden: Wenn sie nun an der Angel des bitteren Todes hängen und vor Weh schreien, werden sie nicht erhört. Sieh, da meiner Worte unter hundert Geistlichen – von den anderen will ich nicht sprechen – nicht einer achtet, um sich zu bekehren und zu bessern, ist es nun so weit gekommen, daß unter Hunderten nicht einer ist, der nicht, wie ich, unvorbereitet stirbt, und ohne Bewußtsein des nahenden Todes. Eitle Ehren, des Leibes Behagen, vergängliche Liebe, habgieriges Suchen des Notwendigen blendet die Menge. Willst du aber mit den wenigen dem jammervollen, unvorbereiteten Tode ausweichen, so folge meiner Lehre. Sieh, beharrliches Hinschauen auf den Tod, die treue Hilfe deiner Seele, die zu dir so hilflos ruft, bringt dich bald dazu, daß du von Todesfurcht frei bist, ja, sogar den Tod mit dem ganzen Verlangen deines Herzens erwartest. Denke täglich tief über mich nach, nimm dir meine Worte zu Herzen. Sieh an meiner bitteren Not, was dir bald bevorstehen wird; schau, welch eine Nacht ist dies! Selig, wer wohl vorbereitet bis zur Todesstunde gelangt; er ist glücklich, wie bitter auch sein Tod sei; denn die lichten Engel behüten ihn, die Heiligen geleiten ihn, der himmlische Hof empfängt ihn, sein letzter Hingang ist ein Einzug ins ewige Vaterland. O Gott, wo wird meine Seele heute nacht noch in dem fremden unbekannten Lande unterkommen? Wie wird meine Seele so ganz verlassen, wie so hilflos wird sie sein unter anderen hilflosen Seelen! Wer hülfe ihr in ganzer Treue?

Nun beschließe ich meine Jammerklage. Die Stunde ist da, nun sehe ich, o weh, daß es nicht anders sein kann. Die Hände beginnen mir abzusterben, das Gesicht erbleicht, die Augen erlöschen. Ach, die grimmen Todesstöße kämpfen mit dem armen Herzen! Atmen fällt mir schwer, das Licht dieser Welt trübt sich, ich tue jetzt einen Blick in jene Welt. O weh, Gott, welch ein Anblick! Es sammeln sich da die greulichen Gestalten schwarzer Mohren,[7] höllische Tiere haben mich umgeben. Sie blicken auf die arme Seele, ob sie ihnen werden mag. O weh, gerechter Richter des strengen Gerichts! Was nimmst du die geringsten Dinge so schwer, deren ihrer Geringfügigkeit wegen niemand achtet! Mich durchdringt der kalte Todesschweiß. O zorniger Blick des strengen Richters, wie streng sind doch deine Urteile!

Nun wende ich mich mit meinen Sinnen in jene Welt, wohin ich bald weggeführt werde, zum Fegfeuer. Und da erblicke ich in dem Lande der Qualen Angst und Not. Ach, Gott, ich sehe die wilden, heißen Flammen den dort Weilenden hoch über dem Haupte zusammenschlagen; sie fahren in der dunklen Flamme auf und ab wie die Funken. Sie schreien: «Weh und ach, wie groß ist unser Leid! Alle Herzen könnten die Vielfalt und die Bitterkeit unserer Drangsal nicht ausdenken. Man hört manchen hilflosen Ruf: «Helft, helft! O weh, wo ist die Hilfe unserer Freunde, wo sind die Versprechungen unserer falschen Freunde? Wie haben sie uns verlassen, wie haben sie unser so ganz vergessen! Ach, erbarmt, erbarmt euch unser, die ihr doch unsere liebsten Freunde seid! Wie haben wir euch gedient, wie haben wir geliebt und wie wird uns gelohnt! Ach, wie laßt ihr uns nun in dem heißen Kalkofen brennen! Ach, daß wir dies nicht selber abgelenkt haben und hätten das doch mit so geringen Dingen tun können. Die geringste Qual ist hier größer, als je die eines Blutzeugen auf Erden war. O weh, eine Stunde im Fegfeuer ist so lang wie hundert Jahre! Oh, jetzt sieden, jetzt braten wir und rufen um Hilfe! Aber weher als all das tut, daß wir des freudvollen Anblickes (Gottes) so lange entbehren müssen. Das entkräftet Herz, Sinn und Geist!» – «Und so sterbe ich denn.»

Der Diener: Ach, ewige Weisheit, hast du mich verlassen? Oh, wie ist mir der Tod so gegenwärtig geworden. Ach, Seele bist du noch in meinem Leibe? Herr des Himmels, lebe ich noch? Ach, Herr, ich lobe dich und gelobe dir Besserung bis in den Tod. Wie bin ich doch erschrocken! Wußte ich doch nicht, daß mir der Tod so nahe sei! Wahrlich, Herr, dieser Anblick wird mir stets von Nutzen sein; Herr, ich will alle Tage vor dem Tode auf der Lauer liegen und

7 Vgl. Kap. 39 der Lebensbeschreibung, Anm. 39, S. 152.

mich vorsehen, daß er mich nicht von hinten überfalle. Ich will sterben lernen, ich will mich auf jene Welt einstellen. Herr, ich sehe, daß hier keines Bleibens ist. Wahrlich, Herr, ich will meine Reue und meine Buße nicht bis zum Tode aufschieben. Ach, was bin ich erschrocken vor diesem Anblick! Mich wundert, daß meine Seele den Leib noch nicht verlassen hat! Nimm weg, nimm weg von mir behagliches Liegen, langen Schlaf, gutes Essen und Trinken, vergängliche Ehre, Verweichlichung und Wohlleben. Mir tut hier schon ein kleines Leiden weh, ach, wie sollte ich dann das unmäßige Leiden (des Fegfeuers) je ertragen? Weh mir, Gott, wäre ich so gestorben, stürbe ich jetzt, wie würde es mir ergehen! Was habe ich doch noch so viel auf mir! Von heute an will ich meine arme Seele als einen Bettler ansehen, und da alle Freunde sie verlassen, mich ihr als Freund erzeigen.

Die ewige Weisheit: Ja, dem sollst du beharrlich nachstreben, solange du noch jung, noch gesund und kräftig bist und die Dinge noch bessern kannst. Kommst du aber wirklich an die Stunde (deines Todes) und du kannst nichts mehr bessern, so sollst du auf Erden nur auf meinen Tod schauen und meine unergründliche Barmherzigkeit, damit die Zuversicht dich nicht verläßt.

Der Diener: O Herr, ich falle dir zu Füßen mit bitteren Tränen und bitte dich, mich hier zu strafen, wie du willst, und es mir nur nicht bis dorthin aufzusparen. Ach, Herr, das Fegfeuer, die unergründliche Qual! Wie war ich so töricht, daß ich das gar so leicht nahm, und wie fürchte ich mich nun davor!

Die ewige Weisheit: Sei guten Muts! Diese Furcht ist ein Anfang aller Weisheit und ein Weg zu aller Seligkeit. Oder hast du vergessen, wie die ganze Schrift ausruft, welch große Weisheit in der Furcht liegt und in beharrlicher Betrachtung des Todes? Du sollst Gott stets loben, denn unter tausend Menschen ist es nicht einem so deutlich geworden wie dir. Vernimm doch, wie furchtbar! Sie hören davon reden, wissen davon zum voraus und lassen es dahingehen, lassen es laufen, kümmern sich nicht darum, bis sie davon verschlungen werden: Dann rufen, dann schreien und weinen sie – aber dann ist es zu spät. Tu die Augen auf, zähle an deinen Fingern ab und sieh, wie viele in deiner Nähe zu deinen Lebzeiten gestorben sind. Beginn in deinem Herzen ein Gespräch mit ihnen, setze deinen alten Menschen, als ob er tot sei, zu ihnen, frage sie alle (und) schau, mit welchen tiefen Seufzern und bitteren Tränen sie sprechen: Gepriesen, der je dem freundlichen Rate folgte und durch fremden Schaden klug wird! Bereite deinen Heimgang vor, denn wahrlich, du sitzest wie ein Vöglein auf dem Zweig oder wie ein Mensch, der am Ufer steht und nach dem schnell wegfahrenden Schiffe schaut, in dem er (auch einmal) sitzen wird, um in das fremde Land zu fahren, von dessen Küsten kein Wanderer wiederkehrt. Danach richte dein ganzes Leben ein, daß, wenn der Tod kommt, du bereit seiest und freudig von hinnen scheidest.

22 *Wie man ein innerliches Leben führen soll*

Der Diener: Es gibt zahlreiche Übungen, die Lebensweisen sind mannigfaltig, die eine so, die andere so; der Vorschriften sind viele und unterschiedliche. Die Schrift ist unergründlich, die Lehren sind zahllos. Ewige Weisheit, lehre mich mit kurzen Worten aus der Tiefe all dessen, woran ich mich auf dem Wege zu einem wahren Leben am meisten halten soll.

Die ewige Wahrheit: Die wahrste, nützlichste, passendste Lehre, die dir aus der ganzen Schrift gegeben und in der dir mit kurzen Worten alle Wahrheit überschwenglich dargelegt wird zur Erlangung der höchsten Vollkommenheit eines lauteren Lebens ist diese: 1. Halte dich von allen Menschen fern; 2. halte dich frei von allen Bildern in der Versunkenheit der Beschauung; 3. befreie dich von allem, was nicht wesenhaft ist, was dich gefangennehmen, was dir Bedrängnis bringen kann; 4. richte deinen Sinn jederzeit auf ein verborgenes Gottanschauen, indem du mich zu allen Zeiten als Gegenstand deiner Betrachtung vor Augen habest, von dem dein Auge sich niemals abwenden soll. Was nun andere Übungen betrifft, wie Armut, Fasten, Wachen und alle anderen Züchtigungen, die richte auf das (eben Gesagte) als ihr Ziel ein und gebrauche ihrer so viel, wie dich zu ihm voranbringt. So kommst du zur höchsten Stufe der Vollkommenheit, die unter tausend Menschen nicht einer erreicht, weil sie allein in anderen Übungen ihr Ziel sehen und darum lange Jahre in die Irre gehen.

Der Diener: Herr, wer kann an dem unverwandten Anblick deiner Gegenwart zu allen Zeiten festhalten?

Die ewige Weisheit: Niemand, der in dieser Zeitlichkeit lebt. Es ist dir nur darum gesagt worden, daß du wissest, wohin du dich wenden sollst, wonach trachten, wonach dir Herz und Sinn verlangen soll. Und wenn dir der Anblick entzogen wird, so soll dir sein, als wäre dir die ewige Seligkeit genommen worden; du sollst schnell wieder dorthin zurückkehren, daß er dir wieder zuteil werde, und du sollst auf dich Acht haben. Denn wenn es dir entgeht, so ist dir wie einem Schiffer, dem bei starkem Wellengang die Ruder verlorengingen und der nicht weiß, wohin er sich wenden soll. Kann bei dir aber die Beschauung noch nicht von Dauer sein, so soll doch die große Zahl solcher Einkehren und beharrliche Zuflucht dorthin zur Seligkeit führen, soweit das möglich ist.

Hör, hör, mein Kind, die treuen Lehren deines wohlmeinenden Vaters,[8] nimm sie sorgfältig wahr, schließ sie dir tief ins Herz! Gedenke, wer der ist, der dich dies lehrt, und wie gründlich er das meint. Willst du je vollkommener werden, so halte sie dir vor Augen; wo du sitzest, stehst oder gehst, sei es dir, als ob ich gegenwärtig sei und mahnend zu dir spräche: «Liebes Kind, halte dich innerlich, lauter, losgelöst, deinen Sinn nach oben gerichtet!» Sieh, so wirst du bald meiner Worte inne, und dir wird auch das Gut bekannt, das dir noch sehr verborgen ist.

Der Diener: Ach, ewige Weisheit, sei ewig gelobt! Mein Herr und getreuester Freund, wollte ich es ohnedies nicht tun, so nötigtest du mich dazu mit deinen freundlichen Worten und mit deiner teuren, lieblichen Lehre. Herr, ich will und werde allen meinen Fleiß daransetzen.

23 Wie man Gott voll Liebe empfangen soll

Diener: Ewige Weisheit, wenn meine Seele einen Blick werfen dürfte in den heimlichen Schrein deiner göttlichen Verborgenheit, so möchte ich noch mehr über die Liebe fragen, und zwar so: «Herr,

8 Spr 1,8.

du hast den Abgrund deiner unergründlichen Liebe so ganz in deinem liebevollen Leiden ausgegossen, daß ich gern wüßte, ob du nicht noch mehr Zeichen deiner Liebe zu geben vermagst.»

Die ewige Wahrheit: Die Zeichen meiner unermeßlichen Liebe sind unzählbar wie die Sterne des Himmels.

Der Diener: Du mein vertrauter Geliebter, mein liebevoller, teurer, auserwählter Herr, schau, wie meine Seele sich nach deiner Liebe sehnt. Wende dein göttliches Angesicht zu mir, dem verworfenen Geschöpf, sieh, wie alles in mir schwindet und vergeht, mit Ausnahme des einzigen Hortes deiner heiß verlangenden Liebe, und sprich mir mehr von diesem edlen verborgenen Schatz. Du weißt, Herr, daß für die Liebe gilt, daß ihr nichts von dem Geliebten genug ist; je mehr sie erhalten hat, umso mehr begehrt sie, wie unwürdig sie sich dabei auch bekennen muß: Das kommt von der Übermacht der Liebe. Sag mir also, schöne Weisheit, welches ist das größte und schönste Zeichen deiner Liebe, das du je in deiner angenommenen Menschheit gegeben hast, abgesehen von dem unergründlichen Liebeszeichen deines bitteren Todes?

Die ewige Weisheit: Nun beantworte mir eine Frage: Was schätzt unter allen lieben Dingen ein Herz voll Zuneigung an dem Geliebten am höchsten?

Der Diener: So wie ich es verstehe, nichts mehr als den Geliebten selbst und seine liebenswerte Gegenwart.

Die ewige Weisheit: So ist es. Und damit denen, die ich liebe, nichts abgehe, was zu rechter Liebe gehört, drängte mich meine unergründliche Zuneigung, als ich von dieser Welt durch den bitteren Tod scheiden und zu meinem Vater zurückkehren wollte – denn ich sah die Not, die manch sehnendes Herz nach mir haben werde, voraus –, daß ich mich selbst und meine liebenswerte Gegenwart beim letzten Nachtmahle meinen lieben Jüngern gab; und das tue ich noch jeden Tag meinen Auserwählten.

Der Diener: Ach, lieber Herr, bist du aber selbst wahrhaftig zugegen?

Die ewige Weisheit: Du hast mich in diesem Sakrament vor dir und bei dir wahrhaft und ausdrücklich als Gott und Mensch, nach Leib und Seele, mit Fleisch und Blut, so sicher wie meine lautere

Mutter mich auf ihren Armen trug und so gewiß ich in vollkommener Klarheit im Himmel bin.

Der Diener: Ach, teurer Herr, nun habe ich noch etwas auf dem Herzen, dürfte ich das wohl mit deiner Erlaubnis aussprechen? Es kommt, Herr, nicht vom Unglauben; ich glaube, daß du kannst, was du willst. Aber, lieber Herr, mich wundert, wenn ich es (denn) sagen darf, wie der schöne, verklärte Leib meines lieben Herrn in aller Größe und Ganzheit sich so heimlich verbergen kann unter der kleinen Brotsform, die deiner Größe so unangemessen ist. Teurer Herr, zürne nicht! Da du meine auserwählte liebliche Weisheit bist, so möchte ich gern etwas von dir aus deinem gütigen Munde hören.

Die ewige Weisheit: Wie mein schöner Leib und meine Seele nach ganzer Wahrheit in dem Sakramente zugegen ist, kann keine Zunge aussprechen, kein Verstand begreifen: Das ist ein Werk meiner Allmacht. Darum sollst du es in Schlichtheit glauben und nicht viel darüber grübeln. Und doch werde ich dir hiervon ein weniges sagen. Ich will dir dieses Wunder durch ein anderes verdeutlichen. Sage mir: Wie kann das in der Natur zustande kommen, daß ein großes Haus sich in einem kleinen Spiegel abbildet und in jedem Stück davon, wenn er geteilt wird. Oder wie kann das sein, daß sich der große Himmel so klein in dem kleinen Auge spiegelt, wo doch beide an Größe so ungleich sind?

Der Diener: Herr, wahrlich, darauf weiß ich keine Antwort; es ist ein wunderbares Ding, denn das Auge ist wie ein Pünktchen gegen den Himmel.

Die ewige Weisheit: Sieh, obwohl weder dies noch ein ander Ding in der Natur dem anderen gleich ist, warum sollte ich da nicht, wenn dies in der Natur geschieht, als Herr der Natur nicht noch viel mehr auf übernatürliche Weise schaffen? Und sage mir weiter: Ist das nicht ein ebenso großes Wunder, Himmel und Erde und alle Geschöpfe aus nichts schaffen, wie das Brot unsichtbar in mich verwandeln?

Der Diener: Herr, es ist für dich ebenso leicht, soweit ich das verstehe, etwas in etwas anderes zu verwandeln, als etwas aus nichts zu schaffen.

Die ewige Weisheit: Und jenes wundert dich und dies nicht? So sage mir: Du glaubst, daß ich fünftausend Menschen mit fünf Broten gespeist habe: Wo war da der verborgene Stoff, der meinen Worten da diente?

Der Diener: Herr, ich weiß es nicht.

Die ewige Weisheit: Oder glaubst du, daß du eine Seele hast?

Der Diener: Das glaube ich nicht, das weiß ich: Andernfalls lebte ich nicht.

Die ewige Weisheit: Nun kannst du doch die Seele nicht mit leiblichen Augen sehen; glaubst du denn, es gebe keine anderen Wesen als die, welche man sehen und hören kann?

Der Diener: Herr, ich weiß, daß es solche für alle leiblichen Augen unsichtbaren Wesen viel mehr gibt, als die sind, welche man sehen kann.

Die ewige Weisheit: Nun sieh, so ist mancher Mensch so groben Verstandes, daß er dennoch nicht glauben will, daß es etwas gebe, außer dem, was er mit seinen Sinnen erfassen kann, wovon die Gelehrten wissen, daß dem nicht so ist. Gleicherart ist es hier mit menschlichem Verständnis gegenüber göttlichem Wissen. Hätte ich dich nun so gefragt: Wie sind die Eingänge des Abgrundes beschaffen, oder wie sind die Wasser über den Himmeln gestaltet?, so antwortetest du vielleicht: «Das ist mir zu tief; darüber denke ich nicht nach; auch kam ich noch nie in den Abgrund oder über den Himmel.» Nun habe ich dich nach irdischen Dingen gefragt, die du siehst und hörest und (doch) nicht begreifst; wie willst du dann das begreifen, was Erde und Himmel und alle Sinne übersteigt? Oder warum willst du danach fragen? Sieh, solches Wundern und solche in dir aufkeimenden Gedanken kommen nur von der Stumpfheit der Sinne, die göttliche und übernatürliche Dinge auffassen wie irdische und natürliche: Und das ist nicht richtig. Brächte eine Frau ein Kind in einem (finsteren) Verließe zur Welt und es würde darin erzogen, und die Mutter erzählte ihm von Sonne und Sternen, so wunderte sich das Kind gar sehr, es hielte das für unnatürlich und unglaublich, was seiner Mutter doch genau bekannt ist.

Der Diener: Herr, ich kann nichts mehr antworten: Du hast mir meinen Glauben erleuchtet, daß ich mich in meinem Herzen nicht mehr wundern darf. Oder wie wollte ich den höchsten Dingen nachspüren, da ich die einfachsten nicht begreifen kann? Du bist die

Wahrheit, die nicht lügen kann, du, die höchste Weisheit, die alles vermag, du, der Allmächtige, dem nichts unmöglich ist.

Ach ja, lieber, schöner Herr, nun hat es mich oft herzlich verlangt, dich, gleich dem gerechten Simeon im Tempel, liebevoll in meine leiblichen Arme nehmen zu können: Ach ja, lieber Herr, und dich mit meinen Armen in Seele und Herz zu drücken, daß mir der geistliche Kuß deiner wahren Gegenwart so wahrhaftig zuteil geworden wäre wie jenem. Herr, jetzt sehe ich, daß ich dich ebenso wahrhaft empfange wie er, und noch viel herrlicher, da dein zarter Leib nun verklärt und frei von Leiden ist, der dort den Leiden unterworfen war. Ach, lieber Herr, darum – fühlte mein Herz aller Herzen Liebe, wäre mein Gewissen so rein wie das aller Engel, besäße meine Seele aller Seelen Schönheit, daß ich dessen durch deine Gnade würdig wäre – wollte ich dich heute mit solcher Liebe empfangen und dich in den Grund meines Herzens und meiner Seele senken, daß mich von dir weder Leben noch Tod scheiden könnte. Ach, lieber, teurer Herr, hättest du, meine auserwählte Freude, mir lediglich deinen Boten gesandt, ich wüßte in aller Welt nicht, wie ich ihn angemessen genug hätte empfangen sollen. Wie soll ich mich verhalten gegenüber dem selbst, den meine Seele liebt? Du bist doch das einzige Eine, in dem alles beschlossen ist, was mein Herz in Zeit und Ewigkeit begehren kann. Oder gibt es noch etwas, was meine Seele zugleich mit dir, doch außer dir begehrt? Ich will nichts sagen von dem, was gegen dich und ohne dich ist, denn das mißfiele mir. Nichts Schöneres als du für meine Augen, nichts Lieblicheres dem Munde, nichts Zarteres der Berührung, nichts Liebevolleres für mein Herz. Nichts, Herr, sehe noch höre ich, nichts empfindet meine Seele in allem Bestehenden, was sie nicht tausendmal liebenswerter in dir, meinem Erwählten, fände. Ach, teurer Herr, wie soll ich mich in meiner Verwunderung und meiner Freude dir gegenüber verhalten? Deine Gegenwart entzündet mich, deine Größe setzt mich in Schrecken, meine Vernunft will ihren Herrn ehren, mein Herz jedoch neigt sich liebend seinem einzigen Geliebten zu und will ihn liebevoll umarmen. Du bist mein Herr und mein Gott, mein Bruder und, wenn ich wagen darf es auszusprechen, mein mir in Liebe Angetrauter. Ach, welche Liebe und Wonne, welche Freude, welche Herrlichkeit besitze ich in dir allein!

Ach, lieber Herr, mir scheint, daß bisher alle meine Wünsche erfüllt gewesen wären, hättest du mir nur die Gnade erzeigt, aus meines Geliebten offenen Wunden ein einziges Tröpflein seines Herzblutes in meinem Munde zu empfangen. Ach, liebes, unbegreifliches Wunder, nun habe ich nicht nur von seinem Herzen, nicht allein von seinen Händen und Füßen und all seinen zarten Wunden empfangen, nicht nur ein oder zwei Tröpflein, sondern all sein rotes warmes Blut durch meinen Mund in mein Herz und meine Seele aufgenommen. Ist das nichts Großes? Soll ich das nicht hoch veranschlagen, was allen hohen Engeln unerreichbar ist? Ist das nicht Liebliches? Herr, ich möchte, daß all meine Glieder, alles, was ich bin und kann, verwandelt würden in unergründliche Liebe um dieses Zeichens deiner liebevollen Zuneigung willen. Herr, was könnte noch in dieser Welt mein Herz erfreuen, was könnte es noch begehren, als dich so liebevoll zu kosten und zu lieben? Dieses Mahl heißt mit Recht Sakrament der Liebe. Wo war je Liebenswerteres gehört oder gesehen, denn aus Gnade in Liebe verwandelt zu werden? Herr, ich erblicke keinen Unterschied darin, daß Simeon dich sichtbar und ich dich unsichtbar empfange. Sowenig jedoch mein leibliches Auge dabei deine wahre Menschheit sehen kann, so wenig *sein* leibliches Auge dort deine Gottheit als im Glauben wie auch ich jetzt. Herr, was bedeutet dieses leibliche Sehen für mich? Wessen Geistesaugen aufgetan sind, der achtet nicht viel auf leibliches Sehen, denn des Geistes Augen sehen bestimmter und zuverlässiger. Herr, wenn ich durch den Glauben weiß, soweit man es wissen kann, daß du in dem Mahle zugegen bist, was will ich dann mehr? – Da habe ich alles, was mein Herz begehrt. Mir ist tausendmal nützlicher, daß ich dich nicht sehen kann. Wie könnte ich jemals in meinem Herzen es möglich machen, dich sichtbar zu genießen? So aber bleibt das, was liebenswert ist, und fällt ab, was über Menschenkraft hinausgeht. Herr, wenn ich darüber nachdenke, wie unergründlich gut, wie liebenswert, in welcher Ordnung du alle Dinge eingerichtet hast, so ruft mein Herz mit lauter Stimme: O hoher Reichtum des Abgrundes göttlicher Weisheit, was bist du in dir selbst, wo du schon so viel bist in der Schönheit dessen, was von dir ausfließt!

Sieh nun, lieber Herr, auf das Verlangen meines Herzens: Nie ward ein König oder Kaiser mit solcher Ehre aufgenommen, nie ein lieber, aus der Ferne kommender Gast mit solcher Zuneigung umfangen, nie ein Gatte so schön und zärtlich nach Hause geführt und so vortrefflich gehalten, wie meine Seele dich, meinen wertesten Kaiser, meines Herzens liebsten Gast, meiner Seele liebevollsten Angetrauten empfangen will; führen will ich dich in das Innerste meines Herzens, dir das Beste, was Herz und Seele leisten können, darbieten, so ehrenvoll, wie es dir noch nie von je einem Geschöpf geboten ward. Darum, Herr, lehre mich, wie ich mich gegen dich verhalten, wie ich dich herrlich und liebevoll genug empfangen soll.

Die ewige Weisheit: Du sollst mich mit allen Ehren empfangen, demütig verkosten, mit Festigkeit (bei dir) behalten, mit der Liebe einer Angetrauten mich umfangen, in meiner göttlichen Herrlichkeit vor Augen haben; geistliches Verlangen und gegenwärtige Andacht sollen dich mehr zu mir führen als Gewohnheit. Die Seele, die mich in der verborgenen Klause eines (vom Irdischen) losgelösten Lebens innerlich empfinden und lieblich verkosten will, muß zuvor von Untugenden gereinigt, mit Tugenden geschmückt, losgelöst, mit roten Rosen verlangender Liebe geschmückt, mit Veilchen demütiger Geringschätzung deines eigenen Selbst, mit weißen Lilien rechter Lauterkeit geziert sein. Sie soll mir eine Lagerstätte des Herzensfriedens bereiten, denn im Frieden ist meine Wohnstatt; sie soll mich mit ihren Armen umfassen und dabei alle fremdartige Liebe ausschließen, die ich scheue und fliehe, wie der in Freiheit lebende Vogel den Käfig. Sie soll mir das Lied von Sion anstimmen, ein verlangendes Lieben mit unergründlichem Lobe; dann will ich sie umfangen, und sie soll sich an mein Herz neigen. Wird ihr da ein stilles Ruhen, ein (von Irdischem losgelöstes) lauteres Schauen, ein ungewöhnliches Verkosten, ein Vorgeschmack ewiger Lieblichkeit, ein Empfinden ewiger Seligkeit, so mag sie das für sich selbst allein bewahren; denn der damit nicht Vertraute empfindet dergleichen nicht; sprich also mit unermeßlichem Seufzen: «Wahrlich, du bist der verborgene Gott, das heimliche Gut, das niemand kennen kann, der es nicht erlebt hat.»

Der Diener: O über meine große Blindheit, die mich bisher umfing. Ich brach die roten Rosen und verspürte nichts von ihrem Duft; ich ging zwischen schönen Blumen und sah sie nicht; ich war wie ein dürrer Zweig im lieblichen Maientau. Mich verläßt der

Schmerz darüber nicht, daß du mir an manchen Tagen so nahe gewesen bist und ich dir so fern! Ach, lieber Gast du meiner Seele, wie wenig freundlich bin ich bisher zu dir gewesen, wie oft habe ich dich ungebührlich behandelt; wie wenig habe ich die milde Speise der Engel begehrt; ich hatte edlen Balsam im Munde und merkte es nicht. Du freudenreiche Augenweide aller Engel, nie habe ich mich doch deiner (so) recht gefreut! Hätte ich einen lieben Freund für den Morgen zu erwarten, ich freute mich die ganze Nacht darauf. Auf dich, werten Gast, den Himmel und Erde ehren, bereitete ich mich nie so vor, wie ich von Rechts wegen sollte. Wie kehrte ich mich doch so geschwind von dir ab, vertrieb dich so bald aus deinem Eigentum! Ach, lieber Gott, nun bist du selber hier gegenwärtig, und der Engel Schar ist hier, und ich bin so nachlässig gewesen. Herr, von dir will ich nicht sprechen; aber wahrlich: Herr, hätte ich eine Stätte gekannt, meilenweit weg, wo ich die heiligen Engel gegenwärtig gewußt hätte, die hohen Geister, die dich allezeit schauen: Ich wäre freien Willens dorthin gegangen, und selbst wenn ich sie nicht erblickt hätte, mein Herz in meinem Leibe hätte sich über sie gefreut. Ach, gütiger Herr, und daß du, aller Engel Herr, selber hier gegenwärtig seiest und bei dir der Engel Schar, und ich dieser Stätte nicht besser wahrnahm, das muß mir immer leid sein! Ich hätte mich da verneigen sollen, wo ich dich gegenwärtig gewußt, auch wenn mir sonst nichts zuteil geworden wäre.

Ach, Gott, wie bin ich oft an der Stätte, wo du vor mir und bei mir warst in dem Sakramente, so gedankenlos und unandächtig gewesen! Mit dem Leibe stand ich da, das Herz aber war anderswo. Wie oft bin ich, teurer Herr, sogar unbedachtsam vorbeigegangen, ohne daß ich dich herzlich grüßte mit andächtiger Verneigung! Lieber Herr, meine Augten hätten dich anblicken sollen mit bewegter Freude, mein Herz dich mit sehnendem, herzlichem Jubel loben sollen; alle meine Kräfte hätten in deinem frohen Dienste vergehen sollen! Was tat dein Knecht David vor der Bundeslade, worin nur irdisches Himmelsbrot und irdische Dinge sich befanden? Er tanzte vor ihr mit ganzer Kraft! Nun, Herr, stehe ich vor dir und deinen heiligen Engeln und falle dir mit innigen Tränen zu Füßen. Gedenke, gedenke, lieber Herr, daß du hier vor mir bist, mein Fleisch und mein Bruder, vergiß und vergib mit heute all die Unehre, die ich dir je erwiesen, denn sie ist mir leid und muß mir immerdar leid sein; denn das Licht der Weisheit beginnt mir ja erst zu leuchten; und die Stätte, da du dich befindest, nicht allein nach der Gottheit, sondern auch nach deiner schönen, lieblichen Menschheit, soll ferner von mir immerdar mehr geehrt werden.

Ach, liebes Gut, herrlicher Herr, treuer Gast, meine Seele möchte gar gern eine Frage stellen: Lieber Herr, sag mir, was gibst du deiner geliebten Seele durch deine wahre Gegenwart im Sakrament, wenn sie dich voll Liebe und Verlangen empfängt?

Die ewige Weisheit: Ziemt sich eine solche Frage für einen Liebenden? Was besitze ich Besseres als mich selbst? Wer sein Lieb selber hat, wonach hat der noch zu fragen? Wer sich selbst gibt, was hat der noch verweigert? Ich gebe mich dir und nehme dich dir und vereine dich mit mir; du verlierst dich und wirst in mich verwandelt. Was gibt die Sonne in ihrem schönsten, hellsten Widerscheine der wolkenlosen Luft, der aufgehende, liebe Morgenstern der finsteren Nacht, die herrliche Sommerwonne an wonniger Zier nach der kalten, winterlichen, traurigen Zeit?

Der Diener: Ach, Herr, sie bringen reichliche Geschenke.

Die ewige Weisheit: Sie dünken dich reich, weil du sie siehst. Sieh, die geringste Gnade, die ich in das Sakrament fließen lasse, ist in Ewigkeit strahlender als irgendein lieblicher Sonnenschein. Sie leuchtet heller als irgendein Morgenstern, sie schmückt dich köstlicher in ewiger Schönheit, als irgendein sommerlicher Schmuck je die Erde zierte. Oder ist meine strahlende Gottheit nicht glänzender als alle Sonnen, meine edle Seele nicht leuchtender als irgendein Stern, mein verklärter Leib nicht köstlicher als die Sommerwonne, sie, die du heute wahrlich empfangen hast?

Der Diener: Ach, warum, Herr, sind deine Geschenke nicht wahrnehmbarer? Herr, ich komme oft zu dir in solcher Herzenshärte, daß mir alles (dein) Licht, deine Gnade, deine Lieblichkeit, so wie ich das verstehe, so selten ist wie einem blindgeborenen Menschen, der nie Licht erblickte. Herr, dürfte ich es aussprechen, so sähe ich an deiner wahren Gegenwart lieber, daß du deinem Selbst mehr Sichtbarkeit gegeben hättest.

Die ewige Weisheit: Je geringer die äußeren Kennzeichen sind, umso unvermischter der Glaube, umso größer der Lohn. Der Herr der Natur bewirkt geheimnisvoll in manchem schönen Baum ein wonniges Wachstum, das doch währenddessen kein Auge und kein anderer Sinn empfinden können, ehe es geschehen ist. Mein Licht leuchtet nicht, mein Gut wirkt nicht nach draußen, mein Gut wirkt nach innen, und das ist umso edler, je geistiger es ist.

Der Diener: Ach, Gott, wie wenige Menschen schätzen von Grund ihres Herzens das (richtig) ein, was sie da empfangen. Sie kommen zu dir wie die anderen, gewöhnlich in schlechter, gedankenloser Weise; und weil sie leer dorthin gehen, kommen sie ohne Gnade zurück: Sie nutzen die Speise nicht nach ihrem vollen Werte aus, so daß sie nicht richtig einschätzen, was sie da empfangen.

Die ewige Weisheit: Ich bin den wohlvorbereiteten Menschen das lebendige Brot, den schlecht vorbereiteten das trockene, den unvorbereiteten aber für die Erdenzeit ein Unglück, ein tödlicher Sturz, ein ewiger Fluch.

Der Diener: Ach, Herr, welch schreckliches Ding! Lieber Herr, was heißest du die Wohlvorbereiteten und die Unvorbereiteten?

Die ewige Weisheit: Jene sind die Geläuterten, die schlecht Vorbereiteten die Sünder, die mit Willen und Werk in der Todsünde verharren.

Der Diener: Ach, lieber Herr, wenn nun zur Stunde des Empfanges dem Menschen seine Sünden von Herzen leid sind und er sich nach Kräften bemüht, ihrer nach christlicher Lehre ledig zu werden?

Die ewige Weisheit: Dann ist der Mensch sündenfrei.

Der Diener: Das ist, Herr, nach meinem Gutdünken eines der größten Dinge, die irgendeine Zeit zu leisten vermag. Herr, wer lebt auf dieser Erde, der sich würdig genug für dich vorbereiten könnte?

Die ewige Weisheit: Solch ein Mensch ward nie geboren; hätte ein Mensch aller Engel natürliche Lauterkeit, aller Heiligen Reinheit und aller Menschen Guttat, er wäre meiner doch unwürdig.

Der Diener: Ach, lieber Herr, mit welchem Zittern sollen wir unnütze, gnadlose Menschen dann zu dir kommen?

Die ewige Weisheit: Tut der Mensch das, was in seiner Kraft steht, so wird nicht mehr von ihm verlangt; Gott vollendet das nicht Vollbrachte. Ein Kranker soll alle Zaghaftigkeit abstreifen und zu dem Arzt gehen, dessen Gegenwart seine Genesung bedeutet.

Der Diener: Ist es nun, lieber Herr, besser, dich oft oder selten in dem würdigen Sakrament zu empfangen?

Die ewige Weisheit: Dem Menschen, dem Gnade und Andacht fühlbar davon wächst, dem ist Eifer nützlich.

Der Diener: Wenn nun ein Mensch, so wie er es versteht, sich gleich bleibt oder oft in großer Herzenshärte ist?

Die ewige Weisheit: Dieser Mensch soll sich von solcher Härte, wenn er nur das Seine tut, nicht sehr abhalten lassen, denn das Heil der Seele, die durch Gottes Zulassung in Härte verweilt, wird oft allein im Lichte des unvermischten Glaubens ebenso edel zum Ziele geführt wie in großer Gottgefälligkeit. Ich bin ein Gut, das im Gebrauche wächst und bei Enthaltung schwindet. Es ist besser, aus Liebe (zu mir) zu kommen, als aus Furcht wegzubleiben; es ist besser, alle Woche einmal (zu mir) zu kommen in der Haltung tiefer, rechter Demut, als einmal im Jahre im überheblichen Gefühl der Selbstgerechtigkeit.

Der Diener: Wann, Herr, fließt die Gnade des Sakramentes (in den Menschen ein)?

Die ewige Weisheit: Im Augenblick des Genießens.

Der Diener: Wie nun, wenn ein Mensch in unermeßlichem Sehnen nach deiner lieblichen Gegenwart zum Sakramente kommen möchte und er deiner entbehren muß?

Die ewige Weisheit: Manchen Menschen erfülle ich ganz, auch wenn er mich nicht genossen hat, manch einer, der zu mir kommt, geht ungesättigt hinweg; diese genießen mich nur leiblich, jene nehmen mich geistig in sich auf.

Der Diener: Lieber Herr, hat der Mensch, der dich leiblich *und* geistig genießt, etwas vor dem voraus, der dich allein geistig verkostet?

Die ewige Weisheit: Hat der Mensch, der mich und meine Gnade hat, mehr oder der, welcher nur meine Gnade hat?

Der Diener: Wie lange bleibst du leiblich dem, der dich empfängt, gegenwärtig?

Die ewige Weisheit: Solange Bild und Gleichnis des Sakramentes bleiben.

So sollst du sprechen, wenn du zum Tisch des Herrn gehst:

Ach, du lebendige Frucht, lieblicher Edelstein, köstliche Paradiesesfrucht des verherrlichten väterlichen Herzens, süße Traube Zyperns im Weingarten Engedi, wer gibt mir, daß ich dich heute so würdig aufnehme, daß du daran Wohlgefallen findest, zu mir zu kommen, bei mir zu bleiben, nie mehr von mir zu scheiden? O du unermeßliches Gut, das Himmel und Erde erfüllt, neige dich heute gnadenvoll zu mir und verachte nicht dein armes Geschöpf. Würdig bin ich deiner nicht, Herr, wohl aber bedarf ich deiner. Ach, teurer Herr, hast du nicht Himmel und Erde mit einem einzigen Worte geschaffen? Mit einem einzigen Worte vermagst du meine kranke Seele zu heilen. Ja, Herr, verfahre mit mir nach deiner Gnade, deinem unergründlichen Erbarmen, nicht aber nach meinem Verdienste. Du bist doch das unschuldige Osterlamm, das heute für aller Menschen Sünde geopfert wird. Ach, du angenehmes, wohlschmeckendes Himmelsbrot, das allen lieblichen Geschmack in sich hat nach jedes Herzens Verlangen, laß heute den dürren Mund meiner Seele dich verkosten; speise, tränke, stärke, schmücke und vereinige dich liebevoll mit mir. Komm, ewige Weisheit, so kraftvoll in meine Seele, daß du all meine Feinde vertreibest, meine Fehler schmilzest, all meine Sünden vergibst. Erleuchte meinen Verstand mit dem Lichte des wahren Glaubens an dich, entzünde meinen Willen mit deiner gütigen Liebe, erhelle meine Gedanken durch deine frohe Gegenwart und schenke all meinen Kräften Tugend und Vollkommenheit. Bewahre mich in der Stunde meines Todes, damit ich dich von Angesicht zu Angesicht verkoste in ewiger Seligkeit. Amen.

24 *Wie man Gott zu jeder Zeit unergründlich loben soll*

«Lobe, meine Seele, den Herrn, ich will den Herrn loben mein Leben lang.»[9] Ach, Gott, wer gibt meinem vollen Herzen, daß es vor seinem Ende sein Verlangen, dich zu loben, erfülle? Wer gibt mir, daß ich in der Fülle meines Herzens zu meinen Lebzeiten den Herrn würdig lobe, den meine Seele liebt? Ach, teurer Herr, ginge doch so manch schönes Lied aus meinem Herzen, wie je andere an

9 Ps 146,1.

lieblichem Saitenspiele boten, und so viel davon, wie Laub und Gras wächst, und die Töne alle hinaufdrängen zu dir in den Himmelshof, so daß aus meinem Herzen ein so köstliches unerhörtes Lob aufstiege, daß es deinem Herzen gefiele und dem ganzen himmlischen Heer Freude brächte! Lieber Herr, wohl bin ich nicht würdig, dich zu loben! Dennoch verlangt meine Seele, daß der Himmel dich lobe, wenn er in seiner herrlichsten Schönheit mit dem Glanz der Sonne und dem unzählbaren Heer der Sterne in seiner hohen Klarheit erstrahlt! Möchten doch auch die schönen Heiden, die in sommerlicher Wonne in mannigfaltigem Blumenschmuck in ihrer natürlichen schönen Gestalt in lustvoller Schönheit glänzen, dich preisen! Und all die lieblichen Gedanken und das sehnende Verlangen, das je ein reines liebendes Herz nach dir erfüllt, wenn es mit der hellen Sommerpracht deines hereinleuchtenden Geistes umgeben war, dein Lob singen!

Herr, denke ich allein an dein hohes Lob, so könnte mir das Herz vergehen, die Gedanken mir schwinden; die Worte fehlen mir, alle Kraft verläßt mich. Es leuchtet etwas – ich weiß nicht was – in meinem Herzen auf, was niemand in Worte fassen kann, wenn ich dich, das unfaßbare Gut, loben will. Denn gehe ich zu den schönsten Geschöpfen, den höchsten Geistern, den reinsten Wesen, das übertriffst du doch alles unsagbar; steige ich in den tiefen Abgrund deines eigenen Gutes, Herr, da verschwindet jedes Lob infolge seiner Kleinheit. Herr, sehe ich hübsche lebende Gestalten, blicke ich anmutige Geschöpfe an, so sagen sie meinem Herzen: «Ei, sieh, wie so recht wohlgefällig ist der, von dem wir ausgegangen sind, von dem jede Schönheit kommt. Ich durchwandere Himmel und Erde, die Welt und den Abgrund, Wald und Heide, Berg und Tal: Sie singen mir allesamt den herrlichen Gesang deines unfaßbaren Lobes. Sehe ich dann, wie unbegreiflich schön und geordnet du alles einrichtest, Übles und Gutes, muß ich verstummen. Herr, wenn ich daran denke, daß du das lobenswerte Gut, *der* bist, den meine Seele erwählt und den meine Seele sich selber allein zu ihrem einzigen Geliebten erkoren hat, so könnte mein Herz vor Lob zerspringen.

Ach, Herr, nun blicke auf das innige Verlangen meines Herzens und meiner Seele und lehre mich dich loben, lehre mich, dich würdig zu loben, ehe ich von hinnen scheide, denn danach dürstet meine Seele in mir.

Die ewige Weisheit: Möchtest du mich gern loben?

Der Diener: O Herr, wozu reizest du mich? Du kennst doch alle Herzen, du weißt, daß mein Herz in mir sich umkehren möchte vor rechtem Verlangen, das ich nach deinem Lobe von den Tagen meiner Kindheit an gehabt habe.

Die ewige Weisheit: Den Gerechten geziemt, mich zu loben.[10]

Der Diener: Ach, Herr, all meine Gerechtigkeit beruht auf deiner unermeßlichen Barmherzigkeit. Lieber Herr, dich loben doch (auch) die Frösche im Graben; zwar können sie nicht singen, aber sie quaken doch. Ach, teurer Herr, ich weiß und erkenne wohl, wer ich bin, und daß ich eher um meiner Sünde willen zu dir flehen als dich loben sollte; dennoch, unergründliches Gut, verschmähe nicht an mir niedrigem Wurm mein Verlangen, dich zu loben. Herr, da dich nun Seraphim und Cherubim und die große Zahl hoher Geister alle nach bestem Vermögen loben, was können sie da mehr tun gegenüber deiner für jegliches Lob unerreichbaren, unendlichen Herrlichkeit als das geringste Geschöpf? Herr, du bedarfst keines Geschöpfes, aber deine unergründliche Güte nimmt man umso viel mehr wahr, je unverdienter du dich gibst.

Die ewige Weisheit: Wer glaubt, mich meiner Herrlichkeit gemäß loben zu können, handelt wie einer, der dem Winde nachlaufen und den Schatten greifen will; doch ist dir und allen Geschöpfen erlaubt, mich nach aller Kraft zu loben. Denn es gab nie ein Geschöpf, weder so klein noch so groß, weder so gut noch so bös, und es wird sie auch nicht geben, die mich nicht entweder loben oder als lobenswert erweisen werden; und je mehr sie mit mir vereint sind, umso lobenswürdiger bin ich ihnen. Je mehr dein Lob dem Lobe in der ewigen Glorie gleich ist, umso löblicher ist es mir. Und das Lob ist jenem umso gleicher, je mehr es von allen Vorstellungen geschöpflicher Wesen frei und mit mir in rechter Andacht vereinigt ist. Es klingt meinem Ohr besser ein innerliches Betrachten als ein Lob nur allein mit Worten, und ein von Herzen kommendes Seufzen besser als lautes Rufen. Sich voll Demut in rechter Erniedrigung seiner selbst un-

10 Ps 33,1.

ter Gott und alle Menschen stellen, in einem Nichts-sein-Wollen, klingt besser vor mir als aller schöne Klang. Auf Erden erschien ich meinem Vater nie so lobenswert, als da ich am Kreuze dem Tode am nächsten war. Manche Leute loben mich nur mit schönen Worten, aber ihr Herz ist fern von mir; und solches Lob achte ich wenig. Etliche loben mich auch, solange es ihnen gut geht; beginnt es ihnen aber schlecht zu gehen, so ist es mit ihrem Lobe zu Ende; und dieses Lob ist mir unlieb. Das aber ist mir ein teures Lob vor meinen göttlichen Augen, daß du mich mit dem Herzen, mit Worten und Taten im Leide ebenso lobst wie in den Tagen des Glücks, wenn dir alles zuwiderläuft, und ebenso, wenn es dir recht gut geht, denn dann denkst du (bei deinem Lobe) an mich und nicht an dich.

Der Diener: Herr, nicht Leiden begehre ich von dir; auch keine Ursache hierzu will ich dir geben; nein, ich will aus dem Verlangen meines Herzens nach deinem ewigen Lob jetzt auf meinen eigenen Willen verzichten, der ich mich von mir selber aus nie recht dir ergeben konnte. Herr, verhingest du über mich, der verschmähteste Mensch auf diesem Erdenrund zu werden, das wollte ich aus Liebe dir zu Lobe erdulden. Herr, ich ergebe mich heute in deine Gnade: Und beschuldigte man mich der größten Missetat, die je ein Mensch begangen, so daß jeder, der mich ansähe, mir ins Gesicht spiee – das wollte ich, Herr, dir zu Lob gerne leiden, wäre ich nur vor deinen Augen unschuldig. Wäre ich aber schuldig, so wollte ich das (alles) leiden zum Lobe deiner edlen Gerechtigkeit, deren Ansehen mir tausendmal lieber ist als mein eigenes; für jede Beschimpfung wollte ich dich besonders loben und mit dem Schächer am Kreuze sprechen: «Herr, ich leide nach Recht, was aber hast du getan? Herr, gedenke meiner in deinem Reiche!»[11] Und wollest du mich jetzt von der Erde wegnehmen, und es geschähe zu deinem Lobe: ich wollte nicht um eines Aufschubes willen zurückblicken. Aber dies wäre mein Begehr: Sollte ich so alt werden wie Methusalem, so wollte ich, daß jedes Jahr dieser langen Zeit, jede Woche dieser Jahre, jeder Tag dieser Wochen, jede Stunde dieser Tage und jeder Augenblick dieser Stunden dich an meiner Stelle lobten so köstlich, wie dich je irgendein Heiliger im wahren Glanze der Heiligen gelobt hat; so

11 Lk 23,41.

oft, wie Stäubchen im Sonnenschein sind, und daß sie mein Verlangen erfüllten, als ob ich das selber in dieser Zeit getan hätte.

Darum, Herr, nimm mich über kurz oder lang zu dir: Das ist mein Herzenswunsch. Noch mehr: Sollte ich jetzt von hinnen scheiden und geschähe es zu deinem Lobe, daß ich fünzig Jahre im Fegfeuer brennen sollte, so neige ich mich jetzt hier unter deine Füße zu deinem Lobe und empfange dies mit freiem Willen zu deiner ewigen Lobpreisung. Gesegnet das Fegfeuer, in dem dein Lob an mir vollendet wird! Herr, du und nicht ich, dich selbst habe ich im Sinn, dich liebe, dich suche ich und nicht mich. Du, Herr, weißt alles, du kennst alle Herzen, du weißt, daß es mir Ernst ist. Und wüßte ich sogar, daß ich stets im Grunde der Hölle verweilen sollte, so wollte ich, so weh auch meinem hilflosen Herzen die Entziehung deiner köstlichen Beschauung wäre, darum mich nicht von dir lossagen. Und könnte ich aller Menschen verlorene Zeit wieder einbringen, ihre Missetat gutmachen und all die Unehre, die dir je widerfuhr, gänzlich durch Preis und Ehrung ersetzen, das wollte ich gern tun. Und wäre es trotz allem möglich, so sollte vom untersten Grunde der Hölle aus ein schönes Lob von mir sich erheben, das Hölle, Erde, Luft und alle Himmel durchdränge, bis es vor dein göttliches Angesicht käme. Aber da das unmöglich ist, so wollte ich dich hier umso mehr loben, damit ich mich hier deiner umso mehr erfreute.

Herr, tu mir, deinem armen Geschöpf, was zu deinem Lobe gereicht; denn: Gehe es wie es wolle, dich will ich loben, solange mein Mund atmet. Und könnte ich nicht mehr sprechen, so begehre ich, daß das Aufheben meines Fingers Bekräftigung und Abschluß all des Lobes sei, das ich dir je aussprach; und wenn mein Leib zu Staub zerfällt, so will ich, daß von jedem Staubkörnlein ein unergründliches Lob den harten Stein durchdringe durch alle Himmel hindurch vor dein göttliches Angesicht, bis daß zum Jüngsten Tage Leib und Seele in deinem Lob sich wieder vereinigen.

Die ewige Weisheit: In diesem Verlangen beharre bis in den Tod, das ist mir ein liebenswertes Lob.

Der Diener: Da du, teurer Herr, von mir armem sündigem Menschen Lob anzunehmen geruhst, so unterweise mich in folgenden Dingen: Herr, ist das äußere Lob durch Wort und Gesang nicht förderlich?

Die ewige Weisheit: Es ist wohl förderlich und besonders umso mehr, als es den inneren Menschen anregen kann, wie das gar oft geschieht, und besonders bei dem anfangenden Menschen.

Der Diener: So drängt es, lieber Herr, mich sehr, da man gern beizeiten beginnt, was man in Ewigkeit tun soll, ein beharrliches Loben in mir zu erwecken, das niemals auch nur einen Augenblick unterbrochen werde. Aus demselben Drang habe ich oft gesagt: Ach, Himmel, wohin eilest du? Was läufst du so schnell? Ich begehre: Stehe in diesem Punkt still, bis ich meinen erwählten, lieben Herrn so ganz und gar nach meines Herzens Wunsch gelobt habe! Herr, war es etwa einmal ein kleines Weilchen, daß ich mich nicht gegenwärtiglich in dein Lob versenkte, so sprach ich, als ich dann wieder zu mir kam: Ach, Herr, nun sind tausend Jahre vergangen, ohne daß ich an dich, meinen Geliebten, gedacht habe. Nun denn, lieber Herr, lehre mich, soweit möglich, daß ich, solange Leib und Seele noch zusammen sind, wie ich zu deinem steten, unerschütterlichen Lob gelange.

Die ewige Weisheit: Wer mich stets im Sinn hat, sich vor Sünden hütet, sich der Tugenden befleißigt, lobt mich jederzeit. Aber wenn es dir um das höchste Lob zu tun ist, so höre doch noch mehr. Die Seele gleicht einer leichten Flaumfeder. Hängt sie nicht irgendwo fest, so trägt ihre natürliche Beweglichkeit sie leicht in die Höhe hoch dem Himmel zu; ist sie aber irgendwie beschwert, so sinkt sie nieder. In gleicher Weise wird ein geläuterter Sinn in seiner gebrechlichen Schwere durch seinen natürlichen Adel, durch die leichte Hilfe geistlicher Betrachtung zu himmlischen Dingen emporgehoben; und also, wenn das geschieht, daß ein Sinn aller leiblichen Begierde entledigt wird und in Stille versetzt, so daß alle seine Gedanken dem unwandelbaren Gute ungeschieden zu allen Zeiten anhaften, so lobt solch ein Sinn mich zu allen Zeiten. Denn in der Lauterkeit, soweit man das auszusprechen vermag, wird menschliches Bewußtsein ganz versenkt und aus dem irdischen Zustande zur geistlichen und engelhaften Gleichheit emporgebildet; was der Mensch von außen in sich hineinnimmt, was er tut und wirkt, er mag essen, trinken, schlafen oder wachen, das ist dann nichts anderes als lauterstes Lob.

Der Diener: Ach, mein lieber Herr, welch eine liebliche Lehre ist das! Teure Weisheit, noch möchte ich gern von vier Dingen mich von dir belehren lassen. Das eine ist: Wo, Herr, finde ich die meiste Ursache, dich zu loben?

Die ewige Weisheit: In dem ersten Ursprung alles Guten und danach in den ausströmenden Quellen.

Der Diener: Der Ursprung, Herr, ist mir zu hoch und zu unbekannt; da sollen dich die himmlischen Geister nämlich und die engelhaften Herzen, die hohen Zedern des Libanon loben. Und doch will ich, eine rauhe Distel, mein Lob hören lassen, damit sie – wenn sie mein Verlangen voller Unvermögen wahrnehmen – an ihre hohe Würdigkeit gemahnt und in ihrer lauteren Klarheit angetrieben werden, dich innig zu loben, so daß (gleichsam) der Kuckuck die Nachtigall zu ihrem wonnigen Gesang anregt. Doch ist es mir möglich, den überfließenden Strom deiner Güte zu loben? Überlege ich mir so recht, wer ich war, wovor und wie oft du mich bewahrt hast, aus welchen Drangsalen und Banden du mich befreit, welcher Stricke du mich entledigt hast, so möchte, du ewiges Gut, mein Herz ganz und gar in deinem Lobe zergehen! Herr, wie lange hast du Geduld mit mir gehabt, wie freundlich mich aufgenommen, wie oft hast du liebevoll mich sorglich behütet, mich innerlich ermahnt! Wie undankbar ich auch hierin je gewesen bin, du hast doch nie aufgehört, bis du mich zu dir gezogen. Soll ich dich darum nicht loben? Wahrlich, Herr, ich begehre, daß ein herrliches Lob zu dir hinaufdringe, ähnlich dem gewaltigen, freudevollen Jubel der Engel, als sie innewurden, daß sie die Prüfung bestanden hatten, die anderen aber verworfen seien. Und ein solches Lob soll dir erschallen wie das der armen Seelen, die aus dem Kerker des furchtbaren Fegfeuers vor dich treten und dein frohes, liebevolles Angesicht zum erstenmal erblicken; und solch ein Loblied soll dir erklingen, wie es in den himmlischen Gassen erschallen wird, nach dem letzten Urteil, wenn die Erwählten Gottes in immerwährender Sicherheit von den Verurteilten geschieden werden.

Herr, was ich noch gern wissen möchte von deinem Lobe, wie das natürliche Gute, das ich besitze, von mir in dein ewiges Lob umgewandelt werden könne.

Die ewige Weisheit: Da niemand in der Erdenzeit nach deutlicher Einsicht einen sicheren Unterschied zwischen Natur und Gnade anzugeben vermag, darum (es sei nun von Natur oder von Gnade) trage in rascher Umkehr das, was an Wohlgefälligem, Fröhlichem, Munterem sich in dir regt, in Gott hinein, daß es zu meinem Lobe verwendet werde, denn ich bin Herr der Natur und der Gnade; und so wird dir sogleich Natur in Übernatur gewandelt.

Der Diener: Wie aber, Herr, vermag ich der bösen Geister Einflüsterungen zu deinem Lobe umzuschaffen?

Die ewige Weisheit: Sprich bei der bösen Geister Einreden so: «Herr, sooft dieser böse Geist oder ein anderer seinesgleichen häßliche Gedanken wider meinen Willen in mir weckt, so oft sei dir mit bedachtem Willen an deren Stelle dein allerschönstes Lob in die immerwährende Ewigkeit gesandt, mit dem ebendieser böse Geist dich in immerwährender Ewigkeit gelobt hätte, falls er die Prüfung bestanden hätte, damit ich, da er verstoßen ist, an seiner Stelle dich lobe; und sooft er mir Böses in die Ohren raunt, sei dir dies Gute dargebracht.»

Der Diener: Nun, Herr, sehe ich, daß deinen Guten alles zum Guten gereicht, da ihnen das Böseste des bösen Geistes so in Gutes verwandelt werden kann. Nun, lieber Herr, sag mir noch eines: Wie wend ich all das, was ich sehe oder höre, zu deinem Lobe?

Die ewige Weisheit: Sooft du eine große Zahl wahrnimmst, sooft du etwas ausgesucht Schönes oder eine besondere Vielheit erblickst, so oft sprich aus Herzensgrund: «Ebenso oft und ebenso geziemend sollen dich heute die tausendmal tausend Engel, die dir dienen, liebevoll statt meiner grüßen, und die zehntausendmal hunderttausend Geister, die vor dir stehen, dich an meiner Statt loben und alles heilige Verlangen aller Heiligen statt deines Dieners begehren und aller Geschöpfe wonnigliche Schönheit an meiner Statt dich ehren.»

Der Diener: Fürwahr, lieber Gott, wie hast du meinen Sinn erfrischt und angesprochen mit deinem Lob. Aber dieses zeitliche Lob hat mein Herz gemahnt, meine Seele mit sehnendem Verlangen nach dem ewigen, immerwährenden Lob durchdrungen. Ach, erwählte Weisheit, wann wird der lichte Tag anbrechen, wann die frohe Stunde kommen des vollkommen bereiten Hinganges aus dieser Verbannung zu meinem Geliebten, damit ich dich liebevoll schaue und lobe? Herr, mich quält das Sehnen gar sehr, mich verlangt innerlich nach dem einzigen Glück meines Herzens. Ach, wann werde ich je dahin gelangen? Wie zieht es sich in die Länge, wie so gar nicht will der Augenblick kommen, daß ich meines Herzens Erquickung von Angesicht zu Angesicht erblicke und dich ganz nach Herzenslust verkosten kann! Ach, Fremde, wie verlassen ist in dir ein Mensch, der sich in Wahrheit heimatlos fühlt! Herr, schau, es ist kaum jemand auf Erden, der nicht irgendjemanden besitzt, den er aufsuchen kann, der nicht ein Plätzchen hat, wo sein Fuß ein wenig ausruhen kann; ach, mein einziges Eine, das meine Seele sucht und ersehnt, du weißt, daß ich der eine bin, der allein dir gehört. Herr, was ich sehe und höre, ist mir eine Qual, sofern ich dich nicht finde, aller Menschen Gegenwart, außer um deinetwillen, ist mir bitter.

Herr, was soll mich ermutigen, was soll mich stützen?

Die ewige Weisheit: Du sollst dich oft in dem schönen köstlichen Baumgarten meines blütenreichen Lobes ergehen. Es gibt auf Erden kein treffenderes Vorspiel himmlischen Aufenthaltes denn die, welche Gott wohlgemut und in Freude loben; es gibt nichts, was einem Menschen so seinen Sinn erhöbe, sein Leid erleichterte, die bösen Geister vertriebe, die Schwermut beseitigte, als frohes Lob. Gott ist diesen Menschen nahe, die Engel sind ihnen vertraut, sie sich selber nützlich. Solch ein Lob bessert den Nächsten, erfreut die Seelen; das ganze himmlische Heer wird durch das frohgemute Lob geehrt.

Der Diener: Lieber Herr, teure ewige Weisheit, wenn des Morgens meine Augen sich zum erstenmal öffnen, soll auch, so will ich, mein Herz sich öffnen. Von ihm soll das Liebesfeuer deines Lobes hinauflodern in der liebevollsten Zuneigung des am stärksten liebenden Herzens, das auf Erden ist, ähnlich der Liebesglut der höchsten Seraphim in Ewigkeit; ähnlich auch der unergründlichen Hingebung, mit der du, himmlischer Vater, dein liebes Kind liebst in der strahlenden Glut des von euch beiden ausgehenden Geistes. Und dies Lob soll in deinem väterlichen Herzen so lieblich widerklingen, wie auf Erden solcherart kein süßer Klang aller schönen Saitenspiele in keinem sorglosen Gemüte je erklang. Und in dem Liebesfeuer meines Lobes soll ein so lieblicher Duft des Lobes zu dir hinaufdringen, als ob er vornehmlich aus allen edlen Kräutern und Wurzeln und allen Würzläden der Tugenden in höchster Reinheit vereint wie wohlduftender Rauch zu dir emporstiege. Sein Anblick sei so schön mit Gnaden geziert, wie kein Mai in köstlicher Blütenpracht je geschmückt war, damit du mit allem himmlischen Heere ihn mit Freuden betrachten könntest. Und solch eine Liebesglut schlage, das begehre ich, zu allen Zeiten aus meinem Gebet verlangend zu dir auf, in Wort und Ton, in Gedanken, Rede und Tat, daß sie all meine Feinde verjage, meine Fehler beseitige, mir Gnade und ein seliges Ende einbringe, damit das Ende dieses vergänglichen Lobes ein Beginn des immerwährenden sei. Amen.

Dritter Teil

bringt die hundert Betrachtungen und Gebete in kurzen Worten, wie man sie täglich mit Andacht sprechen soll

Wer kurz, bestimmt und voll Verlangen seine Betrachtungen vornehmen will an Hand des liebevollen Leidens unseres Herrn Jesus Christus, an dem unser aller Heil liegt, und seinem vielfältigen Leiden dankbar sein, der soll diese hundert hier nachfolgenden vortrefflichen Betrachtungen besonders nach dem Sinne, wie er in den kurzen Worten liegt, auswendig lernen und zusammen mit hundertmaligem Niederwerfen oder der Art, die ihm am besten scheint, täglich durchgehen und bei jedem Niederfall ein Vaterunser oder das Gebet «Gegrüßet seist du, Königin» sprechen, wo es sich um die Mutter Gottes handelt. Denn so wurden sie einem Predigerbruder von Gott mitgeteilt, als er einst nach der Mette vor dem Kruzifix stand und Gott innerlich klagte, daß er über das Leiden des Herrn keine Betrachtung vornehmen könne und ihm das so bitter sei. Damit hatte er bis zu dieser Stunde große Mühe gehabt: Dann aber war es damit vorbei. Die Gebete hat er aus Eigenem in Kürze hinzugefügt, damit jeder Mensch für sich selber eine Ursache zu bitten finde, je nachdem es seinem Inneren entspricht.

I. Ach, ewige Weisheit, ich erinnere dich daran, wie du nach dem letzten Male auf dem Berg in der Angst deines zarten Herzens blutigen Schweiß verströmtest;

II. und wie du feindselig gefangen, hart gebunden und hilflos weggeführt wardst;

III. wie du, Herr, während der Nacht mit harten Schlägen, Bespeien und Verbinden deiner hellen Augen schimpflich behandelt wurdest;

IV. in der Frühe hat man dich vor Kaiphas beschuldigt und zu Tode verurteilt;
V. deine teure Mutter blickte dich mit unsagbarem Herzeleid an;
VI. auf schmähliche Weise wardst du vor Pilatus gestellt, fälschlich angeklagt und des Todes für schuldig befunden;
VII. vor Herodes hat man dich, ewige Weisheit, in weißem Gewande als einen törichten Menschen verspottet;
VIII. dein schöner Leib wurde gar schmerzhaft in zuchtloser Weise von rohen Geißelhieben aufgerissen und zerfetzt.
IX. Dein zartes Haupt ward von spitzen Dornen durchstochen, so daß Blut über dein liebenswertes Antlitz rann.
X. So verurteilt, hat man dich hilflos und schändlich mit deinem Kreuze hinaus in den Tod geführt.

Ach, du meine einzige Zuversicht, sei daran erinnert, daß du mir in all meinen Nöten wie ein Vater zu Hilfe kommst. Löse mich von meinen schweren Sünden, behüte mich vor heimlicher und bewahre mich vor öffentlicher Schande. Beschirme mich vor den treulosen Räten des Bösen und vor der Gelegenheit zu allen Sünden; gib mir ein herzliches Mitempfinden mit deinem und deiner zarten Mutter Leiden; sprich ein barmherziges Urteil über mich bei meiner letzten Reise, lehre mich weltliche Ehre verachten und dir auf verständige Weise dienen. All meine Fehler mögen in deinen Wunden geheilt, meine Vernunft im Schmerze deines Hauptes vor aller Anfechtung gestärkt und vervollkommnet werden, all deine Leiden von mir nach meinen Kräften zu Ende gelitten werden.

I. Lieber Herr, so wie an dem hohen Kreuze deine hellen Augen erloschen und verändert wurden;
II. deine Ohre mit Spott und Schimpf erfüllt,
III. dein edler Geruchssinn mit üblem Geruch,
IV. dein freundlicher Mund mit bitterem Trank gefüllt wurde,
V. dein zarter Tastsinn durch harte Schläge verletzt ward,

so bitte ich dich heute, meine Augen zu bewahren vor ausgelassenen Blicken, meine Ohren vor eitlen Worten. Herr, entziehe mir den

Wohlgeschmack leiblicher Dinge, laß sie mir zuwider sein und nimm mir die Weichlichkeit meines Leibes.

I. Lieber Herr, wie dein göttliches Haupt von Schmerz und Leid geneigt,
II. dein schöner Hals gar schimpflich gepackt,
III. dein reines Gesicht mit Speichel und Blut befleckt,
IV. deine helle Farbe erblichen,
V. deine ganze schöne Gestalt dahingeschwunden war,

so gib mir, Herr, leibliche Beschwerden zu lieben und alle meine Ruhe in dir zu suchen, Übel, das mich von außen trifft, willig zu leiden, Verschmähung zu begehren, mein Verlangen zu unterdrücken, meine Begierden zu töten.

I. Lieber Herr, so wie deine rechte Hand durchnagelt,
II. deine linke durchbohrt,
III. dein rechter Arm zerdehnt,
IV. dein linker zerrissen ward;
V. wie dein rechter Fuß durchstochen,
VI. dein linker furchtbar durchbrochen wurde;
VII. wie du in Schwäche da hingest,
VIII. in großer Erschöpfung deines göttlichen Leibes,
IX. all deine zarten Glieder unbeweglich an den engen Raum des Kreuzes gezwängt wurden,
X. und dein Leib von dem warmen Blut über und über benetzt war:

ebenso bitte ich dich, daß ich in Lieb und Leid zu dir genagelt, meine ganze Kraft, Leibes und der Seele, an dein Kreuz gespannt, meine Vernunft und mein Wollen an dich geheftet seien. Gib mir Unfähigkeit, leibliche Freude zu genießen, Schnelligkeit (aber) in Vollbringung deines Lobes und deiner Ehre. Ich will, daß jedes Glied meines Leibes im Besonderen an deinem Tode mittrage und die Ähnlichkeit mit deinem Leiden in liebevoller Weise bezeuge.

I. Lieber Herr, dein blühender Leib empfand am Kreuz ein Darben und Verdorren,
II. dein müder zarter Rücken hatte an dem rauhen Holze eine harte Stütze,
III. die Schwere deines Leibes zog dich hernieder,
IV. alles an dir war verwundet und versehrt,
V. und all das trug dein Herz mit Liebe.

Herr, deine Entbehrung sei mir eine stete Erneuerung, deine harte Stütze eine geistliche Ruhe, dein Niedersinken ein kräftiger Trost. Dein ganzer Schmerz möge meinen lindern, dein liebevolles Herz das meine in Sehnsucht entzünden.

I. Lieber Herr, in Todesnot wurdest du mit übermütigen Worten verspottet,
II. durch höhnisches Verhalten heruntergesetzt,
III. in ihren Herzen für nichts geachtet.
IV. Du bliebest fest hierbei
V. und batest deinen lieben Vater voll Güte für sie;
VI. du unschuldiges Lamm wurdest den Schuldigen gleichgestellt,
VII. von dem Schächer zu deiner Linken verurteilt,
VIII. von dem zu deiner Rechten angerufen,
IX. du vergabst ihm all seine Missetat
X. und öffnetest ihm das himmlische Paradies.

Lehre nun, lieber Herr, deinen Diener jedes übermütige Wort, jedes spöttische Verhalten, jede Herabsetzung um deinetwillen fest zu ertragen und alle meine Widersacher dir gegenüber von Schuld freizusprechen. Ach, du unfaßbare Güte, ich biete heute deinen unschuldigen Tod vor den Augen deines himmlischen Vaters dar für mein schuldiges Leben. Mit dem Schächer rufe ich zu dir: «Gedenke, gedenke meiner, wenn du in dein Reich kommst!» Verurteile mich nicht um meiner Missetat willen, vergib mir all meine Sünde und tu mir auf dein himmlisches Paradies.

I. Lieber Herr, zu jener Stunde wurdest du um meinetwillen von allen Menschen verlassen;
II. deine Freunde hatten dich aufgegeben,
III. du standest nackt da, aller Ehre und der Kleider beraubt,
IV. deine Kraft schien da erloschen,
V. man behandelte dich erbarmungslos, und du littest es alles, still und sanftmütig.
VI. Ach, über dein mildes Herz, der du deiner zarten Mutter Herzeleid allein von Grund auf verstandest,
VII. ihre schmerzvollen Gebärden ansahest,
VIII. ihre Klagen hörtest
IX. und bei der Trennung durch deinen Tod sie deinem Jünger zu treuen Händen übergabest;
X. und den Jünger ihr anbefahlst wie den Sohn einer treuen Mutter.

Ach ja, Muster aller Tugenden, nimm aller Menschen schädliche Liebe weg von mir, aller Freunde ungehörige Treue. Befreie mich von aller Ungeduld, gib mir Festigkeit gegen alle bösen Geister und Milde gegen alle ungestümen Menschen. Laß mich deinen bitteren Tod im Grunde meines Herzens empfinden, laß ihn mein Gebet und meine Werke begleiten. Ja, lieber, gütiger Herr, ich befehle mich heute in die stete Treue und Obhut deiner lieben, reinen Mutter und deines lieben von dir geliebten Jüngers.

«Sei gegrüßt, Königin...» oder: «Gegrüßet seist du, Maria...»

I. Ja, gute treue Mutter, ich erinnere dich heute an das unermeßliche Herzeleid, das dich befiel, als du dein liebes Kind, so am Kreuze hängend, in Todesnot sahest;
II. du konntest ihm da nicht helfen,
III. du hattest den qualvollen Anblick der Mörder deines Kindes;
IV. du beklagtest ihn voller Jammer,
V. und er tröstete dich in Güte.
VI. Seine freundlichen Worte verwundeten dein Herz,
VII. dein beklagenswerter Anblick rührte die harten Herzen,
VIII. hilflos strecktest du deine mütterlichen Hände und Arme nach deinem Kinde aus;

IX. dein schwacher Leib aber sank kraftlos nieder;
X. du küßtest mit zartem Munde liebevoll sein herabrinnendes Blut.

Ach, Mutter aller Gnaden, behüte mich wie eine Mutter während meines ganzen Lebens, beschütze mich gnädig in meiner Todesstunde. Das ist, teure Frau, die Stunde, um derentwillen ich alle Tage dein Diener sein will, das ist die furchtbare Stunde, vor der Herz und Seele erschrecken; denn wenn mein Beten und Rufen vorbei sind, weiß ich nicht, an wen ich armer Mensch mich wenden soll. Darum also, unergründliche Tiefe göttlicher Barmherzigkeit, falle ich dir heute mit innigem Seufzen meines Herzens zu Füßen, damit ich deiner freudvollen Gegenwart würdig werde. Wie kann der verzagen, was kann dem geschehen, den du, gute Mutter, behüten willst?

Ach, einziger Trost, schütze mich also vor dem jämmerlichen Anblick der bösen Geister, sei mir eine Hilfe und behüte mich vor den Händen des Bösen. Tröste du mein hilfloses Seufzen, sieh du an meine tödliche Kraftlosigkeit mit deinen erbarmenden Augen voll Güte, reich mir deine milden Hände, meine arme Seele von dir zu empfangen; mit deinem rosigen Antlitz führe sie vor den hohen Richter, damit sie ewiger Seligkeit versichert werde.

I. Lieber Herr, an dem der himmlische Vater sein Wohlgefallen hat, als du zu jener Stunde am Kreuze zu all den äußeren Schmerzen des bitteren Todes auch innerlich von aller Freude und allem Trost verlassen warst,
II. riefest du in deiner Hilflosigkeit deinen Vater,
III. unterwarfst deinen Willen dem seinen ganz und gar;
IV. dich quälte leiblicher Durst,
V. du littest geistlichen Durst dank deiner großen Liebe,
VI. da wurdest du auf bittere Weise getränkt;
VII. als alles zu Ende war, sprachst du: «Es ist vollbracht!»
VIII. Du warst deinem geliebten Vater treu bis in den Tod,
IX. befahlst deinen Geist in seine väterlichen Hände;
X. und dann schied deine edle Seele von deinem göttlichen Leibe.

Ach, lieber Herr, in solcher Liebe bitte ich dich herzlich, mir in allen Leiden gnädig beizustehen, dein väterliches Ohr allezeit meinem Rufen zu öffnen, meinen Willen allezeit mit dem deinigen zu vereinen. Herr, lösche in mir alles Verlangen nach leiblichen, wecke in mir den Durst nach geistlichen Dingen. Teurer Herr, dein bitterer Trank möge all meine Widerwärtigkeiten in Annehmlichkeiten wandeln. Gib mir, daß ich in rechtem Denken und guten Werken beharrlich bis an den Tod bleibe und niemals dir den Gehorsam verweigere.

Ewige Weisheit, in deine Hände empfehle ich heute meinen Geist, damit er bei seiner letzten Reise von dir froh empfangen werde.

Herr, gib mir ein dir wohlgefälliges Leben, einen wohlvorbereiteten Tod, ein Ende, das durch dich gesichert sei. Herr, dein bitterer Tod bringe meine kleinen Werke zum Gedeihen, damit in jener Stunde Schuld und Buße gänzlich getilgt seien.

I. Ach, Herr, gedenke, wie der scharfe Speer durch deine göttliche Seite gestochen ward;
II. wie das rote, kostbare Blut daraus rann,
III. wie lebendiges Wasser der Wunde entfloß;
IV. ach, Herr, wie bitter hast du mich erkauft,
V. und mit welch freiem Willen hast du mich erlöst.

Lieber Herr, deine tiefe Wunde behüte mich vor all meinen Feinden, dein lebendiges Wasser reinige mich von allen meinen Sünden, dein rotes Blut ziere mich mit allen Gnaden und Tugenden, der bittere Wiederkauf binde mich an dich, dein freiwilliges Erlösen vereine mich auf ewig mit dir.

I. Ach, erwählter Trost aller Sünder, gütige Königin, sei heute daran erinnert, wie gar oft du so hilflos zu deinem Kinde aufblicktest, als du unter dem Kreuze standest und dein Kind verschieden war und tot vor dir hing;
II. wie mütterlich du seine Arme ergriffest;
III. mit welcher Treue du sie an dein von seinem Blute gerötetes Angesicht drücktest;

IV. seine frischen Wunden, sein totenbleiches Antlitz wurden von dir mit Küssen bedeckt;

V. wie gar manch tödliche Wunde empfing da dein Herz,

VI. wie inniglich seufztest du gar vielmals aus dem Grunde deines Herzens,

VII. wie manch bittere Träne der Hilflosigkeit vergossest du da!

VIII. Deine jammervollen Worte waren da wahrlich voll der Klagen;

IX. deine anmutige Gestalt bot einen gar traurigen Anblick,

X. aber kein Mensch vermochte dein hilfloses Herz zu trösten.

O reine Frau, sei heute daran erinnert, meines ganzen Lebens stete Hüterin und getreue Führerin zu sein! Wende deine Augen, deine milden, allzeit voll Erbarmen mir zu, nimm mich in all meinem Suchen auf wie eine Mutter, behüte mich in Treuen in deinen zarten Armen vor all meinen Feinden. Dein trautes Küssen sei mir bei ihm liebevolles Sühnen, deine todbringenden Wunden mögen mir herzliche Reue erwecken, dein inniges Seufzen mag ein stetes Begehren hervorrufen, deine bitteren Tränen sollen mein hartes Herz erweichen. Deine Klageworte sollen mich vor jedem leichtfertigen Wort bewahren, deine Trauer alles ungehörige Verhalten verschwinden, dein ungetröstetes Herz mich alle vergängliche Zuneigung verschmähen lassen.

I. O wonniger Glanz des ewigen Lichts, wie bist du bei dem Anblick, als dich meine Seele selber unter dem Kreuz auf dem Schoß deiner traurigen Mutter tot mit Dank und Klage umfaßt, so ganz erloschen. Lösche in mir die brennende Begierde aller Untugenden aus.[1]

II. O lauterer klarer Spiegel der göttlichen Hoheit, wie bist du aus Liebe um meinetwillen so trüb geworden. Reinige die Flecken meiner Missetaten!

1 Später (von Seuse?) hinzugefügt. Abweichend von der seitherigen Gepflogenheit sind die Bitten hier den Anrufungen im Einzelfalle unmittelbar angefügt. *P. Wilms*, Des sel. Heinrich Seuse Büchlein der Ewigen Weisheit übertr. u. erläutert, Anm. 34 zum 2. und 3. Teil, Köln-Brück, 1939.

III. O schönes helles Bild väterlicher Güte, wie bist du so verunreinigt worden. Stelle das verunstaltete Bild meiner Seele wieder her!

IV. O du unschuldiges Lamm, wie bist du so jämmerlich mißhandelt worden. Büße und sühne *du* für mein schuldiges sündhaftes Leben!

V. O König aller Könige und Herr aller Herren, verleihe mir, daß, so wie meine Seele dich in deiner Verlassenheit in Klage und Jammer umfaßt, sie auch von dir mit Freude in deiner ewigen Klarheit umfangen werde!

I. Teure reine Mutter, sei heute an dein beklagenswertes Aussehen erinnert, das zu zeigtest, als sie dein totes Kind von deinem Herzen wegnahmen,

II. an die jammervolle Trennung,

III. an deine hilflosen Schritte (auf dem Heimwege),

IV. an das herzliche Verlangen, das du nach ihm hattest,

V. und an die stete Treue, die allein du ihm in all seiner Not bis ans Grab erzeigt hast.

Erlange mir von deinem lieben Kinde, daß ich in deinem und seinem Leiden all mein Leiden überwinde, daß ich mich von allem zeitlichen Kummer mit ihm in sein Grab verschließe, daß mir diese ganze Welt als Ort der Verbannung erscheine, daß ich allein nach ihm mit tiefem Schmerz verlange und bis an mein Grab in seinem Lob und in deinem Dienst stets verharre. Amen.

Als dies alles fertig und zu Papier gebracht war, blieb ihm nur noch übrig, einiges an einer Stelle einzufügen, die Unserer Lieben Frau gewidmet war.[2] Er hatte dort Platz freigelassen, bis ihm Gott eingäbe, was er schreiben solle, denn er hatte mehrere Monate fühlbare Erweise göttlicher Gnade entbehrt, so daß er nichts darüber schreiben konnte. Er wandte sich also an die Gottesmutter, daß sie es zuwege brächte. Und da war ihm am Vortage des hl. Dominikus zur Nachtzeit, als man die Festmette gesungen, im Schlafe, als befinde

2 Wohl ein Hinweis auf Kap. 16.

er sich in einem Zimmer: Und als er dasaß, kam ein schöner junger Mann herein mit einer köstlichen Harfe, begleitet von vier anderen, Schalmeien tragenden. Jener setzte sich mit seinem Saitenspiel zu dem Bruder, begann die Harfe zu schlagen und ein schönes Lied darauf zu spielen. Der Burder hörte das gern und sprach: «Ach, kämest du doch dahin, wo ich wohne, daß du mir zuweilen Mut machtest!» Der junge Mann fragte den Bruder, ob er wohl noch eine Arbeit vorhabe, die ihn schon lange beschäftigte. Dieser bejahte, und jener fügte hinzu: «Das ist ein hartes Stück.» Der Jüngling wandte sich zu den vier Schalmeienspielern und forderte sie auf zu blasen. Einer antwortete, mit zweien sei es genug; jenem aber schien das nicht so, und er erwiderte, sie sollten allesamt blasen; er gab ihnen auch eine Weise an, die er gut kannte, der Bruder aber nicht. Und so geschah es. Aber plötzlich hörte und sah er kein Saitenspiel mehr, doch sah er, daß die jungen Leute ein über alle Maßen schönes (noch unvollendetes) Bild Unserer Lieben Frau in Händen hatten, und das war auf ein Tuch gestickt: Die Gestalt trug einen roten und purpurfarbenen Mantel, eine fremdartige, morgenländische Arbeit, die köstlich aussah, der Grund aber weiß wie Schnee. Das wunderte den Bruder sehr; der Anblick freute ihn, und er nahm wahr, daß sie jenes Bild vollenden wollten: Und sie begannen zuerst mit dem Grunde. Sie sprachen: «Sieh, wie es vorangeht!» Und er sah, wie es fertig wurde; einer von ihnen nahm Nadel und Faden und machte vorn auf dem Mantel querüber gar hübsche Stiche, die so recht zierlich aussahen und die Gottesmutter gar köstlich schmückten. Da gingen ihm die Augen auf, und er begriff, daß er keinen Zweifel daran hegen solle, ihm sei gegeben, den Grund, den leeren Raum und das geistliche Bild fertigzustellen, das ihm so lange nicht hatte gelingen wollen. Er war nämlich daran gewöhnt, daß ihm das früher Niedergeschriebene allesamt in ähnlicher Weise gegeben worden war. Und sogleich des Morgens ward es bis ans Ende vollendet.

Dies Büchlein, genannt Büchlein der ewigen Weisheit, hat sich zum Ziel gesetzt, die Liebe zu Gott, die in der letzten Zeit in manchen Herzen zu erlöschen beginnt, in etlichen wieder zu entzünden. Sein Gegenstand ist von Anfang bis zu Ende unseres Herrn Jesu Christi Leiden aus Liebe; es zeigt, wie ein frommer Mensch ebendiesem Vorbild nach Kräften nacheifern soll; es spricht auch von dem würdigen Lobe und dem unsäglichen Leid der reinen Himmelskönigin. Und da hineingearbeitet sind in unmerklicher Weise zehn Gesichtspunkte, die besonders edel und nützlich sind:

I. Wie manche Menschen von Gott ohne ihr Wissen gezogen werden;
II. von herzlicher Reue und gütigem Vergeben;
III. wie liebenswert Gott und wie betrügerisch die Liebe dieser Welt ist.

Dann folgt eine Erklärung dreier Schwierigkeiten, die einem gottliebenden Menschen an Gott am meisten widerspruchsvoll sein könnten.

IV. Die eine: daß er so zornig zu erscheinen vermag und doch voller Liebe ist;
V. die andere: Warum er sich den ihn Liebenden oft nach Gutdünken entzieht und woran man seine wahre Gegenwart erkennt;
VI. die dritte: Warum es Gott seinen Freunden in dieser Zeit oft recht schlecht ergehen läßt.

Und diese drei Punkte schließen folgende ein:

VII. Vom immerwährenden Weh der Hölle,
VIII. von der unermeßlichen Freude des Himmelreiches,
IX. vom unübertrefflichen Adel zeitlichen Leidens,
X. von dem unsagbaren Wert der Betrachtung des göttlichen Leidens.

Der zweite Teil dieses Büchleins lehrt:

I. Wie man solle sterben lernen;
II. wie man innerlich leben soll;
III. wie man Gott voll Liebe empfangen soll;
IV. wie man Gott allezeit über alle Maßen loben soll.

Der dritte Teil bringt die hundert Betrachtungen, wie man sie täglich mit Andacht sprechen soll.

Wer immer dies Büchlein, das mit Sorgfalt geschrieben und gestaltet ist, abschreiben will, der soll es ganz und gar mit den hier stehenden eigenen Worten und dem ihm eigenen Sinn tun, nichts hinzufügen, nichts weglassen, die Worte nicht ändern und es ein- oder zweimal hiernach genau vergleichen und nichts gesondert daraus abschreiben als die zu Ende stehenden hundert Betrachtungen: *Die* mag er herausnehmen, wenn er will. Wer dem zuwiderhandelt, soll Gottes Strafe fürchten, denn er bringt Gott um ehrwürdiges Lob und die Menschen um Besserung und den, der sich damit abgemüht hat, um das, was dieser durch seine Mühe zustande gebracht hat. Und darum: Wer es dennoch tut, der soll von der ewigen Weisheit seine Strafe erhalten.

Drittes Buch

Büchlein der Wahrheit

Von innerer Gelassenheit und guter Unterscheidung, die mit Hilfe der Vernunft gewonnen werden kann

> Sieh, an Aufrichtigkeit hast du Gefallen,
> im Verborgenen und im Stillen
> lehrst du mich Weisheit.
>
> Ps 51,8

Es lebte einmal ein Mensch in Christus, der hatte sich in seinen jungen Tagen im Hinblick auf den äußeren Menschen in den Dingen geübt, in welchen anfangende Menschen das zu tun pflegen. Sein innerer Mensch blieb aber ungeübt in der höchsten Gelassenheit seines Selbst. So merkte er, daß ihm irgend etwas fehle, er wußte aber nicht was. Und als er das lange Zeit und viele Jahre so getrieben hatte, ward ihm einst eine Versenkung in Gott zuteil: Darin ward er auf sein eigenes Selbst verwiesen, und er hörte zu sich sprechen: «Du sollst wissen, daß innere Gelassenheit den Menschen zur höchsten Wahrheit führt.»

Nun war ihm dieses edle Wort freilich unverständlich;[1] es schlug ihn aber gar sehr in seinen Bann, und immer wieder ward er zu ihm und ähnlichem gar sehr hingetrieben. Würde er dasselbe vor seinem Tode noch in seinem eigentlichen Sinn erfassen und es ihm ganz und gar zuteil werden? Da geschah es, daß er gemahnt wurde; man hielt ihm vor, unter der Gestalt ebendieses Bildes verberge sich der falsche Grund ungezügelter Freiheit und verdecke großen Schaden für den heiligen christlichen Glauben.[2] Und darüber erschrak er und widerstand geraume Zeit dem inneren Ruf seines eigenen Selbst.

1 Vgl. Kap. 48 der Lebensbeschreibung, Anm. 67, S. 178: «Gelassenheit».
2 Vgl. Kap. 46, Anm. 62, S. 175: «Lehre des freien Geistes».

Aber einstmals ward ihm eine tiefe Entrückung zuteil, und göttliche Wahrheit erleuchtete ihn und ließ ihn wissen, daß er sich (von jenen Reden) nicht bedrängt fühlen solle; denn das sei stets so gewesen und müsse immer so sein, daß Böses hinter Gutem sich verberge und man darum Gutes nicht verwerfen solle um des Bösen willen. Und er vernahm, im Alten Bunde, als Mose in der Kraft Gottes seine wahren Wunder tat, hätten die (ägyptischen) Zauberer ihre falschen dazwischengeschoben; und als Christus, der wahre Messias, gekommen sei, hätten sich einige andere fälschlich für ihn ausgegeben. Und so sei es überall und in allen Dingen; und darum dürfe man das Gute nicht mit dem Bösen verwerfen, sondern müsse es mit guter Unterscheidung auswählen, wie es des Herrn *eigner* Mund durch den Propheten sagt.[3]

Und darum, gab ihm die Stimme zu verstehen, seien gute, verständige Beispiele nicht zu verwerfen, die ihre klare verständliche Prägung der Auffassung des heiligen Glaubens unterwürfen, noch seien einsichtige Sätze zu scheuen, die die gute Wahrheit eines vollkommenen Lebens spiegelten; denn sie befreiten den Menschen von Sinnlichkeit, zeigten ihm seinen Adel und des göttlichen Wesens Vortrefflichkeit und aller anderen Dinge Nichtigkeit, was den Menschen mit Fug und Recht über alle Dinge hinaus zu rechter Gelassenheit antreibe. Und so ward er, wie zuvor, wieder zum Suchen nach wahrer Gelassenheit geführt, wozu er gemahnt worden war.

Nun bat er die ewige Wahrheit, sie möge ihm, soweit möglich, gut unterscheiden helfen zwischen den Menschen, die nach wirklicher Einfalt strebten, und solchen, die, wie man sagt, einer ordnungswidrigen Freiheit nachgehen; auch möge sie ihn belehren, worin rechte Gelassenheit bestehe, mit der er dahin kommen könne, wohin er solle. Da ward ihm eine klärende Antwort zuteil: Dies alles werde ihm unter der Form einer ausgedeuteten Belehrung gegeben werden, so wie wenn er, der Jünger, frage und die Wahrheit antworte. Und zuerst ward er auf die Heilige Schrift verwiesen als den Kern; aus ihr redet die ewige Wahrheit; da solle er suchen und erfassen, was die allergelehrtesten und die im geistlichen Leben erfahrensten Menschen, denen Gott seine verborgene Wahrheit geof-

3 Jes 15,19.

fenbart (wie eingangs steht), davon gesagt hätten oder was der heilige Christenglaube darunter verstehe, damit er von der sicheren Wahrheit nicht abweiche. Und so ward ihm nun klar:

1 Wie ein gelassener Mensch in Einheit beginnt und endet

Allen Menschen, die in Gott wieder zurückgeführt werden sollen, ist nützlich, ihren und aller Dinge ersten Beginn zu erkennen, denn danach bestimmt sich auch ihr letztes Ziel. Und darum soll man sich vorhalten, daß alle die, welche je von Wahrheit sprachen, darin übereinkommen, es gebe irgendwie ein Erstes und Einfachstes und vor ihm sei nichts. Nun hat Dionysius[4] dieses unergründliche Wesen in seiner Lauterkeit gesehen und sagt (und mit ihm andere Lehrmeister), daß das Einfache, von dem da gesprochen wird, mit keinem Namen angemessen bezeichnet werden könne; denn wie wir in der Logik hören, soll der Name Natur und Begriff des genannten Dinges ausdrücken. Nun ist klar, daß des vorgenannten einfachen Wesens Natur endlos, unermeßlich und aller geschöpflichen Vernunft unbegreiflich ist. Darum sind alle gelehrten Geistlichen darin einig, daß dieses Wesen ohne genauere Bestimmung auch ein Wesen ohne Namen ist. Und darum sagt Dionysius in dem Buche von den göttlichen Namen, daß Gott ein Nicht-Sein oder ein Nichts sei, und das ist zu verstehen nach all dem Wesen und Sein, das wir ihm nach geschöpflicher Weise beilegen. Denn was man von ihm in solcher Weise aussagt, ist alles in gewisser Weise falsch, und das Gegenteil ist richtig.[5] Und so gesehen, möchte man ihn ein ewiges Nichts nennen; aber wenn man von einem Ding reden soll, wie unübertrefflich oder überaus wichtig es ist, so muß man ihm wohl schon Namen beilegen.

Das Wesen dieser stillen Einfachheit ist ihr Leben, und ihr Leben ist ihr Wesen. Es ist eine lebendige, wesenhafte, in sich selbst seiende Vernunft, die sich selbst versteht, in sich selbst ist und lebt und die dasselbe ist.

4 *Dionysius*, Von den heiligen Namen I.4–6; VII,3 (Bi); *Thomas v. Aquin*, Summa theologiae I, 9.13, a4.

5 Vgl. Meister Eckhart: «Allez daz, daz in der gotheit ist, daz ist ein» (*Pfeiffer*, Meister Eckhart, Göttingen 1924, S. 181).

Klarer kann ich mich nicht ausdrücken, und dies nenne ich die ewige ungeschaffene Wahrheit, denn alle Dinge sind in ihr in ihrer Neuheit, in ihrem Anfang und ihrem ewigen Beginn. Und hier beginnt und endet ein gelassener Mensch in geordneter Versenkung in Gott, wie hiernach gezeigt werden soll.

2 *Ob in der höchsten Einfachheit keine Anderheit bestehen könne*

Der Jünger fragte:

Mich wundert, da dem so ist, daß jenes Wesen so ganz und gar einfach ist, woher die Mannigfaltigkeit kommt, die man ihm zuschreibt. Der eine verleiht ihm Weisheit und nennt ihn so, ein anderer Güte, ein dritter Gerechtigkeit und so fort; so drücken es die Lehrmeister aus nach ihrem Glauben an die göttliche Dreifaltigkeit. Warum läßt man jenes Wesen nicht bei seiner Einfachheit bleiben, die es selber ist? Mich dünkt, dies eine Ein besitze zuviel des Tuns und zuviel des Mannigfaltigen. Wie aber kann es nichts als ein Eins sein, da es solche Vielfalt besitzt?

Die Wahrheit antwortete: Diese Vielfalt ist ihrem Grund und Boden nach eine einfache Einheit.[6]

Der Jünger: Was nennst du Grund und Ursprung und das, was nicht Grund ist?

Die Wahrheit: Ich nenne Grund den Quell und Ursprung, wo die Ausflüsse entspringen.

Der Jünger: Herr, was ist das?

Die Wahrheit: Das ist die Natur und das Wesen der Gottheit; und in diesem Grund, dem abgründigen, sinkt die Dreiheit der Person in ihre Einheit, und jede Mannigfaltigkeit geht da ihres Selbst in gewisser Weise verlustig. Da findet, wenn man es so versteht, nicht fremdes Wirken statt, sondern es ist eine stille, in sich ruhende Dunkelheit.

Der Jünger: Ach, lieber Herr, sage mir, was dieser den ersten An-

6 *Dionysius,* Von den heiligen Namen I, 1,5; ders., Von mystischer Theologie V; ders., Von der himmlischen Hierarchie II, 3. Vgl. hierzu: *Thomas v. Aquin,* Summa theologiae, I, q. 9a. 13 ad 3.

trieb zum Wirken gibt und vor allem zu seinem eigensten Werke, das da im Hervorbringen besteht.

Die Wahrheit: Das tut seine vermögende Kraft.

Der Jünger: Herr, was ist das?

Die Wahrheit: Das ist die göttliche Natur in dem Vater; da, nämlich im selben Augenblick, ist sie schwanger des Fruchtbringens und des Wirkens, denn da hat sich, so wie wir das mit unserer Vernunft verstehen, die Gottheit in Gott hineingeschwungen.

Der Jünger: Ist dies nicht ein und dasselbe?

Die Wahrheit: Ja, Gottheit und Gott sind eins; aber dennoch wirkt und gebiert die Gottheit nicht, wohl aber Gott. Und das kommt allein von der Andersheit her, die sich in der Bezeichnung gemäß unserer Vernunft findet. Aber im Grunde ist es eins; denn in der göttlichen Natur ist nichts anderes als Wesen und die sich auf das Wesen zurückbeziehenden Eigenschaften, und diese fügen überhaupt nichts zu dem Wesen hinzu, sie sind es ganz und gar selbst, wie sie sich auch unterscheiden von dem, worauf sie sich beziehen, d. h. von ihrem Gegenstand. Denn göttliche Natur, nach ihrem eigenen Grunde betrachtet, ist an sich nicht einfacher als der Vater seiner eigenen Natur nach oder irgendeine andere Person. Nur die Einbildung deiner Phantasiebilder betrügt dich, die die göttliche Natur anblickt, wie sie es mit Geschöpfen tut. Sie in sich selbst ist eins und lauter.

Der Jünger: Ich sehe wohl, daß ich hier auf den tiefsten Grund der höchsten Einfachheit gekommen bin, in die niemand weiter eindringen kann, der Wahrheit gewinnen will.

3 Wie der Mensch und alle Geschöpfe von Ewigkeit her in Gott waren und wie sie von da ihren Ausgang genommen

Der Jünger: Ewige Wahrheit, wie verhielt es sich aber mit den Geschöpfen, die von aller Ewigkeit her von Gott waren?

Die Wahrheit: Sie sind dort gewesen wie in ihrem ewigen Vorbild.[7]

7 Hier schneidet Seuse die scholastische Ideenlehre an: Alle Dinge sind der Idee nach in Gott und dort nicht wesentlich voneinander noch vom Wesen Gottes unterschieden (Bi zu S. 157.20).

Der Jünger: Was versteht man darunter?

Die Wahrheit: Darunter versteht man sein ewiges Wesen in der Art, wie es sich in mitteilbarer Weise dem Geschöpf zu erfassen gibt. Und merke: Alle Geschöpfe sind von aller Ewigkeit her Gott in Gott und besaßen dort von Grund auf keinen anderen Unterschied als den, von dem gesprochen wurde. Sie sind dasselbe Leben, Wesen und Vermögen, insofern sie in Gott sind und sind dasselbe Eine und nichts weniger. Aber nach dem Ausgang, mit dem sie ihr eigenes Wesen gewinnen, hat ein jegliches sein besonderes Wesen, unterschiedlich mit seiner eigenen Form, die ihm das natürliche Wesen gibt; denn Form gibt gesondertes und unterschiedenes Wesen,[8] wie (z. B.) die natürliche Form des Steines ihm sein eigenes Wesen mitteilt. Und das ist nicht Gottes Wesen, denn der Stein ist nicht Gott und Gott auch nicht der Stein, wenn auch alle Geschöpfe durch ihn das sind, was sie sind. In diesem Ausfluß haben alle Geschöpfe ihren Gott gewonnen, denn wo ein Geschöpf sich als Geschöpf findet, bekennt es seinen Schöpfer und seinen Gott.

Der Jünger: Lieber Herr, ist das Wesen der Geschöpfe wertvoller, so wie es in Gott oder wie es in sich selbst ist?

Die Wahrheit: Das Wesen des Geschöpfes in Gott ist nicht Geschöpf; aber die Geschöpflichkeit jedes Geschöpfes ist für es edler und nützlicher als das Wesen, das es in Gott besitzt. Denn was hat der Stein oder der Mensch oder irgendein Geschöpf davon in seinem geschöpflichen Wesen mehr, daß sie ewig Gott in Gott gewesen sind?[9] Gott hat den Dingen eine gute und rechte Ordnung verliehen, denn jedes Ding hat ein Hinschauen nach seinem ersten Ursprung in Unterwerfung (unter ihn).

Der Jünger: Ach, Herr, wovon kommen denn Sünde, Bosheit, Hölle, Fegfeuer, Teufel oder dergleichen?

Die Wahrheit: Da das vernunftbegabte Geschöpf ein entsinkendes Zurückschauen in das Eine haben sollte, es aber nach außen ge-

8 Denn (wie Aristoteles lehrt, dem sich viele Theologen des Mittelalters anschlossen) die Form ist das Prinzip, durch das die Materie aktuelles Sein gewinnt. Vgl. *Aristoteles,* Metaphysik 1017b14 und 1022a14; ferner *Thomas v. Aquin,* Summa theologiae 1, q. 42a. 1 ad 1 und öfter.

9 Für Meister Eckhart sind alle Geschöpfe in Gott edler als in sich selbst; s. Pfeiffers Ausgabe, S. 530,8.

kehrt bleibt, blickend in ungehöriger Weise auf sein eigenes Sein: Davon kommen Teufel und jede Bosheit.

4 *Von der wahren Einkehr, die ein gelassener Mensch durch den eingeborenen Sohn Gottes nehmen soll*

Der Jünger: Was von dem Ausgang der Geschöpfe aus Gott gesagt wurde, habe ich nach seiner Wahrheit wohl verstanden. Gern hörte ich jetzt etwas von dem Durchbruch, durch den der Mensch über Christus wieder in Gott kommen und seine Seligkeit erlangen soll.

Die Wahrheit: Man muß bedenken, daß Christus, der Gottessohn, etwas mit allen Menschen gemein hatte und vor allen Menschen seine Sonderheit. Gemein mit allen Menschen ist ihm die menschliche Natur, so daß er auch wahrer Mensch war. Er nahm menschliche Natur an, nicht Person. Und das ist so zu verstehen, daß Christus eine individuelle menschliche Natur an sich nahm, was der Lehrer Damascenus[10] «in athomo»[11] nennt; und so entsprach die reine Blüte in Mariens gesegnetem Schoße der menschlichen Natur, da er menschlichen Leib von ihr annahm.

Und darum hat menschliche Natur, an sich selbst betrachtet, nicht das Recht, daß jeder Mensch in derselben Weise wie Christus Gott und Mensch zugleich sein solle und könne, denn Christus hatte wohl menschliche Natur, doch nicht menschliche Person angenommen. Ihm allein gehört die unerreichbare Würde zu, daß er Natur an sich nahm in Lauterkeit, so daß ihm weder die Ursünde noch eine andere Sünde anhaftet; und darum vermochte er allein das in Schuld geratene Menschengeschlecht zu erlösen. Sodann: Aller anderen Menschen verdienstliche Werke, die sie in rechtem Verzicht ihres eigenen Selbst tun, weisen dem Menschen ausdrücklich den Weg zur Seligkeit, die der Lohn für ein tugendhaftes Leben ist. Und die Seligkeit liegt an dem vollen Verkosten Gottes, wobei jedes Hindernis und jedes Anderssein wegfallen. Die Fleischwerdung Christi jedoch überragt – da sie in einem persönlichen Wesen statt-

10 Johannes von Damaskus (um 675–749), einer der bedeutendsten Kirchenlehrer der morgenländischen Kirche.

11 = unteilbar, dem Wortsinn nach = individuell.

findet – jene und steht höher als die Vereinigung der Seligen mit Gott. Denn vom ersten Augenblick an, als er als Mensch empfangen ward, war er gewißlich Gottes Sohn, so daß er keine andere Persönlichkeit besaß als die des Gottessohnes. Alle anderen Menschen aber haben ihre natürliche Persönlichkeit in ihrem natürlichen Wesen. Mögen sie sich noch so sehr ihres eigenen Selbst entäußern oder sich in die Wahrheit noch so sehr versenken, zu diesem einen kommt es nicht, daß sie jemals in die Persönlichkeit der göttlichen Person versetzt werden und die ihre verlieren. – Zum Dritten: Dieser Mensch Christus hatte das auch vor allen Menschen voraus, daß er das Haupt der Christenheit ist, wie das Haupt eines Menschen im Hinblick auf seinen Leib; es steht nämlich geschrieben, daß alle, die er vorhererkannt hat, auch vorherbestimmt hat, daß sie dem Bilde seines Sohnes gleichförmig würden, damit er der Erstgeborene unter vielen anderen sei.[12] Und wer darum eine rechte Rückkehr zu Gott haben und Gottes Sohn in Christus werden will, wende sich von sich selbst weg zu ihm hin; dann kommt er dahin, wohin er kommen soll.

Der Jünger: Herr, was ist rechte Gelassenheit?

Die Wahrheit: Nimm wahr und unterscheide sorgfältig die beiden Bedeutungen des Wortes «sich lassen». Und kannst du sie genau abwägen und bis ins Innerste prüfen auf ihren letzten Sinn und scharf unterscheiden, so wirst du die Wahrheit rasch erfassen. Nimm zuerst das Wörtlein «sich» oder «mich» und sieh zu, was das bedeutet. Und dazu mußt du wissen, daß man dieses Wort mit Bezug auf den Mensch in fünferlei Weise anwenden kann, daß jeder Mensch fünferlei «Ich» hat. Das erste hat er gemein mit dem Steine, nämlich das «Wesen»; das zweite mit der Pflanze, das ist das «Wachsen»; mit den Tieren hat er das «Empfinden» gemein; das ist das dritte; seine allgemeine menschliche Natur an vierter Stelle mit allen Menschen; ihm im Besonderen gehört sein «persönlicher Mensch» zu, das letzte und fünfte, und das gilt hinsichtlich seines Geistes wie hinsichtlich seines Leibes.[13]

12 Röm 8,29.

13 Im Texte steht: «beidsú nach deme adel und och nach dem zuval»; dieser Ausdrucksweise entspricht in der heutigen Sprache die obige Übersetzung. Unserer heutigen Auffassung entsprechend kann man wohl auch «angeborenes Wesen»

Was ist nun das, was den Menschen auf Irrwege führt und ihn der Seligkeit beraubt? Das ist ausschließlich das letzte «Ich». Da kehrt sich der Mensch, von Gott kommend, zu sich selbst, während er doch in Gott zurückkehren sollte; er stiftet sich ein eigenes «Ich» auf Grund seines eigenen persönlichen Selbst; er schreibt sich zu, in seiner Verblendung, was Gott zukommt; danach strebt er, und so gerät er nach und nach in Schuld.

Wer sich aber in der richtigen Weise «lassen» wollte, sollte in dreifacher Weise in sein inneres Selbst blicken: zuerst so, daß er, sich in sich selbst versenkend, auf die Nichtigkeit seines eigenen Ich blickte, bedenkend, daß sein Ich wie auch aller Dinge Wesen ein Nichts ist, weggeströmt und ausgeschlossen von dem Sein, das die einzig wirkende Kraft ist. Sodann sollte der Mensch (in sein eigenes Ich blickend) nicht übersehen, daß bei derselben höchsten Versenkung (in Gott) noch sein eigenes Selbst sich stets seinem eigenen wirkenden Sein gleich bleibt, sobald es aus der Versunkenheit in Gott zur Welt zurückkehrt und da nicht ganz und gar vernichtet wird. Und schließlich: Daß der Mensch sich entäußere und freien Willens verzichte auf sein Ich in allem, worin er sich je betätigte im Hinblick auf seine eigene Geschöpflichkeit, in unfreier Vielfalt entgegen der göttlichen Weisheit, in Lieb oder Leid, im Tun oder Lassen, so daß er, ohne nach etwas anderem zu schauen, mit aller Kraft sich in Gott verliere, sich in unwiderruflicher Weise entäußere seines Selbst, auf solche Weise mit Christus eins werde, nach dessen Einsprechen aus ihm heraus allezeit wirke, alles entgegennehme und alle Dinge in solcher Einfachheit betrachte. Ein auf solche Art gelassenes Ich wird ein christförmiges Ich, von dem die Schrift bei Paulus sagt:

«Ich lebe, aber nicht ich, sondern Christus lebt in mir.» Und das nenne ich ein wohlabgewogenes Ich.

Nun betrachten wir die andere Bedeutung des Wortes «lassen», die Christus meint; er will damit sagen: «aufgeben» oder «verachten», freilich nicht so, daß man aufgebe, in dem Sinne des (eigenen) Zunichtewerdens, sondern nur in dem des «Sich-selbst-Verachtens». Und das ist die richtige Auffassung.

und «äußere Beeinflussung» darunter verstehen: Vgl. Lehmanns Übertragung der Schriften Seuses, Jena [2]1922.

Der Jünger: Gelobt sei die Wahrheit! Bleibt, sag mir das, lieber Herr, einem gelassenen Menschen irgend etwas (darüber Hinausgehendes) übrig?

Die Wahrheit: Ganz gewiß! Denn der gute und getreue Knecht wird eingeführt in die Freude seines Herrn: Da wird er trunken von dem unermeßlichen Überfluß des göttlichen Hauses. Denn ihm geschieht in unaussprechlicher Weise wie einem trunkenen Menschen, der sein Selbst vergißt, so daß er nicht mehr sein Selbst ist; (jenem geschieht), daß er sich ganz seines Selbst entäußert und sich ganz in Gott verloren hat und ein Geist mit ihm geworden in jeder Weise, wie ein kleines Tröpflein Wasser, das man in viel Wein gegossen hat. Wie das Tröpflein Wasser seine Eigenschaften verliert, so daß es Farbe und Geruch des Weines annimmt und in sich zieht, so geschieht denen, die im Vollbesitze der Seligkeit sind: Ihnen gehen alle menschlichen Begierden verloren, sie gehen sich selbst verloren und tauchen ganz in den göttlichen Willen ein. Wäre dem nicht so, dann könnte die Schrift nicht wahr sein, die da sagt, daß Gott werden soll alles in allen Dingen,[14] wenn in dem Menschen etwas zurückbliebe, dessen er nicht entleert würde. Sein Wesen bleibt ihm wohl, aber in anderer Form, in anderem (nämlich dem himmlischen) Lichte und in einer anderen Kraft. Und dies kommt alles von der unergründlichen Selbstentäußerung.

Dann sagt St. Bernhardus über den vorstehenden Sinn (des Wortes «sich lassen») Folgendes: Ob aber irgendein Mensch in diesem Leben so gelassen sei, daß er das vollkommen erreicht habe, seiner eigenen Seinsheit keine Aufmerksamkeit zu schenken in Lieb oder Leid, aber sich ganz und gar um Gottes willen liebe und an sich denke nach vollkommenstem Verständnis, darüber kann ich – so lauten seine Worte – nichts aussagen, ob es sich so verhält. Die mögen hervortreten, die solches erlebt haben, denn nach meiner Einsicht dünkt es mich nicht möglich.

Aus all diesen Worten kannst du eine Antwort auf deine Frage entnehmen, denn die rechte Gelassenheit eines solch edlen Menschen in dieser Erdenzeit ist nachgebildet und gestaltet nach der Gelassenheit der Seligen, von denen die Schrift spricht, mehr oder

14 1 Kor 15,28.

weniger, je nachdem die Menschen mehr oder weniger geeint oder mit Gott eins geworden sind. Und beachte besonders, daß er sagt, daß sie da entäußert werden ihrer Seinsheit und versetzt werden in eine andere Form und eine andere Herrlichkeit und einen anderen Herrschaftsbereich. Was ist nun die andersartige Form anderes als die göttliche Natur und das göttliche Wesen, in das sie zerfließen und das seinerseits sie anfüllt, damit sie dasselbe seien? Was ist denn ein andersartiges Licht anderes, als verklärt und verherrlicht zu sein in dem seienden Licht, zu dem es keinen Zugang gibt.[15] Was ist denn eine andersartige Kraft anders, als daß von der Selbstheit und derselben Einheit dem Menschen eine göttliche Kraft und göttliches Vermögen zuteil werden, zu tun und zu lassen alles, was zu seiner Seligkeit gehört? So wird der Mensch seiner menschlichen Natur entkleidet, wie gesagt worden ist.

Der Jünger: Ist dies in der Erdenzeit möglich?

Die Wahrheit: Die Seligkeit, von der gesprochen wurde, kann auf zweierlei Weise erreicht werden. Die eine ist die allervollkommenste, die über jede Kraft hinausgeht; und sie ist in dieser Zeit unerreichbar; denn zu des Menschen Natur gehört der Leib, und dessen mannigfaltigen Drangsalen widerspricht jener Zustand. Aber zur Seligkeit zu gelangen durch teilhabende Gemeinschaft, das ist möglich, wiewohl es gar manchem Menschen unmöglich erscheint. Und das ist wohl begreiflich, denn dahin vermag weder Sinnes- noch Vernunfterkenntnis zu gelangen. Wohl sagt ein Lehrmeister, daß man eine Art von Menschen findet, ausgewählte und im geistlichen Leben erfahrene, die so geläuterten und gottförmigen Sinnes seien, daß ihre Tugendhaltung göttlicher Haltung gleichkomme; denn sie sind entbildet und überbildet in der Einheit des ersten Beispiels und vergessen irgendwie vergängliches und zeitliches Leben, sie sind verwandelt in ein göttliches Bild und eins mit ihm geworden. Aber es wird auch hinzugefügt, dieser Zustand eigne nur denen, die diese Seligkeit im höchsten Grade besessen haben, oder aber einigen wenigen und allerfrömmsten, die noch in diesem Leben stehen.

15 1 Tim 6,16.

5 *Von den hohen und nützlichen Fragen, die ihm die Wahrheit vom Bilde eines gelassenen Menschen beantwortete*

Darauf hätte der Jünger gern gewußt, ob nirgendwo ein solch edler gelassener Mensch lebe, der ganz durch Christus eingenommen worden sei; er wollte, daß ein solcher ihm benannt werde und er zu vertraulicher Aussprache mit ihm kommen könne. Und da es ihm Ernst war, versank er in sich selbst, und im Vergehen seiner Sinne kam es ihm vor, er werde in ein jenseits der Sinne liegendes Land geführt. Und da sah er zwischen Himmel und Erde ein Sinnbild schweben; das sah aus wie ein Mensch an einem Kreuze, voll gütigen Aussehens; und zweierlei Menschen gingen um ihn herum und kamen nicht hin zu ihm; die eine Gruppe sah das Bild nur von innen und nicht von außen, die andere nur von außen und nicht von innen, und beide zeigten Abweisung und Härte gegenüber dem Bilde. Da war ihm, als ob sich das Bild herabließe wie ein lebender Mensch: es setzte sich zu ihm und forderte ihn auf zu fragen, was er wissen wolle: es werde ihm Antwort zuteil.

Er begann und sprach seufzend aus tiefem Herzen: «Ach, ewige Weisheit, was ist oder was bedeutet dieses wundersame Gesicht?» Und das Wort antwortete ihm und sprach in ihm: Dieses Bild bedeutet den eingeborenen Sohn Gottes in der Erscheinung der von ihm angenommenen menschlichen Natur. Und daß du nur *ein* Bild erblicktest und dasselbe doch unermeßlich mannigfaltig war, das bedeutet alle die Menschen, die seine Glieder sind, auch Söhne oder Sohn geworden sind durch ihn und in ihm, wie die Zahl vieler leiblicher Glieder an einem Leibe. Daß aber das Haupt überragend erschien, das wollte sagen, daß er der erste und eingeborene Sohn ist nach der überragenden Hereinnahme in die Selbstheit der göttlichen Person; die anderen nur in der Hereinnahme überformter Einheit derselben Gestalt. Das Kreuz bedeutet, daß ein wahrer gelassener Mensch nach seinem Äußeren und Inneren allzeit sich ergeben, in all das fügen soll, was Gott von ihm gelitten haben will, woher das auch komme, daß er bereit sei, all das geduldig ertragend unter Preisgabe seines eigenen Selbst anzunehmen, dem himmlischen Vater zum Lobe. Und solche Menschen sind ihrem Inneren nach edel, ihrem äußeren Menschen nach voller Sorgfalt. Daß die Gestalt bei dem Kreuze voll der Güte war, bedeutet: Wieviel solche Menschen auch zu leiden haben, sie verachten es dank der Selbstentäußerung. Wohin das Haupt sich wandte, dahin auch der Leib: Das versinnbildet die Einmütigkeit der getreuen Nachfolge des reinen, spiegelklaren Lebens des Herrn und seiner guten Lehre, zu der jene Menschen sich nach Maßgabe ihrer Kräfte kehren und sich demgemäß verhalten.

Die eine Gruppe von Menschen nun, die sein Inneres betrachteten und sein Äußeres nicht beachteten, das sind die, welche Christi Leben nur nach dem Gesichtspunkt der Vernunft in betrachtender Weise ansehen und nicht in einer vom Irdischen losgelösten (wirkenden) Art, wo sie doch ihre eigene Natur bekämpfen sollten in tätiger Nachfolge ebenjenes Bildes. Sie finden in alldem eine Unterstützung ihres natürlichen Wohllebens und losgebundener Freiheit, und jeden, der ihnen darin nicht zustimmt, halten sie für stumpf und unverständig.

Einige sahen dies Bild auch an nach dem Äußeren und nicht dem Inneren, und sie erschienen hart und streng; und so führen sie ein strenges Leben, verhalten sich vorsichtig und zeigen den Leuten ein ehrbares heiliges Verhalten, vergessen darüber aber Christus von innen. Sein Leben nämlich war sanft und mild; diese Menschen aber greifen andere an und verurteilen sie; und was nicht nach ihrer Weise geschieht, erscheint ihnen unrecht. Diese Menschen verhalten sich nicht wie der, den sie doch im Sinne haben; und das merkt man daran: Wer sie betrachtet, findet, daß sie sich ihres eigenen Selbst nicht entäußert haben, ihrer Natur nicht entsunken sind, sich von den Dingen nicht gelöst haben, die den Eigenwillen verteidigen, wie «lieb» oder «unlieb» und dergleichen. Und auf diese Weise wird der (Eigen-)Wille behauptet und verteidigt: So kommt der Mensch nicht zu göttlichen Tugenden, als da sind: Gehorsam, Leidtragen, Nachgiebigkeit[16] und dergleichen, denn solche Tugenden führen den Menschen hin zur Gestalt Christi.

Der Jünger fuhr mit Fragen fort: «Sag mir, wie nennt man die Weise, auf die der Mensch zur Seligkeit gelangt?»

16 Das der Übersetzung zugrunde liegende Wort ist im Schrifttum des Mittelalters kaum nachzuweisen. «Nachgiebigkeit» dürfte indes den Sinn wohl treffen. Vgl. *E. A. Oppenheim,* Charakterkunde von A–Z. Bonn u. Stuttgart 1955.

Antwort: Man kann es eine schöpferische Weise nennen, wie im Evangelium des heiligen Johannes[17] zu lesen ist, daß Gott allen Macht und Kraft gegeben hat, Gottes Sohn zu werden, die hier aus Gott geboren sind. Und das geschieht ebenso, wie wenn man von Gebären in der allgemeinen Weise spricht. Das, was nun in solcher Weise geboren werden soll, wird nach Weise des Gebärenden und in ihm gebildet und erhält gleiches Wesen und gleiches Wirken mit diesem. Und darum werden einem gelassenen Menschen, dessen Vater Gott allein ist und in dem nichts Zeitliches geboren wird, nach seinem Eigenwillen die Augen aufgetan, daß er sich selbst erkennt, sein seliges Leben beginnt und eins mit Gott ist, denn da sind alle Dinge eines in dem Einen.

Der Jünger: Ich sehe doch, daß da Berg und Tag sind, Wasser, Luft und mancherlei Geschöpfe. Wie sagst du da, daß nur eines sei?

Das lautere Wort entgegnete: Ich sage dir noch mehr: Sofern sich der Mensch nicht zweier widersprüchlicher Dinge als eines bewußt sei, so ist zweifellos nicht leicht von solchen Dingen mit ihm zu sprechen; wenn er dies aber einsieht, so ist er erst bis zur Hälfte des Weges zum Leben, das ich meine, vorangekommen.

Frage: Welches sind diese Widersprüche?

Antwort: Ein ewiges Nichts und des Menschen zeitliche Gewordenheit.

Bedenken: Zwei Widersprüche in einem widersprechen in jeder Weise jeglicher Wissenschaft.

Antwort: Ich und du begegnen einander nicht auf *einem* Zweige oder auf ein und demselben Platz: Du gehst einen Weg und ich einen anderen. Deine Fragen entstammen menschlichem Verständnis, und ich antworte aus einem Denken, das menschliche Beobachtungsweise weit übertrifft. Menschliche Art zu sehen mußt du aufgeben, willst du in jenen Bereich kommen, denn aus Nichterkennen entspringt die Wahrheit.

In dieser Zeit ging eine gar große Veränderung in ihm vor. Es geschah zuweilen, daß er, ich weiß nicht wie oft, in vielen Wochen, einmal weniger, einmal mehr, so nachdrücklich vom Irdischen gelöst wurde, bei offenen Sinnen, in Gegenwart von anderen oder

17 Joh 1,12.

wenn er allein war; die Sinne wurden dabei so sehr ihrer eigenen Wirksamkeit entzogen, daß ihm überhaupt in allen Dingen nur die Antwort des Einen ward und alle Dinge nur in diesem Einen zu ihm sprachen, ohne alle Vielfalt des «dieses» oder «jenes».

Das Wort begann in ihm zu sprechen: Wie nun, hab' ich es richtig gesagt?

Er sprach: Ja, was ich zuvor nicht glauben konnte, das weiß ich nun. Aber ich wüßte gern, warum das nur vorübergehend war.

Das Wort: So ist es vielleicht noch nicht bis auf seinen wesentlichen Grund gesunken.

Der Jünger begann wiederum zu fragen: Wo endet eines gelassenen Menschen Verstandeskraft?

Antwort: Der Mensch vermag in dieser Erdenzeit dahin zu gelangen, daß er sich als eins begreift in dem, das da ist ein Nicht aller Dinge, die man verstehen oder in Worten aussprechen kann. Und dieses Nicht nennt man nach allgemeiner Übereinstimmung Gott, und das ist an sich selber ein allerwesenhaftes Sein. Und hier begreift sich der Mensch als eins mit diesem Nicht, und dieses Nicht erkennt sich selbst ohne Erkenntnistätigkeit.[18] Aber das Geheimnisvolle reicht hier noch weiter hinein.

Frage: Sagt keine Schrift[19] etwas von dem, was du «Nicht» genannt hast, nicht seinem Nichtsein, sondern seiner überragenden Unbegreiflichkeit wegen?

Antwort: Dionysius schreibt von dem Einen, das namenlos ist: Das mag das Nicht sein, das ich meine; denn der es «Gottheit» oder «Sein» oder wie immer nennt, gibt ihm die Namen, die ihm nicht zugehören, nach der Art, wie solche Benennungen sich im Verstand der Geschöpfe bilden.

Frage: Was aber ist das geheimnisvolle «Drinnen» des genannten Nicht, das da nach deinen Worten in seiner Bedeutung alle gewordene Seinsheit ausschließt? Es ist doch eine lautere Einfachheit. Wie kann solch Allereinfachstes ein «Mehr innen hinein» oder ein «Weiter hinaus» haben?

18 Das heißt: in bloßem Schauen.

19 «Schrift» hat weiteren Sinn als heute: «Findet sich denn in keinem Buch etwas von dem, was du Nicht genannt hast?», so etwa würde diese Stelle im heutigen Sprachgebrauch lauten.

Antwort: Solange der Mensch unter «Einung» oder dergleichen etwas versteht, was man durch Worte dartun kann, muß er noch weiter nach innen forschen; das Nicht kann nicht in sich selber tiefer «hineingehen», sondern nur in der Art, wie wir es verstehen, d. h., wenn wir ohne Licht und Formen der Phantasie, die es geben mag, verstehen werden, was doch kein Verständnis, das sich auf Formen und Bilder stützt, erreichen kann. Und hiervon kann man nicht sprechen, denn das hieße, (wie) von einem Dinge reden, das man mit Worten erklären kann; was man auch hiervon spricht, so wird doch das Nicht, in dem, was es ist, damit ganz und gar nicht geklärt und gäbe es noch so viel Lehren und Bücher. Daß aber dieses Nicht selbst die Vernunft sei oder das Sein oder das Verkosten, das ist auch wohl wahr, nach dem, was man uns darüber sagen kann; es ist aber von dem wahren Wesen desselben ebenso weit oder weiter entfernt, wie wenn jemand eine schöne Perle eine Hackbank nennen wollte.

Frage: Was bedeutet das? Wenn dieses schöpferische Nicht, das man Gott nennt, in sich selber kommt, kennt der Mensch keinen Unterschied zwischen sich und jenem mehr?

Antwort: Dann ist dieses Nicht nicht mehr in sich selbst im Hinblick auf uns, während es solche Dinge in uns wirkt; wenn es aber in sich selber kommt, unseretwegen, so wissen wir und auch es mit Bezug auf uns davon nichts.[20]

Frage: Das mache mir deutlicher!

Antwort: Verstehst du nicht, daß die kräftigende entäußernde Entrückung in das Nicht im Grunde von aller Unterscheidung befreit, nicht dem Wesen nach, sondern so wie wir das auffassen, so wie bereits gesagt wurde.

Frage: Mich beunruhigt noch *ein* Wort, das zuvor gesprochen wurde: daß es dem Menschen in der Erdenzeit gelingen könne, sich als eins zu begreifen mit dem, was von je gewesen ist. Wie ist das möglich?

20 Diese Stelle erklärt *Denifle,* Die deutschen Schriften des sel. Heinrich Seuse, München 1880, S. 538, Anm. 4, folgendermaßen: Die Seele unterscheidet die drei göttlichen Personen als auch ihr eigenes Selbst im Hinblick auf Gott. Diese Unterscheidung verliert sie, sobald sie vollkommen in Gottes unendliches Sein eingeht, obwohl der Unterschied dem Wesen nach bleibt (gekürzt).

Antwort: Ein Lehrmeister[21] sagt, Ewigkeit sei ein Leben über die Zeit hinaus und alles Zeitliche in sich schließend, ohne «Vor» und ohne «Nach». Und wer ins ewige Nicht hineingenommen wird, besitzt alles in allem und kennt da weder «Vor» noch «Nach». Ja, der Mensch, der heute da hineingenommen würde, wäre, nach dem Maß der Ewigkeit zu sprechen, nicht weniger lang dagewesen als einer, der vor tausend Jahren dort einging.

Ein Bedenken: Auf dieses Hineinnehmen wartet aber der Mensch nur nach seinem Tode, wie die Schrift sagt.

Antwort: Das ist richtig, wenn man an eine langdauernde Besitznahme denkt, nicht aber, wenn es sich mehr oder weniger um ein Vorverkosten handelt.

Frage: Wie ist es aber um das Mitwirken des Menschen mit Gottes Wirken bestellt?

Antwort: Was darüber gesagt wurde, ist nicht nach dem bloßen Wortlaut zu verstehen, so wie man die Worte nach allgemeiner Übereinstimmung versteht; es ist aufzufassen nach dem Zustande der Entrückung, wobei der Mensch nicht mehr bei sich selber, sondern in das Eine eingegangen und mit ihm eins geworden ist; da handelt der Mensch nicht als Mensch. Und so ist es zu verstehen, daß dieser Mensch in sich alle Geschöpfe in Einheit in sich besitzt und alle Lust noch außerdem an leiblichen Werken, ohne daß doch ein leibliches oder geistiges Tun vorliegt, denn er befindet sich selber in der zuvor genannten Einheit.

Und beachte eine Unterscheidung: Die alten Weisen dachten über die natürlichen Dinge nach nur im Zusammenhang mit ihren natürlichen Ursachen, und so sprachen sie auch darüber, und so nahmen sie sie auch wahr und nicht anders. Die frommen christlichen Lehrmeister und allgemein die Lehrer und die gottstrebenden Menschen betrachten die Dinge, wie sie in Gott geflossen sind und wie sie den Menschen nach seinem natürlichen Tode wieder in ihn hineinführen, sofern er nach Gottes Willen hienieden gelebt hat. Aber diese in Gott eingegangenen Menschen sehen auf Grund ihrer überschwenglichen, in Gott bleibenden Einheit sich und alle Dinge als von je und für ewig seiend an.

21 *Boethius* (um 480–524) in: Von der Tröstung der Philosophie, V, 6.

Frage: Gibt es hierbei keinen Unterschied?

Antwort: Doch, wer es recht versteht, weiß und erkennt sich als Geschöpf, nicht als gebrechlich, sondern als mit Gott vereint; als er noch nicht war, da war er dasselbe, doch nicht mit Gott vereint.

Frage: Was bedeutet das, «als er nicht war, da war er dasselbe?»

Antwort: Es ist so, wie Johannes in seinem Evangelium spricht: «Was geworden oder geschaffen ist, hatte Leben in ihm.»[22]

Frage: Wie verhält sich das in der Wahrheit, da es so lautet, als ob die Seele ein zweifaches Sein sei, ein geschaffenes und ein ungeschaffenes? Wie kann das sein, wie kann der Mensch Geschöpf und auch wieder nicht Geschöpf sein?

Antwort: Der Mensch kann, in unserer Weise zu sprechen, nicht Geschöpf und Gott sein, Gott aber ist dreifach und einfach. So kann auch der Mensch in gewisser Weise, wenn er in Gott eingegangen ist, eins sein in dem Verlieren (seiner selbst) und nach äußerlicher Weise schauend und verkostend sein und dergleichen. Und das will ich an einem Beispiel erläutern: Das Auge verliert sein Selbst beim Sehen, denn es wird bei der Sehtätigkeit eins mit seinem Gegenstand, und doch bleibt jedes von beiden das, was es ist.[23]

Frage: Wer je die Schrift kennenlernte, weiß, daß die Seele in dem Nicht entweder überformt oder ihrem Wesen nach zunichte werden muß; und dem ist hier nicht so.

Antwort: Die Seele bleibt immer Geschöpf, aber in dem Nicht, in das sie sich verloren hat, wird nicht darüber nachgedacht, in welchem Sinne sie Geschöpf oder Nicht sei, oder: ob sie Geschöpf sei oder nicht und ob sie (mit Gott) vereint sei oder nicht: Aber, wo man noch seiner Vernunft mächtig ist, da nimmt man es wohl wahr, und diese Wahrnehmung behält der Mensch auch.

Frage: Besitzt ein solcher Mensch noch das Beste?

Antwort: Ja, in dem Sinne, daß ihm das, was er besitzt, nicht genommen und ihm dafür etwas Besseres gegeben werde. Seinen Besitz versteht er immer mehr und besser, und dies bleibt ihm. Aber (unmittelbar) nach der Rückkehr aus der Versenkung gelangt er noch nicht mit allem so weit. Soll er das erreichen, dann muß er in

22 Joh 1,3.

23 Gemäß *Aristoteles*, De Anima 2,425b26; ähnlich Meister Eckhart bei *Pfeiffer*, S. 193,1ff.

den Grund eingegangen sein, der in dem zuvor genannten Nicht verborgen liegt. Da weiß man nichts vom Nicht, da ist kein Nicht, da ist auch kein Da; was man davon sagt, ist eine Herabsetzung; dennoch ist diesem Menschen nicht sein eigen Selbst bewußt; doch bleibt ihm all das so, wie zuvor gesagt wurde.

Frage: Sag mir das deutlicher!

Antwort: Die Lehrmeister sagen, der Seele Seligkeit liege zuerst an folgendem: Schaut sie Gott in Lauterkeit, so nimmt sie all ihr Sein und Leben und schöpft alles, was sie ist, soweit sie selig ist, vom Grunde dieses Nichts, und weiß, im Hinblick auf diese Schau, zu sprechen, von Wissen nichts, von Liebe nichts, überhaupt nichts von irgend etwas. Sie ruht ganz und gar in dem Nicht und weiß von nichts anderem als dem Sein, das Gott oder das Nicht ist. Sowie sie aber weiß und erkennt, daß sie das Nicht weiß, schaut und erkennt, so ist das eine Rückkehr aus der Versunkenheit und ein Nachsinnen von diesem her auf sich selbst nach der natürlichen Ordnung (der Dinge). Und da das Hereinnehmen aus derselben Ader fließt, kannst du begreifen, wie es sich damit im tiefsten verhält.

Frage: Ich verstünde es gern noch besser aus der Wahrheit der Schrift.

Antwort: Die Lehrmeister sagen: Wann immer man die Geschöpfe in sich selber erkennt, so heißt und ist das eine Abenderkenntnis, denn so sieht man die Geschöpfe mit Bildern und Formen und mancherlei Unterschieden versehen; erkennt man sie aber in Gott, so heißt und ist dies eine Morgenerkenntnis: Da schaut man die Geschöpfe ohne allerlei Unterschiede, aller Bilder entbildet und aller Gleichheit entkleidet in dem Einen, das Gott selber in sich selbst ist.

Frage: Kann der Mensch dies Nicht in dieser Erdenzeit erfassen?

Antwort: Nach der geistigen Weise (menschlichen Verstehens) halte ich es nicht für möglich; aber in der Vereinigung mit Gott begreift er sich vereint mit dem, in welchem dieses Nicht sich selbst verkostet und schöpferisch wirkt. Das geschieht wohl, wenn nach der üblichen Redeweise der Leib «auf Erden» ist, der Mensch jedoch jenseits der Zeit weilt.

Frage: Geschieht die Einigung der Seele mit ihrem Wesen oder ihren Kräften?

Antwort: Das Wesen der Seele wird vereint mit dem Wesen des Nicht, die Kräfte der Seele mit den Werken des Nicht, den Werken, die das Nicht in sich selbst besitzt.

Frage: Entfallen dem Menschen auch seine Mängel, und vermag er in keine mehr geraten, wenn er sich zwar noch als Geschöpf, doch nicht in gebrechlicher, sondern in gottvereinter Weise begreift?

Antwort: Soweit der Mensch er selbst bleibt, kann er in Mängel fallen, wie der heilige Johannes spricht «Sagen wir, daß wir sündenfrei seien, so betrügen wir uns selbst und keine Wahrheit ist in uns.»[24] Insoweit der Mensch sich seines Selbst entäußert, fällt er nicht in Gebrechen, wie Sankt Johannes ebenfalls in seinem Briefe sagt, daß der Mensch, der aus Gott geboren ist, keine Sünde begeht, in keinen Fehler fällt, denn Gottes Same bleibt in ihm. Und darum wirkt der Mensch, dem dieses Geschenk zuteil ward, nie mehr als ein Werk; denn nach der Einung gibt es nur noch *eine* Geburt und *einen* Grund.

Bedenken: Wie kann das sein, daß der Mensch nur ein Werk tut? Wirkte doch Christus deren zwei verschiedenartige!

Antwort: Ich halte dafür, daß der Mensch, der nur auf das Wirken der ewigen Geburt blickt und auf kein anderes Werk, nur ein einziges wirkt. Erzeugte Gott seinen Sohn nicht ohne Unterlaß, so hätte Christus nie ein natürliches Werk vollbracht. Darum spreche ich nur von *einem* Werk, es sei denn, man fasse das nach menschlicher Erkenntniskraft auf.

Bedenken: Nun sagen doch die heidnischen Weisen, daß kein Ding seine eigene Wirkung verliere.

Antwort: Der Mensch wird auch seiner eigenen Wirkung nicht beraubt, sie bleibt ihm, jedoch ohne daß er sich ihrer bewußt sei.[25]

Frage: Wird die Tätigkeit als Geschöpf, die dem Menschen zu tun bleibt, von ihm oder von wem sonst ausgeführt?

Antwort: Will der Mensch zur höchsten Stufe aufsteigen, so muß er für die in ihm befindliche Wiedergeburt tot sein, und diese Wie-

24 1 Joh 1,8 und im Folgenden ebd. 3,9.

25 Denn im Zustande höchster Beschauung besitzt er keine Erkenntnis eigener Tätigkeit.

dergeburt muß in ihm entstanden sein. Wie, das merke! Alles, was in uns gelangt, von wannen auch immer, ist uns, wird es nicht aufs neue geboren, nichts nütze. Die Wiedergeburt ist so fremdartig und hat nach ihrem Vollzug mit dem Leibe so wenig zu tun, daß die Natur (allein) in dem Menschen wie in einem vernünftigen Lebewesen solche Werke, wie sie zu des Menschen Leben gehören, wirkt; der Mensch hat nichts mehr zu tun in wirkender Weise, wie es vor der Wiedergeburt der Fall war; er führt solche Tätigkeit in «besitzender» Weise aus. Gleichermaßen ist es mit dem Branntwein: Der hat nicht weniger Stofflichkeit, aber eine kräftigere und stillere Wirkung als der Wein, der in seinem ursprünglichen Zustand geblieben ist.

Frage: Gibt es einen Unterschied zwischen der ewigen Geburt und der Wiedergeburt im Menschen?

Antwort: Ewige Geburt nenne ich die einzige Kraft, in der alle Dinge und aller Dinge Ursachen es haben, daß sie sind und daß sie Ursachen sind. Die Wiedergeburt aber, die dem Menschen allein zugehört, nenne ich Rückkehr eines jeden Dinges, gleichviel welches, in seinen Ursprung, nach Art und Weise dieses Ursprunges ohne Rücksicht auf das eigene Selbst.

Bedenken: Wie wirken denn die wesentlichen, natürlichen Ursachen, von denen die Weisen schreiben?

Antwort: Sie wirken auf natürliche Weise alles, was die ewige Geburt in ihrem schöpferischen Tun wirkt; aber im Grunde des Nicht läßt sich hierüber nichts sagen.

Frage: Wenn die Seele beim Eingang (in Gott) Erkenntnis und Gebrauch ihrer Fähigkeiten als Geschöpf verliert, was im Menschen wendet dann den Blick nach außen auf den Gebrauch der äußeren Dinge?

Antwort: Alle seelischen Kräfte sind zu schwach, als daß sie in der genannten Weise in dieses Nicht eingehen könnten; wenn man sich jedoch in dem Nicht so verloren hat, wirken die Kräfte das, was ihr Ursprung ist.

Frage: Wie geht das Verlieren des Menschen in Gott vor sich?

Antwort: Wenn du auf meine Worte geachtet hast, siehst du, daß ich es dir bereits gesagt habe. Wenn nämlich der Mensch sich selbst so verliert, daß er weder von sich noch von sonst etwas weiß und im

Grunde des ewigen Nicht zur Ruhe gekommen ist, ist er wohl seinem Selbst entäußert.[26]

Frage: Wird der menschliche Wille in dem Nicht zunichte?

Antwort: Ja, was sein eigenes Wollen betrifft, denn wie frei der Wille auch sei, hier ist er es erst wirklich, da er nicht mehr zu wollen braucht.

Bedenken: Wie kann des Menschen Wille aufhören? Christus bewahrte seinen Willen nach dessen eigentümlicher Tätigkeit.

Antwort: Des Menschen Wille schwindet in dem Sinne, daß er äußere Dinge erlangen will, bald dies, bald das; hier (in der Vereinigung mit Gott) betätigt er seinen Willen nicht mehr in solcher Weise, wie oben gesagt; sein Wille ist wirklich frei geworden, so daß er nur noch in einem Werke tätig ist, er selbst in der Einigung (mit Gott) und außerhalb der Zeit. Weiter, wer dies so versteht, wie wir es verstehen, der will keinesfalls etwas Böses wirken, sondern alles Gute; im eigentlichen Sinne ist all sein Leben, Wollen und Wirken eine stille ungehemmte Freiheit, die ohne allen Zweifel seine Stütze ist; und so wirkt er in schöpferischer Tätigkeit.

Bedenken: Die Äußerung des Willens geschieht aber nicht in schöpferischer Weise.

Antwort: Dieser Wille ist mit dem göttlichen vereint und will nichts, als was er selber ist und soviel Gottes Wille ist. Und, was zuvor gesagt wurde, ist nicht aufzufassen im Sinne eines Eindringens seines Selbst in Gott, wie es in allgemeiner Auffassung lautet, es ist vielmehr zu verstehen als eine Entäußerung seines Selbst, denn der Mensch wird so sehr mit Gott vereinigt, daß Gott des Menschen Grund ist.

Frage: Bleibt dem Menschen sein eigenes unterschiedenes Sein im Grunde des Nicht?

Antwort: Das ist alles nach menschlicher Erkenntnisweise zu verstehen, der zufolge nach dem unter Lösung von seinem Selbst erfolgten Eingang des Menschen in die Anschauung Gottes dies und das von ihm abfällt und nicht mehr zu sehen ist, nicht im Sinne des Seins, in dem jedes bleibt, was es ist, wie Sankt Augustinus sagt: Laß dies und das voll Geringschätzung abfallen, so bleibt das lau-

26 Das heißt, er befindet sich im Zustande der Ekstase.

tere Gut, in seiner bloßen Weite in sich schwebend; und *das* ist Gott.

Frage: Bleibt dem Menschen, der sich in verkostender Weise als das Nicht wahrnimmt, diese Vorstellung allezeit?

Antwort: Nicht in verkostender, wohl aber in gestalthafter Weise, die sich nicht verliert.

Frage: Bringt das Äußere das Innere nicht in Verwirrung?

Antwort: Lebten wir dem Leibe nach außerhalb der Zeit, so gäbe es in gewisser Hinsicht weniger Hemmnisse, was Hunger, Arbeit und anderes betrifft; aber die außergeistige Schau führt das Innere nicht auf falsche Wege, da sie in Freiheit ist. Auch kommt es zuweilen vor, daß, je mehr die Natur bedrängt wird, die göttliche Wahrheit um so reichlicher in Erscheinung tritt.

Frage: Woher kommt Schwermut?

Antwort: Soweit dergleichen nur von natürlichen Ursachen kommt und der Mensch in seinem Inneren frei bleibt, achte nicht darauf; es vergeht wieder auf natürliche Weise. Wäre aber der innere Mensch von Grund aus dabei in Mitleidenschaft gezogen, so stünde es nicht gut.

Bedenken: Aus dem Alten Testament und aus dem Evangelium erhellt, wie man im Erdenleben zu dem, was da gesagt wurde, nicht kommen kann.

Antwort: Das stimmt, soweit Besitz desselben und volle Erkenntnis in Frage kommt, denn was der Mensch erprobt auf Erden, ist dort alles viel vollkommener, obgleich es dasselbe ist, und den (irdischen) Verstand überschreitend, kann es sich auch auf Erden ereignen.

Frage: Was kann ein Mensch tun, der sein ewiges Nicht wahrzunehmen beginnt, nicht aus überströmender Kraft (Gottes), sondern nur vom Hörensagen oder auch *ohne* das, von in ihn hineingebrachten Bildern?

Antwort: Der Mensch, der noch nicht so viel begreift, daß er auf übernatürliche Weise erfährt, was das bereits genannte Nicht ist, in dem alle Dinge zunichte werden im Hinblick auf die Eigenheit ihres Selbst, der lasse alle Dinge so bleiben, wie sie sind, wie es auch kommt, und halte sich an die allgemeine heilige Christenlehre. Das sieht man an vielen guten, schlichten Menschen, die eine lobenswerte Heiligkeit erreichen, die jedoch auf Erden zu nichts Besonderem berufen sind. Doch je näher, umso besser. Erreicht ein Mensch aber den sicheren Punkt, so bleibe er dabei: Er ist dann auf dem rechten Weg. Dieser Punkt deckt sich mit dem, was die Heilige Schrift sagt. Sich anders zu verhalten erscheint mir bedenklich; denn wer sich hierin saumselig erweist, der irrt entweder ab in Unfreiheit oder aber gar oft in unmäßige Freiheit.

6 *Woran es den Menschen, die in falscher Freiheit leben, fehlt*

An einem hellen Sonntag saß er einst in sich versunken und in tiefen Gedanken. Da erblickte er vor sich deutlich eine Gestalt, in ihrer Redeweise fein unterscheidend, in (guten) Werken aber ungeübt, überfließend an prunkendem Reichtum. Er begann sie zu fragen: «Von wannen kommst du?» Die Gestalt antwortete: «Von nirgendwoher.» – «Was bist du?» Und die Erwiderung: «Nichts!» – «Was willst du?» – «Nichts!» Der Diener fuhr fort: «Das ist doch seltsam, sage mir, wie heißt du?» – «Das namenlose Wilde.»

Der Jünger entgegnete: Das stimmt wohl, denn deine Worte und Antworten sind gar unbegreiflich. Aber sag mir eines: Wohin zielt dein Verstand?

Es sprach: Nach ungebändigter Freiheit.

Der Jünger: Sag mir, was verstehst du darunter?

Es sprach: Daß der Mensch ganz nach seinem Antrieb lebe, ohne Gott und die Welt zu unterscheiden, ohne nach vorwärts oder rückwärts zu schauen.

Der Jünger: Da bist du nicht auf dem rechten Weg der Wahrheit, denn solche Freiheit bringt den Menschen um alle Seligkeit und benimmt ihn seiner wahren Freiheit; denn wer nicht unterscheidet, läßt Ordnung vermissen; was aber der rechten Ordnung entbehrt, ist böse und fehlerhaft, wie Christus sprach: «Wer sündigt, ist ein Knecht der Sünde.» Wer aber mit reinem Gewissen und behutsamer Lebensführung in rechter Gelassenheit eingeht in Christus, gelangt zu der rechten Freiheit, wie der Heiland sprach: «Erlöst euch der Sohn, so werdet ihr wahrhaftig frei.»

Das Wilde sprach: Was nennst du Ordnung und Unordnung?

Der Jünger: Ich spreche von Ordnung, wenn all das, was einer Sache zugehört, von innen oder außen berücksichtigt werde im Wirken; und nicht ordnungsgemäß nenne ich das, was von dem zuvor Genannten vernachlässigt wird.

Das Wilde sprach: Hemmungslose Freiheit soll über all das hinwegsehen und es verachten.

Der Jünger entgegnete: Solche Sorglosigkeit wäre wider alle Wahrheit und ist der falschen schrankenlosen Freiheit gleich, denn sie steht der Ordnung entgegen, die das ewige Nicht in seiner Schöpferkraft allen Dingen gegeben hat.

Das Wilde antwortete: Der Mensch, der in seinem ewigen Nicht zunichte geworden ist, weiß von Unterschied nichts.

Der Jünger: Das ewige Nicht, von dem hier und in aller gerechten Vernunft gesprochen wird, bedeutet nicht ein Nicht, weil es nicht bestünde, sondern weil es von einem überwesenhaften Sein ist. Dies Nicht hat in sich selbst zumindest Unterschied. Von ihm, von seiner Zeugungskraft kommt alle geordnete Unterscheidung in allen Dingen. Der Mensch wird in diesem Nicht niemals völlig vernichtet: Seinen Sinnen bleibt dennoch der Unterschied ihres eigenen Ursprungs und seiner Vernunft ihre eigene Wahl, wenn dies auch im tiefsten Grunde nicht beachtet wird.

Das Wilde: Sollte man es überhaupt nirgendwo anders empfangen als nur in ebendiesem Grunde und aus ihm?

Der Jünger: Das hieße falsch aufgefaßt, denn es ist nicht nur in dem Grunde, es ist auch in sich selbst ein geschöpfliches Sein außerhalb des Grundes; es bleibt, was es ist, und so muß man das auch verstehen. Wäre es so, daß dem Menschen die Unterscheidung entfiele hinsichtlich des Seins wie der Auffassung nach, so könnte man (solche Meinung) billigen; aber so ist es nicht, wie zuvor gesagt wurde. Hier soll man also stets scharf unterscheiden.

Das Wilde: Ich habe von einem Lehrmeister sagen hören, er habe hierbei jeden Unterschied geleugnet.[27]

27 Gemeint ist Meister Eckhart, der jedoch weder hier noch sonst in der vorliegenden Abhandlung mit Namen genannt wird. Die obige Stelle zielt auf Artikel 10 und 13 der verurteilten Sätze und auf die Artikel 23 und 24, bei denen die Möglichkeit einer rechtgläubigen Auslegung unter gewissen Voraussetzungen zugestanden wird.

Der Jünger: Willst du sagen, er habe allen Unterschied bestritten, und beziehst das auf die Gottheit, so könnte man das so verstehen, daß er dabei an eine Unterscheidung der drei göttlichen Personen dachte, an eine jegliche im Grunde, und darin sind sie ununterschieden; wenn es aber um die Beziehungen zueinander geht, so muß man an dem persönlichen Unterschied gewiß festhalten.

Beziehst du es aber auf eine in Gott versunkene Person, so ist zuvor genug davon gesagt worden: Es bezieht sich der Unterschied nur auf die Auffassung, nicht auf das Sein. Auch bedenke hier, daß Trennung etwas anderes bedeutet als Unterscheidung; das sieht man daran, daß zwischen Leib und Seele keine Trennung statthat, denn das eine ist in dem anderen, und kein abgetrenntes Glied kann für sich allein leben. Aber unterschieden ist die Seele vom Leibe, denn die Seele ist nicht der Leib, und der Leib nicht die Seele. So ist denn meine Meinung, daß es in Wahrheit nichts gibt, was von dem einfachsten Sein getrennt sei; es gibt nämlich allen Wesen ihr Sein, aber mit Unterscheidung, so daß göttliches Sein nicht das des Steines ist und auch nicht umgekehrt, und kein Geschöpf das Sein des anderen besitzt. Und daher sagen die Lehrmeister, diese Unterscheidung sei im eigentlichen Sinne nicht *in* Gott, sondern vielmehr *von* Gott. Und durch das Buch der Weisheit sagt er:[28] Wie nichts Innigeres[29] sei als Gott, so gebe es auch nichts, was ich mehr (von anderem) unterscheide als ihn. Und darum ist deine Erläuterung falsch und die meinige richtig.

Das Wilde fuhr fort: Der Meister (den ich erwähnte) hat viel Schönes über die Art eines Christenmenschen gesagt.

Der Jünger sagte: Dieser Lehrmeister sagt an einer Stelle: Christus ist der eingeborene Sohn, wir jedoch nicht; er ist Sohn der Natur nach, denn seine Geburt entspricht der Natur; für uns gilt das nicht, und unsere Erzeugung wird Wiedergeburt genannt, denn sie zielt dahin, sich der Einfachheit der göttlichen Natur anzugleichen; der Sohn ist ein Abbild des Vaters, wir sind geformt nach dem Vor-

28 Nämlich Meister Eckhart in seiner Erläuterung zum Buche der Weisheit.

29 Bi bemerkt, daß die Wiedergabe des Wortes «indistinctius» mit «innigeres» den von Eckhart gemeinten Sinn nicht voll wiedergebe. Hierzu vgl. Archiv für Literatur- und Kirchengeschichte des Mittelalters II, 498, und bei Eckhart in der Pfeifferschen Ausgabe S. 163,3.

bilde der Heiligen Dreifaltigkeit, und niemand (sagt jener Lehrmeister) könne ihm darin gleichkommen.

Das Wilde sprach weiter: Ich habe auch gehört, der Meister habe gelehrt, ein solcher Mensch wirke alles wie Christus selbst.

Der Jünger entgegnete: An einer Stelle sagt jener: Der Gerechte wirke alles, was die Gerechtigkeit wirkt; dies sei wahr, sagt er, denn der Gerechte sei durch die Gerechtigkeit geboren, wie geschrieben steht: «Was aus dem Fleische geboren wurde, ist Fleisch, was vom Geiste, Geist.»[30] Und das gelte nur für Christus und für keinen anderen Menschen, denn Christus habe nur das Wesen des himmlischen Vaters und keinen anderen Erzeuger als diesen, und darum wirke er alles, was dieser wirkt. Bei allen anderen Menschen ist es so gefügt (sagt er), daß wir mehr oder weniger mit ihm wirken, je nachdem wir mehr oder weniger aus ihm geboren sind. Und in diesen Worten wird dir die Wahrheit kundgetan.

Das Wilde fuhr fort: Seine Worte besagen, alles, was Christus gegeben ward, sei auch mir gegeben.

Der Jünger erwiderte: Dieses «alles», was Christus gegeben ward, ist der vollkommene Besitz der seinshaften Seligkeit, wie er denn sagt: «Alles hat mir der Vater gegeben.»[31] Und dasselbe «alles» hat er uns allen gegeben, aber in ungleicher Weise. Und jener Meister sagt an vielen Stellen, daß Christus das «alles» besitzt mit der Fleischwerdung, wir jedoch mit der gottförmigen Vereinigung. Und darum besitzt er das in umso viel edlerer Weise, als er fähig war, es edler zu empfangen.

Das Wilde widersprach jedoch und meinte, der Meister lehne alle Gleichheit und Vereinigung ab und versetze uns lauter und ohne irgendwelche Gleichheit in die bloße Einheit.

Der Jünger antwortete: Dir fehlt es zweifellos daran, daß dir der Unterschied nicht klar ist, von dem zuvor gesprochen ward, wie ein Mensch in Christus eins werden solle und doch gesondert bleiben, wie er vereint ist und sich doch nicht eins mit ihm fühlt. Dich hat das wesentliche Licht noch nicht erleuchtet, denn wesentliches Licht bringt Ordnung und Unterscheidung mit sich und weist her-

30 Joh 3,6.
31 Joh 13,3.

vorbrechende Vielfalt zurück. Dein scharfer Verstand bedient sich mit gewandter Vernunft des natürlichen Lichts, das sehr oft dem Licht der göttlichen Wahrheit gleicht.

Das Wilde schwieg und bat ihn voll untertäniger Ergebenheit, er möge ihm die nützliche Unterscheidung weiterhin erklären.

Er antwortete und sprach: Die größte Schwäche, die dich und deinesgleichen schädigt, liegt am Fehlen guter Unterscheidung vernünftiger Wahrheit. Wer also zum Höchsten gelangen und nicht in diese Gebrechen fallen will, soll sich um diese verborgene Lehre ernstlich mühen; dann gelangt er ohne Hindernis zu einem seligen Ende.[32]

7 *Wie edel sich ein recht gelassener Mensch in allen Dingen verhält*

Darauf wandte sich der Jünger wieder voll Ernst zur ewigen Wahrheit und bat um Belehrung über die äußeren Merkmale im Verhalten eines Menschen, der sich in Wahrheit (Gott) überlassen habe, und fragte so: Ewige Wahrheit, wie verhält sich ein solcher Mensch einem jeglichen Ding gegenüber?

Antwort: Er entsinkt sich selbst und alles mit ihm.

Frage: Wie verhält er sich zu der Zeit?

Antwort: Er lebt im gegenwärtigen Augenblick ohne selbstsüchtigen Vorsatz und nimmt sein Höchstes wahr, sei es im Gewöhnlichen oder im Erhabenen.

Frage: Paulus sagt, für den Gerechten gebe es kein Gesetz.[33]

Antwort: Ein gerechter Mensch, so wie er geworden ist, verhält sich unterwürfiger als andere Menschen; er begreift nämlich aus seinem innersten Grunde, was nach außen hin jedem ziemt, und faßt alle Dinge so auf; daß er keinem Gesetz unterworfen ist, kommt daher, daß er aus Gelassenheit vollbringt, was die Allgemeinheit unter Druck tut.

32 Dieser Abschnitt VI gehört mit zu den ertragreichsten für die Gewinnung eines Bildes vom Glauben und Denken und von der Lebensführung der «Brüder und Schwestern des Freien Geistes». Gegen sie haben sich außer Seuse noch besonders Tauler und Ruusbroec gewandt.

33 1 Tim 1,9.

Frage: Ist, wer sich im Zustande der inneren Gelassenheit befindet, nicht von äußeren Übungen befreit?

Antwort: Man sieht wenig Menschen ohne Erschöpfung ihrer Kräfte bis zu dem Punkt kommen, von dem du sprichst; denn das Sich-Lassen zehrt bei denen, die bis dahin gelangen, ihre innerste Kraft auf. Wenn sie darum erkannt haben, was zu tun und zu lassen sei, gehen sie von den gewöhnlichen (äußeren) Übungen nicht ab, je nach ihrem Vermögen oder anderen Umständen.

Frage: Woher kommt etlicher gut scheinender Menschen großer Gewissensdrang und übermäßige Angst und manch anderer Menschen unordentliche Weite ihres Gewissens?

Antwort: Beiden schwebt noch ihr Selbst als Zielbild vor, aber auf verschiedene Art, jenen auf geistliche, diesen auf leibliche Weise.

Frage: Bleibt ein solcher Mensch allzeit untätig, oder womit beschäftigt er sich?

Antwort: Eines wirklich gelassenen Menschen Tun ist sein Lassen, sein Werk, sein Müßigbleiben; denn in seiner Tätigkeit bewahrt er die Ruhe und während seines Wirkens seine Muße.

Frage: Wie verhält er sich gegen seinen Nächsten?

Antwort: Er übt Gemeinschaft mit den Leuten, ohne ihr Bild in sich zu prägen, erweist Liebe, ohne an ihnen zu hängen, und Mitleiden, ohne sich zu sorgen in rechter Freiheit.

Frage: Muß ein solcher Mensch je beichten?

Antwort: Eine Beichte aus Liebe ist edler als die infolge begangener Schuld.

Frage: Wie betet ein solcher Mensch, oder braucht er überhaupt nicht zu beten?

Antwort: Sein Gebet trägt Frucht, denn er betet unter Einziehung seiner Sinne; Gott ist ja ein Geist, und dieser Mensch nimmt wahr, ob er irgendein Hindernis zwischen Gott und sich aufgerichtet habe oder ihn das eigene Ich bei seinen Handlungen leite. Und so wird ein Licht erzeugt in seiner obersten Kraft, woraus erhellt, daß Gott Wesen, Leben und Wirken in diesem Menschen und er nur Gottes Werkzeug ist.

Frage: Wie verhält es sich mit eines solch edlen Menschen Essen, Trinken und Schlafen?

Antwort: Nach dem Äußeren und gemäß seiner Sinne ißt solch

ein Mensch seinem äußeren Wesen nach, seinem inneren Wesen nach aber nicht, sonst nähme er Speise und Trank wie ein Tier zu sich. Und so verhält er sich auch mit anderen Dingen, die zum Menschen gehören.

Frage: Wie steht es mit seiner äußeren Lebensführung?

Antwort: Er fällt nicht auf, spricht nicht viel; und was er sagt, ist schlicht und einfach; er hat einen ruhigen Lebenswandel, so daß die Dinge ohne sein Zutun ihn durchfließen, und ist ruhig in seinen Sinnen.

Frage: Sind alle gelassenen Menschen so?

Antwort: Mehr oder weniger je nach den Umständen; im Wesentlichen aber gleichen sie einander.

Frage: Ist ein solcher Mensch zum vollen Besitz der Wahrheit gelangt, oder kennt auch er noch ein Meinen und Glauben?

Antwort: Solange der Mensch Mensch bleibt, gelangt er nicht über Meinen und Glauben hinaus; ist er aber, losgelöst von sich, versunken in das, was da ist, so besitzt er ein Wissen aller Wahrheit, denn seiner selbst entsunken, steht er dann in der Wahrheit selbst.

Und hiermit sei dir genug gesagt; denn nicht mit Fragen, sondern mit rechter Gelassenheit gelangt man zu dieser verborgenen Wahrheit. Amen.

Viertes Buch

Briefbüchlein

Die hier folgende Lehre ist ausgewählt aus den Briefen, die der Diener der ewigen Weisheit nach seiner Gewohnheit seiner geistlichen Tochter[1] und anderen seiner geistlichen Kinder schrieb.

Da eines geistlichen Menschen Gemüt nicht zu allen Zeiten in einer vom Irdischen losgelösten Lauterkeit gespannt sein kann, er aber auch schädlichen Zeitvertreib meiden soll, magst du zur Erholung diese Briefe lesen.

1 Von eines beginnenden Menschen Lösung von der Welt und seiner Heimkehr zu Gott[2]

Die Welt und all ihre Zier habe ich verachtet
aus Liebe zu meinem Herrn Jesus Christus.

Als ich diesen frohen Gesang und jungfräulichen Auszug (aus der Welt) über dir als einer auserwählten Angetrauten Gottes singen hörte, da dachte ich: Wer sich selbst Lieberem gewidmet hat, mag heiteren Sinnes Liebes verlassen! Und das ist dir heute wahrlich zuteil geworden. Darum sollst du dich freien Willens von dieser falschen Welt lösen.

Betrachtet doch, all ihr Verliebten, der Welt Lauf! Einen Schatten hatte ich umfangen, einem Traume mich vermählt, einen Wahn besessen! Ach, wo ist nun das Bild des Wahns, wo das Gelübde der Tyrannen? Hätte ich dich, Frau Welt, tausend Jahre mein Eigen genannt, wie stünde es jetzt damit? Wie ein Augenblick ist alles vergangen! Deine Natur ist Vergänglichkeit. Ich wähnte, dich besessen zu haben – wie bist du mir entschwunden! Wer dich nicht zuvor

1 Elsbeth Stagel im Kloster Töß.

2 Der Brief ist an eine vor kurzem in den Orden eingetretene Frau gerichtet. Die über den Brief gesetzten Worte werden bei der Einsegnung gesungen.

verläßt, den verläßt du! Du Mörderin! Darum ade, ade, gnade dir Gott heut und immerdar! Betrüge, die dich nicht erkennen, mich trügst du nimmermehr: «Die Welt und all ihre Zier habe ich verachtet aus Liebe zu meinem Herrn Jesus Christus!»

Gedenke, du, mein Kind, im allmächtigen Gott, daß du alle Freundschaft, Ehre und Gut nach reiflicher Überlegung aufgegeben, und bleib fest in deinem Entschluß. Handle nicht wie manche törichten Jungfrauen, die wilden eingeschlossenen Tieren gleichen: Verschließt man ihnen die Tore, so lugen sie durch die Zäune. Sie sind halb draußen, halb drinnen, o weh, was vergeuden die große Mühe mit kleinen Dingen! Gott dienen ist ihnen ein Kerker, geistliche Zucht ein Gefängnis; weil sie den Apfel nicht haben können, verlangen sie nach dem Duft. Statt des Kranzes aus Rosen legen sie bunte Tücher an; da sie keinen roten Scharlach mehr tragen, rühmen sie sich jetzt ihres großen weißen Gewandes;[3] und statt ehelichen Lebens bringen sie sich in Not mit zeitvergeudender, herzberaubender, alles geistliche Leben zerstörender leichtfertiger Liebschaft. Sie verlieren sich in ihren Wünschen und sprechen mit der verlockenden Gestalt wie ein durstiger Mensch, der von kühlem Wasser träumt. Und wenden sie es hin und her, so schwindet es dahin, und es bleibt ihnen eine leere Hand, ein traurig Herz, eine gnadlose Seele. Ihnen geht es wie dem Altvater, dem sich der Teufel auf die Binsenmatte setzte, die er statt eines langen Mantels angelegt, und der voll des Spottes zu ihm sprach: «Armer Mann, könntest du mehr, du tätest es!»[4] Das heißt man ein armseliges jammervolles Leben, einen Vorhof der Hölle: die Welt nicht besitzen können und doch fern von Gott sein; weltlichen und göttlichen Trost entbehren, nach zwei Seiten verloren haben. Wie schimpflich und kläglich werden die am Jüngsten Tag vor Fremden und Feinden dastehen! Aber Gott eifrig dienen ist ein zuverlässiges edles Leben hier und dort; denn diese Menschen leben mit dem Leibe auf Erden,[5] ihre Wohnung aber ist stets der Himmel. Solch Leben ist

3 Das heißt, die Sucht, äußerlich anziehend zu erscheinen, verläßt sie auch nicht im geweihten Kleide.

4 Nach Denifles Erläuterungen zu seiner Übersetzung, München 1880, S. 575, Anm. 5: «Hättest du die Freiheit, noch Ärgeres zu tun, du tätest es ebenfalls.»

5 Vgl. Phil 3,20.

wahrlich ein süßes Joch und eine leichte Bürde.[6] Müssen diese Menschen auch zuweilen leiden, so ist dem keine Aufmerksamkeit zu schenken. Wer ist in diesem Erdenleben frei von Leiden? Niemand, weder Burgen noch Städte können ihm entrinnen, weder rote Mäntel noch bunte Kleider können davon befreien, denn oft erscheint außen heil, was innen sehr verwundet ist. Darum, leidet der Mensch auch, wenn er zum freien göttlichen Schauspiel[7] wird, so soll man darauf nicht achten. Die Loslösung (vom Irdischen) tut zunächst weh, wie das recht und billig ist; danach aber wirkt man aus Freude, und so schwindet jener Schmerz.

Denke doch an die früheren Tage, betrachte die langen Jahre und schau, wie so gar lange du geschlafen hast. Oder ist nicht alles wie ein Traum gewesen, der dich so schön dünkte. Steh auf, es ist an der Zeit:[8] Der Herr, den du so oft weggewiesen, will nicht ablassen. Es ist nicht gut, sich seinem Freunde zu lange zu versagen. Öffne dein Herz, laß den Geliebten ein, entschädige dich für lange versäumte Zeit. Wer dem Geliebten spät öffnet, der muß sich eilen. Es steht nicht mit dir wie mit vielen anderen lauen Menschen, die weder Gott noch die Welt lieben; Gott will dein liebevolles Herz besitzen, in jeglicher geistlichen Art, wie es zuvor weltlich war. Und darum lege all deinen Eifer, deine ganze Klugheit, die du damals auf das Zeitliche verwandest, jetzt auf das, was dauernd, was ewig ist.

2 *Von der demütigen Unterordnung eines gottesfürchtigen Menschen*

Der Wolf wird bei dem Lamm wohnen

Jes 11,6

Als der Herrscher der Natur zur Erde herniederstieg und Mensch ward, wollte er neue Wunder wirken: Er machte Wildes zahm, Grimmes sanftmütig, wie die zuvor angeführten Worte des Jesaja voraussagten.

Meine liebe Tochter, einst las ich ein Wort in der Schrift, das ich

6 Vgl. Mt 11,30.
7 Vgl. 1 Kor 4,9.
8 Vgl. Röm 13,11 und Jes 52,1.

jetzt erst zu verstehen beginne: «Liebe macht ungleiche Dinge gleich.» Darum stellt man Frau Venus blind und ohne Augen dar, denn ihre verliebten Augen bringen sie um die rechte Wahl. Und wie das für irdische Liebe gilt, so viel mehr noch für die geistliche: Es hat manchen hohen und würdigen Menschen um all seine Herrlichkeit gebracht. Etliche, die zu Rom in fürstlichem Stande lebten, verzichteten auf ihren Stand und wurden armer Leute Diener, indem sie sich dem göttlichen lieben Kinde anglichen. Darum, liebes Kind, gib den verborgenen stolzen Sinn deines leiblichen Adels auf und den falschen Trost deiner Freunde, die bis jetzt in dir mit dem geistlichen Gewande nur bedeckt waren, und neige dich heute zu dem Kind in der Krippe, in seiner Erniedrigung, damit es dich zu seiner ewigen Herrlichkeit erhebe. Wer kärglich sät, erntet auch wenig, wer mit vollen Händen sät, aber reichlich. Tu es gar sehr zu deinem Nutzen und erniedrige dich unter alle Menschen, so wie wenn du ihr Fußtuch wärest.[9]

Das Fußtuch zürnet niemandem, wie man auch mit ihm verfährt, weil es ein Fußtuch ist.

Eine wahrhafte Unterordnung des Menschen ist eine Wurzel aller Tugenden und der Seligkeit! Hiervon kommt ein mildes Schweigen in eigener rechter Gelassenheit dem Niedrigsten wie dem Höchsten gegenüber. Das schmerzt: gut reden können und doch schweigen, Schmähworte hören und sie nicht erwidern, als geschickter, angesehener Mensch zu schweigen vor einem fehlerhaften Menschen geringen Ansehens. Das heißt nach dem edlen Christus sich bilden. Was kann dem Menschen förderlicher und Gott löblicher sein? Hierzu nützt Schweigen, den Mund zum Reden nicht zu öffnen, es sei denn in rechter Milde und gehöriger Einsicht, derart, daß da nichts geredet werde, als was die bare Notwendigkeit erfordert, die entweder Gott löblich oder dem Nächsten nützlich sei.

Sieh, ich mute dir keine große Strenge zu: Du sollst essen, trinken und schlafen, wie es der Bedarf verlangt, und so viel Freiheit haben, wie es deine Schwäche nötig macht.

Willst du selig werden, so sollst du dich in den vorgenannten Dingen üben und nicht verzagen, wenn du nicht so bald damit vor-

9 Hierzu vgl. «Leben», Kap. 20, S. 83ff., und den Schluß des dritten Briefes.

ankommst. Wie wäre es auch denkbar, daß sich all die Unrast, die sich zwanzig Jahre hindurch angesammelt hat, so bald abstoßen ließe? Sie wird von Tag zu Tag mehr weichen, merkt sie, daß kein bleibender Ort mehr für sie ist. Fromme Betrachtung, andächtiges Gebet, geistliche Übung wird helfen. Empfindest du nicht viel des annehmlichen Gefühls dabei, laß es dich nicht beschweren: Denke, du seiest dessen nicht würdig. Wirf dich zu des Heilands geduldigen Füßen, bis er dir seine Gnade gibt, und laß Gott wirken, wie er will. Du wirst noch manch schweren Wandel über dich ergehen lassen müssen, ehe himmlische Heiterkeit in dir ihren Platz findet. Ging es dir denn zuvor stets gleichmäßig gut? Nein, es kam Leid und Freude, Freude und Leid, wie es der Glücksgöttin Rad dir zuteilte. Dasselbe nimm auch von dem werten Gott an, dem du, wie recht und billig, dienen sollst und dessen liebendes Zürnen besser ist als trügerisches Liebkosen; laß es hingehen, wahrlich, er hat auch dir (vieles) hingehen lassen. Hab ein rechtes, volles Vertrauen zu Gott, denn er verläßt dich nicht. Sieh, er ist so recht gewaltig, daß er es in seinem freigebigen Herzen nicht über sich brächte, einen Menschen zu verlassen, der sich ihm gänzlich überläßt.

Es war einmal ein Mensch, der war von alldem verlassen, was ihm nach irdischer Weise Liebe oder Trost hätte geben können. Einst hatte er einen frohen Gedanken und dachte bei sich so: Ach, Herz, mein Herz, worüber freust du dich so recht innerlich? Und sein Inneres antwortete ihm und sprach: «In dieser ganzen Welt gibt es nichts, dessen ich mich freue, nicht des Besitzes noch der Ehre, weder der Freunde noch irgendeiner Lust der Welt; aber *das* ist meine Freude, daß Gott so recht gut und dieses liebreiche Gut mein Freund ist, und dessen hab' ich eine gute Zuversicht.»

Meine liebe Tochter: Obgleich kaum jemand ist, der nicht das eine oder andere Mal in Lauheit falle, einmal mehr, einmal weniger, so muß ich dir doch eines sagen: Der Berg ist hoch, und der Weg glatt, mit *einem* Angriff zwingt man es nicht, es heißt immer wieder von neuem ansetzen, bis die Höhe erstiegen ist. Der wäre ein furchtsamer Ritter, der, vor der Übermacht des (feindlichen) Heeres einmal zurückgewichen, darum nicht keck wieder vorwärts drängte. Streit ist das Erbteil guter Menschen auf Erden.

Ich kenne einen Predigerbruder, der, wurde er von manch starker

Strömung zurückgetrieben und hatte er seiner Meinung nach rechten Ernst und herzliche Andacht ganz verloren, in sein Inneres blickte und sprach «Ach, lieber Gott, wie ist es mir ergangen, wie bin ich, ohne es recht zu merken, heruntergekommen! Wohlan denn, so will ich ohne Zaudern mich um neues Gut bemühen, das frühere ist ganz dahin!» Und so fing er wieder an, schränkte sich (im Essen und Trinken) ein, züchtigte seinen Leib, entzog sich den Menschen, verhielt sich ernsthaft, achtete auf sich selbst, erdachte sich neue Gebote, begann mit neuen Übungen der Frömmigkeit und sich all die Wege zu versperren, auf denen er zuvor ausgeglitten war; und das trieb er Tag und Nacht, bis ihn gottesfürchtiger Ernst und herzliche Andacht wieder warm durchströmte und das, was folgte, oft viel besser ward, als das Vorhergehende je gewesen war. Und in Betrachtung seines Inneren begrub er den alten Menschen, so, als ob der nie gewesen wäre; er fand manchen Weg, sich (vor Sturz und Fall) zu hüten, an den er zuvor nie gedacht; und so wurde er immer verständiger und klüger. Und wurde er wieder einmal nachlässig, so begann er wiederum von vorn. So mag es wohl gar vielmals mit ihm ergangen sein. Sieh, solch Verhalten lehrt uns die ewige Weisheit durch Sankt Bernhards Mund, der sagt: Das ist der einzige Unterschied zwischen Gottes Erwählten und solchen, die es nicht sind, daß diese (auf der Strecke) liegenbleiben, jene aber immer wieder von vorn beginnen, denn ein ewiges Stillestehen gibt es für keinen auf der Erde.

Ein beginnender Mensch mag, ehe er in Gott dauernd gefestigt wird, gar leicht in die Irre gehen. Dagegen gibt es kein besseres Mittel, als daß der Mensch, sosehr er nur vermag, gründlich allen zerstreuenden Dingen entsage, sich in seinem eigenen Inneren einen Weg bahne und bei sich selber bleibe. Denn der bringt seinen Herzensfrieden in Gefahr, der sich ohne zwingende Notwendigkeit der äußeren Welt ausliefert. Man erzählt von dem großen Meister Albert, er habe gesagt: «Ich gehe nie zur Klosterpforte, ohne als ein Geringerer von dort zurückzukehren.»

Ein Mensch soll sich von Herzen allezeit mit Gott vereinigen: Dazu gehörten Stillschweigen und tiefe Betrachtung, wenig Worte und viel hartes Wirken. Was Gott einem Menschen an Leiden schickt, soll er freudig annehmen, aller Menschen Mängel in Geduld übersehen, von den verführerischen Dingen sich abkehren, niemandem viel zuhören, seine Sinne hüten, jemandem wenig Zeit oder Worte opfern, sich selbst sorgfältig beobachten, sich unter Gott und alle Menschen beugen, von den Menschen Gutes sprechen, sich selbst für nichts achten, Gott fröhlich dienen und den Menschen ein gutes Beispiel geben, sich vor dem geringsten wie vor dem größten (Fehler)[10] hüten, Gott in allen Dingen vor Augen haben und auf solche Weise allezeit mit Gott verbunden sein; denn auf solche Art kann ein Mensch in Gott festen Platz erhalten, die verlorene Zeit wieder einbringen und neues Gut von Gott erwerben. Amen.

3 *Wie ein Mensch nach Christi Vorbild willig Leiden annehmen soll*

An Elsbeth Stagel zu Töß

Dunkel bin ich, aber schön

So lesen wir im Hohenlied[11] von der liebenden Seele. Jerusalems Frauen bewunderten König Salomos Lieblingsfrau. Sie war eine Mohrin, und jene wunderten sich, daß sie, obwohl so schwarz, ihm unter der großen Zahl seiner Frauen die liebste war. Was will der Heilige Geist hiermit verdeutlichen? Die schwarze, anmutige Mohrin, die Gott vor anderen wohlgefällt, ist ein Mensch, der Leiden von Gott annimmt, auf den Gott mit ununterbrochenen Leiden einwirkt und den er mit geduldiger Gelassenheit ausgestattet hat. Sieh, meine Tochter, es ist leicht, vom Leiden zu sprechen, leicht, davon zu hören, aber gegenwärtige leidvolle Erfahrung tut gar weh. Ein leidender Mensch kommt zuweilen durch innere Drangsal dazu, zu glauben, Gott habe ihn vergessen, und spricht in seinem Sinne: «Ach, Gott, hast du uns vergessen, weißt du nicht mehr, daß wir noch leben? Was hast du uns zugedacht? Wie kann deine Hand so schwer drücken, obgleich dein Herz so mild ist?» Diesen liebevollen Streitworten antwortet Gott und spricht: «Betrachte die große

10 Nach Bi, Ausgabe von H. Seuses deutschen Schriften, Stuttgart 1907 u. Frankfurt 1961, eingesetzt.
11 Hld 1,4.

Zahl der Heiligen, beschaue dir das lebende Gemäuer des himmlischen Jerusalem, wie die durchscheinenden Steine der Stadt zuvor durch Leiden beschnitten und verarbeitet worden sind. Und jetzt strahlen sie im hellen Licht! Wie erging es der lieben heiligen Elisabeth?[12] Paulus war dieser Welt ein Abscheu. Job und Tobias beschritten den gleichen Weg. Athanasius litt, als ob die ganze Welt ihm den Tod geschworen hätte. Sieh, wie alle Heiligen ihr Herzblut oder das Blut ihres Leibes und Herzens vergossen haben! Das sollte ein leidender Mensch betrachten und sich freuen, daß Gott ihn durch Leiden seinen liebsten Freunden gleichstellen will. Darum laß dein Abtöten und deine Selbstzüchtigung, dein Darben und Hungern, da uns (willig ertragenes) Leiden zu solch hohem Gute bringen kann. Falls aber ein Mensch sich im Leiden (Gott gegenüber) nicht allzeit gleich ergeben verhält, so hat er Gott darum noch nicht verloren. – Morgen *und* Abend machen erst den ganzen Tag aus – sofern ein Mensch sich dadurch gegen Gott nicht auflehnen *will.* Verliert ein leidender Mensch seine Farbe, wird ihm der Mund trocken, büßt er seine, den Menschen wohlgefällige Freundlichkeit ein, so blicke er auf und spreche: «Wie Salomos Haut, das bedeutet das Äußere des Königs, der am Kreuze solchen Mangel litt, daß er nicht mehr einem Menschen glich. Der mag hervortreten, der sich ihm an Entstellung vergleichen kann.» Er spricht: «Ich bin ein Wurm»[13] (und kein Mensch). Ach, du strahlender Wurm, heller als der Glanz der Sonne, wer dich betrachtet, sollte nicht klagen, er soll sich jeglichem Leide, das ihn trifft, frohen Mutes unterwerfen.

Mein Kind, du denkst vielleicht, weil Gott dich so fest ergriffen hat, daß deine Leiden die allerschwersten seien. Das sollst du nicht denken. Jeder Mensch ist sich selbst am nächsten: und hierbei begegnet mir auch selbst, daß Gedanken zuweilen in mir aufstehen, die mich meine Leiden als gar schmerzlich empfinden lassen. Aber das soll man Gott anheimstellen.

Hiervon hätte ich dir besser nicht geschrieben; aber Gottesliebe nötigt mich dazu, so daß ich gern meine Schulter unter deine Last schöbe, um sie dir zu erleichtern. Treffen sich arme, bedürftige

12 Die in Mystikerkreisen sehr verehrte hl. Elisabeth v. Thüringen.
13 Ps 22,7.

Menschen, so suchen sie sich einen Zeitvertreib, daß sie den Hunger nicht spüren. Ich hätte dir gern das Fußtuch gesendet, das ich dem Hund abgenommen und mir zur Mahnung behalten habe. Es ist mir aber so lieb, daß ich es nicht aus der Hand geben möchte. Laß uns darum guten Mutes sein und geduldig leiden, denn nach dem Leiden folgt die Freude im schönen Himmelreich!

4 *Wie ein im geistlichen Leben unerfahrener Mensch sich allein mit sich selbst befassen und andere Leute nicht behelligen soll*

Wie kann ein Blinder einen Blinden führen?
Lk 6,39

Unter den vielen seiner geistlichen Kinder, die der Diener zu Gott geführt, war eine, die einen weichen, unsteten Sinn besaß. Sie wollte und wollte auch wieder nicht, wollte gar selig werden, aber dabei auch der Lust und Behaglichkeit ihres Daseins nachleben und das mit schönen Worten zustande bringen. Dieser schrieb er, wie folgt:

Liebe Tochter, wie gibst du dir nach? Wie wirfst du die treue Lehre deines geistlichen Vaters so von dir, daß du dich wieder den Dingen zuzuwenden beginnst, von denen ich dich soeben gerade losgerissen habe, die dich an Seele, Leib und Ehre geschädigt haben? Denkst du jetzt, du könntest das tun, was dir in deinen Sinn kommt? Stehst du jetzt so fest, daß du dir selbst alles erlauben kannst? Ach, warum denkst du nicht zurück an das, was Gott dir verziehen hat, wie so kaum du bis hierher gelangt und noch so gar nichts bist? Und warum schaust du nicht auf dich selbst und kümmerst dich lieber nicht um andere Leute? Gewahrst du nicht den Teufel, der dir einen seidenen Faden um den Hals gelegt und dich gern mit sich führte? Du konntest doch dich selber nie zurechtweisen, du bist ja schwächer als Eva im Paradies und willst andere Menschen zu Gott führen? Du willst Stroh aufs Feuer legen, das nur ein wenig zugedeckt ist und noch nie völlig erloschen?

Du sagst, du wollest deinem Treiben eine geistliche Richtung geben – weiß Gott! Es mag wohl im Geiste beginnen, es wird aber bald im Fleische enden! Bist du immer noch nicht klug genug geworden? Denkst du nicht daran, daß Gott dir genug nachgesehen hat? Gewiß, du willst nicht ablassen, ehe du nicht an des Teufels Seil gebunden bist. Oft habe ich es dir gesagt: Ihr glaubt, so Gott wie die Menschen auf feine Art zu betrügen; sieht man es von der anderen Seite, so seid ihr selbst die Betrogenen. Fest mußt du stehen, auf allen Anhang verzichten, sonst kannst du nicht standhalten. Laß dir genügen, selber dem Teufel zu entkommen!

Eines muß ich dir sagen: Eines Tages war der Diener ausgegangen und hatte es auf einen geistlichen Raub angelegt, den er dem Teufel abjagen und Gott wieder zustellen wollte: Dieser Raub war eine Klosterfrau, wie du. Sie hatte ihr Herz in eitle Liebe verstrickt und konnte sich aus den Fesseln nicht mehr lösen. Sie wollte für schicklich ausgeben, was weder schicklich noch geziemend sein konnte. Und als sie dank des Dieners guter Lehre sich anschickte, sich von den äußeren Dingen abzukehren und zu Gott zu wenden, begannen die bösen Geister sich zu rühren, um den Verlust und ihr die Abwendung schwer zu machen, daß sie glaubte, ihr liege ein schwerer Berg auf der Brust.

In der gleichen Nacht, nach der Mette, hatte der Diener ein Gesicht: Eine große Schar gewaltiger Vögel lärmte vor seiner Zelle; die waren gar häßlich und keiner wie der andere. Er lehnte sich zum Fenster hinaus, zu sehen, was da los sei, und fragte einen Jüngling, der bei ihm stand, was für eine seltsame Schar das sei. Der antwortete: «Sieh, diese unstete Gesellschaft ist eine Versammlung von Teufeln; die sind zornig und wütend, daß jene Klosterfrau sich von ihnen trennen will, und flattern hierhin und dorthin, um zu sehen, ob sie sie nicht von dem guten Vorsatz abbringen und in ihr altes Leben wieder zurückführen können.» Des Morgens, als es Tag ward, schrieb der Diener ihr einen Brief; der lautete so:

«Halte dich tapfer!» Ps 31,25.[14]

Führt ein ehrbarer Ritter zum erstenmal einen Knappen in den Turnierring, redet er ihm munter zu: «Nun denn, wackerer Held, zeige dich als tüchtiger Mann, benimm dich mutig, wehre dich rüstig! Laß dir den Mut nicht wie ein Feigling entsinken! Besser eh-

14 Hier tritt, wie auch in Kap. 44 des «Lebens» und öfter die Verwobenheit von Seuses Denken mit der ritterlichen Kultur seiner Zeit deutlich zutage.

renhaft sterben als mit Schimpf und Schande bedeckt leben. Ist einmal der erste Zweikampf überstanden, dann geht es schon leichter!» So läßt sich auch, auf geistliches Leben angewandt, der fromme David einem wackeren Gottesritter gegenüber vernehmen, der sich zu Beginn seiner Laufbahn von zeitlichen Dingen trennen soll und muß. Da heißt es dann: «Halte dich tapfer!», und das bedeutet soviel wie: «Benehmt euch kühn und mannhaft, ihr alle, die ihr auf Gott vertraut!»

Solchen Zuspruches bedarfst du wohl, meine Tochter, damit du feststehst und dem bösen Rate des Teufels nicht folgst. Du bist jetzt an der schwierigsten Stelle deines Weges; kommst du über diese schmale Strecke, so wirst du bald auf dem ebenen schönen Lande eines ruhigen, geistlichen Lebens gut vorankommen. Könnte ich doch, nach Gottes Willen, in deinen Fußstapfen im Kampfe für dich stehen und statt deiner die harten Schläge auffangen, die dein unruhiges Herz jetzt treffen! Aber das wäre nicht gut für dich; denn wo bliebe dann der grüne Palmzweig, den du wie so manch anderer ausgezeichneter Kämpfer Gottes in ewiger Herrlichkeit tragen wirst, wenn du gesiegt hast? Soviel Pfeile dich treffen, so viel Edelsteine wirst du in deiner Krone tragen.

Darum, o mein Kind, bleibe stark, steh fest, hab kühnen Mut. Dein Leiden ist kurz, das, worauf du um dessentwillen wartest, währt ewig. Tu, als ob du weder sähest noch hörtest, bis du diesen ersten Kampf deines göttlichen Beginns überwunden hast. Nach schweren Wettern kommen gar leicht heitere Tage. Denke daran, daß mancher schönere, jüngere, edlere, zartere Mensch als du denselben Streit ritterlich überstanden hat, solche, die in dem Kampfe, in dem du jetzt stehst, gar manche Zeit standen und viel schwerer angefochten wurden: Und daraus erwuchs die Freude ihres Herzens.

Darum, meine liebe Tochter, reich mir deine Hand und halte dich fest, nicht an mir, sondern an dem starken Herrn, um dessen Dienstes willen du nun in diesen Kampf geraten bist. Wisse, er verläßt dich nicht, wenn du dich ihm gänzlich überläßt. Zwei Dinge helfen dir alle Schwierigkeiten überwinden: eines, daß du bei niemandem stehen noch sitzen bleibst, noch ihm, er sei Freund oder Feind, zuhörest, der dich vom Wege wegführen will; das andere, daß du nicht vorsichtig (etwas von deinen Pflichten) abstreichst, noch auf gelinde Weise den saugenden Nattern deines Herzens nachgibst. Folge mir: Willst du nicht, daß sie morgen wieder bei dir einkehren, so schlag ihnen das Haupt ab. Tu es geschwind und kräftig, denn willst du sie nur am Schwanz fassen, so heften sie sich umso fester an und beißen noch schlimmer. Ruf ihnen zu: «Kein Friede mit euch!», die dein Herz so offenbar durch Trug um seinen Frieden gebracht haben. Flieh zu Gott und laß die einfältigen Toren nach dir rufen, soviel sie wollen, schau ja nicht hinter dich, sieh, so hast du deine Feinde bald alle überwunden und bist deiner schweren Banden frei!

Noch eines will ich dir sagen, du darfst es mir nicht übelnehmen: Ich habe an dir wahrgenommen, daß du mit deinen Sinnen nur unvollkommen in Gott stehst, daß du dich noch nicht frisch entschlossen aller äußeren Dinge entschlagen hast. Wahrlich, du mußt entweder besitzen oder fahren lassen, anders erlangst du von Gott kein Glück. Kann jemand zwei Herren dienen? Nein, wahrhaftig nicht! Tu einen kühnen Sprung, so kannst du gerettet werden. Trenne dich endgültig von jenen Menschen – du verstehst mich wohl – und laß all das, was solch vergängliche Liebe mit sich bringt, sei es Umgang oder Botschaft, und laß dich von deinem entschiedenen Vorsatz nicht abbringen, nicht durch Drohungen und nicht durch Schmeicheleien. Mach ein Ende im Verkehr mit der Gesellschaft, die dir zu deinem Verhalten geraten oder dir dabei geholfen hat und die noch ein solches Leben führt, wie du es aufgeben willst und mußt; denn ohne Umschweife: Sie bedeuten Gift für dich, und das weißt du wohl. Du sollst auf jeglichen Ausgang verzichten und keinen Vorwand suchen, der dir eine angebliche Ursache zu einem kleinen «notwendigen» Ausflug in die Stadt verschaffen könnte. Gott und die Menschen wissen gar wohl, daß hiervon nicht viel Gutes kommt. Du sollst dir früh und spät Gedanken machen, wie du dein sündhaftes Leben bessern, wie du deiner mannigfaltigen Fehler dich entledigen und wie du dich mit dem strengen Richter aussöhnen kannst. Dir genügt nicht, dich mit der Bequemlichkeit des geistlichen Lebens zufrieden zu geben, du mußt deinen widerspenstigen Leib in Zucht nehmen, deine scharfe Zunge zähmen, deine zerstreuten Sinne wieder sammeln, damit dein Herz nicht ein öffentliches Gasthaus sei, eine allen zugängliche Herberge, ein Weinschank, wo sich jeder niederlassen und wo jeder treiben kann, was ihm einfällt. Wohlan, treib das Gesindel aus deinem Sinn, oder gewiß, du wirst den teuren Herrn nimmermehr empfangen. Bedenk, er will seine Angetraute aus dir machen; sorge, daß du nicht zur Küchenmagd herabsinkst!

5 *Von dem Jubel, der Engel und gottselige Menschen durchströmt, wenn ein Sünder sich bekehrt*

Es jauchzt das himmlische Heer»
Augustinus[15]

In der Frohbotschaft sagt unser Herr, daß die Engel sich freuen, wenn ein Sünder sich bekehrt, und der Engel Freude ist himmlischer Jubel.

Einst lernte der Diener ein junges Mädchen kennen, dessen verlockende Schönheit in ihrer Umwelt manches Herz verwirrte. Das hätte der Diener gern verhindert und jenes Mädchen zu Gott geführt, daß dieser dadurch gelobt, der Engel jenes Mädchens und alle Engel sich mit ihm gefreut hätten und die Menschen gebessert worden wären. Mit dieser Bitte wandte er sich voll Ernstes an Gott und besonders an die Mutter Gottes, den lichten Morgenstern, und bat sie flehentlich, daß sie jenes Mädchens weltlichen Sinn und ihr verdunkeltes Herz erleuchte und es von schadenbringenden Dingen ab- und zu Gott hinzöge. Diese Bitte wurde ihm erfüllt: Jenem weltlichen Herzen ward Gottes Gnade zuteil; rasch wandte es sich treuen Sinnes von der Welt weg zu Gott. Daraus quoll eine solch große, himmlische Freude seines Herzens, daß er ihr in himmlischem Jubel diesen Brief schrieb.

Lange darauf, als er aus all seinen Briefen dieses kleine Büchlein zusammenstellte und alles übrige durch Kürzung wegfallen ließ, und er diesen Brief auch vornahm, dachte er: Das ist ja nur ein einziger Jubel, und wenn trockene Seelen und harte Herzen das lesen, widert es sie an. Und so vernichtete er diesen Brief. Als der Tag

15 Anfang des in der Osternacht gesungenen «Exsultet».

graute – es war in der Oktav des Engelfestes –, erblickte er mehrere Engel des himmlischen Herrschers; die tadelten ihn, daß er ebendiesen Brief vernichtet hatte, und sie sagten, er müsse ihn nochmals schreiben. Das tat er denn auch, begann und schrieb wie folgt:

«Schon jubelt die himmlische Heerschar.»

Als der lichte Morgenstern Maria in Helligkeit die betrübliche Finsternis deines Herzens heiter durchbrach, habe ich ihn fröhlich gegrüßt. In dieser freudenreichen Stunde begann ich voller Frohsinn ein Lied, daß es in der Höhe erklang: «Gott grüße dich, ruhmreicher Meerstern, Gott grüße dich, aufgehender, wonniger, zarter Morgenstern, aus dem tiefsten Grunde aller liebenden Herzen!» Ich munterte die Genossen auf, daß sie mit lauter Stimme den strahlenden Morgenstern grüßten, ach, ich meine die liebliche Königin des Himmelreiches, die mit ihrem ausstrahlenden Lichterglanz dein verdunkeltes Herz erleuchtet hat, nachdem ich mich um dessentwillen insgeheim an sie gewandt hatte. Mein hoher Sinn sandte ein frohes Lob zum Himmel, und ich forderte die Lerchen in den Höhen und die süßen Sänger der himmlischen Au auf, mir den Herrn rühmen, loben und preisen zu helfen. Ich erhob meine Augen und sprach aus vollem Herzen so: «Laß das himmlische Heer jubeln!» Ach, Herr, empfand ich je Leid, *da* verschwand es. Goldene Tage umgaben mich; ich ging, als schwebte ich im Maiental himmlischer Freuden.

Ich sprach: Freut euch, liebe Engel, auf himmlischer Au, jubelt, tanzt und singt ob solch froher Botschaft. Schaut alle voll Verwunderung: Der jüngere Sohn ist zurückgekehrt,[16] das verlorene Kind wiedergefunden, das tote Lieb wieder zum Leben erwacht! Der von Natur blühende Anger, auf dem das Vieh sich aufhielt und der verwüstet war, beginnt wieder in übernatürlicher Schönheit zu glänzen; das Vieh ist weggetrieben, die schönen Blumen dringen in den Boden, das Tor ist verschlossen, dein Eigentum ist dir wieder zuteil geworden. Darum laßt euch hören, himmlische Harfen, beginnt einen neuen Reigen, daß man es im himmlischen Hofe vernehme, daß da keine Gasse sei, in der es nicht erklinge. Freut euch desto mehr, denn der Liebesgöttin Venus ist das Herz geraubt, ihr ausge-

16 Lk 15,24.

zeichnetes, sommerliches Kränzlein wird nicht mehr geschätzt, ihr freudebringendes Spiel ist verstummt.

Ja, falsche Welt, trügerische, vergängliche Liebe, beuge dein Haupt! Wer wird dich nun noch preisen? Mit wem willst du es nun mit deiner höfischen Wohlgefälligkeit aufnehmen? Deine lebensfrohe Führerin ist unterworfen,[17] ist zur ansehnlichen göttlichen Führerin geworden. Des freuen sich alle Himmel; alle göttlichen liebenden Herzen sprechen: «Lob sei dir, o Herr», um der großen Wunder willen, die du, Herr, allein wirktest in so manchem sündigen, hilflosen, verzweifelten Herzen!

Ach, herrlicher und gewaltiger Herr, wie so recht strahlend und lieblich du auch in all deinen Werken seiest, so bist du doch noch tausendmal liebevoller und lobenswerter uns armen sündigen Menschen gegenüber, die du unverdient mit Gnade zu beschenken an dich zu ziehen geruhst. Herr, dies ziemt dir über all deine Werke hinaus so recht und steht deiner Güte so trefflich an. Ach, Herr, liebenswertes, unergründliches Gut, durch dies Werk zerspaltet sich der stählerne Berg deiner strengen Gerechtigkeit.

Tretet denn heute zu mir heran, all ihr Menschen, die Gott so liebevoll mit Gnaden bedacht hat: Laßt uns das Gut, das unergründliche, unseres Herrn und freigebigen Vaters schauen, lieben und loben! Ach, lieber Gott, erblicke ein Wunder: Herzen, die zuvor den Unrat umfingen, lieben und umfangen *dich* heute in abgrundtiefem Sehnen, die gestern Verführerinnen waren und heute Predigerinnen deiner gütigen Liebe sind. Herr, es ist wunderbar und wohlgefällig anzuhören: Solche, die zuvor in ihrem Wohlleben sich kaum selbst zu führen vermochten, die legen sich Einschränkungen auf und finden neue Wege großer Strenge und liebevoller Übung zu deinem Lobe, damit sie sich ganz mit dir versöhnen. Denjenigen, welche ihr eigener Leib zu lieb war, denen ist er ein fremder Gast geworden; die, welche sich zuvor fein ausschmückten, damit sie (weltlicher) Liebe sich hingäben, die verbergen sich jetzt, um Gott zu gefallen; und solche, die zornig wie grimme Wölfe waren, sind nun im Verzeihen wie schweigende Lämmer; ja, die, welche zuvor schwer belastet und gebunden waren mit den stählernen Reifen der Traurig-

17 Mit Beziehung auf die bekehrte Ordensfrau zu verstehen.

keit und der Schwermut des strafenden Gewissens, ach, gütiger Herr, die erheben sich nun ungehindert über all das empor, was die Erde ihnen bieten kann, in hochgesinnter, unbeschwerter Freiheit; erlöst schwingen sie sich hinauf in das himmlische Vaterland; und nun können sie nicht mehr begreifen, daß sie jemals so blind und töricht sich gegenüber der falschen Liebe verhalten konnten. Herr, was ich zuvor las, habe ich jetzt empfunden: daß, wenn sich Leibliches zum Geistigen und Wohlbegabtes zum Ewigen fügt, ein starker Funke deiner gnadenvollen Liebe daraus entsteht. Ja, ewige Weisheit, das ist der Wandel, den du mit deiner rechten Hand vollbracht, das sind, liebe Herrin des Himmelreiches, die Werke deiner abgrundtiefen Freigebigkeit.

Nun vernimm, meine Tochter, wie ich und du und unseresgleichen uns dem geliebten Gott gegenüber verhalten sollen. Wir sollen fortan so leben, daß niemand uns Gott wegnehmen kann, sollen uns so benehmen, wie wenn ein edler König seine Küchenmagd über seine Frau stellte. Wie dankbar würde die Magd den Herrn umfangen, wie zutraulich ihn lieben, wie herzlich ihn loben, und je unwürdiger sie wäre, umso liebevoller wäre sie ihm zugetan. Wir sollen es gar sehr den lauteren und unschuldigen Menschen zuvortun, daß wir sie übertreffen mögen. Geben sie Gott eines, so wollen wir ihm zwei geben, lieben sie ihn einfach, so sollen wir ihn tausendfach lieben. Bedenket recht: Wie wir zuvor in jeder Weise in unseren unberatenen Tagen uns anstrengten, hervorzustechen durch feines Benehmen, uns alle Herzen an Wohlgefälligkeit zu Eigen zu machen – so sollen wir nun Tag und Nacht danach streben, alle Herzen zu bessern und Gott in besonderer Weise zu gefallen.

Ach, Kind, denke daran, wie es uns in unseren nichtigen Tagen so recht wohl tat, wenn man uns vor anderen rühmte, sich unserer erinnerte, und wenn man das liebte, was wir meinten. Ja, wie recht wohl wird uns, wenn uns jetzt der so herzlich Geliebte vor allen zugeneigt ist und seine Gedanken auf uns richtet. Mein Kind, erinnere dich, wie schwer zeitliche Liebe ans Ziel gelangt, so daß wir aus Furcht keine Freude dabei haben konnten; ja, darum ist es recht und billig, daß uns unser jetziges Streben auch ein wenig Mühe kostet. Sieh, mein Kind, eines wünsche ich, daß die Menschen, die den lieben Herrn nicht empfunden haben, glauben möchten, er bringe ihnen viel mehr Freude, als zärtliche Liebe tut. Sie glauben, niemandem sei wohl als dem, der mit dem roten Köder an die krumme Angel gelockt wird. Ach, ewige Weisheit, geliebter Herr, sähen dich doch alle Herzen, wie das meinige dich sieht: Alle vergängliche Liebe verschwände aus ihnen! Herr, mich kann (heute) nicht mehr verwundern – wie unbegreiflich es mir auch zuvor war –, daß irgendein im tiefsten Inneren liebendes Herz in irgend etwas anderem als in dir, du tiefe Flut, du unergründbares Meer, du unauslotbar tiefer Grund, zum Ziele kommen kann. Herr, mein freundliches Lieb, warum zeigst du dich ihnen nicht? Sieh, ewige Weisheit, wie die unechten Liebhaber sich gebärden: Was Mißfälliges, Häßliches, Mangelhaftes an ihnen ist, das verbergen sie angelegentlich; was sie an geborgter Schönheit, an erlogener Leutseligkeit besitzen, das stellen sie heraus; leid täte es ihnen, wenn den Augen des Geliebten entginge, was ihnen erfreulich erscheint; und wie sie es auch anstellen, sie sind doch nur Unrat. So denke ich mir (bei ihnen): Welch ein Scheusal erblickte der, welcher dir nur die äußere Hülle abzöge! Dann sähe man die Wahrheit erscheinen und nähme wahr, welch ein Untier du bist! Du aber, lieber Herr, ewige Weisheit, verbirgst, was liebenswert an dir ist, und läßt uns das Leidvolle an dir sehen, zeigst uns das Bittere und verbirgst vor unserem Aug' das Angenehme. Ach, schöner, lieber Herr, warum tust du das?

Laß, Herr, dem ich zugetan, mich sünd'gen Menschen nur *ein* Wörtlein zu dir sprechen. Fürwahr, Herr, ich kann es nicht verschweigen. Ach, Herr, Geliebter, hättest du mich doch lieb! Hast du es denn? Könnte ich doch deine Zuneigung besitzen. Ach, glaubt denn jemand auf Erden, daß ich dem Herrn wohlgefalle? Meine Seele redet in mir stets davon, mein Herz klopft in mir, bei dem hoffnungsfrohen Gedanken, du könntest mich liebhaben. Kommt mir das in meinen Sinn, so werd' ich von Herzen froh, daß der es mir anmerken könnte, der mich sähe; all mein Inneres vergeht in mir vor rechter Freude. Sieh, Herr, könnte ich erlangen, was ich mir wünschte, so wäre das Allerhöchste, Begehrenswerteste und Erfreulichste, was mir Herz und Seele erdenken könnten, daß du mich besonders liebhättest, daß du, trauter Herr, mir deine besondere liebevolle Zuneigung schenktest. Seht, all ihr Herzen, wäre das nicht das Himmelreich? Herr, deine Augen sind herrlicher als der Glanz der Sonne, wie schön, ach, ist dein lieblicher göttlicher Mund, wenn er zu einem Menschen spricht, wie schön sind seine glänzenden Wangen als Gott wie als Mensch, wie über jeden irdischen Wunsch erhaben ist deine schöne Gestalt! Je mehr man dich alles Leiblichen entkleidet, umso liebenswerter erblickt man dich in lauterem, freudigem Entzücken. Je tiefer man dein leutseliges, herrliches, schönes Wesen faßt, umso überschwenglicher findet man es in dir, du trautes Lieb! Schau, gibt es etwas Liebliches, Wohlgefälliges an irgendeinem liebenswerten Menschen, was nicht in vollkommener Weise tausendmal lieblicher in dir, lieber Herr, sei? Schaut ihn, all ihr Herzen, genau an, betrachtet ihn, blickt auf ihn: Das ist mein Geliebter,[18] so liebenswert ist er, so freundlich, er, der Traute meines Herzens.[19] Das sollt ihr, Töchter Jerusalems, wissen! Ach, lieber Herr, selig der, dessen Geliebter du bist und bleibst für alle Zeiten!

6 *Daß sich der Mensch in seiner Todesstunde unerschrocken verhalten soll*

Absalom, mein Sohn, wer gibt mir,
daß ich für dich sterbe?

2 Kön 18,33

Eine der liebsten geistlichen Töchter des Dieners lag auf dem Totenbette. Als der Diener hörte, daß sie sterben müsse und sie vor dem Tode große Angst hatte, tröstete er sie durch folgendes Schreiben:

Mein liebes Kind, was gilt einem treuen Vater, für sein liebes, wohlgeratenes Kind zu sterben? Sterbe ich nicht dem Leibe nach, so doch geistig mit meinem lieben Kinde. Fern bin ich von dir dem Leibe nach, aber mit meinem Herzen stehe ich vor deinem Totenbett, mit bitteren Tränen und mit wohlmeinender Klage. Gib mir deine kranke Hand, und sollte Gott über dich gebieten, so halte fest am Christenglauben und stirb frohen Sinnes. Freue dich, daß deine schöne Seele, die ein lauterer, vernünftiger Geist ist, aus dem engen, jammervollen Gefängnisse (deines Leibes) befreit werden soll und

18 Hld 5,16.
19 Vgl. Seuses «Leben», Kap. 41, S. 157ff.

sich ohne jegliches Hindernis ihrer Seligkeit erfreuen kann; Gott selber spricht: «Kein Lebender kann mich schauen.»[20]

Ein Ding erzeigt sich manchem unverständigen Menschen in der Stunde seines Todes und läßt ihm das Sterben schwer werden, nämlich: Betrachtet er seine verflossenen Jahre und sein mit nichtigen Dingen verbrachtes Leben, dann findet er sich als großen Schuldner Gottes und weiß nicht, was er in der letzten Stunde seines Lebens tun soll. Dazu will ich dir einen sicheren Weg aus der Heiligen Schrift und dem Zeugnis der Wahrheit geben, wie du voll Sicherheit jener Angst entgehen kannst.

Hast du je sündhaft gelebt – und für nur wenige Menschen gilt das nicht –, so sollst du in deiner Todesstunde darüber nicht zu sehr erschrecken. Hast du, falls du konntest, die Sterbesakramente, wie es sich gehört, empfangen, so tu eines: Nimm das Kruzifix, betrachte es, drücke es an dein Herz und neige dich in die blutenden Wunden von Gottes unergründlicher Barmherzigkeit; bitte ihn, daß er mit dem Blute seiner Wunden in göttlicher Kraft alle deine Vergehen abwasche, zu seinem Lobe und deiner Bedürftigkeit, und verlaß dich für gewiß auf mein Wort: Nach christlichem, untrüglichem Glauben darfst du sicher sein, daß du von allem, was sich hindernd zwischen Gott und dich stellt, gänzlich befreit wirst und frohen Mutes sterben kannst.

Noch an etwas anderes sollst du in deiner Todesstunde denken, damit du den Tod umso eher verachten könnest. Sieh, es gibt ein Land, da kommen nach ihrer Gewohnheit bei der Geburt eines Menschen alle Frauen (der Familie) zusammen und jammern, weinen und klagen; stirbt ein Mensch, so lachen sie und freuen sich. Und damit wollen sie ausdrücken, daß niemand bei der Geburt die große Mühsal kenne, die manchem Menschen bevorsteht, und darum also weinen sie bei der Geburt; und geht die Mühsal mit dem Tod zu Ende, so freuen sie sich. Wer sich recht da hineindenkt, der mag des Menschen Geburt in diese elende Welt wohl einen Tod nennen der Not und Mühe wegen, die ihm bereitet ist; der leibliche Tod kann aber wohl eine neue Geburt genannt werden wegen der Loslösung von dem leidigen Leibe und wegen des freien Einganges in die ewige Seligkeit.

20 Ex 33,20.

Wessen Augen aufgetan sind, diese Wahrheit deutlich zu erkennen, dem wird sein Tod umso leichter; wer das aber nicht bedenken kann, dessen Klage wird groß und sein unvorhergesehener Tod desto bitterer. Schau, welch ein Jammer in dieser Welt herrscht, auf welch böses Leiden, welche Angst und Not überall unser Blick trifft. Und ginge es nur um die Furcht für Leib und Seele und die sich stets wandelnde Unbeständigkeit dieser Welt, so sollte uns hinweg von ihr verlangen. Ehe dem Menschen *ein* Glück beschert wird, widerfährt ihm zehnfaches Unheil. Wollte man manchen Menschen danach fragen, er antwortete: «Ich hatte auf Erden noch keinen guten Tag.» Die Welt ist voller Fallstricke, voll Falschheit und Untreue, keiner kann sich auf den anderen verlassen, denn jeder sucht seinen Vorteil. Wohl ist es zweifelhaft, ob dem, der um Vermehrung seines Lohnes willen lange zu leben wünscht, sein Lohn oder seine große Schuld mehr angerechnet wird. Er hat genug Lohn erhalten, wer das liebevolle, teure Angesicht des herrlichen Herrn immerdar schauen wird und bei den Himmlischen wohnen kann. Schmerzt dich die Stunde deines Todes, wird sie dir bitter: Einmal muß es doch sein; dieser Stunde wird kein Mensch überhoben. Wer heute wenig vorbereitet ist, kann es morgen noch weniger sein: Je älter, um so böser. Mit vielen wird es bei zunehmendem Alter schlimmer als besser. Ist die Gegenwart des Todes auch bitter, so bereitet er doch aller Bitternis ein Ende.

Darum richte, mein Kind, Herz und Hände und Augen hinauf zum himmlischen Vaterland, grüß es mit deines Herzens Sehnen und ergib dich in Gottes Willen. Laß dich die Sache nicht anfechten: Was Gott mit dir tut, es sei Leben oder Sterben, das nimm von ihm als das für dich Beste, wenn du es auch im Augenblick nicht erkennst. Fürchte dich nicht, die heiligen Engel sind bei dir und um dich, der milde, barmherzige Gott wird dir väterlich helfen aus all deiner Not, wenn du nur seiner Güte dich überlassen willst. –

Als dieser tröstliche Brief der sterbenden Tochter des Dieners gebracht wurde, ward sie froh und ließ ihn sich zweimal vorlesen. Und als sie die freundlichen Worte vernahm, erquickte das ihr Herz; die frühere Angst vor dem Tode fiel von ihr ab; sie gab sich freien Willens in Gottes Hand und nahm ein gar seliges Ende.

7 *Wie sich ein Mensch in führender Stellung verhalten soll*[21]

Wer dem widerstrebt, was er aus Gehorsam tun muß, macht sich das Leben selbst schwer, denn weniges, widerwillig getan, ist schlimmer als vieles freiwillig. Darum, da dieses Amt nach Gottes Einrichtung – von ihm kommt alle Gewalt, wie Sankt Paulus sagt – ohne Euer Zutun an Euch gekommen ist, so verwaltet es so, daß Gottes Ehre dadurch nicht geschmälert, sondern ihr unumwunden genuggetan werde.

Es bringt Euch begreiflicherweise Verdruß, dieses Amt zu versehen. Wo Ihr Hilfe und Rat empfangen solltet, erwächst Euch Betrübnis und Schaden; wo Ihr Unterordnung finden solltet, stoßt Ihr auf verwegene Widerspenstigkeit. Daher denn, in unserer Zeit Leitung und Fürsorge zu haben und sich darum getreulich zu bemühen heißt nicht, ein geruhsames Leben zu führen; es ist (vielmehr) eine Qual. Darum nehmt dieses schwere Kreuz auf Euch um dessentwillen, der es für Euch getragen, beugt Euren Sinn, solange man es von Euch fordert, und klagt nicht über Unvermögen und Unkenntnis. Tut Ihr das Beste, so wie Ihr es versteht, so seid Ihr (von Schuld) frei, selbst wenn es nicht das Beste ist.

Ihr sollt in allen Dingen mehr auf Gott als auf zeitlichen eigenen Nutzen sehen und es nicht zulassen, daß eine der Euch Anvertrauten, sofern Ihr es abwenden könnt, Schaden leide an ihrer Seele. Seid unparteiisch in Eurem Verhalten, daß Freund und Feind die gleiche Last tragen: Das erzeugt Frieden. Die jungen Schwestern sollt Ihr in Zucht halten, denn schlecht erzogene Jugend zerstört geistliches Leben.

Einen gütigen Ernst sollt Ihr zeigen und mehr durch Liebe als durch Furcht gebieten. Was Euch zu schwer ist, sollt Ihr Euren Oberen vorlegen, und wo Ihr nicht beißen könnt, doch wenigstens bellen. Könnt Ihr geistliche Zucht nicht in allem erreichen, so sorgt dafür, daß sie nicht nachlasse oder ein schwerer Verstoß unter Euch vorkomme. Will man ein zerrissenes Kleid nicht ausbessern, so ist es bald ganz dahin. Verschwindet geistlicher Sinn, so steht es bald

21 Der Brief ist an eine Klostervorsteherin gerichtet.

auch mit leiblichen Dingen schlecht. Wer geringe Fehler nicht achtet, fällt in umso größere.[22]

Ihr sollt Euren Untergebenen ein gutes Beispiel geben und sie mehr durch Tat als durch Worte lehren. Macht Euch, denn das muß sein, auf eines gefaßt: Bemüht Ihr Euch, in allem das Beste zu tun, so wird man das als das Böseste, was Ihr könnt, auffassen. Und von solchen, denen gegenüber Ihr am meisten um gutes Verhalten bemüht seid, wird Euch mit schlechtem heimgezahlt. Niemand kann allen gleichermaßen gefallen; wollt Ihr es aber doch tun, so verfehlt Ihr Gottes und der Wahrheit Willen. Böser Leute Schelten ist guter Leute Lob.

Achtet darauf, immer verwegene Verbundenheit und äußere, Schaden bringende Liebschaft kraftvoll zu zerreißen. Tut das Eure, so seid Ihr frei von Schuld. Wehe dem Kloster, in dem diese beiden Untugenden sich einnisten! Denn solch ein Konvent büßt den Frieden und zuletzt die Ehre ein. Ihr sagt: Greife ich da ein, so ist Unfriede mein Teil. Ich aber sage Euch: Selig der Unfriede, denn er führt zum ewigen Frieden. Weh denen, die Schlimmes zulassen und dadurch ihres Herzens Frieden zu erlangen trachten! Von ihnen sagt Jeremia: «Friede, Friede und doch keiner!», das bedeutet: Sie sagen Friede, Friede, und es ist doch keiner! Solche Leute suchen ihre Bequemlichkeit, lieben vergängliche Ehre und erkaufen sie mit dem Verluste aller geistlichen. Weh denen! Sie haben auf Erden ihren Lohn bereits empfangen. Aber Ihr, meine Tochter, sollt nicht *so* handeln. Suchet Gottes Lob und Ehre, so wie der liebe Christus die seines Vaters suchte und sich darum ans Kreuz schlagen ließ. Ihr klagt zu sehr – und doch rinnt Euch nicht das Blut aus den empfangenen Wunden übers Gesicht herab, wie es den Blutzeugen geschah. Früher nahm man die Tatkräftigsten zu solchen Ämtern und nicht die, welche das Ihre suchen.

Ihr wünschtet Euch die Ruhe zu Betrachtung und Beschauung. Sankt Gregor sagt, daß die vollkommene Leitung eines Konventes nach außen wie innen genugtun solle dem Stande der Dinge. Da Ihr aber zu diesem Punkte leider noch nicht gelangt seid,[23] so bedenkt

22 Koh 19,1.

23 Das heißt sowohl Zeit für die Leitung des Konventes als auch für das innere Gebet zu finden …

Eure Schwäche und hütet Euch vor Hoffart. Denkt daran, wer Ihr seid und wie bald Ihr nicht mehr da seid. Glaubt Ihr jemanden tadeln zu sollen, so beginnt damit bei Euch.

Ihr sollt Euch bemühen, Böses durch Gutes zu überwinden. Ein Teufel treibt einen anderen nicht aus. Harte und weiche Worte sollen bei Euch aus einem freundlichen Herzen kommen, so wie die Umstände beschaffen sind.

Die Förderung des Gottesdienstes sei Euch vor allem anbefohlen. Auch Euch selbst sollt Ihr nicht vergessen, oft im Laufe des Tages Einkehr halten in Euer Inneres und vor allem zweimal, des Abends und des Morgens, Euch selbst suchen, eine Weile die (äußeren) Dinge vergessen, Euch auf zu Gott schwingen, in ihm all Euer Leid und Euer Leiden entgegennehmen, um seinetwillen leiden und mit ihm in entschädigender Weise überwinden.[24] So könnt Ihr in einer kleinen Stunde für den ganzen Tag entschädigt werden.

Vollkommenes Leben bedeutet nicht den Empfang von Tröstung; es bedeutet die Übergabe seines Willens in Gottes Willen, es sei nun bitter oder angenehm, in demütiger Unterordnung unter einen Menschen an Gottes Statt. In diesem Sinn zöge ich Trockenheit einer Annehmlichkeit ohne eine solche Unterordnung vor. Und darin bestärke uns der edle Gehorsam des ewigen Gottessohnes, der in bitterer Trockenheit durchlebt wurde.

Ich sage das nicht, daß Ihr dergleichen nachahmt, wie es ihrer viele tun, sondern daß Ihr Eure Bürde geduldig aufnehmt und das Beste tut, was immer Ihr könnt. Wäre es nicht diese Bürde, es wäre Euch vielleicht eine andere, schwerere auf die Schultern gelegt. Der Herr, an den Ihr da denkt und der Euch dieses Amt ohne Euer Zutun gegeben hat, wird auch für Euch bei dessen Wahrnehmung für Euer Bestes sorgen, nach seinem Lobe und zu Eurer ewigen Seligkeit.

24 Diese Stelle bedarf zum Verständnis der Heranziehung des ungekürzten Briefbuches. Dort heißt es: «Ach, mein Herr, entschädige mich in dir wegen alles Leides.»

8 *Wie sich ein gottseliger Mensch beim Erleben göttlicher Wonne verhalten soll*

An Elsbeth Stagel

«Meldet dem Geliebten,
daß ich krank bin vor Liebe»
Hld 5,8

Säße ein Mensch vor einer Weinschenke und hätte seinen Durst nach Herzenslust gestillt und ein anderer stünde auf dürrer Heide vor einem rauhen Wacholderstrauch und pflückte durstig die Beeren ab, einen Heiltrank zu gewinnen für brustkranke Menschen, und jener fragte den mit dem trockenen Munde, wie er zu dem schönen Saitenspiel tanzen solle, das zum Weine ertönt, er erhielte eine unwirsche Antwort: «Du bist wohl betrunken; du meinst, allen müsse so zumute sein wie dir; mir steht der Sinn nach anderem; wir haben nichts miteinander gemein. Wer wohlgenährt ist, hat gut fröhlich sein.»

Meine Tochter, dies kann ich so recht zu der Nachricht sagen, die du mir gesandt hast. Du schreibst, in deinem Herzen sei ein sehnendes Feuer entfacht von rechter, heißer, begehrender Liebe zu der liebenswerten ewigen Weisheit; du erzähltest von dem neuen Licht und den (dir bis jetzt) unbekannten wunderbaren Vorgängen, die jene Flamme in dir gewirkt; du berichtest, wie dein Herz ein süßes Weh empfunden habe, ein liebliches Vergehen, ein überschwengliches Empfinden, das du nicht beschreiben kannst. Und nun wünschest du, von mir zu wissen, wie du dich hierbei gegenüber der ewigen Weisheit so liebevoll wie nur möglich verhalten und wie du dich zu dem Wunderbaren (in dir) stellen sollst.

Meine Tochter, eine gewaltige Freude durchströmt mein Herz, daß sich der liebenswerte Gott so liebevoll erzeigt und dir und einigen anderen zu empfinden gibt, was ich so oft sage, daß er so ganz und gar voll Liebe ist. Und empfänden das alle Herzen ebenso, so wollt' ich für mein Teil ganz durstig bleiben. Gar sehr wundere ich mich, daß du in so wenig Jahren so weit vorangekommen bist. Die Ursache davon ist die entschlossene Hinwendung zu Gott und die vollkommene Abkehr von allen Dingen und der so tiefe Ernst und die körperlichen Schmerzen, dank deren du dein altes Leben ausgelöscht und alle (äußeren) Dinge aus deinem Herzen gerissen hast.

Ein Mensch, der zum erstenmal Wein trinkt, spürt seine Wirkung gar sehr; so, nehme ich an, sei dir durch die gütige Liebe der ewigen Weisheit geschehen, die dich so kraftvoll überwunden hat. Es kann aber auch sein, daß Gott dich anlocken und bald zu dem großen abgründigen Brunnen führen will, aus dem du jetzt ein Tröpflein gekostet hast; vielleicht will er aber auch an dir seine Wunder zeigen nach dem Überfluß seiner Güte. Dabei verhalte dich also so, daß du nach seinem Willen ausschaust, ohne auf dein eigenes Wohlgefallen zu sehen. Du brauchst dich dabei nicht zu fürchten: Es kommt alles von Gott, er lockt dich auf solch liebevolle Weise in deiner Seele, es hat damit seine Richtigkeit, so soll es sein. Doch mußt du auf deine leibliche Kraft achten, daß du darin nicht zu sehr angegriffen werdest. Möglich auch, daß dir ein Teil dieses inneren Erlebens wieder genommen wird und Gott dich auf eine höhere Stufe hebt.

Die schöne Erscheinung, die dir am heiligen Weihnachtstag zuteil ward, die dir zeigte, wie herrlich und liebevoll und freudig die ewige Weisheit mit meiner, des Dieners Seele, vereint war und wie ihm gesagt wurde, er könne wohl ein froher Diener der ewigen Weisheit heißen, die hat mich von Herzen seufzen lassen, denn ich bin nicht Gottes Geliebter. Mich dünkt, ich sei ein Kärrner und fahre (meinen Wagen) aufgeschürzt durch die tiefen Lachen, um die Menschen aus den Pfützen ihres sündigen Lebens zur Schönheit zu führen. Darum sollte mir ein Roggenbrot aus seiner, Gottes, Hand wohl genügen. Und doch muß ich dir eines von dem geliebten Herrn sagen, was er mich, ich weiß nicht wie oft, hat erleben lassen.

Eines hellen Morgens, zu Weihnachten, als man den frohen Gesang vom väterlichen Glanz der ewigen Weisheit zur (zweiten) Messe singen sollte, war dem Diener in seiner Kapelle eine stille Versenkung seiner äußeren Sinne zuteil geworden. Ihm schien es, er werde in ein Chor geführt, in dem gerade die Messe gesungen wurde. Und dort fand sich eine große Schar des himmlischen Heeres, von Gott dorthin gesandt, daß sie eine süße Weise himmlischen Gesanges hören ließen. Das taten sie denn auch und sangen ein neues frohes Lied, das er noch nie gehört hatte und das so lieblich klang, daß er glaubte, seine Seele müsse recht vor Freude zergehen.

Aber besonders das Sanctus ward so herrlich gesungen, daß er begann, mit ihnen zu singen. Als man zu den Worten der Messe kam: «Gepriesen sei, der da kommt im Namen des Herrn», da schwollen ihre Stimmen besonders vernehmlich an, und in diesem Augenblick zeigte der Priester (den Gläubigen) auch den Leib des Herrn. Ihn betrachtete der Diener in demütiger Hingabe an seine leibliche Gegenwart, und ihm war, ein lieblicher, seinem Inneren wahrnehmbarer Glanz dringe irgendwie von ihm aus in seine Seele, unkündbar mit Worten. Und in dem ward ihm Herz und Seele so voll neuer brennender Begier und innerlichen Lichtes, daß es ihm alle Kraft entzog. Es war, er wußte nicht wie, als vereinige sich hier Herz mit Herzen in lauterer, über den Sinnen liegender Weise. Und seine Seele schwand ihm so dahin, daß es sich nicht mit einem leiblichen Vorgang vergleichen ließ. Als er so seine Kraft einbüßte und seine Schwäche sich an ihm kundtat, da lachte der himmlische Jüngling, der, seither von ihm unbemerkt, bei ihm gestanden hatte. Zu ihm sprach der Diener: «Worüber lachst du? Siehst du nicht, daß ich sogleich aus Schwachheit und sehnender Liebe zusammenbrechen werde?» Und bei diesen Worten sank er zu Boden, wie ein Mensch, den die Schwäche überwältigt. Und dabei kam er wieder zu sich und öffnete die Augen: Die waren mit Tränen gefüllt, und lichte Gnade durchströmte seine Seele. Und er ging zum Altar, wo unseres Herrn Leib aufbewahrt ward, und sang für sich das Lied: «Gepriesen sei, der da kommt im Namen des Herrn», und die geistlichen Klänge tönten da in seiner Seele mit.

9 *Wie ein Mensch in Gott die Ruhe seiner Seele gewinnen soll*

Überall habe ich Ruhe gesucht[25]
Sir 24,11

So spricht die ewige Weisheit: «Überall habe ich Ruhe gesucht», und lehrt verirrte Menschen, wie sie in dem furchterregenden Lauf

25 Vgl. über den gleichen Gegenstand die Predigten Eckharts bei Pfeiffer, S. 149ff., 152ff., 324ff., und eine Predigt Taulers, Leipzig, Taulerdruck 1498, Bl. 223ff.

ihres Lebens zu Frieden kommen sollen, soweit nur immer möglich.

Obgleich die Wahrheit, an sich betrachtet, lauter und unvermischt ist, so ist es doch unser natürliches Erbteil von Geburt an, daß wir sie in bildhaftem Gleichnis aufnehmen müssen, bis wir den dahinsinkenden Leib verlassen und das reine Auge unserer geistigen Seele unverhüllt in dem Rund der ewigen Sonne festgehalten wird; bis dahin schleichen wir wie die Blinden umher, tasten um uns und wissen nicht, wo und wie. Besitzen wir aber die Wahrheit irgendwann, so sind wir dessen nicht sicher und verhalten uns wie einer, der ein Ding sucht, das er in der Hand hat. Kein Mensch auf Erden ist von solchem Übel ganz frei, denn wir haben es hier mit einer Nachwirkung der Urschuld zu tun.

So wie ich das verstehe, wäre es für eine gottsuchende Seele gar begehrenswert, zu wissen, was Gott am allerliebsten von ihr wolle, was sie ihm liebenswert und wohlgefällig in seinen Augen mache, auf daß er eine besondere Liebe, Zuneigung zu ihr und vertraute Gemeinschaft mit ihr gewinne; denn ein recht liebevolles Gemüt kommt oft in die Lage, eine klare Unterscheidung hinsichtlich des Willens Gottes bei jedem Vorkommnis zu erlangen, und müßte er dafür den Tod leiden. Solche Begier ließ den treuen Abraham Land und liebe Freunde verlassen: Er wußte nicht, wohin er ziehen sollte, und suchte Gott in der Ferne, um ihn nahe zu finden. Dieses Begehren hat alle auserwählten Menschen gejagt und getrieben von Beginn der Welt bis auf den heutigen Tag und tut es immer noch, denn dies Kampfspiel der Liebe zieht stärker an als ein Magnet das Eisen und hält fester als tausend Seile. Glücklich der, welcher diese Bande findet und sich niemals mehr davon abkehrt!

Dazu fällt mir jetzt ein Wort ein, das ich im Werke des Philosophen las: *las* und damals nicht verstand. Der hohe Lehrmeister sagt: Der alles umfassende König, der einfach Seiende, bewegt alle Dinge und bleibt selbst unbewegt.[26] Er bewegt, wie es ein sehendes, schönes Lieb tun soll: Er läßt das Herz sich eilen, die Begierden sich regen und ist selbst unbeweglich wie ein Zielpunkt, zu dem alle Wesen

26 Hinweis auf die Metaphysik des Aristoteles, wo sich im 7. Kapitel des 12. Buches Seuses Aussage dem Sinn nach findet.

streben und nach dem sie alle begehren. Aber Lauf und Zug dahin sind ungleich: Mit des Himmels Lauf läßt er die Ameise kriechen, den raschen Hirsch laufen, den wilden Falken fliegen. Ihre Art (sich zu bewegen) ist ungleich; und doch haben sei *ein* Ziel: ihrem Wesen gemäß zu dem Ruhepunkt zu gelangen, gezogen von der Liebe des ersten Wesens. Dergleichen finden wir in der großen Unterschiedlichkeit, wie man sie unter Gottesfreunden findet, die doch alle diesem einen Ziel geöffnet sind. Einer nämlich eilt voran mit großer Enthaltsamkeit, ein anderer in lauterer Loslösung vom Irdischen, einem Dritten ist der Flug hoher Beschaulichkeit zuteil geworden, ein jeder, wie er geleitet wurde. Was allen diesen das höchste Ziel sei, steht deutlich in der Schrift; was aber jedem einzelnen Menschen im Besonderen und nur ihm zugehörig sei nach seiner Art, kann man nicht recht sagen: Allerlei prüfen, wie Paulus sagt,[27] das Treffende finden, wie wir bei Sankt Gregor[28] lesen, und göttliche Erleuchtung, wie uns Dionysius[29] lehrt, helfen dem Menschen, Ruhe zu finden. Leibliche Einwirkung hilft etwas, wenn sie nicht übertrieben wird, aber rechte Gelassenheit üben in allem, in allen bekannten und unbekannten Dingen seinen Willen überlassen dem obersten, alle Dinge kennenden Willen, das rettet den Menschen aus allen Stürmen und läßt ihn Frieden finden in allen Dingen, wenn er sie richtig aufzufassen vermag.

Es war einmal ein Mensch, der hatte etwas begonnen, was er zu Gottes Lob beenden wollte; den fragte man, ob er denn wisse, daß sein Tun nach Gottes Wille sei. Er antwortete: «Nein, und ich will es auch gar nicht wissen, das ist mir lieber. Denn wüßte ich es, so könnte das für mein Selbstgefühl zuviel geistlichen Genuß bedeuten, so aber ist es für mich Unterwerfung.»

Ein weiser Mensch soll seine Innerlichkeit den äußeren Dingen nicht opfern; er soll aber auch seine äußere Tätigkeit gegenüber seiner Innerlichkeit nicht verleugnen; er soll in seinem äußeren Tun seinem inneren Verlangen einen Platz geben und in seiner innerlichen Haltung so gelassen sein, daß er seine äußeren Pflichten er-

27 1 Thess 5,21.

28 *Papst Gregor d. Gr.*, Moralia, 6,57, ein Hiob-Kommentar, der im Mittelalter als Moral-Handbuch diente.

29 Mystische Theologie, Kap. 1 (Patrologia Graeca, Bd. 3 u. 4).

füllen kann, so es an der Zeit ist und der Rechtschaffenheit nicht zuwiderläuft. Und so bewegt er sich nach draußen und nach drinnen und findet seine Ruhe in allen Dingen nach der Weisheit der Lehre,[30] von der seine Seele gespeist wird, wie Christus sagt.

Dies schreibe ich Euch darum, damit Ihr, die Ihr Gott fern in die Trübsal gefolgt seid, ihn nahe und ferne finden möget, denn er hat seine Wohnstatt in allen Dingen. Ich weiß von einem Menschen, der ob seines hilflosen Leidens sich einmal vor dem Bilde des gekreuzigten Heilandes niederwarf. Der (aber) antwortete ihm von der Höhe des Kreuzes in seinem Inneren: «Du sollst darum die Liebe (der Menschen) entbehren, damit du mein Lieb werdest, darum Geringschätzung ertragen, daß du mir zur Stimme meines Lobes werdest, den Menschen darum unwert sein, daß dein Leben mir zur Ehrung gereiche.»

10 Von etlichen Dingen, die zur Vollkommenheit gehören

Seid vollkommen!
Mt 5,48

So spricht die ewige Weisheit zu ihren auserwählten Jüngern, die nach vollkommenem Leben trachten: «Seid vollkommen!»

Der herrliche Dionysius sagt in dem Buch von den himmlischen Hierarchien,[31] daß die Engel der unteren Ränge von denen der höheren Ränge geläutert, erleuchtet und vollendet werden: Das geschieht durch den ausstrahlenden Glanz Gottes, der über alle Wesen hinausreichenden Sonne, durch die Mitteilung des hohen Ausflusses in neuer (in den Menschen) hineinleuchtender Wahrheit.

Das Abbild dieses Vorganges finden wir auf Erden bei vielen Menschen. Die Stufe der Reinigung liegt in der Austreibung all dessen, was Geschöpf oder geschöpflich ist in irrender Anhänglichkeit oder ebensolcher Begier und irreführendem Kummer, (kurz) was den Menschen in irgendeiner Weise (auf dem Wege zu Gott) hindern

30 Sir 14,21.
31 De coel. hierarchia 8,1; 7,2.3; 4,3 (Patrologia Graeca, Bd. 3 u. 4).

kann, und wäre das auch der höchste Geist eines der Seraphime oder der heilige Johannes und was es sonst an Geschöpflichem gibt: Von alldem soll der Mensch (auf der Stufe der Reinigung) sich befreien. Und hierbei könnten gute Menschen von den Dingen wohl verwirrt werden, auch wenn es in guter Meinung geschähe; aber gute Meinung genügt nicht in allen Dingen. Durch den gütigen Mose gebot unser Herr vor Zeiten: «Was gerecht und gut ist, sollst du tun, und dabei immer auf das Rechte schauen.»[32] Sonst wird Recht zum Unrecht.

Nach der Reinigung folgt die Stufe des Lichts und der Wahrheit, denn Wahrheit ist Licht, das die Finsternis der Unwissenheit vertreibt. Und dies Licht, das die Seele in Freude erneuert und sie mit göttlichen Formen erfüllt, wird teils mittelbar, teils unmittelbar empfangen. Je mehr dessen dem Menschen hienieden zuteil werden kann, umso mehr fällt alles Irdische von ihm ab, und das unvergängliche Kleid des zukünftigen immerwährenden Lichts wird ihm zuteil, mitsamt dem Überdruß an allen zeitlichen Dingen.

Und hieraus entspringt wahre Vollkommenheit, die auf der Vereinigung der höchsten Seelenkräfte mit dem Ursprunge der Wesenheit in hoher Beschauung beruht, in leidenschaftlichstem Lieben, in lieblichem Verkosten des höchsten Gutes, soweit es die Schwäche des nach unten ziehenden Leibes nur erlaubt. Da aber die Seele durch des beschwerlichen Leibes Schwäche dem lauteren Gut in unbildlicher Weise nicht unvermischt anzuhängen vermag, muß sie etwas Bildhaftes haben, was sie wieder dorthin zurückführt. Und das Beste dazu ist nach meinem Verständnis die liebliche Gestalt Jesu Christi. Denn da hat man Gott *und* Mensch, man besitzt *den,* der alle Heiligen geheiligt hat; dort findet man Leben, da höchsten Lohn und höchsten Vorteil. Und wenn ein Mensch gemäß diesem selben Vorbilde gestaltet wird, wird er dann durch Gottes Geist in des himmlischen Herrn göttliche Herrlichkeit umgestaltet von Klarheit zu Klarheit,[33] aus der Klarheit Christi zarter Menschheit zur Klarheit seiner Gottheit. Je häufiger wir ihn mit sehenden Augen liebend betrachten und unser ganzes Leben nach ihm gestalten,

32 Dtn 16,20.
33 2 Kor 3,8.

um so edler werden wir uns in Ewigkeit seiner wesenhaften Seligkeit erfreuen (dürfen).

11 *Wie ein Mensch Andacht zu dem göttlichen Namen Jesu haben soll*

Wie einen Siegelring lege mich auf dein Herz.

Hld 8,6

Der ewige Gott verlangt von der reinen Seele die Erfüllung *einer* Bitte und sagt: «Lege mich wie ein Liebeszeichen auf dein Herz!»

Ein bewährter Gottesfreund soll jederzeit einen Vorrat guter Bilder oder Sprüche haben, sie in seiner Seele hin und her zu wenden, damit sein Herz zu Gott entzündet werde; denn das ist das Höchste, was wir in dieser Zeitlichkeit haben können, daß wir oft an das göttliche Lieb denken, das Herz in Seelenschmerz vertiefen, oft von ihm sprechen, seine liebevollen Worte in uns aufnehmen, um seinetwillen alle Dinge ihm überlassen und sie tun, ihn allein im Sinne haben. Das Auge soll in Liebe zu ihm aufschauen, das Ohr sich seinem Willen öffnen, Herz, Sinne und Gemüt ihn voll Liebe umfassen. Erzürnten wir ihn, so sollen wir ihn darin ertragen; verbirgt er sich, so sollen wir ihn, den Geliebten, suchen und nicht ablassen, bis wir ihn wieder und wieder finden. Haben wir ihn gefunden, so sollen wir ihn liebevoll und ehrenvoll bei uns behalten. Wir mögen stehen oder gehen, essen oder trinken, stets sei das goldene Kleinod[34] JHS unserem Herzen eingezeichnet. Können wir nicht anders, so sollen wir ihn durch unsere Augen in unsere Seele prägen, seinen zarten Namen im Munde hin und her wenden, er soll wachend in unserem Denken so fest verankert sein, daß wir nachts davon träumen. Sprechen wir mit dem Propheten: Ach, geliebter Gott, ewige Weisheit, wie bist du der Seele, die dich sucht, dich allein begehrt, so gut![35]

Das, seht, ist die beste Übung, die Ihr vornehmen könnt; denn

34 In Seuses Text ist statt des oben gegebenen Wortes «Kleinod» das Wort «fürspan» zu lesen. Dies Wort, auch «fürgespenge», bedeutet ein oft kostbares Schmuckstück, bestehend aus einer bis handtellergroßen Platte und einer beweglichen Nadel, das dazu diente, das Frauengewand vorn am Hals zusammenzuhalten.

35 Klgl 3,25.

die Krone aller frommen Übung ist emsiges Gebet, und alles übrige ist darauf als auf sein Ziel zu richten. Was tun die Bewohner des himmlischen Landes anders als den Geliebten anschauen, lieben und loben? Je liebevoller wir also das göttliche Lieb in unser Herz drücken, je häufiger wir es anblicken, je traulicher wir es in unser Herz einschließen, umso gütiger werden wir hier und in der ewigen Seligkeit von ihm umfangen werden.

Nehmt zum Vorbilde Paulus, den gottliebenden! Wie tief prägte der den liebenswerten Gottesnamen Jesus in den Grund seines Herzens! Als man ihm das Haupt vom Leibe abgeschlagen, sprach dennoch dies Haupt zu dreien Malen den Namen «Jesus» aus. Und als man den heiligen Ignatius,[36] der in seinem großen Leiden den Namen des Heilandes immer wieder aussprach, fragte, warum er das tue, antwortete er, dieser Name sei in sein Herz geschrieben. Als man ihn getötet hatte und sie ihm voll Neugier das Herz aufschnitten, fanden sie darin überall mit goldenen Buchstaben den Namen Jesus geschrieben. Der sei auch von uns allen immer und ewig gelobt: Das wünschen mit mir alle gottliebenden Menschen von Grund ihres Herzens und sprechen frohen Sinnes: Amen, Amen.[37]

36 Gemeint ist der hl. Ignatius von Antiochien, der den Beinamen «Gottesträger» führte. Aus dieser Bezeichnung ist die obige Erzählung entstanden und demgemäß in der Legenda aurea 157, bei Vinzenz v. Beauvais, Spec. hist. X, 57, und Hermann von Fritzlar 78f. niedergelegt. Vgl. *Th. Zahn*, Ignatius v. Antiochien, 1873, S. 72.

37 Die nicht in Seuses «Musterbuch» befindlichen Zusätze zum «Kleinen Briefbuch» sind, da in keiner alten Handschrift enthalten, hier nicht aufgenommen.

Anhang

Nachwort zur Neuausgabe 1986

Gleichsam in grauer Vorzeit hat es begonnen – 1933/34 –, daß sich Dr. Georg Hofmann (1893–1976) zu dem Leben und Denken der Predigerbrüder des heiligen Dominikus hingezogen fühlte. Eine lebendige Verbindung zum Kloster Warburg (Westfalen) legte ein festes Fundament. Während dieser geistigen Entwicklungsphase erschien aus der Feder von G. Hofmann das Büchlein «Sankt Dominikus – Zeugnisse seines Innenlebens»[1]. Die Bindung an den Orden durch den Eintritt in die Gemeinschaft der Tertiaren und der Erhalt des Namens «Bruder Thomas» als Ausdruck der profunden Kenntnisse der Schriften des Aquinaten bildeten zunächst einen Abschluß dieser begonnenen Schaffensperiode.

In der Folgezeit richtete G. Hofmann sein besonderes Augenmerk auf historische Probleme. Seine Arbeiten befaßten sich mit den Dominikanerklöstern in Marburg/Lahn und Frankfurt/Main. Alle von ihm gelesenen und übersetzten Urkunden übergab G. Hofmann bei Beginn einer schweren, lang andauernden Erkrankung dem Dominikanerkloster in Walberberg, das in der Folge den Kontakt zum Kloster in Warburg ablöste.

Die Bindung an den Orden führte ihn aber auch zu Studien der mittelalterlichen Mystik: Meister Eckhart, Johannes Tauler, Heinrich Seuse u. a. Insbesondere galt sein Augenmerk den beiden Letztgenannten. Die gedankliche Auseinandersetzung der Übertragung vom Mittelhochdeutschen in die Sprache unserer Zeit mit der geistlichen Aussage des Predigers Johannes Tauler nahm viele Jahre in Anspruch. 1961 erschien dann im Herder-Verlag die vollständige Ausgabe der Predigten Johannes Taulers.[2]

1 Übersetzt und herausgegeben im Albertus Magnus Verlag, Vechta 1935, in: Dominikanisches Geistesleben. Zur Einführung in die religiöse Ideenwelt des Dominikanerordens, Bd. 10.

2 Zweitauflage mit Vorwort von Alois M. Haas, Einsiedeln/Schweiz (1979).

In der Folge wandte sich G. Hofmann einer weiteren Gestalt aus dem leuchtenden Dreigestirn der deutschen Mystik am mittelalterlichen Himmel zu: Heinrich Seuse. Aus Anlaß des 600. Todesjahres erschienen Seuses «Deutsche mystische Schriften», die seit vielen Jahren in hochdeutscher Sprache nicht mehr greifbar waren, in Hofmanns fachmännischer Übertragung aus dem Mittelhochdeutschen im Patmos Verlag.[3]

Wie Georg Hofmann als Herausgeber und Übersetzer Heinrich Seuse sah, kann ein ausführliches Zitat aus seinem Nachwort von 1966 verdeutlichen:

«Unter den Schriften Heinrich Seuses ist seine Lebensbeschreibung zweifellos sein Hauptwerk. Sie ist keine Selbstbiographie im heutigen Sinne. Sie schildert nicht die innere Entwicklung eines nach Vereinigung mit Gott drängenden Menschen in zeitlicher Abfolge. Wir haben es weit eher mit einem Lehr- und Erbauungsbuch für auf dem Weg zur Höhe sich mühende Männer und Frauen zu tun. Wie in seinen Briefen, ja, wie im Grunde in all seinen Schriften spricht auch hier aus Seuse der Lehrer, der Seelsorger, der den Lesern und besonders den Leserinnen seiner Werke in ihren geistlichen Mühen helfen, sie aufrichten und trösten will.

So darf man nicht erwarten, daß uns durch die Lektüre dieser Vita ein scharfes Bild des Mystikers Heinrich Seuse vermittelt werde, der mit dem tiefgründigen Weisheitslehrer Meister Eckhart und dem willenskräftigen Prediger Johannes Tauler zu den größten Mystikern des deutschen Hochmittelalters zählt. Aber gerade in seinem Verhältnis zu dem, was mit dem Wort ‹Mystik› bezeichnet wird, drückt sich das Besondere von Seuses Persönlichkeit, das ihn von seinen Zeitgenossen deutscher Mystik abhebt, sehr deutlich aus. Bestimmt man ‹Mystik› als das unmittelbare Wahrnehmen göttlichen Geist- und Gnadenwirkens in der Seele, d. h. also als das unmittelbar erfahrene Erlebnis der Gemeinschaft eines Geschöpfes mit Gott, und hält man ferner mit dem heiligen Johannes vom Kreuz die ‹eingegossene Beschauung› für das entscheidende Kennzeichen des erlebnismäßig mit Gott vereinten Menschen, so kann man nicht um-

3 1969 folgte eine Zusammenstellung von Seuses Werken in deutschsprachigen Handschriften des späten Mittelalters in: Fuldaer Geschichtsblätter, Nr. 4–6.

hin, in diesem strengeren Sinn Heinrich Seuse als den einzigen ‹wirklichen› Mystiker jener genannten Dreiheit zu bezeichnen und hierin seine Eigentümlichkeit und seine besondere Begnadung gegenüber den beiden großen Zeitgenossen zu sehen. Nimmt man dagegen ‹Mystik› in dem weiteren Sinne einer spekulativ ergründenden und lehrhaft darstellenden Bemühung um die Erkenntnis Gottes und der Seele, die in Predigt oder Traktat dargetan wird, so tritt die Bedeutung M. Eckharts wie Taulers besonders hervor, wenn sie sich auch auf dem Gebiet der lehrenden Seelsorge mit Seuse treffen. Die Gemütstiefe Seuses, seine Aufgeschlossenheit für alles Geschehen in der Natur und Übernatur machen ihn zu einem besonders geeigneten Partner für die Zwiesprache mit Gott, der ewigen Weisheit, und prägen seine Verehrung der Gottesmutter und des ganzen himmlischen Hofstaates. Sein empfindsames Wesen verarbeitet Farbe, Klang, Bewegung zeitgenössischen Rittertums in sein Weltbild, alles vergeistigend und vergeistlichend, so daß seine Darstellung farbiger, freudiger, lebensvoller erscheint als zumeist bei den großen Ordensgenossen seiner Zeit. Seuses Innerlichkeit wird weit mehr als bei den beiden anderen großen Mystikern seiner Zeit vom Gefühl, vor allem von dem der Liebe zu allem Geschaffenen, bestimmt. Das läßt ihn Töne der Gott- und Weltinnigkeit finden, die man bei jenen kaum gewahrt... Sein Beten, seine Buße, seine Betrachtung, seine Seelsorge nehmen den Weg von Christus, dem Gekreuzigten, dem leidenden Menschen, zu Christus, der ewigen Weisheit, zu der ihn ein bräutlicher Drang hinzieht. Andererseits gewinnt er aus dem ‹Altväterbuch› der Einsiedler der ägyptischen Wüste Vorbild und Maßstab für sein Leben der Buße und körperlichen Abtötung. Der Erlebnisweg Seuses führt zurück zu Bernhard von Clairvaux, dem burgundischen Mystiker des 12. Jahrhunderts. Man greife zu Bernhards Predigten über das Hohelied, man bedenke seine Marienverehrung, und man wird den Einfluß auf Seuse nicht verkennen. Zeuge hierfür ist vor allem Seuses ‹Büchlein der ewigen Weisheit›. Eine Berührung mit Bernhard kann man auch darin sehen, daß die weniger gelehrte als tätig führende Art des Burgunders sich in Seuses Art der Seelenführung wiederfindet... Freilich schiebt sich der Franziskaner Bonaventura als Vermittler mystischen Erlebens zwischen den Mann des 12. Jahrhunderts und den des ausgehenden Mittelalters. Die starke Anlehnung an Gedankengänge des hl. Bernhard in der Form, wie sie Seuse durch den großen Kirchenlehrer des Franziskanerordens weitergegeben wurden und nachhaltig auf sein mystisches Leben und seine Lehre wirkten, hat wohl auch dazu geführt, daß Seuse, im Unterschied zur Dominikanertheologie und Dominikanermystik seiner Zeit, zu einem Vertreter der Kreuzes- und Logosmystik wie der Brautmystik geworden ist, wie sie im Franziskanerorden heimisch war... Es erhebt sich nun doch die Frage, ob der vor sechshundert Jahren verstorbene Mönch uns Menschen von heute in einer in vielem so ganz anders gewordenen Welt noch etwas zu sagen habe und was dies allenfalls sein könne. Heinrich Seuse hat auf dem Weg der Gottessuche seinem Eigenwillen und Eigenwesen in seinem Beten und Büßen einen weiten Platz eingeräumt. Er hat dabei erfahren müssen, daß er nur unvollkommen lernen konnte, was Gott allein ihn in vollkommener Weise lehrte: die leidende Menschheit des Gottessohnes und den Glanz der ewigen Weisheit. Nicht eigener Wahl in der Lebenshaltung des Christen, in seiner Ehrung Gottes, seinem Beten und Büßen, seinem Tätigsein und Erleiden kann, und das galt zu Seuses Zeiten, wie es zu der unseren gilt, der erste Platz eingeräumt werden. Es ist vielmehr das ‹wehtuende Untergehen›, also die demütige Ergebung in das, was Gott an Leid und Leiden uns zumißt, die wir auch ‹wölfischen Menschen› gegenüber bewahren müssen. Daß Seuse diese Ergebung in schwerem innerem Kampf errungen, daß er das Errungene tapfer bewahrt, läßt ihn auch noch heute zum Vorbild unseres eigenen christlichen Lebens werden.

Damit solcher Gewinn auch dem Leser der vorstehenden Übertragung zuteil werde, wurde bei der Arbeit an ihr die heutige deutsche Sprachform gewählt. Dem wissenschaftlichen Forscher wird sie nicht die Arbeit am Urtext ersetzen können oder wollen. Daß aber dem Leser, dem Seuses Wesen und Worte zu Herzen sprechen, das Aufnehmen nicht durch veraltete Worte und Wendungen erschwert werde, erschien mir eine Forderung der Billigkeit. In solchem Sinne sei die vorstehende Arbeit als Versuch betrachtet, uns eine große Gestalt der deutschen Mystik lebendig vors Auge zu stellen.»

Im Laufe der letzten zwanzig Jahre stieg, nachdem auch diese

Ausgabe längere Zeit vergriffen war, das Interesse an diesem Buch, so daß sich der Verlag zu meiner großen Freude zu einer zweiten Auflage entschloß. Sie liegt nun in Form eines Nachdrucks vor, der den Text von 1966 ohne Veränderungen oder Berichtigungen beließ.

Diese Neuausgabe scheint mir umso begrüßenswerter, als ich als Priester und Religionslehrer immer feststellen darf, daß inmitten aller religiösen Unklarheiten und mannigfachen Ernüchterungen einer technisierten Welt gerade junge Menschen heute bei ihrer Gottsuche und dem Verlangen nach Geborgenheit gern ihre Zuflucht zu den Mystikern vergangener Zeiten nehmen und dabei nicht zuletzt zu Seuse mit seiner ihm eigenen Mystik der Innigkeit, die das Herz mit Glück, Wärme und Freude erfüllt.

Eine Neuauflage ist immer mit einem Risiko verbunden, deshalb danke ich – zugleich im Namen meines Bruders – dem Verlag für den Mut dazu. Weiter danke ich P. Emmanuel Jungclaussen OSB für seine Hinführung zu Seuse in «Leid und Erleuchtung», die dem Leser die Gedankenwelt dieses Mystikers weiter aufschließt. Vor allem danke ich auch im Namen meines Vaters, dem damit Anerkennung entgegengebracht wird für sein im hohen Alter gereiftes Werk. Sein Segen aus der Ewigkeit möge die neue Auflage begleiten und Freude stiften in vielen Herzen.

Künzell-Bachrain, am Fest
des seligen Heinrich Seuse,
23. Januar 1986 Walter Hofmann

Leid und Erleuchtung

Eine Hinführung zu Heinrich Seuse
von Emmanuel Jungclaussen

Von meiner eigenen Lebensbegegnung mit Heinrich Seuse habe ich an anderer Stelle in sehr persönlicher Weise Zeugnis zu geben versucht.[1] Aber auch diese Hinführung kann das Persönliche, das Subjektive nicht ausklammern. Eine Hinführung zu Heinrich Seuse kann ja nur der Versuch sein, dessen eigentliches Anliegen auch für uns Heutige deutlich zu machen: nämlich, daß wir uns in ganz persönlicher Weise seine geistliche Führung angedeihen lassen! Seuses Anliegen ist also ein durch und durch seelsorgliches. Die in diesem Band gesammelten deutschen mystischen Schriften bilden das von ihm selbst noch zusammengestellte und möglicherweise auch selbst eingeleitete «Musterbuch», das sogenannte «Exemplar». Das Vorwort (S. 31 ff.) bringt das seelsorgliche Anliegen klar zur Sprache. Es geht Seuse um die persönliche Führung einzelner und damit um die Verwirklichung geistlicher Vaterschaft, und zwar auf dem Wege zur mystischen Erfahrung – der Erleuchtung, wie wir es hier in einem noch näher zu umschreibenden Sinne nennen möchten. In der Art und Weise, wie die vier Teile des «Musterbuches» als Führung zur Erleuchtung einander ergänzen, bilden sie eine Einheit, die es uns erlaubt, von den übrigen Schriften Seuses weithin abzusehen bzw. diese nur fallweise heranzuziehen. Gemeint sind das sogenannte «Große Briefbuch», die beiden sicherlich echten Predigten und das umfangreiche, lateinisch verfaßte «Horologium Sapientiae», eine erweiterte und systematisierte Fassung des «Büchleins der ewigen Weisheit». Allerdings läßt gerade das «Horologium» Seuses Ver-

1 In: Gottes Freunde – unsere Freunde (Herder-Bücherei Bd. 1250), Freiburg 1986, S. 121–129.

wurzelung in der geistlichen und liturgischen Überlieferung der Kirche deutlicher als seine deutschen Schriften erkennen und bringt auch sonst für manche in den deutschen Schriften offene Frage Klärung.[2]

Um uns der geistlichen Führung Seuses zu öffnen, das heißt, um Seuse wirklich zu begegnen, bedarf es folgender Grundeinsichten: Eine nur verobjektivierende, distanzierte Betrachtungsweise, die z.B. nur den «wahren» Verlauf seines Lebens kennenlernen möchte, die über die Authentizität bzw. Entstehungsgeschichte seines Wirkens völlige Sicherheit gewinnen will und endlich seiner geistlichen (mystischen) Lehre intellektuell habhaft zu werden gedenkt, wird wohl eine Fülle von Teilaspekten gewinnen, verbunden aber mit ebenso vielen Fragen, die einfach offen bleiben müssen. Dem «wirklichen» Seuse wird eine solche Betrachtungsweise nicht begegnen. Nämlich dem, der seelsorgerlich wirksam werden will als Gestalt – in einem mehrfachen Rollenspiel –, in seiner dichterischen Sprache, ja sogar noch in vielfältiger künstlerischer Bildaussage, von der hier leider nur jene des Schutzumschlages zugänglich ist (vgl. S. 33, Anm. 40). Dieser «wirkende» Seuse wird sich historisch-kritisch nie völlig eindeutig bestimmen und ausgrenzen lassen aus dem Strom der geistlichen Überlieferung, in der er steht. Damit ist nicht nur seine Eigenart innerhalb der deutschen Mystik, das heißt seine Stellung gegenüber Meister Eckhart und Johannes Tauler, gemeint, obwohl hier die Konturen deutlich genug sind, sondern mehr noch die Art und Weise der Überlieferung, das heißt die Weitergabe seines Werkes. Hier ist vor allem an die Redaktionsgeschichte seines «Lebens» gedacht. Es ist äußerst schwierig, den Anteil Elsbeth Stagels, seiner geistlichen Tochter im Kloster Töß bei Winterthur, oder gar die von einigen vermutete Arbeit späterer Hände genauer bestimmen zu wollen. Entscheidend ist, daß von Seuses Wesen und Wort angerührte «Gottesfreunde» uns diesen Seuse als geistlichen Vater kraft seines geschriebenen Wortes zugänglich machen wollen. Es geht also nicht in erster Linie um den «historischen» Seuse, sondern um den «literarischen» Seuse, eine Unterscheidung, auf die

2 Erste kritische und hervorragend kommentierte Ausgabe von *Pius Künzle* OP, Heinrich Seuses «Horologium Sapientiae», Freiburg (Schweiz) 1977.

schon Gerhard Tersteegen (1697–1769) in seinen «auserlesenen Lebensbeschreibungen heiliger Seelen» anspielt:

«Zu Ulm ist der liebenswerte Seuse begraben. Wie nun im vorigen Kriege die Franzosen daselbst Meister waren, haben sie Fleiß angewandt, seinen Reliquien nachzugraben. Allein, solche Mühe war vergeblich. Doch hier sind sie gefunden, tritt nur näher herzu, andächtiger Leser, betrachte, berühre und ehre ohne Scheu diese wahren, heiligen Reliquien des Susonis, die ich dir nicht aus dem toten Moder des Grabes, sondern aus seinen edlen Schriften, die voll Kraft und Leben sind, hergeholet habe. Wer dieselbe an den Hals hänget, und aufs Herze leget, dem geben sie langes Leben, gute Tage, Frieden, Gnaden, Treue und Klugheit, die Gott und guten Menschen gefallet. Sie haben sodann die Kraft, alles falsche Leben in dir zu töten und dir das Leben in deinem ewigen Ursprung wieder anzuweisen, wodurch du von allem Jammer zeitlich und ewig befreit wirst. Das gebe uns allen dieses ewig liebende Gut zu erfahren!»[3]

Dennoch soll zunächst versucht werden, «seinen Reliquien nachzugraben», das heißt seiner Lebensgeschichte nachzugehen, soweit sie historisch greifbar ist. (Dabei stütze ich mich weithin auf Ausführungen von Louis Cognet, zum Teil bis in Formulierungen hinein, ohne dies im einzelnen jeweils anzumerken.[4])

Heinrich Seuse war, wie er selbst sagt (S. 37), Schwabe. Bezüglich seines Geburtsortes gibt es zwei Überlieferungen. Die ältere nennt Konstanz, eine jüngere Überlingen, wo die Familie seiner Mutter herstammt und wo man heute noch sein angebliches Geburtshaus zeigt. Als seinen Geburtstag nennt Seuse selbst (S. 73) das Fest des heiligen Benedikt (21. März) (S. 54) – aller Wahrscheinlichkeit nach im Jahre 1295. Der Name Seuse (auch Sus oder Süss) war der des Geschlechtes seiner Mutter, den er später angenommen haben soll. Sein Vater entstammte der Familie derer von Berg aus Weinfelden, Kanton Thurgau, die – wie so manche Landedelleute – in der Stadt (in diesem Falle Konstanz) ansässig wurde. Über die Gegensätzlichkeit beider Elternteile berichtet Seuse selbst (S. 53 u. 163 f.). Er

3 *Gerhard Tersteegen,* Auserlesene Lebensbeschreibungen heiliger Seelen, 3. Bd., Neudruck, Uitikon-Waldegg 1984, S. 72.

4 *Louis Cognet,* Gottes Geburt in der Seele, Freiburg 1980, S. 130–143.

berichtet auch von seiner Schwester (S. 96ff.). Gerade dieser Bericht läßt uns etwas vom Spannungsreichtum der Familie «von Berg» bzw. «Seuse» erahnen. Seuse spricht selbst noch an anderer Stelle von der Krankheit seiner frühen Jahre (S. 84). Mehr wissen wir nicht von Familie und Kindheit.

Mit 13 Jahren wird Seuse zu den Dominikanern in Konstanz gebracht, was eine Ausnahmebewilligung voraussetzte, da man an und für sich frühestens mit 15 Jahren eintreten durfte. Bei seinem Eintritt machten die Eltern dem Kloster eine größere Spende. Dies verursachte Seuse später Gewissensskrupel, ob nicht sein Eintritt ins Klosterleben von Simonie befleckt gewesen sei. Während seines Aufenthaltes in Köln vertraute er sich Meister Eckhart an, der ihn in diesem Punkt völlig beruhigte (S. 90). Während seiner ersten Klosterjahre hat Seuse wohl vor allem Latein gelernt, dessen meisterliche Beherrschung sein «Horologium Sapientiae» bezeugt. Später kamen die eigentlichen philosophischen und theologischen Studien hinzu, vielleicht zum Teil in Straßburg. Sicher ist, daß in diese Zeit seiner Studien die entscheidende Wende seines inneren Lebens fällt, von der noch die Rede sein wird. Er stand damals im 18. Lebensjahr, wie er selbst sagt (S. 38). Etwa um das Jahr 1325, vielleicht aber auch früher (1322/24) brach Seuse zur Vollendung seiner Studien nach Köln auf, wo er zu Füßen Meister Eckharts saß, der ihm auch persönlich Seelsorger war, wie wir schon sahen. Abgesehen von gelegentlichen Anspielungen in seinem «Leben» (vor allem S. 51ff.), gibt vor allem Seuses «Büchlein der Wahrheit» Zeugnis für seine Schülerschaft bei Meister Eckhart. Im übrigen scheint er am eigentlichen Studium mit seinen Disputationen kein übermäßiges Gefallen gefunden zu haben, wie einige satirische Andeutungen im «Horologium Sapientiae» erkennen lassen. Während seines Aufenthaltes in Köln erfuhr Seuse, daß seine Mutter an einem Karfreitag eines seligen Todes gestorben sei (S. 164). Die Rückkehr ins Konstanzer Inselkloster erfolgte spätestens um 1327. Er übte dort das Amt eines Lektors aus (Voraussetzung für das Amt des Priors, das er später innehatte). In diese Zeit, aber mehr wohl noch in die vorausgegangenen Studienjahre, fallen jene überstrengen asketischen Übungen, von denen uns die Kapitel 15–18 seines Lebens berichten und die ihn an den Rand seiner körperlichen Kräfte brachten.

Jetzt wartete anderes Leid auf ihn, das sich ihm in der berühmten Fußtuch-Szene ankündigte (S. 86ff.), die noch drei Jahrhunderte später eine Jeanne-Marie Guyon (1648–1717) so bewegen sollte. Wohl im Jahre 1330 wurde er auf dem Generalkapitel zu Maastricht wegen Häresieverdacht zur Rechenschaft gezogen, und zwar aufgrund seiner Beziehung zu Meister Eckhart und der Verteidigung von dessen Anschauungen im «Büchlein der Wahrheit» (S. 94f.). Wahrscheinlich war die Folge davon, daß er um 1330 seine Lektorentätigkeit im Konstanzer Inselkloster aufgab, um sich dem Apostolat unter dem Volk und der Seelenführung zu widmen, vor allem in Dominikanerinnenklöstern. Sicher ist, daß Seuse von diesem Zeitpunkt an einen Großteil seines Lebens auf Reisen zubrachte, daß er ein geschätzter Prediger und Seelenführer war und daß seine apostolischen Erfolge oft durch mehr oder weniger dramatische Ereignisse und durch Verfolgungen erkauft waren. Genaue Einzelheiten und chronologische Angaben fehlen uns gänzlich. Wir wissen bloß, daß er in reger Verbindung mit den Dominikanerinnen in Töß stand, daß er dort insbesondere der Seelenführer Elsbeth Stagels war und an sie und ihre Mitschwestern zahlreiche Briefe richtete, von denen einige auf uns gekommen sind. Gewiß ist, daß Seuse eng mit dem Milieu der «Gottesfreunde» verbunden war und von ihnen sehr verehrt wurde.

Wer waren diese Gottesfreunde? Zunächst ist es die Bezeichnung für die Vertreter einer religiös-mystischen Richtung, die besonders im 14. Jahrhundert in Deutschland bei Ordens- und Weltleuten weit verbreitet war und von Männern wie Eckhart, Tauler, Seuse und anderen, namentlich am Oberrhein, in den Frauenklöstern vom Elsaß bis zur Schweiz und nach Franken, aber auch am Niederrhein (Köln und Niederlande), durch Predigt, Briefe und Traktate (meist in deutscher Sprache) gefördert wurde. Diese kirchlich gesinnten Gottesfreunde, Vertreter eines echten, innerlichen Christentums, standen – auch ohne eigentlichen Bund – in regem, wenn auch verborgenem Austausch miteinander. Sie sind zu trennen von den nicht selten sich ebenfalls «Gottesfreunde» nennenden häretischen Gruppen der Begharden, der «Brüder vom freien Geist» und ähnlichen Gruppen, welche die Emanzipation von der Kirche, ihren Sakramenten und von den Geboten predigten. Auf sie bezieht sich

Seuse mehrfach in seinem «Musterbuch», vor allem im «Büchlein der Wahrheit». Er selbst gerät einmal in den Verdacht, die Tochter eines Burgherrn dieser Bewegung zugeführt zu haben (S. 108).

Aber auch in kirchenpolitische Wirren wird Seuse mit hineingezogen, und zwar aufgrund des lang andauernden Konfliktes Kaiser Ludwigs des Bayern mit Papst Johannes XXII. und seit 1334 mit dessen Nachfolger, Benedikt XII. Zu Konstanz nahm die Mehrheit der Einwohner für den Kaiser Partei, und 1333 schloß sich selbst der Bischof dem Kaiser an. Infolgedessen stand die Stadt unter dem päpstlichen Interdikt, das den öffentlichen Gottesdienst und die Spendung der Sakramente untersagte. Wie es scheint, hatten die Dominikaner zumeist für den Papst Partei ergriffen, doch Ende 1338 schrieb ein Erlaß der Stadtbehörden dem Welt- und Ordensklerus vor, das Interdikt überhaupt nicht zu beachten, sonst müßten sie die Stadt am Oktavtag von Epiphanie, am 13. Januar 1339, verlassen. Nur vier Dominikaner gehorchten und nahmen die öffentliche Feier der Gottesdienste im Inselkloster wieder auf; die anderen zogen es vor wegzuziehen. Seuse gehörte zu diesen und kam der angesetzten Frist sogar zuvor; als der Weltpriester Heinrich von Nördlingen († nach 1379), ein Freund Taulers und Seuses und unermüdlicher Führer und Berater der Gottesfreunde, am 21. Dezember 1338 in Konstanz eintraf, war Seuse nicht mehr dort. Die verbannten Ordensleute hatten nicht weit von Konstanz Asyl genommen, doch außerhalb des vom Interdikt betroffenen Territoriums, zum Teil im Schottenkonvent, zum Teil im Kloster Dießenhofen. Man weiß nicht, welcher der beiden Gemeinschaften Seuse sich anschloß. Die Zeiten waren schwierig. Von 1338 an herrschte in der Region Lebensmittelknappheit, und im Laufe des Winters 1343/44 suchte eine richtige Hungersnot Süddeutschland heim. Zu diesem Zeitpunkt war Seuse von der Gemeinschaft, in der er sich befand, zum Prior gewählt worden (nach P. Künzle schon 1334) und mußte mit einer sehr schwierigen Situation fertig werden. Erst Ende 1346 konnten die Dominikaner des Schottenkonvents wieder nach Konstanz zurückkehren, die von Dießenhofen kamen erst Anfang 1349 zurück. Man kann sich heute nur schwer vorstellen, welche Erschütterung bis tief ins allgemeine Glaubensbewußtsein hinein dieser kirchenpolitische Konflikt mit sich brachte. Vergessen wir nicht, es ist die Zeit der «Babylonischen Gefangenschaft» der Päpste in Avignon (1309–1377), die dem Ansehen des Papsttums und der kirchlichen Autorität insgesamt großen Schaden zufügte.

Soweit bekannt, hat Seuse in kirchenpolitischen Konflikten sonst nie weiter Stellung bezogen. Wohl wissen wir um seine behutsame Verteidigung Meister Eckharts, der vermutlich im Frühjahr 1328 im Zusammenhang mit dem gegen ihn geführten Prozeß in Avignon gestorben war. (Am 27.3.1329 verurteilte dann der damals 84jährige Johannes XXII. 28 Sätze aus Meister Eckharts Schriften.) Im übrigen hat Seuse durch seine Predigttätigkeit und vor allem durch die Einzelseelsorge versucht, dem allgemeinen religiösen und sittlichen Verfall seiner Zeit zu steuern, wofür er mancherlei Ungemach auf sich nahm. Obwohl er die Zurückgezogenheit des Klosters über alles liebte, hat er sich dem Anspruch von außen nicht entzogen. Soll man ihn einen unpolitischen Menschen nennen? Konnte er der kirchlichen und politischen Situation seiner Zeit in ihrer vielschichtigen Verflochtenheit besser entsprechen als durch den Ruf zu Innerlichkeit und Christusnachfolge, um dem Einzelnen und kleineren Gruppen ihre ganz persönliche Verantwortung bewußtzumachen? Sein 7. Brief (S. 385 ff.) ist innerhalb des darin abgesteckten Rahmens ein Hinweis – wenn man so will – auf die Zuordnung von Mystik und Politik. Bedenkenswert ist auch sein Satz: «Wem Innerlichkeit auch im Äußeren zuteil wird, dem wird Innerliches im stärkeren Maße zuteil als dem, welchem Innerlichkeit nur im Innerlichen gegeben wird» (S. 186)!

«Diese Innerlichkeit auch im Äußeren», das heißt seine Leidensfähigkeit, sollte bei Seuse auf eine sehr harte Probe gestellt werden. Aufgrund seiner Erfolge in der Seelsorge, auch bei Frauen mit zweifelhaftem Lebenswandel, scheint er im Jahre 1347 die Zielscheibe einer geschickten Verleumdungskampagne gewesen zu sein, bei der eine von seinen Gegnern gedungene Frau Heinrich Seuse als den Vater des Kindes ausgab, das sie geboren hatte. Die ganze Affäre wird in Kapitel 38 des «Lebens» (S. 140 ff.) äußerst dramatisch geschildert. Und es ist mit Seuses Wesen sehr wohl zu vereinbaren, daß er den falschen Verdacht auf sich nahm, um das Leben des Kindes zu retten, das eine andere Frau umbringen wollte. Daß beste Freunde sich von ihm abwandten, stimmt in eigentümlicher Weise

damit überein, daß Anfang 1348 der schon erwähnte Heinrich von Nördlingen an die mystisch begnadete Dominikanerin Margarete Ebner (1291–1351) schrieb: «Mein Herz hält nicht mehr zu dem Sussen, als es ehedem tat. Bete zu Gott für uns beide!»
Gegen Seuse wurde ein Ermittlungsverfahren eingeleitet, und man fragt sich, ob man nicht Seuse mit dem Prior von Konstanz zu identifizieren habe, der 1348 vom Generalkapitel von Lyon abgesetzt worden ist. Leider nennen die offiziellen Akten keine Namen. Erst später kam die Wahrheit an den Tag, und die Unschuld Seuses wurde anerkannt; aber er hatte zu der Zeit Konstanz schon endgültig verlassen. Es ist anzunehmen, daß es diese Verleumdung war, die zum Wechsel des Wohnsitzes führte, und ebenso ist anzunehmen, daß er gleich (1348) nach Ulm gesandt wurde. Jedenfalls stoßen wir bei den Dominikanern dieser Stadt wieder auf seine Spuren. So hat er wohl seinen letzten Lebensabschnitt in Ulm verbracht. Doch wissen wir nichts Näheres. Da er später der «Landprediger von Ulm» genannt wurde, hat er dort augenscheinlich seine Volkspredigten wiederaufgenommen und war wohl auch weiterhin als Seelenführer tätig. Wie uns die erhaltenen Briefe beweisen, blieb er mit Elsbeth Stagel und ihrem Kloster in reger Verbindung. Die Briefe sind zwar nicht datiert, aber mehrere stammen sicherlich aus der Ulmer Zeit. Um 1360 macht er sich daran, die endgültige Sammlung seiner Werke, das «Exemplar», zusammenzustellen. Aus mehreren alten Vermerken wissen wir, daß er am 25. Januar 1366 starb und in der Dominikanerkirche von Ulm in der Nähe eines Altars beigesetzt wurde. Später ging die Kirche in lutherischen Besitz über und wurde im 17. Jahrhundert gänzlich neu aufgebaut. Man hat wiederholt, wie auch der Text von Tersteegen bezeugt, aber auch noch in jüngerer Zeit nach dem Grab Seuses gesucht. Ohne Erfolg. Nachdem ihn das Volk schon lange als Seligen verehrt hatte, bestätigte Papst Gregor XVI. am 16. April 1831 diesen Titel. Sein Gedächtnistag findet sich jetzt im deutschen Meßbuch am 23. Januar.

Nach dem Versuch, den «Reliquien Seuses nachzugraben», um die äußeren Konturen seines Lebens und seiner Zeit deutlich zu machen, gilt es nun, näher herzuzutreten und – um weiterhin mit Gerhard Tersteegen zu sprechen – «die wahren heiligen Reliquien aus seinen edlen Schriften zu betrachten, die die Kraft haben, uns das Leben in unserem ewigen Ursprung wieder anzuweisen, wodurch wir von allem Jammer zeitlich und ewig befreit werden».

Nehmen wir bei dieser Betrachtung unseren Ausgangspunkt vom Umschlagbild: Heinrich Seuse kniet in der Mitte, mit einem Kranz von Rosen auf dem Haupt: Sinnbild der Leiden, mit denen er fortwährend vom Jesuskind aus dem Baum heraus überschüttet wird (vgl. S. 127, ferner S. 87 und 91). Auch der Hund mit dem Fußtuch verweist auf die Leiden Seuses (S. 86ff. und S. 372). Seuse selbst blickt auf zur ewigen Weisheit, so, wie sie ihm im dritten Kapitel seines «Lebens» (S. 41ff.) begegnet. Sie ist der Inbegriff der Erleuchtung, in der sich sein Leben vollenden soll. Der Weg zur weisheitlichen Erleuchtung ist *Jesus,* die menschgewordene *ewige Weisheit.* Das schmerzliche Sichzeichnen mit diesem Namen (IHS), das Seuse im Aufblick zur ewigen Weisheit vollzieht (S. 46), bedeutet den Weg der Umgestaltung in Christus, an dem das Leiden einen wesentlichen Anteil hat. Es bedeutet aber auch das Sich-gebunden-Wissen an die ihm aus der altmonastischen Überlieferung vertraute Übung des Ein-Wort-Gebetes *Jesus,* wie Seuse sie im zehnten und elften Brief anspricht (S. 393ff.).

Wie sehr Seuse mit dieser Überlieferung vertraut ist, beweist unter anderem das 35. Kapitel seines «Lebens» (S. 127). Im «Horologium Sapientiae» tritt diese Tatsache noch viel deutlicher zutage. Im übrigen ist nicht von ungefähr die Zusammenfassung seiner geistigen Unterweisung im 49. Kapitel seines «Lebens» (S. 181ff.) eine Hundertspruchlehre (Centurie) nach Art der östlichen Mönchsväter. Aus dem ostkirchlichen Bereich ist es dann vor allem noch Dionysius Areopagita, jener geheimnisvolle Theologe und Mystiker (etwa um das Jahr 500), der aufgrund einer fälschlichen Identifikation mit dem Dionysius vom Areopag aus der Apostelgeschichte und der damit verbundenen Legitimation seines neuplatonischen Denkens einen unabsehbaren Einfluß auf die gesamte abendländische Mystik gewann (vgl. S. 197, Anm. 88).

Wollen wir in der Unterweisung Seuses über den geistlichen Weg nun die Zuordnung von Leid und Erleuchtung tiefer begreifen, so müssen wir nach dem Ausgangspunkt dieses Weges suchen. Von ihm spricht Seuse im dritten Kapitel seines «Lebens», in dem er auf das «Büchlein der ewigen Weisheit», Kapitel 1 (S. 219ff.) und auf das «Horologium Sapientiae» verweist. Dieses erste Kapitel des «Büchleins der ewigen Weisheit» enthält den Grundentwurf des Seusischen Weges und sollte daher – wie alle Worte Seuses, auf die hier verwiesen wird – sorgsam betrachtet werden. Ein Begriff ist darin von besonderer Wichtigkeit: «Von Gott abgewandte Wege», wörtlich bei Seuse: «Wege der Ungleichheit». Das ist die deutsche Wiedergabe des lateinischen «regio dissimilitudinis», das Seuse aus den «Bekenntnissen» des heiligen Augustinus übernommen hat, auf die in diesem ersten Kapitel noch öfter angespielt wird und die auch sonst das Werk Seuses mitgeprägt haben. Diese «regio dissimilitudinis», wörtlich «Ort der Ungleichheit», bedeutet bei Augustinus – in Anlehnung an Plato (Polit. 273 D6) und Plotin (Ennead. I, 8, 13, 16), bei denen sich dieser Begriff bereits findet – den Zustand der Unwahrheit, das heißt der Uneigentlichkeit und Sünde, in dem die Seele ihre Ebenbildlichkeit verliert und sich von Gott entfernt, das heißt, sich ihm und damit letztlich sich selbst entfremdet. Dieser im Mittelalter weitverbreitete Begriff der «regio dissimilitudinis» wurde von mehreren geistlichen Schriftstellern gern als gleichbedeutend verstanden mit der «regio longinqua», dem «fernen Land» im Gleichnis vom verlorenen Sohn (Lk. 15,13).[5]

Eine solche Ungleichheit und Gottesferne ist leidvoll und schafft immer neue Leiden, wenn man sie auf verkehrten Wegen zu überwinden sucht. Ihre eigentliche Überwindung, nämlich das Ablegen aller Ungleichheit, geschieht im Mitleiden mit dem Gekreuzigten, das schließlich einmündet in die Erfahrung tiefsten Einsseins. Darüber spricht Seuse im 25. Brief seines «Großen Briefbuches»:

«Ach, und das begehrt der klare Widerglanz des ewigen Lichtes, der lautere Spiegel der göttlichen Majestät, eya, und das schöne Bild der göttlichen Güte bei dem jüngsten Nachtmahle, das er mit seinen lieben Jüngern hatte, indem er sprach: ‹Heiliger Vater, ich begehre, daß sie eins mit uns seien, wie ich und du eins und einig sind.› Und welche also eins mit eins in Einigkeit geworden sind, deren Herz

5 Vgl. *M. Schmidt,* Regio dissimilitudinis. Ein Grundbegriff mittelhochdeutscher Prosa im Licht seiner lateinischen Bedeutungsgeschichte, in: Freiburger Zeitschrift für Philosophie und Theologie 15 (1968), S. 63–107.

und Geist wird erneuert mit dem Einfließen seins selben Geistes mit neuer Wahrheit, mit verborgenem Lichte, mit ungewöhnlicher Süßigkeit, mit einem *Ablegen aller Ungleichheit,* mit einem wahren Einblick in die göttliche Klarheit. Alle ihre Sinne kommen in eine so beschaffene beschauliche Versunkenheit und ihr Verstand in ein Schauen der bloßen Wahrheit, daß keine schöne Blume in dieser wonniglichen Zeit sich je so schön natürlich färbt und ziert, als ihr Herz und Gemüt in dem hohen Ursprung alles Guten mit Gnaden und mit Tugenden geziert wird...

Ach, und darum, meine zarten Kinder, so erschwingt euch in die stille, unfaßbare, einsame Gottheit und verheftet euch darin, auf daß euch in der Zeit niemand ergreifen könne, auf daß ihr sprechet mit Sankt Paulus: ‹Ich lebe, nicht mehr ich.› Hierzu hat euch Gott oft durch meine Worte gezogen; ich begehre auch, daß er euch nun davon vollkommen durch meine Werke überweise.

Meine auserwählten Kinder, leidet, leidet und wisset, daß ein schwacher Leib und ein festes Gemüt alle Dinge in Gott zu überwinden vermögen. Beachtet: Wer der schönen Rosen Augenweide heimlich haben und der wonniglichen Frucht des Balsams genießen will, der muß ihre natürliche Art vollends abwarten in Gemach und Ungemach, bis daß der fröhliche Tag kommt, da er sie in leuchtender Wonne fröhlich genießen wird nach seines ganzen Herzens Lust» (Übers. v. N. Heller). Eine Zusammenfassung des bis hierher entworfenen Weges, nämlich die Zuordnung vom Ausfluß und Rückfluß aller Wesen, gibt uns die ewige Weisheit in aller Kürze selbst im gleichen Kapitel (S. 221). Dieser kurze Abschnitt findet seine bildhafte Ausgestaltung im Schlußkapitel von Seuses «Leben» (S. 207ff.). Es wird von ihm ausdrücklich als einprägsame Gesamtschau seines Weges verstanden.

In diesem Kapitel 53 wird allerdings auch klar gesagt, daß eine Ungleichheit stets bleiben wird, nämlich die des vermittelnden Bildes und Wortes gegenüber der erfahrenen mystischen Wirklichkeit (S. 207 und 210). Ähnliches klingt in der Vorrede zum «Büchlein der ewigen Weisheit» an (S. 215). Da aber diese Ungleichheit durch keine noch so abstrakte theologische Sprache überwunden werden kann, sondern letztere eher «totes Pergament» ist (vgl. S. 218), wählt Seuse die dichterische Bild- und Gleichnisrede, zumal in der Unmittelbarkeit des Dialoges – unter anderem auch mit sich selbst.[6]

Die hier angesprochene unaufhebbare Ungleichheit bleibt im übrigen die grundlegende Schwierigkeit für eine letzte Verständigung über die Eigenart des mystischen Weges wie auch über die Divergenz und Konvergenz der mystischen Traditionen, auch der vor- und außerchristlichen. Man vergleiche dazu das 5. Kapitel des Büchleins der Wahrheit, besonders S. 348.

Schon bei unserem Versuch, Seuses «Reliquien nachzugraben», stießen wir immer wieder auf das Leid als eine Art Leitmotiv seines Lebensganges. Dieses Leitmotiv durchzieht nun auch – in beständiger Abwandlung – die Mehrzahl seiner Schriften, vor allem sein «Leben» und das «Büchlein der ewigen Weisheit», wie schon ein bloßer Blick in das Inhaltsverzeichnis uns belehrt (S. 5 ff.). Der Anstoß dazu, seiner geistlichen Tochter Elsbeth Stagel etwas aus seinem Leben zu berichten, war ja deren wiederholte Bitte, «ihr aus seinem eigenen Erleben etwas vom Leiden zu sagen» (S. 37). Dieses eigene Erleben gibt seiner seelsorgerlichen Unterweisung jene persönliche Färbung und Wärme, nach der die geistliche Tochter geradezu verlangt (S. 123/124) und die uns gerade dort so berührt, wo wir Seuses eigenes schweres Ringen um das *Ja* zum Leiden spüren. Hier muß jeder, der mit seiner persönlichen Leidenserfahrung ein Schüler Seuses werden möchte, die entsprechenden Kapitel der genannten Bücher langsam und wiederholt durcharbeiten, damit sich die eigene Erfahrung mit derjenigen Seuses in der Tiefe verbinden kann.

Zu den vielfachen Aspekten des Leidens, die Seuse in den fraglichen Kapiteln entfaltet – sie reichen von äußerer Unbill, innerer Traurigkeit bzw. Schwermut und Glaubenszweifeln bis hin zum stellvertretenden Leiden für alle Kreatur und mit ihr zur Verherrlichung des leidenden Gottessohnes –, muß ein Doppeltes angemerkt werden. Erstens: Kapitel 31. und 32. des «Lebens» bilden eine innere Einheit, die deutlich macht, daß Leid der Durchgang zur österlichen Erfahrung ist. Das darf auf keinen Fall übersehen werden!

6 Vgl. *H. Stirnimann.* Mystik und Metophorik. Zu Seuses Dialog, in der gleichen Zeitschrift (s. Anm. 5), 25. Bd. (1978), S. 233–303.

Als zweites erhebt sich die Frage: Welches ist der Sinn jener Leiden, die sich Seuse durch überstrenge asketische Übungen selbst zugefügt hat und von denen die schon erwähnten Kapitel 15–18 seines «Lebens» berichten? Dazu sind zunächst noch zwei Vorbemerkungen notwendig. Erstens: Das geistliche Leben vieler Heiliger und Seliger weist gerade am Anfang derlei asketische Übungen auf, selbst bei so «sanften» Heiligen wie z.B. Franz von Sales, was oft übersehen wird. Zweitens: Für Seuse sind die harten, ja grausamen asketischen Übungen, das heißt die selbstzugefügten Leiden, eine deutlich begrenzte, wenn auch nicht gerade kurze Phase seines geistlichen Weges. Sie sind zugleich das «Kontrastmittel» zu der im Grunde noch viel härteren «Schule der Gelassenheit» in den durch Gott zugefügten Leiden, die ihm im 19. und 20. Kapitel des «Lebens» angesagt werden (S. 80ff.). Bezüglich der asketischen Übung anderer gibt Seuse strikte Anweisung zum Maßhalten, so etwa Elsbeth Stagel (S. 131 u. 368)! Dennoch bleibt die Frage nach dem Sinn solcher Übungen bestehen, auch um dem Vorwurf eines darin möglicherweise verborgenen Masochismus zu begegnen. Folgende Antwort läßt sich jener Dreischritt aus dem 49. Kapitel des «Lebens» erkennen, der auch sonst in Arbeiten über Seuse häufig zitiert wird: «Ein gelassener Mensch muß dem Geschöpflichen entbildet, in Christus gebildet, in der Gottheit überbildet werden» (S. 186). Die ersten beiden Sätze des 15. Kapitels des «Lebens» (S. 68) zeigen, daß es Seuse um die Herrschaft des Geistes über den Leib geht, das heißt um eine Abkoppelung der Sinne vom Haften am Geschöpflichen («dem Geschaffenen entbildet»), damit jener Weg nach innen frei wird, von dem das 49. Kapitel buchstäblich in 100 Variationen redet. Die Härte der Übung soll die Tiefe der Verhaftung anzeigen, aber möglicherweise auch den Ernst und die Härte gegen sich selbst, die das Meditieren und die Kunst des Sichlassens erfordern, die ja gleichsam die Fortsetzung der asketischen Übung sind.

Kapitel 16 ist vom Vorausgehenden deutlich abgehoben. Die asketische Übung Seuses wird hier zum «Zeichen mitfühlenden Mitleidens des grausamen Erduldens seines gekreuzigten Herrn». Hierin wird das eigene Bemühen sichtbar, «in Christus gebildet» zu werden. Dieses Bemühen erfährt freilich in Kapitel 19 seine Grenze und geht über in ein Geschehenlassen von Gott her. Darin wird dann schließlich auch mehr und mehr erfahren, was es heißt, «in der Gottheit überbildet werden».

Im übrigen geht die asketische Übung bei Seuse Hand in Hand mit einer eigentümlichen Ritualisierung der gesamten Lebensvollzüge, und zwar im Blick auf Christus und auf die christlich-religiöse Vorstellungswelt im allgemeinen. Diese Ritualisierung, z. B. in Kapitel 7 und den folgenden bis Kap. 13 (S. 53 ff.), ferner in Kap. 36 (S. 133 f.), mag uns Heutigen zunächst kindlich-naiv anmuten, ist aber eine anhaltende Hilfe zu meditativer Sammlung, wie wir auch aus anderen religiösen Traditionen wissen. Darüber ließe sich im einzelnen viel sagen – geht es doch um ein Austreiben der Bilder mit Hilfe der Bilder (vgl. S. 207)! Hier sei – abschließend zur Frage der asketischen Übung – noch kurz auf eine wenig beachtete Bemerkung Seuses im 1. Abschnitt von Kapitel 46 verwiesen (S. 173). Die dort genannte «Erhitzung» des Wachses für den Eindruck des Siegels geschieht unter anderem sowohl mittels der in der asketischen Übung gewonnenen und entsprechend gelenkten Energie wie auch durch die in der bildhaften Betrachtung – vor allem des leidenden Herrn – geweckten und in eins gesammelten Gemütsbewegung (Affekte), die geeignet sind, das Wachs der Seele für das In-Christus-gebildet-Werden zu bereiten. Gerade die Gemütsbewegung, die Ausreifung und Läuterung des Affektiven, spielen bei Seuse, zumal im «Büchlein der ewigen Weisheit», eine übertragende Rolle. (Dieser Ausreifung und Läuterung des Affektiven wird vielleicht in manchen heutigen Meditationsschulen nicht genügend Rechnung getragen.) Freilich sind auch die «Gemütsbewegungen» nur eine Durchgangsphase; das eigentliche Ziel wird im zweiten Abschnitt von S. 173 angesprochen, wie auch in den folgenden Kapiteln – vor allem in Kapitel 52 –, nämlich das Einswerden jenseits von Form und Bild. Doch damit sind wir schon unvermerkt bei der Frage nach den Stufen der Erleuchtung angelangt, denen wir uns jetzt im einzelnen zuwenden müssen.

Vielleicht erhebt sich zunächst die grundsätzliche Frage: Was erlaubt uns überhaupt, den Begriff der Erleuchtung neben dem des Leides als zweites Leitmotiv für das Seusische Werk einzuführen? Darauf ist Folgendes zu antworten: Schon das Vorwort zum «Musterbuch» läßt das dreigestufte Areopagitische Grundschema des geistlichen Weges, zu dem der Seelsorger und geistliche Vater Heinrich Seuse uns einlädt, deutlich erkennen (S. 31 u. Anm. 36). Die zweite Stufe wird im zehnten Brief (S. 393), der uns einen Aufriß des gesamten geistlichen Weges bietet, klar als Stufe der Erleuchtung – des «Durchbruchs», wie sie Seuse auch nennt – ausgewiesen, und dies im Zusammenhang des Briefes mit deutlichen Anklängen an das Ganze der Areopagitischen Lichtmystik, die ihrerseits den neuplatonischen Erleuchtungsweg ins Christentum eingebracht hat (vgl. dazu auch das Zitat aus dem 25. Brief). Das mag uns erlauben, dem Leitmotiv «Erleuchtung» in einem Durchblick durch das «Musterbuch» nachzuspüren.

Im ersten Kapitel des «Büchleins der ewigen Weisheit», das wir schon betrachtet haben, spricht der Diener mit der ewigen Weisheit über deren «wundersame Wege» mit ihm (S. 219). Diese sind das Gegenspiel zu den schon erwähnten «Wegen der Ungleichheit». Diese wundersamen Wege der ewigen Weisheit beginnen und enden immer wieder bei der Sehnsucht und dem Verlangen bzw. bei der Stillung und dem Ruhen von Seuses liebereichem, liebebedürftigem Herzen, von dem nicht nur hier (S. 221), sondern auch an anderer Stelle die Rede ist (S. 41, 85). Entsprechend wird wenige Seiten zuvor in der «Vorrede» (S. 218) von liebeleeren und abgestorbenen Herzen gesprochen, die durch das vertrauensvolle Zwiegespräch (wörtlich «Minnekosen») des Dieners (Seuse) mit der ewigen Weisheit «zu heiß verlangender Liebe oder neuem Licht» bewegt werden sollen (S. 218). Die Licht- und damit Erleuchtungssymbolik ist übrigens in dieser Vorrede besonders auffällig: «Als er vom Licht umgeben dastand» (S. 215), «Bereicherung leuchtender (lichter), göttlicher Wahrheit», «Licht der Heiligen Schrift» (S. 216). Sie läßt sich aber im ganzen «Musterbuch» in vielfacher Form nachweisen!

Hier soll nun zunächst die Erleuchtung in ihren wichtigsten Erscheinungsformen kurz aufgezeigt werden: Da steht am Anfang und als Ausgangspunkt des Erleuchtungsweges die «übernatürliche Schau» des zweiten Kapitels seines «Lebens» (S. 40ff.), und zwar als ein Geschehen ohne Worte und ohne nachträgliche Deutung, wenn auch als deutliches Vorspiel zum folgenden Kapitel. Gerade die Wortlosigkeit des Geschehens, verbunden mit der genauen Angabe von Ort und Zeit, spricht für die Ursprünglichkeit und Echtheit dieses Erlebnisses. Sein Gegenstück und damit die geistige Verklammerung der ganzen Vita bilden die Worte Seuses an Elsbeth Stagel am Ende von Kapitel 52: «Und merke noch einen Punkt...» (S. 206). Mit diesen Worten möchte Seuse den Weg in die dem Menschen letztmögliche Erleuchtung und zugleich Entrückung weisen. Bezeichnenderweise aber läßt er dabei Dionysius Areopagita mit dem ersten Kapitel von dessen «Mystischer Theologie» zu Wort kommen, ein wenig verändert und ergänzt, aber doch wissend, daß seine eigenen Worte letztlich nicht mehr ausreichen.

Nicht zufällig erwähnt Seuse unmittelbar zuvor bei seinem Versuch, das Wesen mystischer Erfahrung zu deuten, sein «Büchlein der Wahrheit», das – als behutsame Verteidigung Meister Eckharts – gerade die Eigenart echter mystischer Erfahrung klären will, so wie auch einige Punkte, die den Weg zu solcher Erfahrung betreffen: vor allem die Gelassenheit»! Übrigens beruft sich Seuse auch im «Büchlein der Wahrheit» auf Dionysius Areopagita. In diesem Zusammenhang ist es erwähnenswert, daß der heilige Bonaventura in seiner mystischen Schrift «Pilgerbuch der Seele zu Gott», dem sich Seuse in Kapitel 51 seines «Lebens» besonders verpflichtet weiß (vgl. S. 194, Anm. 84), mit dem gleichen Zitat aus der «Mystischen Theologie» schließt. In diesem «Pilgerbuch der Seele zu Gott» steht, wie auch sonst bei Bonaventura, die Erleuchtung in einer inneren Zuordnung zur Weisheit, die wir nun auch bei Heinrich Seuse betrachten wollen.

Die in Kapitel 2 (S. 40f.) berichtete wortlose Erfahrung bereitet gleichsam den Boden für die Suche nach deren Fortdauer und bleibender Vertiefung, verbunden mit der Frage: «Was war das?» In diese Suche hinein spricht nun im Kapitel 3 die ewige Weisheit selbst, und zwar mit Worten aus der Heiligen Schrift – das ist Seuse wesentlich! (vgl. S. 216) –, um sich als Grund und Inhalt der in Kapitel 2 geschilderten wortlosen Erfahrung zu offenbaren und die Suche des Dieners mehr und mehr zur Erfüllung zu bringen; denn die «Vereinigung» mit der ewigen Weisheit (wörtlich – und wohl richtiger – «Gemahlschaft») bedeutet einen Erleuchtungsweg und nicht etwa schon das endgültige Ziel.

Dieser Weg ist zunächst bestimmt durch die weitere Frage: «Was und wer aber ist die ewige Weisheit, die dem Diener in so vielfacher Gestalt begegnet?» Wenn sich diese Antwort auch schon ankündigt durch den Vergleich mit dem Panther, der im «Physiologus» (vgl. S. 42, Anm. 9) ein Sinnbild des auferstandenen Christus ist, so gibt der Diener in Kapitel 4 zunächst nur eine indirekte symbolhafte Antwort, indem er sich das IHS (Jesus) auf sein Herz zeichnet (S. 46f., vgl. auch das 45. Kapitel, S. 171f.).

Im «Büchlein der ewigen Weisheit» scheint dann die Identifikation der ewigen Weisheit mit Jesus Christus eine Selbstverständlichkeit zu sein. Der Herr, der zugleich die zu umarmende Braut ist (so vor allem im «Horologium Sapientiae»), läßt hier im Licht seiner leidenden gekreuzigten Menschheit den Diener den Weg des Leidens und Mitleidens immer klarer erkennen und immer sicherer gehen – bis hinein in den strahlenden Glanz seiner Gottheit; ein Weg, der sich vollendet im unendlichen Lobpreis der reinen Liebe (Kapitel 24, S. 309ff.). (Dabei sind die Eucharistie und ihr Empfang ein wichtiges Moment auf diesem Wege (so in Kapitel 23, S. 298ff.)

Zwei wesentliche Einsichten lassen sich hier gewinnen: Erstens: Auf dem genannten Wege ist das Leiden – in all seinen Variationen – selbst Erleuchtung! Es ist – gerade im Blick auf die Menschheit Jesu – für den anfangenden wie auch für den zunehmenden Menschen (S. 31f.) Hilfe und Schutz, um nicht etwa einer trügerischen «Erleuchtung» zu verfallen. Diese – auch für die heutige Meditationsbewegung sehr akute – Gefahr wird vor allem im zweiten Teil des «Lebens» angesprochen: in Kapitel 33 (S. 121f.) und in Kapitel 46–48 (S. 172ff.), ferner im «Büchlein der Wahrheit». Es sind diejenigen Kapitel, die von der klaren und deutlichen Unterscheidung – letztlich zwischen wahrer und trügerischer Erleuchtung – handeln! Im übrigen sind die vielfachen Schauungen und visionären Bilder und Auditionen, die vor allem das «Leben» durchziehen, weithin als eine Art ausschmückender Bestätigung der Echtheit des Seusischen Erleuchtungsweges anzusehen. Welch vielschichtige Entschlüsselungen hier möglich sind, sei nur an einem Beispiel gezeigt: Was der Blick ins eigene Herz dem Diener darbietet, nämlich, daß seine Seele am Herzen der ewigen Weisheit sitzt (S. 45), das hat genau die Gestalt jener berühmten Holzplastiken der Christus-und-Johannes-Gruppe, die damals im Bodenseegebiet verbreitet waren (am bekanntesten sind die Sigmaringer Gruppe und die vom Heiligkreuzthal).

Gerade aber diese letztgenannte Schauung Seuses (S. 45) führt uns zu einer zweiten Einsicht: Diese Schauung hat nämlich eine Variante im 50. Kapitel des «Lebens» (S. 192f.). Dort heißt es zunächst: «Er versank ... so gänzlich in Gott, die ewige Weisheit, daß er davon nichts aussagen konnte.» Im folgenden Absatz spricht Seuse dann vom väterlichen Herzen als der ewigen Weisheit! Damit wird deutlich, daß die Eigenart der ewigen Weisheit durch eine bloße Identifikation mit dem Gottmenschen Jesus Christus nicht voll zu erfassen ist. Die Aussage Seuses im ersten Absatz von S. 192 entspricht derjenigen von S. 45: «Und dann strömte – ich weiß nicht wie – in seine Seele der Urquell alles Guten, in dem er auf geistige Weise alles erfuhr, was schön, lieblich und begehrenswert ist... Wenn er Loblieder sagen oder singen hörte, so ward ihm Herz und Sinn mit Ungestüm, mit einem Einblick losgelöst von allem Äußeren, in sein lieblichstes Lieb weggeführt, den Ursprung aller Freude.» Aufgrund dieser Entsprechung läßt sich erkennen, daß die ewige Weisheit letztlich das Wesen Gottes ist, das einzig Eine der Gottheit; «aber diese nicht» – so Seuse fast wörtlich im «Horologium Sapientiae» – «in ihrer abstrakten Einfachheit betrachtet, sondern als die göttliche Wesenheit gemäß unserer Weise des Erkennens: nämlich als das höchste und unaussprechliche Gut, das höchst Liebenswerte, die Fülle des Schönen und Lustvollen, der allerbeste (übergute) Ursprung von allem Guten, welches sich in den Geschöpfen findet. Das also ist die zuvor genannte Braut: die ewige Weisheit. Mag auch jede göttliche Person für sich genommen die Weisheit sein und alle drei Personen zugleich die eine ewige Weisheit – dennoch, weil die Weisheit dem Sohn zuerkannt wird, zumal entsprechend seiner Zeugung, so betrachtete der Diener den geliebten Sohn des Vaters der Überlieferung gemäß als die Weisheit, und zwar bald als Gott, dann wieder als Menschen, so daß er gleichermaßen in bezug auf beide die Übung der Frömmigkeit und den Trost der Liebe fand» (Edition Künzle, S. 381).

Diese «Definition» der ewigen Weisheit aus Seuses eigener Feder, macht begreiflich, warum Seuse immer wieder von der Schönheit und Lieblichkeit sowohl einzelner Geschöpfe wie auch der Schöpfung, der Natur, als solcher spricht. Seuse tut dies stets in vergleichendem Aufblick zur liebenswerten Urschönheit der ewigen Weisheit, die sein liebehungriges Herz hinauf- und hineinlocken und -ziehen will in das einzig Eine der Gottheit, das letztlich sie selber ist, um ihm (Seuse) wie Tersteegen sagt – das Leben in seinem Ursprung wieder anzuweisen (vgl. auch Kapitel 7 des «Büchleins der ewigen Weisheit», S. 240 ff.). Es leuchtet ein, daß für Seuse hier dichterische Sprache die einzig angemessene ist, wobei die Zuordnung von dichterischer Sprache (bzw. künstlerischer Aussage überhaupt) und mystischer Erfahrung eigens zu untersuchen wäre. In diesem Zusammenhang erscheint es aber auch angemessen, daß der Erleuchtungsweg in der Gemahlschaft der ewigen Weisheit von Seuse in seiner sprachlichen Gestaltung nicht eigentlich als «Weg des Mönches», sondern mehr als «Weg des Ritters» beschrieben wird.

Wir begegnen hier bei Seuse dem uralten Symbol für eine Lebensgestaltung aus dem Geist: nämlich der Darstellung des spirituellen Weges als «Weg des Kriegers». Dieses Symbol wird von Plato und der stoischen Philosophie her über das neue Testament (vgl. vor allem Eph 6,12–17; ferner 2 Kor 10,3–5; 1 Thess 5,8; 1 Tim 1,18; 2 Tim 2,3–4) und über die Kirchenväter immer wieder von den christlichen Meistern in ihrer Unterweisung benutzt, um die Eigenart des christlichen Weges zu kennzeichnen: Der Krieger ist eingeübt, blitzschnell situationsgerecht zu reagieren, weil er – durch Schweigen in sich gesammelt – hellwach und jeden Augenblick ganz da ist. Das entbehrungsreiche und einfache Leben, das körperliche und geistige Training (Askese) haben ihn dafür geschult. Er kann innere und äußere Strapazen ertragen; er zeigt Ausdauer im Dienen und ermüdet nicht. Er versteht die Widerstände – den Feind – richtig einzuschätzen und gegebenenfalls zu enttarnen (Unterscheidung der Geister); er hat aus Erfahrung gelernt, ihm in entsprechender Weise zu begegnen. Er weiß sich seinem obersten Herrn in unbedingtem Gehorsam verpflichtet. (In unserer Zeit ist dieses Symbol – wenn auch auf eine völlig andere, nichtchristliche Art – durch die vielgelesenen Don-Juan-Bücher des Carlos Castaneda wieder aktuell geworden.)

Welche spezifischen Elemente weist nun Seuses «Weg des Ritters» auf? Zunächst kann ganz allgemein gesagt werden, daß – im

Zusammenhang mit Hiob 7,1 – ritterlicher Kriegsdienst im wesentlichen der Weg des «fortschreitenden Menschen» in immer tieferes Leiden und Erdulden und damit in die Gelassenheit ist (vgl. auch Kapitel 2 des «Büchleins der ewigen Weisheit», S. 222f.). – Nun zu den einzelnen Stellen: In Kapitel 20 des «Lebens» (S. 83f.) wird mit der Erhebung des Dieners vom Knappen zum Ritter der Übergang vom «anfangenden» zum «fortschreitenden Menschen», vom Reinigungs- zum Erleuchtungsweg dargestellt.

In Kapitel 31 (S. 114) geht es beim Bild der Ritterschaft um die Nachfolge des obersten (kaiserlichen) Herrn im Leiden, um die Gleichförmigkeit der Glieder mit dem Haupt innerhalb des mystischen Leibes Christi (vgl. auch S. 344f.).

Kapitel 44 bringt das Bild des Ritters in seiner Beziehung zum Dienst der «Hohen Minne», der Liebe zur ewigen Weisheit, deren Ring es zu gewinnen gilt. (Ein Vergleich des «Lebens» Seuses mit dem höfischen Roman des Mittelalters kann hier leider nicht gegeben werden.)[7]

Der vierte Brief (S. 373ff.) bringt ausnahmsweise stärker das aktive, kämpferische Moment zur Sprache. Es handelt sich in diesem Brief aber auch um eine «Knappen-Rede», das heißt um die Unterweisung eines «anfangenden Menschen».

Ergänzend sei noch auf die praxisbezogenen Kurzformeln verwiesen, die Seuse – gleichsam als Merksätze für den geistlichen Weg –, meist in drei oder vier Punkten zusammengefaßt, mehrfach in sein «Musterbuch» einfließen läßt: So z. B. die Weisungen Meister Eckharts und des Johannes Futerer (S. 49), ferner das Kapitel 49, vor allem die beiden Sprüche über die Gelassenheit (S. 185 «Ein wirklich gelassener Mensch...» und S. 187 «Will sich ein gelassener Mensch...»); einige Worte der Altväter aus Kap. 35 (S. 128f.); sodann die Lehre vom vierfachen «Griff» als Grundlegung des ganzen Weges (S. 270) und endlich «Wie man ein innerliches Leben führen soll» (S. 297).

7 Vgl. *A. M. Holenstein-Hasler*, Studien zur Vita Heinrich Seuses, in: Zeitschrift für schweizerische Kirchengeschichte 62 (1968), S. 185–332. – Zur weiteren Vertiefung sind mit Gewinn die Arbeiten von *Alois M. Haas* heranzuziehen. Vor allem: Nim din selbes war. Studien zur Lehre von der Selbsterkenntnis bei Meister Eckhart, Johannes Tauler und Heinrich Seuse, Freiburg (Schweiz) 1971.

Mein Versuch einer Hinführung zu Heinrich Seuse wollte nichts anderes als dessen mystisches Schrifttum durch den Aufweis innerer Verbindungslinien für eine erste Begegnung durchsichtig machen – als mögliche Anregung zu weiterem eigenem Suchen und ohne Anspruch auf Vollständigkeit. Die notwendige räumliche Beschränkung erlaubte keine ausführliche Zitation Seuses, sondern nur die jeweilige Seitenangabe, der man, soll das Ganze verständlich werden, im einzelnen genau nachgeben muß! Letztlich konnte ich in den vorliegenden Ausführungen wiederum nur von meinem eigenen Weg zu Heinrich Seuse berichten (vgl. Anm. 1). Angesichts der damit fast unumgänglich gegebenen Subjektivität meiner Darstellung tröstet mich ein Wort Elsbeth Stagels:

«Ach Herr, da ist nun meine Meinung, Ihr möchtet ... nicht zu weitab suchen und nach Euch selbst greifen» (S. 124).

Wenn man abschließend bedenkt, daß Seuses Schriften, vor allem das «Büchlein der ewigen Weisheit» und das «Horologium Sapientiae», bis zum Erscheinen der «Nachfolge Christi» die meistgelesenen Erbauungsbücher des Spätmittelalters, ganz besonders auch in Benediktinerklöstern, waren, so ergibt sich fast von selbst die Frage, was denn an Seuses geistlichem Weg, soweit er sich in den bisherigen Ausführungen uns zu erschließen vermochte, für unsere Zeit besonders hilfreich sein könnte. Diese Frage soll auf dem Hintergrund einer anderen Frage beantwortet werden, die heute seitens vieler Suchender (zu Recht oder zu Unrecht, das sei dahingestellt) immer wieder laut wird: Wie denn nämlich, angesichts des «institutionellen Überhangs» der Kirche, in dieser noch ein spiritueller Weg zu finden sei.

Es fällt auf, daß in Seuses deutschen Schriften die Worte «Kirche», «Papst», «Bischof» und ähnliche nicht vorkommen. Seuse spricht statt dessen von der «heiligen Christenheit» (im Unterschied zum «Horologium Sapientiae», wo Kirche – ecclesia – genannt wird, aber dies vor allem unter der Rücksicht einer notwendigen Erneuerung im Blick auf die Urkirche). Wir wissen ferner, daß Seuse kirchlich gemaßregelt wurde und er selbst einen kirchlich von höchster Stelle Gemaßregelten (Meister Eckhart) verteidigte, im übrigen aber im Konflikt zwischen Kaiser und Papst dem letzteren gehorchte und schließlich auch sein «Musterbuch» dem kirchlichen Vorgesetzten, seinem Provinzial, den er allerdings persönlich sehr schätzte, zur Beurteilung vorlegte (S. 32).

Daraus erhellt das auch uns beispielgebende Gesamtbild des mittelalterlichen Mystikers: In der seelsorgerlichen Konzentration auf das Wesentliche geht es Seuse als Christ nur um das Einswerden im Dreieinigen Gott, wobei die Gläubigen auch miteinander eins werden – im mystischen Leib Christi. Auf dieses Einswerden ist alles auf dem Wege Seuses ausgerichtet. Er wird gegangen auf der Grundlage der Heiligen Schrift und der Überlieferung der großen geistlichen Lehrmeister der heiligen Christenheit. Die Heilige Schrift und diese Überlieferung geben – in Verbindung mit dem sakramentalen Leben, zumal der Eucharistie – eine solche Gewißheit über diesen Weg des Einswerdens, daß kirchliche Mißstände, der «institutionelle Überhang», kirchenpolitische Auseinandersetzungen wie auch Irrlehren (als geistliche Irre-Führung, vgl. S. 175, Anm. 62) den christlichen Weg als solchen letztlich nicht in Frage stellen können, zumal in den schon erwähnten Visionen und Auditionen die jenseitige Welt der Engel und Heiligen, ja die Transzendenz überhaupt als eigentliche Wirklichkeit in diese Welt machtvoll strahlend hereinleuchtet – und so immer erneut Gewißheit für den spirituellen Weg verleiht. In dieser Gewißheit kann Seuse mit aller Gelassenheit den «Kärrnerdienst» seiner Seelsorge (S. 389) tun – auch an der Christenheit unserer Tage ...

Sachregister

~ = Stichwort, A = Anmerkung, BdeW. = Büchlein der ewigen Weisheit
Vollständigkeit des Nachweises ist nicht erstrebt